Falko von Ameln · Josef Kramer · Heike Stark

Organisationsberatung beobachtet

Falko von Ameln · Josef Kramer
Heike Stark

Organisationsberatung beobachtet

Hidden Agendas und Blinde Flecke

VS VERLAG FÜR SOZIALWISSENSCHAFTEN

Bibliografische Information der Deutschen Nationalbibliothek
Die Deutsche Nationalbibliothek verzeichnet diese Publikation in der Deutschen Nationalbibliografie; detaillierte bibliografische Daten sind im Internet über <http://dnb.d-nb.de> abrufbar.

1. Auflage 2009

Lektorat: Kea S. Brahms

VS Verlag für Sozialwissenschaften ist Teil der Fachverlagsgruppe
Springer Science+Business Media.
www.vs-verlag.de

Umschlaggestaltung: KünkelLopka Medienentwicklung, Heidelberg
Druck und buchbinderische Verarbeitung: Krips b.v., Meppel
Gedruckt auf säurefreiem und chlorfrei gebleichtem Papier
Printed in the Netherlands

ISBN 978-3-531-15893-8

Inhalt

Verzeichnis der Gastbeiträge

Vorwort

Einschlägige Bücher über Organisationsberatung[1] lesen sich meist wie die Schilderung eines Spaziergangs durch den Schlosspark: alles ist wohlgeordnet, übersichtlich und vorhersehbar, die Wege sind geharkt und ausgeschildert, und wer vom Weg abkommt, läuft allenfalls Gefahr, sich in den Rabatten die Schuhe zu beschmutzen. Soweit die Theorie. Allein: in der Praxis gleichen Beratungsprozesse oft eher einer Dschungelexpedition – die Orientierung ist schwierig, das Terrain unübersichtlich, das Vorankommen mühsam und beschmutzte Schuhe stellen die geringste der zu erwartenden Schwierigkeiten dar.

Gleichzeitig sind Landkarten für den Dschungel Mangelware. Studium, Ausbildung und Erfahrungen in einfacher strukturierten Sozialsystemen wie der Familie haben tief in uns die Vorstellung eingepflanzt, dass Organisationen und Veränderungsprozesse ähnlich simpel „funktionieren" wie Schlossparks. Der überwiegende Teil der Beraterliteratur repliziert dieses irreführende Bild und zeichnet „Beratungs-Landkarten" mit ausgedehnten unerforschten Gebieten, die die Orientierung in diesem komplexen Feld eher erschweren:

> Die bisherige Beratungsforschung leidet unter der Vorstellung einer zweckrationalen Wohlgeordnetheit des Beratungsprozesses, die von einer systemischen Theorie der Beratung gleichermaßen wie von einem betriebswirtschaftlichen Verständnis von Beratung unterstellt wird. Während die Organisationsforschung die Rationalitätsprämisse für das Funktionieren von Organisationen aufgegeben hat [...], muß dieser Schritt von der Organisationsberatungsforschung noch nachgeholt werden. (Iding 2000, S. 19)

Beim Lesen einschlägiger Bücher zum Thema Beratung oder Change Management bleibt daher oft das Gefühl zurück, dass hier ein Idealbild und nicht die Wirklichkeit beschrieben wird. Zu den Faktoren, die Beratungsprozesse und ihren (Miss-) Erfolg maßgeblich mitbestimmen, die aber in der Schönwetterprosa der Praktikerliteratur kaum thematisiert werden, gehören:

- die charakteristischen Stärken und Schwächen einzelner Beratungsansätze, die in *Teil I* des Buches diskutiert werden,
- die Nebenziele, hidden agendas und inoffiziellen Funktionen, die Beratung (über den offiziellen Auftrag der Effizienzverbesserung, Reflexions-

---

1 Wenn in diesem Buch von Beratung die Rede ist, ist mit diesem Begriff die Organisationsberatung im engeren Sinne gemeint (also z.B. Strategie- oder Fachberatung, Organisationsentwicklung oder systemische Organisationsberatung), die meisten Aussagen lassen sich aber auch auf beratungsnahe Anwendungsfelder wie Teamentwicklung, Supervision oder Coaching beziehen.

steigerung, Erhöhung der Zukunftsfähigkeit etc. hinaus) in der Praxis prägen – sie werden in *Teil II* des Buches beschrieben und mit zahlreichen Fallbeispielen veranschaulicht,
- Professionalitätskriterien, die in Beratungsprozessen typischerweise ausgeblendet werden und die in *Teil III* des Buches besprochen werden (darunter z.B. Fehlerkultur in Beratungsorganisationen sowie Erfolgsmessung).

Die Beschäftigung mit diesen blinden Flecken der Beratungspraxis und Beratungstheorie kann für Berater, für Kunden und für in Change-Projekten Involvierte eine wichtige Orientierungshilfe darstellen – diese Überzeugung haben wir zum Anlass für dieses Buch genommen. Es speist sich aus unseren positiven und leidvollen Erfahrungen in Beratungsprozessen verschiedenster Art ebenso wie aus unserer wissenschaftlichen Tätigkeit – neben den Zumutungen der Betrachtung aus der Meta-Perspektive werden daher immer wieder kurze Fallbeispiele aus der Praxis das Gesagte illustrieren.[2] Wer Beratung aus eigener Anschauung kennt (ob aus Berater- oder aus Kundenperspektive), wird viele in Veränderungsprozessen anzutreffende befremdliche Phänomene wiedererkennen, vielleicht besser einordnen können und möglicherweise an der einen oder anderen Stelle wissend schmunzeln (wozu besonders die „Zwischenrufe" einladen, die genüsslich satirisch-ironisch überzeichnen). Wer sich im Rahmen eines Studiums oder einer Weiterbildung auf die Tätigkeit in der Beratung vorbereitet, wird – so unsere Hoffnung – etwas besser für den Dschungel präpariert sein.

Der Versuch, blinde Flecke, latente Funktionen und hidden agendas der Beratung zu beschreiben, mag vielen ungewohnt, provozierend, bisweilen auch zynisch erscheinen. Dennoch wollen wir nicht in das Horn der kritischen bis polemischen Stellungnahmen zum Thema Organisationsberatung, der Insider-Reporte und (vermeintlichen) Enthüllungen stoßen, die in den letzten Jahren unter reißerischen Titeln wie „Die Wahrheit über die Beraterzunft" oder „Beraten und verkauft" erschienen sind. Die Kritik an den Modeerscheinungen der Organisationsberatung ist mittlerweile selbst zu einer Mode geworden, wie Nicolai & Simon (2001) festgestellt haben. Uns geht es nicht um eine pauschale Infragestellung des Werts von Beratung oder um eine Geißelung unfähiger „Nieten in Nadelstreifen", die für ihr Versagen noch hohe Beratergehälter kassieren. Wir behaupten nicht, dass Beratung generell nicht ihr Geld wert sei (auch wenn der Nutzen von Beratung, wie in Kapitel 21 deutlich werden wird, nur schwer abzuschätzen ist). Wir meinen auch nicht – obwohl der Eindruck entstehen könnte –, dass Beratungsprozesse von vornherein zum Scheitern verurteilt sind. Ebensowenig verstehen sich unsere Überlegungen

2 Zur Wahrung der Vertraulichkeit wurden alle Angaben in den Fallbeispielen, die Rückschlüsse auf Organisationen oder Personen zulassen würden (Namen, Branchenzuordnung etc.), sinnerhaltend verändert.

als Einladung zu einer moralischen Bewertung. Die Absicht ist vielmehr, bestimmte für das Verständnis von Beratung wichtige Phänomene zu beschreiben, die im blinden Fleck der Mainstream-Literatur verborgen bleiben. Ein solcher Blick durch die Brille des sonst üblicherweise Ausgeblendeten (mit den Worten der modernen Systemtheorie: eine Beobachtung 2. Ordnung) zeigt eine andere Wirklichkeit – es ist nicht die einzige und schon gar nicht die einzig richtige Perspektive, aus der Beratung beschrieben werden kann. Die Möglichkeiten, Erfolgschancen und rationalen Begründungszusammenhänge von Beratung bleiben davon unberührt. Aber es ist eben doch eine Perspektive, die einige prägende Phänomene erhellt, die sonst kaum zum Thema gemacht werden.

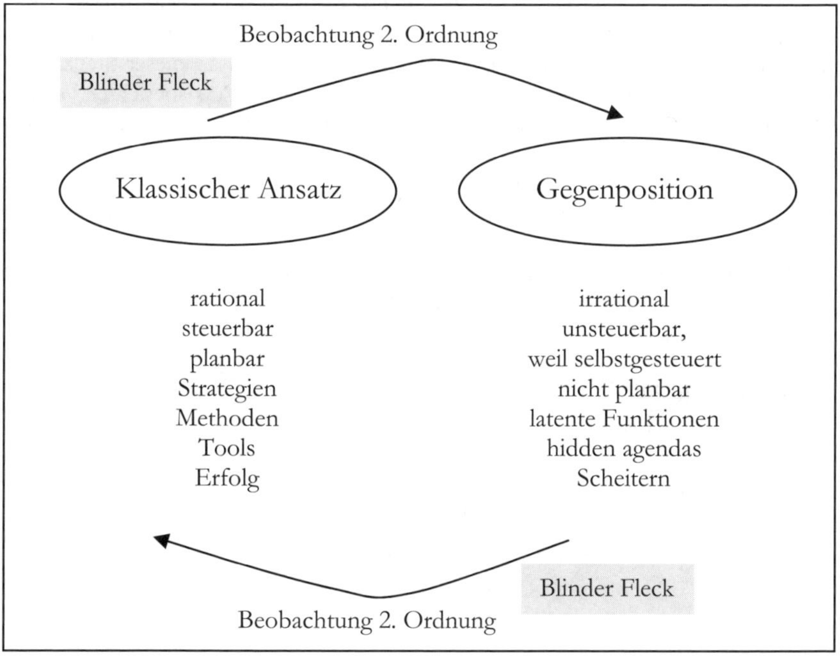

Abb. 1: Klassische Annahmen zu Organisationsberatung und ihre blinden Flecke vs. Gegenposition mit ihren blinden Flecken

Natürlich hat auch diese Perspektive wiederum einen blinden Fleck – wer einen Hammer hat, ist immer auf der Suche nach Nägeln, wie Watzlawick einmal sagte. Andererseits: wer *keinen* Hammer hat, wird sich schwertun, einen Nagel in die Wand zu schlagen. Eine vollständigere Beschreibung von Beratung ergibt sich aus der Kombination der beiden Perspektiven: wer die blinden Flecke des klassischen Ansatzes zu seinem Beobachtungsfokus macht, wird Beratungsprozesse als schwer steuerbar und planbar, von latenten Funktionen und hidden agendas bestimmt ansehen. Wer ausschließlich diese Perspektive einnimmt, läuft Gefahr, den Blick für die gestaltbaren Aspekte der Organisationsberatung zu verlieren.

Um die blinden Flecke der Beratung aus möglichst vielen unterschiedlichen Blickwinkeln zu erhellen, haben wir **24 Gastautorinnen und Gastautoren** eingeladen, ihre Sicht der Dinge in kurzen Beiträgen aus Kunden-, Berater- und wissenschaftlicher Perspektive einzuspiegeln. Wir möchten ihnen an dieser Stelle dafür danken, dass sie dieses Buch mit erfahrungsgesättigten Praxisberichten, klugen Überlegungen, provokanten Thesen und oft auch mit erfrischendem Humor bereichern.

Ein weiterer Dank gilt Frau Kea Brahms vom VS Verlag, die sich des Buches mit Engagement und großer Sorgfalt bei der Durchsicht des Manuskripts gewidmet hat.

Wir verwenden aus Gründen der Lesbarkeit durchgängig die männliche Schreibweise, es sind aber stets beide Geschlechter gemeint.

Norden, im Juni 2009

Falko von Ameln　　Josef Kramer　　Heike Stark

1 Einführung

Beratung ist aus der heutigen Organisationslandschaft nicht mehr wegzudenken. Während vor nicht allzu langer Zeit Beratungsdienstleistungen nur in großen Unternehmen in Anspruch genommen wurden, hat sich das Tätigkeitsfeld in den vergangenen Jahren auch auf den Mittelstand, die öffentliche Verwaltung, auf soziale Einrichtungen und Schulen ausgedehnt. Organisationaler Wandel, der bislang als eng umrissenes Projekt in Krisenzeiten verstanden wurde, ist längst zum Alltag jeder Organisation geworden. Angesichts dieses wachsenden Einflusses von Beratung entwickelt sich unsere Gesellschaft zu einer „Beratungsgesellschaft" (Fuchs & Pankoke 1994, Schützeichel & Brüsemeister 2004). 2008 arbeiteten in Deutschland nach Zahlen des Bundesverbands deutscher Unternehmensberater etwa 86.000 Unternehmensberater in rund 13.600 Beratungsfirmen, der Umsatz stieg (trotz Krisenanzeichen im 4. Quartal) gegenüber 2007 um 10,7% auf 18,2 Mrd. Euro (BDU 2009).

Die Gründe für die jahrelange Expansion der Beratungsbranche sind vielfältig: die Anforderungen, die sich den Organisationen angesichts von enger werdenden und gleichzeitig heftiger umkämpften Märkten, technologischem Fortschritt, neuen Entwicklungen im Zuge der Globalisierung usw. stellen, verlangen nach einer immer schnelleren Wandlungs- und Anpassungsfähigkeit. Viele Organisationen stehen durch Fusionen und Akquisitionen, Verschlankung von Hierarchien, Deregulierung der Märkte oder drastischen Personalabbau infolge des hohen Kostendrucks vor einem radikalen Umbau ihrer Strukturen und Prozesse. Neue gesetzliche Vorgaben und veränderte Ansprüche der Kunden (z.B. im Hinblick auf Qualitäts- oder Umweltstandards) müssen berücksichtigt werden. Zukunftstrends müssen erkannt und frühzeitig berücksichtigt werden. Kreative Potenziale der Mitarbeiter werden in stärkerem Maße abgefragt, was neue Anforderungen an die Personalentwicklung stellt.

Entsprechend breit aufgestellt und ausdifferenziert präsentiert sich die Beratungsbranche. Eine nach wie vor wichtige und die Praxis dominierende Unterscheidung ist die zwischen Strategieberatung und Prozessberatung. Die Strategieberatung (Kapitel 3) liefert vorwiegend von betriebswirtschaftlicher Expertise gestützte Konzepte. Hier sind vor allem international agierende, große Beratungshäuser wie McKinsey, die Boston Consulting Group, Roland Berger Strategy Consultants, Accenture, KPMG oder PricewaterhouseCoopers tätig. Zur Prozessberatung werden die Organisationsentwicklung (Kapitel 5) und die systemische Organisationsberatung (Kapitel 6) gezählt. Prozessberatung setzt – vereinfacht gesagt - darauf, dass die Organisation in die Lage versetzt wird, eigenständig Lösungen für ihre Probleme zu entwickeln. Prozessberater verstehen sich in erster Linie als Gestalter und Begleiter der Reflexionsprozesse, die organisationales Lernen in diesem Sinne ermöglichen. Der Prozessberatungsansatz wird überwiegend von kleineren Beratungsinstituten vertreten. In den letzten Jahren bemüht sich gerade die systemische Beratung deutlich um ein Konzept, das Strategie- und Prozessberatung integriert. Beratungsnahe Felder wie Personalentwicklung, Teamentwicklung, Supervision oder Coaching, die in der Nähe des Prozessberatungsansatzes verortet sind, fasst der Bundesverband deutscher Unternehmensberater unter die Kategorie „Human-Resources-Managementberatung".

Die psychoanalytische Organisationsberatung spielt in der heutigen Beratungslandschaft eine Nebenrolle. Nichtsdestoweniger hat die Psychoanalyse einen entscheidenden, wenngleich kaum reflektierten Einfluss auf die Organisationstheorie, die Organisationsentwicklung und die systemische Beratung ausgeübt – Beispiele, an denen sich dieser Einfluss heute noch zeigt, sind die Konzepte des Widerstands sowie der Latenz. Da die psychoanalytische Perspektive eine Blickrichtung auf Organisationen eröffnet, die sich deutlich von den übrigen Ansätzen unterscheidet, widmen wir ihr ein eigenständiges Kapitel (Kapitel 4).

Neben diesen vier Hauptrichtungen der Organisationsberatung gibt es weitere für Organisationen relevante Formen der Fachberatung wie Technologieberatung (insbesondere IT-Beratung), Pricing-Beratung, Rechtsberatung oder Steuerberatung, die im Rahmen dieses Buches nicht gesondert behandelt werden. Die Strategieberatung hatte im Jahr 2008 einen Marktanteil von 23,7%, die Prozessberatung einen Marktanteil von 44,4%, auf die IT-Beratung entfielen 21,6% und auf die Human-Resources-Managementberatung 10,3% (BDU 2009).

1.1 Beratung als wechselseitiges Beobachtungsverhältnis

Wie kommen wir zu Urteilen über unsere Welt? Welche Gültigkeit können unsere Annahmen über die Welt beanspruchen? Wie gewinnen wir Informationen z.B. über Menschen oder Organisationen? Inwieweit können wir uns auf unsere Wahrnehmung verlassen? Welche Dynamiken spielen in Interaktion und Kommunikation eine Rolle? Diese Fragen, die für das Verständnis von Beratungsprozessen eine entscheidende Rolle spielen, werden durch neuere Entwicklungen in System- und Erkenntnistheorie (Ameln 2004) vertieft und mit neuen Antworten versehen.

Beratung ist durch das Aufeinandertreffen zweier Systeme geprägt, die jeweils operational geschlossen (dieser Begriff wird in Abschnitt 6.1 erläutert) und füreinander intransparent sind:

- das *Kunden- oder Klientensystem* (die beratene Organisation),
- das *Beratersystem* (die beratende Organisation).

Die Beratung selbst ist nicht Teil eines der beiden Systeme, sondern findet nach Königswieser, Exner & Pelikan (1995) in einem eigenen Kommunikationsbereich, dem *Beratungssystem* statt.

Das Beratungssystem

Für den Berater ist die Kundenorganisation zunächst eine „Black Box", die er beobachtet und in die er Kulturmerkmale, Schwachstellen, Veränderungsnotwendigkeiten, „Widerständigkeiten" und Absichten „hineinkonstruiert". Die Diskussion um den Konstruktivismus hat in jüngster Zeit für die alte philosophische Erkenntnis sensibilisiert, dass jede Wahrnehmung perspektivenabhängig ist. Das bedeutet, dass jedes Attribut, das der Berater der Organisation zuschreibt, eine Konstruktion ist, die so oder auch anders möglich ist. Jede Beobachtung weist einen blinden Fleck auf, jede Beschreibung ist eine Selektion aus verschiedenen alternativen Beschreibungsmöglichkeiten. Diese bleiben als mögliche alternative Wirklichkeiten erhalten – gerade für Berater, die darauf geschult sind, die eigenen Hypothesen über die Organisation immer wieder auf den Prüfstand zu stellen, ergibt sich daraus eine Vielzahl paralleler Deutungsuniversen. Die prinzipielle Unsicherheit, mit der Beratung konfrontiert ist, resultiert aus der Existenz dieser permanent miteinander konkurrierenden Deutungsmöglichkeiten und dem stets mitlaufenden „Es-könnte-auch-anders-sein". Jede Kommunikation, jeder Interventionsversuch basiert auf der probeweisen Gültigsetzung einer der unter Unsicherheit stehenden Hypothesen über das Kundensystem.

Natürlich beobachtet das Kundensystem auch das Beratersystem. Da Beratung ein sensibler Prozess ist (die Berater könnten vertrauliches Wissen über die Kundenorganisation weitergeben, ein Scheitern des Beratungsprojektes könnte empfindliche finanzielle Einbußen zur Folge haben etc.), tastet die Kundenorganisation das Beratersystem permanent auf Anzeichen für (fehlende) Vertrauenswürdigkeit und (mangelnde) Professionalität ab. Das Beratungssystem weiß, dass es beobachtet wird und wird versuchen, sich auf die vermuteten Erwartungen der Kunden einzustellen. Das Kundensystem weiß wiederum, dass die Berater sich auf das Beobachtetwerden einstellen und muss daher damit rechnen, dass das Beratersystem sein Auftreten und seine Kommunikation auf die Erwartungen des Kundensystems abstellt, also „impression management" betreibt.

Weiterhin wird auf beiden Seiten nicht alles, was für das faktische Agieren des jeweils anderen Systems relevant ist, in die Kommunikation eingetragen. So mag ein Grund, Beratung in Anspruch zu nehmen, in mikropolitischen Taktiken der Klienten liegen. „Informationslieferanten" in der Kundenorganisation stellen u. U. Zahlen zur Verfügung, die im eigenen Interesse geschönt wurden. Berater achten bei der Problemdiagnose, der Definition von Projektthemen und -scopes auf die Optimierung des eigenen Umsatzes und des zu seiner Erzielung notwendigen Aufwandes. Mit solchen hidden agendas, die Beratungsprojekte in einem Ausmaß beeinflussen, das in der Literatur bislang kaum beschrieben wurde, müssen sowohl die Berater- als auch die Kundenseite stets rechnen.

Die beschriebenen Latenzen führen zu einer Ununterscheidbarkeit von „authentischem“ Auftreten und impression management bzw. Kaschieren von hidden agendas, das für Beratungskontexte prägend ist und zu weiteren Unsicherheiten auf beiden Seiten führt.

Das Beratungssystem, das sich an der „Kontaktfläche“ zwischen Beratern und Beratenen entwickelt, stellt man sich in der Regel als „gemeinsame sachliche, zeitliche, soziale und räumliche Schnittmenge des KS und des BS“ (Königswieser, Exner & Pelikan 1995, S. 57) vor. In der Tat bildet sich gerade bei längeren Beratungsprozessen ein Interaktionszusammenhang heraus, der eigenständige sachliche, zeitliche und soziale Regeln, eine eigene Geschichte und eigene Latenzen entwickelt. Mit fortschreitendem Verlauf droht eine „Assimilierung“ der Berater an das Kundensystem und die Herausbildung eigener blinder Flecke. Die produktive Differenz zwischen Beratern und Kunden, nämlich die Tatsache, dass das Beratersystem über andere beobachtungsleitende Unterscheidungen verfügt als das Kundensystem und diesem somit Fremdkomplexität zur Verfügung stellen kann, kann somit mit zunehmender Projektdauer verschwinden. Dadurch verlieren die Berater als Teilnehmer des Beratungssystems sukzessive das, was sie wesentlich als Berater auszeichnet (Zech 2004, S. 208). Auf der anderen Seite sollte die Vorstellung des Beratungssystems als „Schnittmenge“ von Berater- und Kundensystem nicht dazu verleiten, sich das Beratungssystem als homogenes Gebilde vorzustellen.

Das Kundensystem

Wichtig erscheint uns in diesem Zusammenhang z.B. die auch bei Königswieser, Exner & Pelikan erwähnte Unterscheidung zwischen Auftraggebersystem und Klienten. Das Auftraggebersystem besteht aus denjenigen Organisationseinheiten bzw. Funktionsträgern, die den Beratungsauftrag erteilen – dies mag fallweise der Vorstand, eine zentrale Personalabteilung oder die Leitung einer Organisationseinheit sein. Als „Klienten“ bezeichnen wir die Personen, mit denen die eigentliche Beratungsarbeit erfolgt, d.h. die Mitglieder einer zur Steuerung des Veränderungsprozesses eingesetzten Projektgruppe, Teilnehmer von Workshops, Coaching-Klienten usw. Unterschiede in Interessen, Motiven und Haltungen gegenüber Beratung gibt es nicht nur unter den Klienten, sondern oftmals auch im Auftraggebersystem. Diese Unterschiede liegen oft auf der Hand, vielfach müssen sie jedoch im Zuge der Auftragsklärung oder im weiteren Verlauf des Beratungsprozesses erschlossen werden. Wimmer (1995) weist darauf hin, dass die Grenzen des Kundensystems (wer gehört dazu, wer nicht?) zu Beginn nicht immer klar definiert sind und auch später gelegentlich verwischen:

> In aller Regel hat man es als Berater/in mit hochkomplexen Gebilden zu tun, wo es auf den ersten Blick zumeist nur scheinbar klar ist, wie sich das Gegenüber des Beraters abgrenzen läßt. Dieser Abgrenzungsprozeß ist selbst ein Teil dessen, was in der Kooperation zwischen externen Beratern

und der ratsuchenden Organisation zu leisten ist, wobei sich diese Grenzziehungen natürlich im Laufe eines Beratungsprozesses verändern können und dann in aller Sorgfalt immer wieder neu vorzunehmen sind. (S. 266 f.)

Das Beratersystem

Das Beratersystem kann gerade bei großen Projekten eine hohe Eigenkomplexität aufweisen. Vielfach arbeiten Berater unterschiedlicher Consulting-Firmen und Freelancer, Fachberater und Organisationsentwickler, Senior- und Junior-Consultants, interne HR-Experten und externe Berater in einem Projekt zusammen. In diesen Fällen fluktuiert die Binnendynamik des Systems oft zwischen Kooperation und Abgrenzung, kollegialer Unterstützung und gegenseitigem Ausbremsen, Einzelkämpfertum und Koalitionsbildung, gemeinsamem Lernen und Ressentiments gegenüber den Kollegen. Vorstände und höhere Führungskräfte sind oft von mehreren Beratern umgeben, die u. U. an denselben Themen arbeiten und mit gegensätzlichen Ratschlägen die bereits vorhandene Verwirrung weiter verstärken.

Selten ernsthaft (d.h. ohne populistische Demagogik) diskutierte Themen sind Professionalität, Qualitätssicherung und Fehlerkultur innerhalb von Beratungsunternehmen. Beraterteams sind in ihrer Rollenteilung nicht so aufgestellt, dass es für das Fortkommen des Projekts förderlich wäre. Viele – gerade systemische – Beratungsinstitute legen in ihren Konzepten großen Wert auf „Staffarbeit“, d.h. auf gemeinsame Reflexion, Hypothesenbildung und Situationsanalyse im Beraterteam. In der Praxis wird dieser Anspruch nicht immer eingelöst, da die hierfür nötige Zeit fehlt (bzw. nicht bezahlt wird). Weiterführende Gedanken zur Frage der Professionalität von Beratungsorganisationen finden sich in Kapitel 20, darunter ein Beitrag von Mohe und Stollfuß zum Thema „Fehlerkultur in Beratungsprojekten“ sowie ein Beitrag von Hansen, Rupprecht, Gruber und Mulder zum Thema „Diversität als blinder Fleck in Beratungsorganisationen“.

Stephanie Birkner & Michael Mohe

Konstruktionen und Implikationen zur Existenz von Mehrdeutigkeit [3]

Dipl.-Kffr. (FH) Stephanie Birkner, Wissenschaftliche Mitarbeiterin an der Juniorprofessur für Business Consulting

Prof. Dr. Michael Mohe, Junior professor für Business Consulting, Koordinator der Forschergruppe Consulting Research (CORE) und des Masterstudiengangs Management Consulting (MMC). 2. Vorsitzender der Wissenschaftl. Gesellschaft für Consulting Research e.V. (GCR)

Kontakt: stephanie.birkner@uni-oldenburg.de, michael.mohe@uni-oldenburg.de

„Die Welten in denen Berater sich bewegen sind mehrdeutig“
(de Burgundy 1995, S. 53)

In aktuellen Forschungen finden sich vermehrt Hinweise darauf, dass wissensintensive Dienstleistungen besonders häufig mit Mehrdeutigkeit konfrontiert sind (z.B. Alvesson 2001). Dies scheint in besonderem Maße auf die Organisationsberatung zuzutreffen, die als Prototyp wissensintensiver Dienstleistungen gilt. So wird in verschiedenen Studien auf mehrdeutige Bedingungen hingewiesen, unter und mit denen Berater operieren (Werr & Styhre 2003; Kakabadse, Louchart & Kakabadse 2006).

Angesichts des dominierenden synoptisch-rationalen Verständnisses von Beratung, welches von eindeutigen Bedingungen ausgeht, stellt sich die Frage, wie die Anhaltspunkte, dass Beratung von Mehrdeutigkeit geprägt ist, erklärt werden können. Bisherige Untersuchungen hierzu fallen diesbezüglich noch zu pauschal und undifferenziert aus. Anknüpfungspunkte bieten das systemtheoretische Verständnis von Beratung sowie das Verständnis von Beratung als „liminaler Raum“.

Der vorliegende Beitrag untersucht diese drei Beratungsverständnisse im Hinblick auf ihre Thematisierung von Mehrdeutigkeit. Für diese Analyse wird auf Über-

3 Das diesem Beitrag zugrunde liegende Vorhaben wurde mit Mitteln des Bundesministeriums für Bildung und Forschung unter den Förderkennzeichen 01FM07035 gefördert. Die Verantwortung für den Inhalt dieser Veröffentlichung liegt bei den Autoren.

legungen von Weick (1995b) zurückgegriffen. Demnach kann Mehrdeutigkeit sowohl (1) durch einen „Mangel an Klarheit“ (ambiguity), der durch das Fehlen eines Erklärungskontextes entsteht, als auch (2) durch „multiple Interpretationen“ (equivocality), verursacht durch eine Vielfalt zur Verfügung stehender, optionaler Kontexte auftreten.

Synoptisch-rationale Perspektive

Das synoptisch-rationale Verständnis beschreibt Beratung als eine Überlappung von umweltoffenen Berater- und Klientensystemen. Hierbei wird unterstellt, dass der Berater das „tatsächliche“ Problem des Klienten identifizieren und mittels seiner Expertise „eindeutig“ lösen kann (Wolf 2000, S. 69). In Definition von Beratung werden solche Auffassungen erhärtet. So definieren Greiner & Metzger (1983, S. 7) Beratung als Dienstleistung, die Managementprobleme identifiziert, analysiert und Lösungen für diese Probleme vorschlägt (ähnlich Niedereichholz, 1996, S. 1).

Derartige Annahmen erlauben zwar die Ableitung idealtypischer Konstruktionen und praxisorientierter Handlungsempfehlungen, transportieren allerdings gleichzeitig ein simplifiziertes Verständnis von Beratung, das der Beratungsrealität nur selten entspricht. Konstruiert wird eine „Eindeutigkeits-Prämisse“, welche die Komplexität von Beratung ausblendet, wenn nicht sogar negiert. Die nicht geringe Anzahl gescheiterter Beratungsprojekte mögen ein Indiz dafür sein (Mohe & Seidl 2008), dass Beratung keineswegs derart plan- und berechenbar ist.

Wenn nicht länger von einer Deckungsgleichheit zwischen der Problemwahrnehmung von Beratern und Klienten ausgegangen werden kann, ist der Prozess der Problemfindung und -definition zahlreichen Interpretationen und kooperativen Aushandlungen ausgesetzt (Mohe 2003, S. 84).

Das synoptisch-rationale Verständnis von Beratung ist jedoch nicht in der Lage, die Möglichkeit einer Existenz von Mehrdeutigkeit überhaupt adäquat einbeziehen zu können. Weder ein „Mangel an Klarheit“ oder gar „multiple Interpretationen“ sind vorgesehen.

Systemtheoretische Perspektive

Das systemtheoretische Verständnis (vgl. Abschnitt 6.1) beschreibt Berater- und Klientensysteme als geschlossene, selbstreferenzielle Systeme, die auf der Basis unterschiedlicher Logiken operieren (Luhmann 1989a). Da alle Operationen des Systems durch das System selbst (re-)produziert werden, ist eine direkte oder eindeutige „Überführung von Informationen aus der Umwelt in das System“ (Luhmann 1988a, S. 45) nicht möglich. Mithin ist auch eine direkte Kommunikation zwischen dem Berater- und Klientensystem unmöglich. Selbst wenn sie versuchen zu kommunizieren, können sie einander nur – mehr oder weniger produktiv – missverstehen (Teubner 2000). Folglich kann der Berater keine „Lösungen“ ins

Klientensystem transferieren. Stattdessen liegt die Funktion des Beraters darin, Irritationen auszulösen, die den Klienten zu neuen Wahrnehmungs- und Deutungsmustern anregen (Wimmer 1992). Diese Irritationen (Perturbationen) erfolgen indes nicht direkt zwischen dem Berater- und dem Klientensystem, sondern über das „Kontaktsystem" (Luhmann 1989a, vgl. „Das Beratungssystem" in diesem Abschnitt), das sich als neues System konstruiert und ebenfalls seine eigene Logik besitzt.

Damit ist eine objektive Übereinstimmung der Wahrnehmung von Berater und Klient unmöglich. Jede Wahrnehmung, seien es „Probleme" oder „Lösungen", bleibt subjektiv konstruiert. Vor diesem Hintergrund lässt sich die Existenz von Mehrdeutigkeiten nicht länger ausblenden, da sich (1) das Ausmaß von Irritationen von keinen der drei involvierten Systeme steuern oder gar berechnen lässt und (2) ein „Verstehen" allenfalls auf ein „produktives Missverstehen" hinausläuft.

Wenn der Erfolg von Beratung auf die Produktion von Irritationspotenzialen angewiesen ist, sind beide Formen von Mehrdeutigkeit inhärente Bestandteile von Beratung. Statt bewusst einem „Mangel an Klarheit" entgegenzuwirken, zielt Beratung – z.B. durch den Einsatz eines „komplizierten", systemtheoretischen Begriffsinventars (Willke 1993; Mohe 2005a) – auf das Gegenteil ab. Techniken wie paradoxe Interventionen oder Beobachtungen 2. Ordnung, die eine Konfrontation unterschiedlicher Wahrnehmungen vorsehen, sorgen dafür, dass Situationen „multipler Interpretationen" permanent erneuert werden. Überspitzt könnte also auch formuliert werden: Beratung läuft auf ein bewusstes (Re)Produzieren oder auch „Jonglieren" mit Mehrdeutigkeiten hinaus. Dies bedeutet jedoch nicht, dass alles zu jeder Zeit mehrdeutig ist. Über den Selbstbestätigungsprozess von Beobachtungen können sich „situative Einschätzungen zu festen Erklärungs- und Deutungsmustern" (Wimmer 1992, S. 75) einpendeln; durch Meta-Kommunikation oder den Einbau von Reflexionsschleifen wird versucht ein gewisses Maß an Anschlussfähigkeit oder Kontextualisierung aufrecht zu erhalten.

Liminale Perspektive

In engem Zusammenhang mit dem systemtheoretischen Verständnis steht die Konzeption von Beratung als „liminaler Raum", der durch verschwimmende, übergehende Strukturen gekennzeichnet ist (Turner 1977). Demnach formiert sich der Aktionsraum von Beratern in einem Raum „zwischen" der Beratungs- und Klientenorganisation neu (Czarniawska & Mazza 2003).

Anders als beim systemtheoretischen Verständnis sind Berater laut diesem Konzept in der Lage, sich zwischen dem liminalen Raum und ihrem Systems frei zu bewegen (ebd., S. 273). Aufgabe der Beratung ist es – ähnlich wie beim systemtheoretischen Verständnis –, Veränderungsprozesse nicht unmittelbar zu initiieren, sondern Klienten Möglichkeiten zur Erkundung des liminalen Raums zu offerieren (ebd., S. 279). Auf diese Weise gelingt es gewohnte Muster in Frage zu stellen, da der liminale Raum abseits bekannter Strukturen und Routinen Kreativitäts- und Innovationspotenziale bereitstellt (Garsten 1999) und damit neue Denk- und Aktionsräume generiert.

Zugleich sind Berater jedoch einem Zustand zwischen zunehmender Kreativität bei gleichzeitig zunehmen Unsicherheit ausgesetzt (Sturdy, Schwarz & Spicer 2006, S. 933) ausgesetzt. Da der liminale Raum sowohl Bedeutungsoptionen hervorbringt, die bislang keinen Erklärungskontext besitzen als auch für bestehende Erklärungskontexte weitere Bedeutungen hervorruft, tritt Mehrdeutigkeit aufgrund eines „Mangels an Klarheit" und „multipler Interpretationen" auf. Damit die fehlende Eindeutigkeit als Kreativitäts- und Innovationspotenzial genutzt werden kann, ist eine Kontextualisierung der neu gewonnen Bedeutungsoptionen notwendig. Dies erfolgt mittels spezifischer Strukturen und Routinen (z.B. Rituale), die ergänzend zu den Strukturen und Routinen der Berater- und Klientenorganisation entstehen (Sturdy, Schwarz & Spicer 2006).

Fazit

Studien liefern Befunde dafür, dass Beratung in einem hohen Maße von Mehrdeutigkeit geprägt ist. Bislang wurde dies noch nicht an spezifischen Beratungsverständnissen gespiegelt. Der vorliegende Beitrag konnte zeigen, dass eine adäquate Erfassung und Abbildung von Mehrdeutigkeit nicht losgelöst von zugrunde gelegten Beratungsverständnissen diskutiert werden kann. Die folgende Abbildung stellt die obigen Ausführungen gegenüber.

		Perspektive	
	synoptisch-rational	**systemtheoretisch**	**liminal**
Beratungsziel	Wissenstransfer	Irritation (Perturbation)	Generierung neuer, kreativer Denk- /Aktionsräume
Berater-Klienten-Beziehung	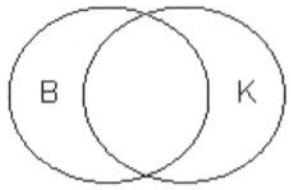	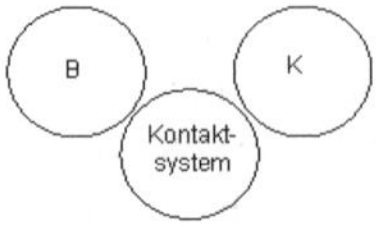	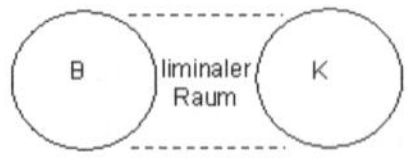
Thematisierung von Mehrdeutigkeit	Mehrdeutigkeit wird ausgeblendet/ negiert	Mehrdeutigkeit ist inhärent und wird vom Berater durch systemische Techniken gezielt produziert (z.B. durch paradoxe Interventionen) und reduziert (z.B. Kontexualisierung durch Meta-Kommunikation) Eine vollständige Auflösung von Mehrdeutigkeit ist aufgrund der Selbstreferenz/ Kommunikations-barrieren der Systeme nicht möglich.	Mehrdeutigkeit entsteht durch einen Zustand „betwixt and between" der Beratungs- und Klientenorganisation (liminaler Raum). Die produktive Nutzung von Mehrdeutigkeit erfolgt über eine Kontextualisierung der Bedeutungsoptionen im liminalen Raum mittels eigener Strukturen und Routinen (z.B. Rituale)

Abb. 2: Mehrdeutigkeitsthematisierungen in verschiedenen Beratungsverständnissen

Der vorliegende Beitrag verortet sich in einem bislang nur rudimentär betrachteten Diskussionsraum und versteht sich insofern als Aufruf für weitere Forschungen. Gedacht ist hierbei insbesondere an Studien, welche die konzeptionellen Überlegungen dieses Beitrages an „Beratungsrealitäten" überprüfen. So könnte (1) eruiert werden, wodurch die Produktion und Reduktion verschiedener Arten von Mehrdeutigkeit gefördert bzw. gehemmt wird, (2) inwieweit spezifische Eigenschaften der Berater (z.B. Erfahrung) Einfluss auf deren Ambiguitätstoleranz (Reis 1997) nehmen und (3) in welchem Zusammenhang Mehrdeutigkeit mit wahrgenommenen Beratungs(miss-)erfolgen steht. Derartige Erkenntnisse könnten zugleich in die Entwicklung von Modellen zur Aus- und Weiterbildung von Beratern einfließen.

Beratungsansätze und ihre blinden Flecke

2 Wie unser Denken über Organisationen zu blinden Flecken in der Beratung führt

Wenn man eine Organisation wirklich verstehen will, ist es sehr viel klüger, davon auszugehen, daß Organisationen komplex, vieldeutig und paradox sind. (Morgan 1997, S. 474)

Wie „ticken" Organisationen? Nach welchen Regeln funktionieren sie? Wie kommt es, dass sich inoffizielle, ungeschriebene Regeln ausbilden und in welchem Verhältnis stehen sie zu den offiziellen Regeln? Was bewegt die Mitarbeiterinnen und Mitarbeiter, so zu handeln wie sie es tun? Welche Rolle spielen Emotionen in Organisationen? Welchen Einfluss können Führungskräfte nehmen? Und wie lassen sich Organisationen verändern?

Diese Fragen mögen einem Praktiker auf den ersten Blick akademisch erscheinen. Dennoch – würde man einer Reihe willkürlich herausgegriffener Mitarbeiter eines Unternehmens diese Fragen stellen, würde man eine Vielzahl unterschiedlicher Antworten erhalten. Und auch der Wissenschaft ist es nicht gelungen, trotz langer intensiver Forschung eine allgemeingültige Antwort zu finden.

Das, was wir sehen, wenn wir eine Organisation (als Berater, Wissenschaftler oder Organisationsmitglied) beobachten, hängt davon ab, durch welche „Brille" wir die Organisation betrachten. Jede und jeder von uns hat ein intuitives, soziokulturell und lebensgeschichtlich geprägtes Vorverständnis von Organisationen. Wir machen unsere Erfahrungen in sozialen Systemen, zuerst in der Familie, dann in Vereinen, in der Schule und in Universitäten, in betrieblicher Ausbildung und im Beruf. Aus diesen Erfahrungen speist sich unser Bild davon, wie Organisationen sind, wie sie funktionieren und wie man sich in ihnen zu verhalten hat. Diese Erfahrungen prägen unsere „kognitiven Landkarten" (Tolman), „persönlichen Konstrukte" (Kelly), „subjektiven Theorien" (Groeben & Scheele), „theories-in-use" (Argyris) oder „beobachtungsleitenden Unterscheidungen" (Luhmann).

Organisationstheorien satteln auf diesen vorreflexiven Bildern der Organisation auf und hinterlegen sie wissenschaftlich. Auch mit Hilfe wissenschaftlicher Theorien können wir Organisationen nie so sehen, „wie sie sind", sondern stets nur so, wie sie sich durch die jeweilige „Brille" darstellen (vgl. Abschnitt 6.1: Beobachtung). Ein Beobachter kann das Geschehen in einer Organisation nie „theoriefrei" beobachten und beschreiben – eine (sei es wissenschaftliche oder „nur" subjektiv-intuitive) Theorie der Organisation ist das Ergebnis von Beobachtung und wirkt als wahrnehmungsleitendes Schema wieder auf die Beobachtung zurück.

Morgan illustriert in seinem Buch „Bilder der Organisation" (1997) auf anschauliche Weise, dass sowohl unser Alltagsverständnis als auch die Organisationstheorie durch verschiedene Metaphern geprägt sind. Morgan stellt dar, wie diese Metaphern (explizit oder implizit) unser Handeln prägen und auf welche Weise sie uns helfen können, Organisationen zu verstehen und zu gestalten: „Unsere Bilder oder Metaphern *sind* Theorien oder Vorstellungsmodelle. Praxis ist niemals völlig theoriefrei" (S. 497). Die zunächst kühn wirkende Annahme, dass unser gesamtes Denken und Handeln in Bezug auf Organisationen durch Metaphern überformt ist, wird durch die Forschung zu Metaphern gestützt. Vor allem Lakoff und Johnson (2004) haben gezeigt, wie sich sogenannte „image schemata" aus unserer archetypischen stammesgeschichtlichen Erfahrung speisen und, einmal ausgebildet, als Bedeutungsstrukturen auf unser Denken, unsere Wahrnehmungen und unser Verstehen zurückwirken. Menschliche Kognition ist auf diese Weise „grundlegend geprägt durch verschiedene poetische oder bildhafte Prozesse. Metaphern [...] sind keine Verzerrungen eines wörtlichen Denkens, sondern sie stellen elementare Schemata dar, mit denen Menschen ihre Erfahrung und die Außenwelt konzeptualisieren" (Gibbs 1994, S. 1). Daher sind „Metaphern und Analogien [...] nicht nur praktische Formen unser Wissen auszudrücken; vielmehr *sind* sie unser Wissen und Verständnis des in Frage stehenden Phänomens" (Johnson 1987, S. 112, Hervorhebung von uns). Oder, mit Thomas Kuhn gesprochen: „Wir sehen nichts, bis wir die richtige Metapher für etwas haben." Metaphern bilden somit das verbindende Element zwischen vorreflexiven Bildern der Organisation und wissenschaftlichen Organisationstheorien.

Diese „metaphorischen Brillen" sind für die Organisationsberatung deswegen relevant, weil jede der etablierten Beratungsschulen auf einer bestimmten Organisationstheorie und jedes Beratungskonzept (willentlich oder unwillentlich, bewusst oder unbewusst) auf bestimmten Annahmen über die Organisation beruht. Der Blick durch die jeweilige Brille rückt einen Aspekt der Wirklichkeit von Organisationen in das Blickfeld des Betrachters. Bestimmte Aspekte gelangen dadurch in den Fokus. Sie stehen im Mittelpunkt der Aufmerksamkeit und sind nun – um im Bild zu bleiben – scharf zu sehen (in der Physiologie des Auges heißt dieser in der Mitte der Netzhaut gelegene Punkt des schärfsten Sehens „fovea centralis" oder „gelber Fleck"). So wie auch ein Orthopäde orthopädische Krankheiten in der Regel besser erkennt und behandelt als ein Gynäkologe, weil er sie durch die Brille seines Fachgebiets deutlicher sieht, so liegen auch die Stärken eines Beratungsansatzes im „gelben Fleck" der Organisationstheorie, die ihm zugrunde liegt. Der Berater wird vorrangig das sehen, was seine „diagnostische Brille" ihm zeigt, und er wird sein Beratungskonzept daran ausrichten.

Scharfes Sehen (ein Gestaltpsychologe würde sagen: die Wahrnehmung einer Figur vor einem Hintergrund) ist aber nur möglich, wenn sich die Figur von einem Hintergrund abhebt, der nicht im Fokus der Aufmerksamkeit liegt. Immer, wenn wir etwas in den Fokus nehmen, bleibt Anderes also notwendigerweise ausgeblendet – das gilt für die visuelle Wahrnehmung ebenso wie für die Beobachtung von Organisationen. Diese ausgeblendeten Dimensionen der Wirklichkeit bleiben beim Blick durch die jeweilige Brille unsichtbar, sie bilden den „blinden Fleck" (beim Auge ist dies der Punkt, an dem der Sehnerv austritt und an dem die Netzhaut keine Rezeptoren aufweist). Jede Beobachtung weist also einen blinden Fleck auf, und wann immer wir eine persönliche oder auch wissenschaftliche Vorstellung von Organisationen entwickeln, ist dieses Bild zwar nicht falsch, aber doch notwendigerweise unvollständig. Dies ist der Grund für den eingangs beschriebenen Umstand, dass sich von den zahlreichen konkurrierenden Organisationstheorien, die innerhalb der verschiedenen Wissenschaftsdisziplinen entwickelt wurden, keine als die allein richtige durchgesetzt hat: „Die Realität der Organisationen widerlegt unsere disziplinären Wissenschaftsformen ständig. Sie werden schief und falsch, nicht weil sie für sich genommen falsch wären, sondern weil sie als einzelne an Gesamtzusammenhänge, eben an Systeme heranzutreten versuchen" (Heintel 1992, S. 353). Im oben verwendeten Bild: An einem Orthopäden sollte man sich tunlichst mit orthopädischen, nicht mit gynäkologischen Fragestellungen wenden, wenn man nicht mit den blinden Flecken eines hochspezialisierten Beobachters konfrontiert werden möchte. Das Bild zeigt, dass sich „gelber Fleck" und „blinde Flecken" komplementär zueinander verhalten: Jede Stärke auf der einen Seite der Medaille bringt eine Schwachstelle auf der anderen Seite der Medaille mit sich.

Im Hinblick auf Beratungsprozesse ist diese Erkenntnis äußerst wichtig, da jeder Beratungsansatz die blinden Flecke der Betrachtungsperspektive, die ihm zugrunde liegt, übernimmt. Dies gilt für die quasi „systembedingten" blinden Flecke der verschiedenen Beratungsformen und zusätzlich für die individuellen blinden Flecke des einzelnen Beraters Tab. 1 listet die in diesem Buch behandelten organisationstheoretischen Modelle, die entsprechenden Beratungsansätze und Beraterrollen im Überblick auf.

Im ersten Teil des Buches werden wir zeigen, welche organisationstheoretischen Metaphern den wichtigsten Beratungsansätzen zugrunde liegen, welche Potenziale für die Gestaltung von Veränderungsprozessen („gelben Flecke") sich daraus ergeben und mit welchen blinden Flecken diese erkauft werden. Dabei geht es uns nicht darum, die einzelnen Beratungsansätze abzuwerten. Vielmehr ist das Ziel, typische Stärken und Schwächen in der Praxis deutlich zu machen und zu erklären. In einer Beratungslandschaft, die nur Stärken und Erfolge kennt, betrachten wir eine solche ebenso wohlwollende wie kritische Gegenüberstellung nicht nur als notwendige Differenzierung, sondern auch als Orientierungshilfe für die Beratungskunden, die mit den (meist nicht in den Hochglanzbroschüren der Beratungsinstitute erwähnten) blinden Flecken des von ihnen eingekauften Ansatzes leben müssen.

Organisation als…	**Betonung auf…**	**Beratungsansatz**	**Berater als…**	**Interventionsverständnis**
Maschine	Formale Strukturen und Prozesse	Strategieberatung	Ingenieur	Analyse, Redesign, Durchsetzung
Organismus	Gemeinsame Ausrichtung, Identifikation, Kommunikation, Teamwork	Organisationsentwicklung	Heilpraktiker	Partizipatives Vorgehen, Unterstützung der „Selbstheilungskräfte" des Systems
Bühne unbewusster Vorgänge	Kollektive Konflikte, Ängste und Abwehrmechanismen	Psychoanalytische Organisationsberatung	Therapeut	Analyse der Tiefendynamik, Einspiegeln unbewusster Dynamiken
Geschlossenes Kommunikationssystem	Eigendynamik sozialer Systeme	Systemische Organisationsberatung	Setzer von Irritationen	Perturbation, Anstoß zur Reflexivität, Lernen 2. Ordnung
Chamäleon	Anpassung an die Erwartungen externer Stakeholder	Implementierung von Best-Practice-Lösungen	Multiplikator von Bewährtem	Anpassung von Strukturen und Prozessen an vorgegebene Normen
Potemkinsches Dorf	„Fassadentechniken", Impression Management gegenüber internen und externen Akteuren	Zertifizierung, Gutachten	Maskenbildner oder Teilnehmer einer Inszenierung	Herstellung oder Überprüfung von Konformität mit festgelegten externen Erwartungen
Politische Arena	Macht, Spiele	Konfliktmoderation	Vermittler, Konfliktmanager, Boxtrainer	„Lufthoheit" durch Wahrung der Neutralität, Unterstützung einzelner Klienten im Machtpoker, Vermittler + Moderator
Symbolgefüge	Sinn, Kultur	z.B. Großgruppenevents	Schamane	Rituale, die Orientierung stiften, Emotionen wecken, Veränderung symbolisieren

Tabelle 1: Metaphern der Organisation, Beratungsansätze und Beraterrollen

3 Strategieberatung

Strategieberatung (auch als „Expertenberatung“, „Fachberatung“ oder „Consulting“ bezeichnet) stellt nach wie vor die bekannteste und umsatzstärkste Form der Organisationsberatung dar. Die zehn größten Beratungshäuser in Deutschland, allen voran McKinsey, Roland Berger und die Boston Consulting Group, erwirtschafteten im Jahr 2007 zusammen über 2,9 Milliarden Euro (Lünendonk GmbH 2009). Strategieberatungsansätze verstehen sich als betriebswirtschaftlich fundiert; sie sind dem zweckrationalen Paradigma verpflichtet und folgen in ihrer Grundausrichtung den Annahmen der betriebswirtschaftlichen Organisationslehre.

Strategieberatungen unterstützen das Top Management bei der Analyse der Marktsituation, bei der Optimierung von Geschäftsstrategien und -modellen, bei der Verschlankung und Umstrukturierung des Unternehmens, bei der Vorbereitung von Fusionen und Übernahmen, bei der Erschließung neuer Märkte und im Hinblick auf mögliche Internationalisierungsstrategien, bei der Preisgestaltung, bei der Kundenkommunikation und bei vielen anderen strategisch relevanten Themen. Auch im öffentlichen Sektor oder in kirchlichen Organisationen greift man in zunehmendem Maße auf Strategieberatung zurück, um Möglichkeiten der Anpassung der Organisation an sich verändernde Umweltbedingungen zu entwickeln.

Strategieberatungen arbeiten eng mit dem Management der Organisation zusammen, wobei die eigentliche Zusammenarbeit in Projektgruppen geschieht, die sich aus Beratern und Vertretern der Organisation zusammensetzen. Nach Vertragsabschluss analysieren die Berater die Strukturen und Prozesse der Organisation, die Marktgegebenheiten, die Konkurrenzsituation etc. und erarbeiten Entscheidungsvorschläge für das Management.

Strategieberatungen bedienen sich einer Reihe von Analysemethoden und -instrumenten, etwa der Methode des Benchmarkings (Vergleich mit einem erfolgreichen Konkurrenzunternehmen). Die Expertise des Beraters begründet sich in diesem Fall auf seiner umfangreichen, durch frühere Beratungsaufträge, Studien usw. erworbenen Branchenkenntnis. Große Beratungsfirmen verfügen über Wissensmanagement-Systeme, die die Übertragung der best practices aus erfolgreichen Projekten in andere Projekte sicherstellen sollen. Des Weiteren werden eine Reihe standardisierter Beratungstools eingesetzt, darunter die Portfolio-Analyse, die SWOT-Analyse, die Balanced Scorecard usw.

Strategieberatung wird heute in so gut wie allen größeren organisationalen Veränderungsprozessen in Anspruch genommen. Prominente Beispiele sind die Einführung des neuen Preissystems bei der Deutschen Bahn oder der Reformprozess der Bundesagentur für Arbeit (vgl. den Beitrag von Bomba in Kapitel 19). Auch bei Unternehmensfusionen oder -akquisitionen oder großen Restrukturierungsprojekten werden in aller Regel Strategieberatungsfirmen einbezogen.

3.1 Organisationstheoretischer Hintergrund: Die Organisation als Maschine

Organisationen dienen dazu, auf möglichst effizientem Wege ein Produkt herzustellen. Da dies in einer Organisation arbeitsteilig erfolgt, müssen die Beiträge der einzelnen Organisationsmitglieder koordiniert und reglementiert werden. Dies geschieht über die Festlegung von Entscheidungs- und Kommunikationsstrukturen, die Formulierung von Stellenbeschreibungen und die Standardisierung von Arbeitsprozeduren, die auf immer gleiche Weise auszuführen sind. Die Organisation gleicht einer Maschine, die nach einem vordefinierten Bauplan konstruiert ist, bei der eine Vielzahl von Einzelteilen mit klar umrissener Funktion ineinander greifen und die auf immer gleiche Weise funktioniert.

Das Bürokratie-Modell

Die Ursprünge des Bestrebens, menschliches Zusammenarbeiten maschinenähnlich zu gestalten, reichen weit zurück. Morgan (1997, S. 29) sieht im preußischen Militär den Prototyp der mechanistischen Organisationsform. Mit der industriellen Revolution nahmen die Größe der Organisationen, damit der Koordinationsbedarf und in dessen Folge die Mechanisierung und Routinisierung der Arbeit zu. *Max Weber* hat den Organisationstypus, der sich in der Folge einer zunehmend rationalen und an Effizienzkriterien orientierten Ausrichtung der Gesellschaft ausbreitete, in seiner Analyse der Bürokratie beschrieben. Er zeichnet sich nach Weber durch folgende Merkmale aus (vgl. Kieser 2006b, Preisendörfer 2008):

- Die Organisation wird nicht als Ansammlung von Personen gedacht, sondern als Gefüge von Stellen. Die für eine Stelle erforderlichen Kompetenzen werden nach den Anforderungen der Organisation und unabhängig von konkreten Personen festgelegt. Das Ziel ist eine vollständige Austauschbarkeit der Mitarbeiter.
- Jedes Mitglied der Organisation hat feste Zuständigkeiten, Kompetenzen, Entscheidungsbefugnisse, Aufgabenbereiche, Pflichten sowie die für die Erfüllung dieser Pflichten notwendige Befehlsgewalt. Wie im Rahmen der Stellen und der Kompetenzen der Stelleninhaber zu entscheiden ist, ist durch Regeln und Vorschriften weitgehend präjudiziert.
- Die Organisation ist als Amtshierarchie mit Befehls- und Beschwerdewegen aufgebaut.
- Vorrationale Begründungen von Führung und Herrschaft (z.B. Tradition, gesellschaftliche Position, Gnade) werden ausgeblendet und durch formale Regeln ersetzt.
- Grundlagen und Ergebnisse aller Entscheidungsvorgänge sind in Form von Akten dokumentiert.

Weber selbst hat die Bürokratie als „lebende Maschine“ (Weber 1972, S. 835) bezeichnet und ihre Maschinenartigkeit verschiedentlich betont:

> Ein voll entwickelter bürokratischer Mechanismus verhält sich [...] wie eine Maschine [...]. Präzision, Schnelligkeit, Eindeutigkeit, Aktenkundigkeit, Kontinuierlichkeit, Diskretion, Einheitlichkeit, straffe Unterordnung, Ersparnisse an Reibungen, sachlichen und persönlichen Kosten sind bei streng bürokratischer [...] Verwaltung [...] auf das Optimum gesteigert. (ebd., S. 561 f.)

> Mitglieder einer bürokratisch organisierten Verwaltung sind „Paragraphen-Automaten“, deren Arbeitsergebnis kalkuliert werden kann „wie man die voraussichtliche Leistung einer *Maschine* kalkuliert“ (Weber 1988b, S. 322)

> [...] in allen modern organisierten Wirtschaftsbetrieben reicht die „Rechenhaftigkeit“, der rationale Kalkül, heute schon bis auf den Boden herunter. Es wird von ihm jeder Arbeiter zu einem Rädchen in dieser Maschine und innerlich zunehmend darauf abgestimmt, sich als ein solches zu fühlen und sich nur zu fragen, ob er nicht von diesem kleinen Rädchen zu einem größeren werden kann. (Weber 1988a, S. 413, alle drei Zitate nach Kieser 2006b, S. 76 f.)

Frederic Taylors „Scientific Management“

Frederic Taylor zielte mit seinem Programm des „Scientific Management“ darauf ab, Möglichkeiten zur Steigerung der Arbeitsleistung ausfindig zu machen und gleichzeitig Konflikte zwischen Management und Arbeitern durch ein System wissenschaftlicher Betriebsführung zu minimieren. So beobachtete Taylor Arbeiter beim Schaufeln von Erde, variierte systematisch die Schaufelgrößen und gab verschiedene Bewegungsabläufe präzise vor, um die maximale ohne gesundheitliche Schädigung mögliche Tagesleistung zu ermitteln. Zentral in Taylors Ansatz sind:

- Das Ziel, für jede Tätigkeit eine präzise Anleitung zu entwickeln. Damit soll sichergestellt werden, dass jeder Arbeit in der optimalen Art und Weise (*one-best-way*) ausgeführt wird. Die Grundlage für die Ermittlung des one-best-way sind Arbeitsstudien, die die Tätigkeitsabläufe bis auf die Ebene einzelner Bewegungen analysieren und optimieren.
- Strikte Arbeitsteilung, um die Leistungsfähigkeit jedes einzelnen Arbeiters optimal ausschöpfen zu können
- Separierung von Hand- und Kopfarbeit (ausführende Tätigkeiten werden von Arbeitern vollzogen, die Planung des Arbeitsprozesses von Managementspezialisten auf wissenschaftlicher Grundlage), das Personal soll entsprechend der am jeweiligen Arbeitsplatz geforderten Qualifikation eingesetzt werden, um Arbeitskosten durch Überqualifizierung zu vermeiden.
- Bezahlung in Abhängigkeit von der erbrachten Leistung (Akkordarbeit, Boni).

Mit Hilfe dieser Prinzipien suchte Taylor die organisationalen Abläufe von persönlichen Einflussgrößen (z.B. „Drückebergerei“) unabhängiger zu machen – diese Haltung kulminiert in Taylors Diktum: „Bisher stand die Persönlichkeit an erster

Stelle, in Zukunft wird die Organisation und das System an erste Stelle treten" (Taylor 1995, S. 4). Seine Empfehlungen trugen maßgeblich zu Rationalisierungen zu Beginn des 20. Jahrhunderts bei und legten die konzeptuelle Grundlage, auf der Henri Ford später die Fließbandproduktion einführte. Taylor steht daher wie kein anderer für ein von der Maschinenmetapher geleitetes Bild von Organisationen, was er selbst durch Aussagen wie „Arbeiter gehorchen ähnlichen Gesetzen wie Teile einer Maschine" bestärkte. Tayloristisches Denken findet sich heute noch in Organisationsprinzipien wie dem Reengineering wieder.

Henri Fayol ergänzte Taylors Arbeiten durch Überlegungen zu den Funktionen und Prinzipien des Managements. Fayol definiert in „Allgemeine und industrielle Verwaltung" (1929) folgende 14 Managementprinzipien:

1. Arbeitsteilung,
2. Autorität (im Sinne eines Rechts zu befehlen und die Befehlsausführung durch Belohnung und Bestrafung zu sanktionieren),
3. Disziplin (Befolgung der Regeln),
4. Einheit der Auftragserteilung (jeder Mitarbeiter darf nur von einer Führungskraft Weisungen empfangen),
5. Einheit der Leitung (es darf es nur einen Leiter und einen Plan geben),
6. Unterordnung von Sonderinteressen (z.B. Ehrgeiz, Egoismus, Trägheit einzelner Mitarbeiter) unter das Gesamtinteresse,
7. Entlohnung des Personals (auch zur Setzung von Leistungsanreizen),
8. Zentralisation (alle Entscheidungen laufen an einer Stelle zusammen),
9. Rangordnung,
10. Ordnung („Einen Platz für jede Sache und jede Sache an ihren Platz", womit sowohl eine materielle als auch eine soziale Ordnung gemeint ist),
11. Gleichheit (Fariness gegenüber den Mitarbeitern),
12. Stabilität des Personals,
13. Initiative (Wecken der Eigeninitiative der Mitarbeiter, z.B. durch die Möglichkeit zur Verantwortungsübernahme),
14. Gemeinschaftsgeist (im Sinne einer kohäsiven Organisationskultur).

Die klassische deutsche betriebswirtschaftliche Organisationslehre

Der vor allem von *Fritz Nordsieck* (1932, 1934) und *Erich Kosiol* (1962) begründete strukturtechnische Ansatz legt mit seinen Überlegungen zu Aufbau- und Ablauforganisation eine zentrale Grundlage für die heutige Praxis der Organisationsgestaltung. Die Struktur einer Organisation, so der Ausgangspunkt dieses Ansatzes, sollte nach Maßgabe der von der Organisation zu erfüllenden Aufgaben gestaltet werden: „Wenn man das ganze Betriebsgeschehen als eine Erledigung von Aufgaben im Sinne einer bestimmten Oberaufgabe ansieht, so wird man die Aufgaben zum Ausgangspunkt der Organisationsuntersuchung machen" (Nordsieck 1932,

S. 10). Gemäß dem Gedanken der Arbeitsteilung wird die Aufgabe in Teilaufgaben zerlegt (Aufgabenanalyse), denen dann jeweils Stellen/Organisationseinheiten zugeordnet werden, die für die Erfüllung der jeweiligen Teilaufgabe zuständig sind. Durch das Ineinandergreifen dieser Teilaufgaben (Aufgabensynthese) entsteht als Resultat das angestrebte Produkt.

Der strukturtechnische Ansatz unterscheidet (ähnlich wie bereits zuvor Fayol) fünf Managementfunktionen: (strategische) Planung, Organisation, Personal, Leitung und Kontrolle. Die Funktion der Organisation, also die Festlegung von Strukturen und Abläufen im zuvor beschriebenen Sinne, ist der strategischen Planung nachrangig. Der gesamte Prozess – von der Planung über die Organisationsgestaltung bis hin zur Kontrolle der Zielerreichung – verläuft rational, d.h. die strategische Planung hat es mit gut strukturierten Problemen, vollständiger Information etc. zu tun.

Die klassische Organisationslehre hat unser Bild von Organisationen und von den Prinzipien für ihre Gestaltung nachhaltig geprägt – in ihren Thesen, so Picot & Franck (1995, S. 17) „ist der Kern der ‚modernen' Philosophie der Prozessorganisation bereits enthalten". Auch wenn sich die zeitgenössische betriebswirtschaftliche Organisationslehre immer weiter fortentwickelt und ausdifferenziert, hat sich die Leitmetapher der Organisation als Maschine von Weber, Taylor und Fayol über Nordsieck und Kosiol bis heute erhalten.

3.2 Grundsätze der Strategieberatung

Anders als z.B. die Organisationsentwicklung lässt sich Strategieberatung nicht als Sammlung von Methoden und Gestaltungsregeln für Veränderungsprozesse definieren. Die Qualität von Fach- bzw. Strategieberatungsunternehmen definiert sich über eine Reihe von Faktoren:

- fundiertes Wissen über branchenspezifische Markttrends und globale Entwicklungen;
- Verständnis für die Geschäftsprozesse des Kunden und Wissen über Optimierungsmöglichkeiten;
- Kenntnis der Branche, ihrer typischen Schwierigkeiten und best-practice-Modellen zu ihrer Lösung;
- hochqualifizierte Berater mit der Fähigkeit, sich extrem schnell in komplexe Problemstellungen einzuarbeiten, sowie mit ausgeprägten analytischen Fähigkeiten;
- erprobte Tools zur Erarbeitung strukturierter Lösungen;
- Netzwerk von hausinternen Spezialisten, auf deren Wissen und Erfahrungen im Bedarfsfall zugegriffen werden kann.

Die FEACO (European Federation of Management Consulting Associations, eine Dachorganisation von 22 nationalen Mitgliederverbänden) teilt die Unternehmensberatung in fünf Segmente ein:

1. IT Consulting/IT Implementation,
2. Corporate Strategy Services,
3. Operations Management,
4. Human Resources-Management,
5. Outsourcing Services.

Die strategische Beratung umfasst dabei die Bereiche:

- Strategic Planning/Organisation Development,
- Mergers und Acquisitions,
- Market und Competitive Intelligence,
- Sales (Marketing/Corporate Communication)
- Financial Advisory (FEACO 2003).

Die Strategieberatung hilft der Unternehmensführung bei der Entwicklung von Wettbewerbsvorteilen: „Strategy is about winning" (Grant 2007). Kern ist dabei die Einbringung von externem Wissen, um die Fähigkeiten der Unternehmensführung zu fördern. Wesentlicher Bestandteil ist stets eine profunde Markt- und Wettbewerberanalyse sowie klare Kenntnis der einschlägigen Gesetzeslage. Die Strategie ist umso wirkungsvoller, je präziser die Reaktionen der Wettbewerber vorausgesagt werden können – was in der Praxis nicht einfach ist: Märkte sind hochkomplexe, nichtlineare, dynamische Systeme, über die Voraussagen schwer zu treffen sind. „Erfahrungswissen" ist daher für Strategieberater unerlässlich (Wie hat sich der Markt in der Vergangenheit/andernorts unter ähnlichen Voraussetzungen verhalten, wie erfolgreich waren Vorgehensweisen in einem ähnlichen Unternehmen etc.?). Typische Einsatzfelder der Strategieberatung in diesem Bereich sind geplantes Wachstum, die Neuausrichtung von Geschäftsfeldern, Strategien zur Internationalisierung des Unternehmens oder die Beratung von Startup-Unternehmen.

Strategieberatung blickt aber nicht nur auf die Performance der Organisation am Markt, sondern auch auf die Organisation selbst. Sie trägt mit ihrer Expertise dazu bei, Prozesse und Strukturen in der Kundenorganisation so neu zuzuschneiden, dass diese markt- und zukunftsfähiger wird. Typische Themen in diesem Bereich sind Restrukturierung, cost cutting, Prozessmanagement oder Outsourcing von unrentablen Bereichen.

Strategieberatung ist von der Anlage her projektartig organisiert, d.h. Strategieberatungsprozesse haben klare Ziele, sind zeitlich begrenzt und behandeln komplexe und neuartige Probleme. Der typische Ablauf eines Strategieberatungsprozesses umfasst folgende Schritte:

1. Angebotserstellung,
2. Präsentation,
3. Auftragserteilung,

4. Zusammenstellung einer Projektgruppe,
5. Analyse,
6. Konzeptionserstellung,
7. Empfehlung an den Kunden,
8. Implementierung.

In der Analysephase wird die Ist-Situation des Kunden in Bezug auf die für die Fragestellung relevante Umwelt der Organisation erfasst. Grundlage hierbei ist eine umfangreiche Sammlung von Daten, die mit unterschiedlichen Analysetechniken ausgewertet werden kann (siehe Übersicht). Dabei werden in der Regel eine Vielzahl von Schlüsselpersonen und Organisationseinheiten als „Datenlieferanten“ einbezogen.

Analyse- und Problemlösetechniken der Strategieberatung (Auswahl)

- Umfeldanalysen
- Bilanz- und Kennzahlenanalyse
- Potenzialanalyse
- Portfolioanalyse
- Branchenstrukturanalyse
- 7-S-Modell
- Benchmarking
- Kundenstrukturanalyse
- Kundenbedarfsanalyse
- Wertanalyse
- Gemeinkostenwertanalyse

zusammengestellt nach Niedereichholz (2008)

Messgrößen im Sinne eines Frühwarnsystems sind unerlässlich, um die Validität der Strategie jederzeit im Blick zu behalten und frühzeitige Fehlererkennung zu ermöglichen. Ein bevorzugtes Instrument dazu ist die Balanced Scorecard (BSC), die von den amerikanischen Beratern Robert Kaplan und David Norton Anfang der 90er Jahre entwickelt wurde. Mit Hilfe der BSC werden Ziele in den vier Unternehmensdimensionen Finanzen, Personalentwicklung, Prozessoptimierung und Kundenorientierung bis auf die einzelnen Abteilungen oder gar den einzelnen Mitarbeiter heruntergebrochen. Es werden Sollzahlen vorgegeben („Scorecard“), die im Rahmen eines integrierten Vorgehens („balanced“) erreicht werden müssen – es müssen also z.B. Kosteneinsparungen gleichzeitig mit Blick auf die Prozessqualität und/oder die Kundenzufriedenheit realisiert werden. Die BSC eignet sich deshalb so gut für die Strategieberatung, weil sie in der Tat ein Messinstrument ist, das auf die Zukunft und nicht auf die Vergangenheit (was haben wir erreicht?) ausgerichtet ist. Mit ihr lassen sich sowohl der Umsetzungsgrad der Zielerreichung als auch die Gültigkeit der Vorannahmen der Strategie permanent überwachen.

Eine ausführlichere Darstellung des Vorgehens der Strategieberatung erscheint aufgrund der Verschiedenartigkeit möglicher Verläufe nicht möglich und auch nicht sinnvoll. Einen guten Einblick gibt Fink (2003).

3.3 Potenziale und blinde Flecke der Strategieberatung

Prämissen der klassischen Organisationslehre	**Blinde Flecke der Strategieberatung**
Es gibt eine optimale Gestaltung der Strukturen und Prozesse der Organisation, die zu maximaler Effizienz führt.	Die Bedingungen für das effiziente Funktionieren der Organisation variieren zwischen Organisationen und situativ auch innerhalb derselben Organisation.
Der Mensch ist ein planbarer Produktionsfaktor innerhalb dieses Kalküls, sein Verhalten ist durch die festgelegten Organisationsregeln determiniert.	Menschliches Verhalten ist nicht determinierbar; Menschen „stören" die geplanten Abläufe, indem sie immer auch eigene Ziele und Interessen verfolgen.
Die Organisation und ihre Mitarbeiter agieren rational.	(Zumindest scheinbar) irrationales Verhalten gehört zur Wirklichkeit in Organisationen.
Die Prozesse innerhalb der Organisation folgen einer linearen Kausalität und sind daher berechenbar und prognostizierbar.	Aufgrund der komplexen, zirkulären und multikausalen Vernetzung von Einflussfaktoren kommt es zu unvorhersagbaren Systemdynamiken.
Entscheidungen werden auf der Basis von vollständiger Information, bekannten Alternativen, klaren Entscheidungskriterien und rationalen Gesichtspunkten getroffen.	Vollständige Information liegt so gut wie nie vor, Entscheider begnügen sich mit wenigen bekannten Alternativen, Entscheidungskriterien sind oft unreflektiert und inkonsistent, es wird nicht immer die „rational beste" Entscheidung getroffen

Tabelle 2: Prämissen der klassischen Organisationslehre und daraus resultierende blinde Flecke der Strategieberatung

Auf dem neuesten Stand des Wissens...

Die Strategieberatung lebt davon, dass sie sowohl im Hinblick auf die Megatrends der Wirtschaftsentwicklung als auch im Hinblick auf das fachspezifische Detailwissen zu einzelnen Branchen, unternehmerischen Fragestellungen und Technologien auf dem jeweils aktuellsten Stand der Entwicklung ist. Große Beratungshäuser verfügen über eigene Forschungsinstitute und Akademien, erstellen Trendstudien und publizieren zu den Beratungsthemen der Zukunft. So werden sie selbst zu Trendsettern.

…oder 60 Jahre hinterher?

Bei aller innovativer Ausrichtung weist die Strategieberatung eine „theoretische Achillesferse" auf, die eine der zentralen Ursachen für das verbreitete Scheitern von Beratungsprozessen darstellen dürfte: Die Strategieberatung ist nach wie vor von der Vorstellung dominiert, Organisationen seien rationale Gebilde. Diese Annahme, obwohl sie seit mindestens 60 Jahren als überholt gelten kann, ist nach Meyer & Rowan „ein Phantom, das seit Max Weber den Organisationsforschern den Durchblick erschwert" (Preisendörfer 2008, S. 147).

Der Anspruch der klassischen Organisationslehre – darauf hat schon Max Weber hingewiesen – liegt nicht in der Beschreibung der *Wirklichkeit* von Organisationen, sondern in der Beschreibung eines *Idealtypus*. Vor allem die betriebswirtschaftliche Organisationslehre versteht sich als ein System von Empfehlungen für die rationale und effiziente Organisationsgestaltung. Ideal und Wirklichkeit sind aber in aller Regel nicht deckungsgleich, und die klassische Organisationslehre ist vielfach dafür kritisiert worden, dass ihre (expliziten oder impliziten) Grundannahmen an der Wirklichkeit von Organisationen vorbei gehen. Diese Diskrepanz von Idealbild und Wirklichkeit lässt sich mithilfe unterschiedlicher Beobachtungen belegen.

Heinz von Foerster (1985) hat die Funktionslogik der Organisation, so wie sie von Weber und Taylor konzipiert wurde, als die der *„trivialen Maschine"* bezeichnet: Aus einem Input x wird mittels einer deterministischen Verknüpfungsfunktion ein Output y erzeugt. Kennt man diese Wirkungsfunktion, kann man bei gegebenem Input die Reaktion der Maschine mit 100%iger Sicherheit voraussagen: Aus einer bestimmten Menge Stahlbleche, Kabel, Achsen usw. wird in einem Automobilwerk ein Fahrzeug gefertigt. Hat das Fahrzeug statt vier Rädern nur drei, fällt beim Einsteigen die Türverkleidung ab oder gehen beim Bremsen die Nebelschlussleuchten an, deutet dies auf einen Defekt hin, der behoben werden muss, z.B. durch Reparatur der Maschinen, Nachschulung oder Austausch der Mitarbeiter. Organisationen funktionieren aber nicht wie Trivialmaschinen – sie sind *nicht-triviale Maschinen*, die nicht mithilfe der skizzierten linearen Kausalitätsvorstellungen allein erklärt werden können. Beispielsweise setzt das Funktionieren der Organisation im Sinne der klassischen Organisationslehre modellkonformes Verhalten der Beteiligten voraus. Menschen sind aber nicht-triviale Maschinen, daher ist ihr Verhalten nur schwer kalkulierbar. Da sie immer Spielräume für abweichendes Handeln haben und auch nutzen, entsteht eine Diskrepanz zwischen formal vorgesehenem, „systemkonformem" Verhalten und informellen, „subversiven" Handlungsweisen, die im Rahmen der Theorie nicht erklärbar ist. Schon Max Weber hat darauf hingewiesen, dass die bürokratische Organisation umso vollkommener funktioniert, „je mehr sie sich entmenschlicht, je vollkommener […] ihr […] die Ausschaltung von Liebe, Haß und aller rein persönlichen, überhaupt aller irrationalen, dem Kalkül sich entziehenden Empfindungselemente aus der Erledigung der Amtsgeschäfte gelingt" (Weber 1972, S. 563, zitiert nach Kieser 2006b, S. 72). Aus der Sicht von Luhmann (1976, S. 18) wurde von der klassischen Theorie „zeitliche Stabilität, sozialer Konsens und sachliche Widerspruchsfreiheit postuliert; zumindest fand sich kein Ansatz, die Frage zu stellen, wie es um diese Dinge in Wirklichkeit steht. Das faktische Verhalten in Organisationen blieb außerhalb des erfaßten Themenkreises". Die Leitvorstellung der rationalen Organisation, so wie sie in Organisationsmodellen von Taylorismus über das Lean Management bis hin zum Business Process Reengineering findet, konnte „in letzter Konsequenz […] nur deswegen als rational präsentiert werden, weil zuerst alles Unberechenbare aus den Kernprozessen der Organisation ausgeschlossen wurde" (Kühl 2000, S. 37). So entstehen eine Reihe blinder Flecke – Tab. 2 stellt nur einige davon dar.

Die Human-Relations-Bewegung (vgl. Abschnitt 5.1) lenkte den Blick auf die Abhängigkeit der Produktivität von menschlichen und zwischenmenschlichen Faktoren wie Motivation, Arbeitsklima und Führungskultur. Auch die Erkenntnis, dass sich in Organisationen informelle Strukturen ausbilden, die oft quer zu den durch den Organisationsplan definierten Kommunikations- und Entscheidungswegen stehen, stellt das Bild der rationalen Organisation infrage.

Die verhaltenswissenschaftliche Entscheidungstheorie hat gezeigt, dass Handeln und Entscheiden in Organisationen zwar der Intention nach so rational sein mögen wie von der klassischen Theorie portraitiert, de facto aber häufig von objektiver Rationalität weit entfernt ist. Menschen verfügen nicht über die Kapazitäten zur kognitiven Informationsaufnahme und -verarbeitung, die für eine vollständig rationale Entscheidung nötig wären. Sie grenzen den Raum der Entscheidungsalternativen stark ein, begnügen sich mit lückenhaftem Wissen über die Konsequenzen von Entscheidungsalternativen und bewerten Konsequenzen nur rudimentär. Sie verzichten auf Informationen, weil sie deren Beschaffung als zu mühsam und zeitaufwändig einschätzen. Als Resultat wird oft nicht die beste Entscheidung gewählt, sondern diejenige, die dem Mindestanspruch des Entscheiders genügt.

March (z.B. Cohen & March 1974, March & Olsen 1986, March & Romelaer 1976) hat gezeigt, dass Entscheidungsgelegenheiten, Lösungen und Akteure in Organisationen nur lose gekoppelt sind. Entscheidungsprozesse sind keineswegs geordnet in dem Sinne, dass Entscheidungen auf rationalem Wege von den zuständigen/den jeweils kompetenten Personen getroffen würden. Stattdessen, so March, gleicht die Ordnung in Entscheidungsprozessen eher der Ordnung in einem Mülleimer:

- Entscheidungsgelegenheiten werden mit angeblich dringenden Problemen überfrachtet;
- viele Entscheidungen werden routinemäßig getroffen;

- Entscheidungsprozesse generieren oft Probleme, statt sie zu lösen;
- die an einer Entscheidung beteiligten Personen wechseln und ihre Aufmerksamkeit schwankt, so dass heute so und morgen anders entschieden werden kann;
- Verbindungen zwischen Mitteln und Zwecken, Handeln heute und morgen, Handeln in verschiedenen Teilen des Systems, Plänen und Entscheidungen, Entscheidungen und Implementierung etc. bleiben obskur;
- die Organisationsmitglieder kämpfen um das Recht, am Entscheidungsprozeß teilnehmen zu können, um dieses Recht dann nicht zu nutzen;
- Organisationen ignorieren die verfügbare Information, suchen daraufhin neue Information und ignorieren diese dann;
- Entscheidungsgelegenheiten verlagern sich ins Informelle.

Aus dieser Sicht stellen Organisationen keineswegs rationale Gebilde dar, sondern eher „organisierte Anarchien" (Cohen & March 1974).

Die Forschung zur Mikropolitik (vgl. Kapitel 11) hat die Aufmerksamkeit auf die Macht- und Positionskämpfe gelenkt, die die Zusammenarbeit in Organisationen prägen und die sich nicht in die Vorstellung der rationalen Organisation einfügen lassen. Darüber hinaus haben die Systemtheorie (vgl. Abschnitt 6.1), der Neo-Institutionalismus (vgl. Kapitel 7: „Die Organisation als Chamäleon" und Kapitel 8: „Die Organisation als potemkinsches Dorf") und viele andere neuere organisationstheoretische Ansätze dazu beigetragen, dass das von der klassischen Theorie skizzierte Bild der Organisation als Maschine heute als drastische Verkürzung der wirklichen Komplexität gilt.

Eine zentrale Schwäche der Strategieberatung besteht darin, dass mit den Prämissen der klassischen Organisationslehre auch deren blinde Flecke in den Beratungsansatz hineinkopiert werden. Die Gestaltung organisationalen Wandels stellt sich dann – zugespitzt formuliert – ebenso einfach dar wie der Umbau einer (wenn auch großen und komplizierten) Maschine. In einem Bild, in dem Organisationen als Maschinen erscheinen, kommt dem Berater die Rolle des Ingenieurs zu. Er analysiert die Funktionsweise der Maschine, macht die Ursache von Defekten ausfindig und gibt Empfehlungen ab, wie die Maschine so umgebaut werden kann, dass sie weniger Ausschuss produziert, höhere Leistung erbringt oder ressourcensparender arbeitet. Im Anschluss an diese Empfehlungen können defekte Bauteile ausgetauscht, Verschleißteile geölt oder die Maschine gemäß dem geänderten Bauplan umgebaut werden. Die Leitbilder der rationalistischen Organisationstheorie wirken dabei als „systematischer Wahrnehmungsfilter" (Kühl 2000, S. 42), der ein einfaches Bild von der Organisation sicherstellt. Ein solches einfaches Bild übt durchaus einen Reiz aus: „Der Grund für die Stärke des Maschinen-Mythos liegt darin, daß mit ihm das Versprechen umfassender Verhaltenssteuerung und Verhaltenskontrolle verbunden ist" (Volpert 1990, S. 24, zitiert nach Staehle 1991,

S. 24 f.). Beratung dient – neben anderen Zielen – auch der Reduktion von Unsicherheiten auf der Seite der Entscheider (vgl. Abschnitt 6.1: Unsicherheitsabsorption). Ein Organisationsmodell, das Rationalität und Beherrschbarkeit signalisiert, suggeriert auch die Möglichkeit der Erfolgsprognose und rationalen Durchsteuerung des Veränderungsprozesses. Ein verkürzendes Bild von Organisationen kann daher durchaus verkaufsfördernd sein.

Damit soll nicht angedeutet sein, dass Strategieberater aus verkaufstaktischen Gründen die Maschinenmetapher als Grundlage ihrer Konzepte verwenden. Vielmehr handelt es sich bei dem Bild der rationalen Organisation um eine Grundannahme, die im Alltagsdenken weit verbreitet ist und sich noch verfestigt, wenn Manager und Berater betriebs- oder ingenieurwissenschaftliche Studiengänge absolvieren. Dieses gemeinsame Bild von Organisationen (und die damit verbundenen gemeinsamen blinden Flecke) dürfte ein Grund für die weite Verbreitung der Strategieberatung sein: „Die ingenieurswissenschaftliche Sozialisation vieler Berater bedient die mechanistischen Rationalitätserwartungen der Klienten", wie Mohe (2006, S. 188) kritisch anmerkt. Diese Ebene der wahrnehmungs- und handlungsleitenden Metaphern kommt in den Beratungskonzepten der Strategieberatung nicht in den Blick, da diese bei konkreteren Fragestellungen ansetzen. Die unhinterfragte, durch die Vorstellung von der Organisation als rationales Gebilde hervorgerufene Perspektivverengung dürfte eine wesentliche Ursache für das Scheitern vieler Strategieberatungsprozesse sein.

Unterstützung bei der Gestaltung der Zukunft…

Die strategische Planung gehört zu den wichtigsten Aufgaben des Managements. In der Praxis kommen strategische Aspekte angesichts der Anforderungen des operativen Geschäfts aber häufig zu kurz. Strategieberatungen können das Management dabei unterstützen, die strategische Planung mit Expertenwissen und Branchenkenntnis, fundierten Recherchen und erprobten Methoden zu unterstützen. Auf diese Weise können wichtige Richtungsentscheidungen effizienter vorangetrieben werden als es den im operativen Tagesgeschäft eingebundenen Managern allein möglich wäre (Baumgartner & Sitte 2005, S. 51). Durch Parallelprojekte in mehreren führenden Unternehmen, Kontakt zu den Top-Entscheidern und durch Studien über künftige Entwicklungen sind Strategieberatungen „am Puls" der zu erwartenden Trends in einer Branche und übernehmen so die Rolle eines „Frühwarnsystems" (ebd., S. 55).

… oder Blick in die Kristallkugel?

Die klassische Organisationslehre und in ihrer Folge die Strategieberatung gehen – verkürzt gesprochen – davon aus, dass Erfolg planbar ist: Wenn alle relevanten Informationen verfügbar sind, Strategien unter Berücksichtigung der entscheidenden erfolgskritischen Kriterien formuliert werden, die richtigen Analyse- und Planungstools zum Einsatz kommen, die richtigen Maßnahmen zur Transformation der Organisation beschlossen und konsequent umgesetzt werden, dann ist der Erfolg wenn schon nicht sicher, so doch sehr wahrscheinlich. Schon seit Langem steht man – auch in Teilen der Betriebswirtschaftslehre – dieser linearen Kausalitätsannahme skeptisch gegenüber:

> Berater nehmen in Anspruch, zur Lösung bestimmter Probleme wie Erfassung von Kosten, Bewertung von Innovationsvorschlägen, usw. bewährte oder sogar die jeweils optimalen Lösungen identifiziert und in ihren Informationssystemen gespeichert zu haben [...]. Aus wissenschaftlicher Sicht ist es aber kaum möglich, festzustellen, welches die jeweils besten Lösungen bestimmter Probleme sind und ob sich diese Lösungen umstandslos [...] von einem Unternehmen auf andere mit unterschiedlichen Bedingungen übertragen lassen [...]. (Kieser 2002, S. 31)

Über den Zweifel an der Existenz allgemeingültiger Erfolgsfaktoren hinaus hat vor allem die Forschung zur strategischen Planung (exemplarisch Mintzberg 1995) zur Skepsis an klassischen Formen des Managements und der Beratung beigetragen. Durch empirische Studien ist der Zusammenhang zwischen strategischer Planung und überdurchschnittlicher Performance nicht belegt. Denn jede Planung bezieht sich auf eine Zukunft, die letztlich unvorhersehbar ist – es kann immer auch anders kommen. Die Komplexität der Märkte, der gesellschaftlichen Kontextfaktoren und der Organisationen selbst, die in den letzten Jahrzehnten sprunghaft zugenommen hat, macht den Erfolg relativ einfacher Entscheidungsprogramme zunehmend schwieriger. Strategieberatung bezieht

> die Beratungsaufgabe auf die Planung der Entscheidungsprämissen des Systems [...]. Das wird jedoch fraglich (oder jedenfalls prinzipiell erfolgsunsicher) in dem Maße, als klar wird, dass die Stabilität eines dynamischen Systems in einer turbulenten Umwelt eine lose (und keine feste) Kopplung von Prämissen und Entscheidungen erfordert. (Luhmann 2000, S. 433)

Strategieberatung kann Alleinstellungsmerkmale schaffen...

Strategieberatung arbeitet mit dem Versprechen, dem Kunden zu einem Wettbewerbsvorteil gegenüber seinen Konkurrenten zu verhelfen. Wettbewerbsvorteile lassen sich einerseits im Vergleich innerhalb einer Branche bzw. in angrenzenden Branchen finden („Market based View", vgl. Porter 1990) oder innerhalb des Unternehmens („Resource Based View", vgl. Wernerfelt 1984; Prahalad & Hamel, 1990, 1994), indem die einmaligen Ressourcen und Kernkompetenzen des jeweiligen Unternehmens „entdeckt" und gefördert werden. Identifizierte Kernkompetenzen in diesem Sinne („Core Competencies", Barney 1991) ermöglichen dem jeweiligen Unternehmen ein schnelles Reagieren auf Umweltveränderungen, eröffnen den Zugang zu einer großen Zahl an Märkten und sollten nur schwer zu imitieren sein.

…oder verhindern

Genau hier liegt die Crux: Strategische Positionierung zur Generierung eines zukünftigen Wettbewerbsvorteils verlangt, dass ein Unternehmen andere Aktivitäten bzw. ähnliche Aktivitäten in einer anderen Art und Weise durchführt als seine Konkurrenten – im Unterschied zur operationalen Effektivität, die „nur" eine bessere Ausführung ähnlicher Aktivitäten wie die der Konkurrenten voraussetzt. Außergewöhnlicher Erfolg, so Kieser (1998), kommt nicht durch ein quantitatives „Besser-Sein" im Hinblick auf bestimmte Standard-Dimensionen zustande, sondern durch eine individuelle Kombination origineller Lösungen, die in der Summe ein schwer zu kopierendes, qualitatives „Andersartig-Sein" ergibt. Die Strategieberatung tendiert aber dazu, ihren höchst verschiedenen Kunden ein Arsenal weitestgehend standardisierter Methoden, Tools und Konzepte anzudienen – in Zeiten der Suche nach Best Practices hat die Imitation Konjunktur (vgl. Kapitel 7). Beispiele hierfür sind Tools wie die Balanced Scorecard, das Erfahrungskurvenkonzept der Boston Consulting Group oder das Konzept strategischer Geschäftseinheiten von McKinsey. Dass sich exzellente individuelle Strategien mit solchen standardisierten und „flächendeckend" eingesetzten Tools erstellen lassen, darf bezweifelt werden: „Wenn Firmen", so Lechner (2005, S. 409) „mit Strategieberatern arbeiten, die die gleichen Methoden verwenden, woher soll dann der Unterschied zwischen ihnen kommen, der zu überdurchschnittlichen Renditen führt?" Die Standardisierung der Strategieberatung birgt somit die Gefahr, die aus der Einzigartigkeit jeder Organisation und ihres Erfahrungswissens resultierenden zukünftigen Wettbewerbsvorteile nicht nur zu vernachlässigen, sondern geradezu zu vernichten.

Angesichts dieses Zweifels an der Existenz eines „one best way", d.h. eines optimalen Weges der Organisationsgestaltung und -ausrichtung, liegt für viele Experten

> zumindest für Fälle, in denen ein komplexer sozialorganisatorischer Zusammenhang wie eine Arbeitsorganisation verändert werden soll, […] die Forderung auf der Hand […], alle Interventions- bzw. Beratungskonzepte „expertokratischen" Zuschnitts zurückzuweisen. Also Konzepte der Expertenberatung, die auf der Vermittlung überlegenen Wissens, gesicherter Erkenntnisse und erwiesener best practice beruhen. (Moldaschl 2001, S. 160 f.)

Soziologische und systemische Beratungstheorien raten daher zu Beratungskonzepten, die die Reflexivität und Selbststeuerungsfähigkeit der Organisation steigern (vgl. Abschnitt 6.2).

Werkzeug zur Handhabung von Komplexität…

Die Steuerung einer (Groß-)Organisation und ihre optimale Ausrichtung an sich schnell verändernde Umweltgegebenheiten ist eine äußerst komplexe Aufgabe. Die hohe und kontinuierlich wachsende Komplexität ist eine der zentralen Herausforderungen an das Management (z.B. Malik 2006). Strategieberater helfen dabei, diese Komplexität für das Management überschaubar und handhabbar zu machen, indem sie Informationen bündeln, entscheidungsrelevante Faktoren herausfiltern und Entscheidungsvorschläge ausarbeiten. Die Analyseinstrumente der Strategieberatung helfen dabei, in unübersichtlichen Situationen unter Handlungsdruck schnell zu Bewertungen und Entscheidungen zu gelangen.

… oder zu starke Vereinfachung und Pauschalisierung?

80% der Befragten in einer Studie von Pfähler & Lieps (1996, zitiert nach Kolbeck 2001) sind der Meinung, Beratung erfolge mit einem relativ hohen Grad an Standardisierung. Der Umstand, dass organisationale Problemlagen von höchster Komplexität in einigen PowerPoint-Charts oder in standardisierte Vierfelderschemata „eingedampft" werden, gehört zu den am häufigsten geäußerten Kritikpunkten an der klassischen Strategieberatung. Der massive Einsatz von Standard-Instrumenten wie der Portfolio-Matrix führt dazu, „daß heute fast jedes Problem von Beratern auf zwei Dimensionen und vier Felder projiziert wird", wie Kolbeck (2001, S. 46) polemisch anmerkt. Wenn die verwendeten Analyseinstrumente die Komplexität und Dynamik der Wirklichkeit nicht angemessen abbilden, spiegeln sie allenfalls eine kurzfristige Handlungssicherheit vor, führen mittelfristig aber womöglich zur Verschärfung der Probleme. So begründet sich auch die pointierte Empfehlung, die March (2001, S. 33) Beratungskunden an die Hand gibt: „Fragt eure Berater, was ihr tun sollt. Geben sie euch eine definitive Antwort, feuert sie!"

Instrument zur Durchsetzung der optimalen Strategie…

Die Empfehlungen der Strategieberatung zur Organisationstransformation richten sich in den meisten Fällen an das Top Management und legen eine top-down-Implementierung nahe. Wenn die Entscheider über die nötige Durchsetzungsmacht verfügen, lässt sich auf dieser Basis die Umstrukturierung des Unternehmens schnell und nach dem „fait accompli"-Prinzip vornehmen: die zentralen Entscheidungen wurden bereits getroffen und lassen sich von potenziellen Widerstandsträgern nicht mehr infrage stellen. Andere Beratungsansätze, z.B. die Organisationsentwicklung (vgl. Abschnitt 5.2) sehen ein höheres Maß an Partizipation vor und setzen damit notwendigerweise komplexere und langwierigere Konsensfindungsprozesse voraus.

…oder Blaupause, die an der Wirklichkeit der Organisation scheitert?

Ein mit Macht durchgesetzter Wandel ist noch kein gelungener Wandel. Identifikation mit dem Unternehmen, Motivation, Kreativität und andere „weiche Faktoren" sind nicht per Dekret herstellbar. Machteingriffe laufen Gefahr, bei den Betroffenen Abwehrreaktionen hervorzurufen, ein Phänomen, das in der Sozialpsychologie als *Reaktanz* bezeichnet wird. Wimmer (2004, S. 163) bringt die Machtproblematik, die dem Interventionsverständnis der klassischen Organisationslehre und der Strategieberatung immanent ist, pointiert zum Ausdruck:

> In dieser Denktradition […] gerinnt das Problem der Organisationsgestaltung primär zu einer ingenieurmäßigen Aufgabe. Man behebt die festgestellten Funktionsmängel, indem man die Organisation in Richtung einer vorweg definierten Soll-Konzeption umbaut, wobei diejenigen, die umbauen, natürlich selbst nicht Teil des zu behebenden Problems sind […]. Hat man das richtige Organisationsdesign gefunden und die passenden Stellhebel definiert, dann gilt es nur, den Widerstand der betroffenen Organisationsmitglieder geschickt zu brechen und ihre Zögerlichkeit zu überwinden. In diesem Verständnis gibt es eine klare, vorweg definierte Asymmetrie zwischen denjenigen, die verändern, und denjenigen, die verändert werden.

Veränderungsprozesse können daher zwar gegen Widerstände durchgesetzt werden, eine erfolgversprechende Veränderung muss jedoch informelle Prozesse und persönliche Befindlichkeiten berücksichtigen.

Da die Strategieberatung von der klassischen Organisationslehre das Bild einer weitgehend nach Programm funktionierenden Organisation übernimmt, ist es nicht verwunderlich, dass informelle Prozesse in vielen Strategieberatungsprozessen nicht ausreichend thematisiert werden. Pointiert formuliert: In einem Konzept, das Beratung wie den Umbau einer Maschine begreift, kommt Widerstand der Zahnräder gegen den Umbau nicht vor. Auch in den Wissenschaftszweigen, aus denen Strategieberatungsfirmen die Mehrzahl ihrer Mitarbeiter rekrutieren – nämlich BWL und VWL, Ingenieur- und Naturwissenschaften –, steht die Komplexität menschlicher Interaktionsprozesse traditionell nicht im Fokus. Entsprechend, so Kühl (2005a, S. 347), würden Vorstellungen, mit welchen Interventionen man in die Informalität eingreifen kann (über den Versuch, den Mitarbeitern „den Schlendrian auszutreiben" hinaus), in der betriebswirtschaftlichen Beratung weitgehend fehlen. Auch die Interviewpartner in der qualitativen Feldbefragung von Bohler & Kellner (2004) gaben zum Thema Strategieberatung zu Protokoll,

> daß Berater oftmals wegen ihres rationalistischen und technizistischen Angangs über ein unzureichendes Sensorium für die Grenzen der Menschenformung und Sozialgestaltung verfügten. Es verwundert darum nicht besonders, daß sich in solchen Konstellationen Resistenzen gegen Berater schlechthin oder zumindest gegen deren allzu forsches Auftreten und drastische Eingriffsversuche herausbildeten. (S. 23)

Lange Zeit kam die Begleitung der Umsetzung der geplanten Veränderungen im Konzept vieler Strategieberatungshäuser nicht vor. Leifs These „Das größte Defizit der Berater besteht in der Operationalisierung der erarbeiteten Lösungen" (Leif 2006, S. 398) wird von Beratungskunden auch heute noch immer wieder bestätigt (vgl. z.B. den Beitrag von Gösling in diesem Band). Mit der Abgabe der

Empfehlungen an die Unternehmensführung galt die Leistung als erbracht – ein Konzept, in dem „die Gutachter-Weisheit per Expertise dem Auftraggeber mitgeteilt wird und der Klient bei der Umsetzung meist alleingelassen wird“ (Gairing 1999, S. 74). Dieses Bild spiegelt sich z.B. darin wieder, dass in dem zweibändigen, insgesamt ca. 800 Seiten starken Grundlagenwerk von Niedereichholz (1996, 2008) nur neun Seiten dem Thema „Realisierung“ inclusive Realisierungsvorbereitung, Fortschrittskontrolle und Maßnahmenkorrektur gewidmet sind!

Staehle (1991) kommentiert dieses lang gehegte Selbstverständnis der Strategieberatung bissig: „Der Unternehmensberater hinterlässt eine Zusammenschrift der internationalen Managementliteratur und verabschiedet sich auf dem Höhepunkt der innerbetrieblichen Verunsicherung“ (S. 27). Vor dem Hintergrund der Maschinenmetapher und dem sich daraus ableitenden Rollenverständnis des Beraters als Ingenieur ist dieser Ansatz verständlich: Wenn man Organisation als Maschine begreift, liegt die Herausforderung in der Analyse der Fehler des „Bauplans“, der eigentliche Umbau der Maschine ist dann nicht mehr problematisch. Dass die Umsetzung zu den zentralen blinden Flecken der Strategieberatung gehört, zeigen zahlreiche Studien, die belegen, dass ein beträchtlicher Teil aller Strategieberatungsprojekte in der Implementierungsphase scheitern (z.B. Balzer & Wilhelm 1995, S. 55). Im günstigeren Fall werden die Empfehlungen des Beraters „schubladiert“ (Wimmer 1995, S. 274), im ungünstigeren Fall steht die Organisation nach einem gescheiterten Umsetzungsversuch schlechter da als vorher.

Mittlerweile haben die Beratungshäuser auf diese Erkenntnis reagiert und ihr Portfolio durch Umsetzungsberatung ergänzt. In vielen Feldern beschränkt sich Organisationsberatung aber immer noch darauf, Empfehlungen auszusprechen und deren Umsetzung (angesichts entsprechender blinder Flecken oder mangels nötiger organisationspsychologischer Kompetenzen) ohne flankierende Begleitung der Organisation zu überlassen (vgl. etwa für den Bereich der Entwicklungszusammenarbeit Ameln 2006).

Expertenwissen…

Strategieberatungsfirmen bieten hochspezialisierte Leistungen an. Sie liefern Strategieansätze und Erfahrungswissen, die sich aus zahlreichen Projekten speisen. Sie können auf ein großes internes und externes Netzwerk von Experten zurückgreifen, die sich auf themen- oder branchenspezifische Fragen spezialisiert haben. Sie binden die besten Absolventen der renommiertesten Hochschulen an sich und sichern so wissenschaftliche Aktualität und hohe fachliche Standards. Auf diese Weise verfügen Strategieberatungen über spezifisches Know-how, das in den Kundenorganisationen nicht immer im selben Maße verfügbar ist.

…oder nur Fassade?

Auf der anderen Seite wird den Strategieberatungen vorgeworfen, die hohe Kompetenzanmutung, die sie gegenüber dem Kunden suggerieren, gehe mehr auf geschicktes Impression Management zurück als auf tatsächliches Know-how. Die Projekte werden meist von hoch qualifizierten und erfahrenen Senior-Beratern akquiriert, dann aber von jungen Newcomern durchgeführt, denen die Expertise und der Instinkt der erfahrenen älteren Kollegen fehlen. Mit Hilfe von Symbolen wie Kleidung, Fachjargon, professionell gestalteten Präsentationen und einem bestimmten Stil des Auftretens würden der häufig festzustellende Mangel an Fachkenntnissen, Beratungs-Know-how und Erfahrung verschleiert (vgl. Kapitel 17: Pseudo-Wissenschaftlichkeit). Auch die Rekrutierung der besten Absolventen kann in diesem Zusammenhang als „Blendwerk" gegenüber dem Kunden gesehen werden (Faust 1998, S. 152). Schließlich kann man es als zweifelhaft betrachten, ob ein Berater selbst in einem Projekt mit langer Laufzeit so viel Wissen über die Organisation ansammeln kann, dass er Kunden, die seit 20 Jahren in der Organisation arbeiten, gewinnbringend beraten kann.

Strategieberatung sucht nach Lösungen für Probleme des Managements…

In schwierigen, von schnellem Wandel bestimmten Zeiten ist die Nachfrage nach Unterstützung bei der Neuausrichtung von Strukturen und Prozessen groß. Zentrale Herausforderungen finden sich in den Bereichen Strategie, Operations, IT, Cost Cutting, Marketing, Supply Chain Management oder Mergers & Acquisitions. Hochspezialisierte Beratungsunternehmen bieten Lösungen an, die auf dieses Angebot zugeschnitten sind.

…oder sucht sie Probleme, die zu vorhandenen Lösungen passen?

Die Gegenposition zu dieser Ansicht behauptet, das Verhältnis von Angebot und Nachfrage sei umgekehrt, und zwar in der Beratungsszene generell (vgl. Kapitel 17: Einsatz von Standardtools als Universalrezepte), vor allem aber im Fall der Strategieberatung. Die Beratungsunternehmen würden demnach Standard-Tools entwickeln und die in der Organisation vorgefundenen Problemlagen so redefinieren, dass sie zu diesen Tools passen: Wer nur einen Hammer hat, sieht überall Nägel – oder: bringt seine Kunden dazu, dass sie überall Nägel sehen. Bei den von den großen Strategieberatungen angebotenen strategischen Konzepten handelt es sich aus dieser Sicht um „Marketing-Rhetorik" (Rall 2005), die eine Nachfrage generieren sollen, die unabhängig von der verzerrten Problemanalyse der Beratungshäuser gar nicht existieren würde.

4 Psychoanalytische Organisationsberatung

Einer der zweifellos größten Verdienste *Sigmund Freuds* war die „Entdeckung" des Unbewussten. Freud war zu der Erkenntnis gelangt, dass ein wesentlicher Teil des menschlichen Handelns von Vorgängen in einem Teil der Psyche beeinflusst wird, zu denen die betreffende Person im Regelfall keinen Zugang hat. Aufbauend auf der Unterscheidung von Bewusstem, Vorbewusstem und Unbewusstem entwickelte die Psychoanalyse im Laufe eines Jahrhunderts einen umfangreichen Komplex von Annahmen zur Beschreibung und kausalen Erklärung von rational nur schwer erklärbaren Verhaltensauffälligkeiten. Aufbauend auf den durch Freud gelegten Grundlagen leisteten Melanie Klein, Wilfred R. Bion, Stavros Mentzos und andere wichtige Beiträge, um den Beschreibungsbereich der Psychoanalyse auch auf soziale Beziehungen und Systeme auszuweiten.

Die psychoanalytische Organisationsberatung geht davon aus,

- dass viele Schwierigkeiten in Organisationen (z.B. Fehlanpassungen, Krisen, Konflikte) auf unbewusste Vorgänge zurückgehen und
- dass die rationalen Analysemethoden anderer Beratungsverfahren zu kurz greifen, um diese tiefere Ebene zu erreichen.

Die Frage, was das Charakteristische der psychoanalytischen Organisationsberatung ist, beantwortet Obholzer (2004), indem er die Begegnung mit einem Privatdetektiv schildert. Auf Obholzers Frage, was die beste Quelle für seine Nachforschungen sei, antwortete der Detektiv: „Sehen Sie in die Mülleimer, da bekommen Sie immer die besten Aufschlüsse." Diese Antwort beschreibt für Obholzer das Wesentliche des psychoanalytischen Beratungsmodells, nämlich die Beschäftigung mit den abgespaltenen, verleugneten und zurückgewiesenen Aspekten der Organisation. Die Aufgabe des psychoanalytischen Beraters besteht darin, diese dysfunktionalen Aspekte im Unbewussten der Organisation zu erkennen und dem Klientensystem zurückzuspiegeln, um sie so bewusst und damit unschädlich zu machen.

Die psychoanalytische Organisationstheorie stellt für das Verständnis der Dynamik in Organisationen eine interessante Bereicherung dar. Sie erhellt Aspekte, die von rational geprägten Organisationstheorien nicht ausreichend berücksichtigt werden. Der Blick durch die „psychoanalytische Brille" ermöglicht es, Hypothesen über das Geschehen in Organisationen generieren, die für die Beratung wertvoll sein können. Dennoch fristet die psychoanalytische Organisationsberatung in der heutigen Beratungslandschaft weitestgehend ein Nischendasein, was wohl unter anderem an der nach wie vor schwach entwickelten Organisationstheorie, der Neigung zu pathologisierenden Beschreibungen und der Schwierigkeit liegt, klassische psychoanalytische Interventionen in einer auf Rationalität bedachten Organisationswelt anschlussfähig zu platzieren. Daher haben wir diese Beratungsform nur recht kurz dargestellt. De facto sind die Wirkungen psychoanalytischen Denkens nicht auf die psychoanalytische Organisationsberatung beschränkt – auch in die

Organisationsentwicklung und stellenweise in die systemische Beratung fließt psychoanalytisches Gedankengut ein.

4.1 Organisationstheoretischer Hintergrund: Die Organisation als Bühne unbewusster Vorgänge

Die Psychoanalyse portraitiert den Menschen als komplexes Wesen, das von unterschiedlichsten Erfahrungen, Wünschen, Fantasien, gesellschaftlichen und lebensgeschichtlich erworbenen Vorprägungen usw. geprägt ist. Seine oft rätselhafte Psychodynamik und die daraus entstehenden, bisweilen irrational erscheinenden Verhaltensweisen, entstehen aus dem Versuch, all diese oft widersprüchlichen Anteile zu integrieren und im Gleichgewicht zu halten. Die psychoanalytische Organisationstheorie überträgt dieses Bild in zweierlei Hinsicht auf Organisationen (wobei die Zulässigkeit beider Vergleiche umstritten ist, vgl. Abschnitt 4.3):

- Zum einen bringen die Mitarbeiter ihre individuellen Impulse, Ängste, Bewältigungsstrategien usw. in die Organisation ein. Bestimmte Situationen (z.B. Auseinandersetzungen im Betrieb) können kognitive, emotionale und/oder verhaltensmäßige Reaktionsmuster aktivieren, die in lebensgeschichtlich früheren vergleichbaren Situationen (z.B. Auseinandersetzungen in der Familie) entwickelt wurden. Die Organisation stellt gleichsam die „Bühne" dar, auf der die Mitarbeiter ihr jeweiliges, im Unbewussten wurzelndes Verhalten ausagieren. Die soziale Dynamik der Organisation entsteht dann aus der Summe der individuellen Psychodynamiken ihrer Mitglieder: „Organisationen [...] sind stets auch geprägt durch die unbewußten Vorurteile ihrer Mitglieder und die unbewußten Kräfte, von denen die Gesellschaften geprägt sind, in denen sie existieren" (Morgan 1997, S. 308).
- Zum anderen wird die Personenmetapher auf die Organisation übertragen, d.h. Organisationen werden so beschrieben, als verfügten sie selbst – gewissermaßen ohne Rückgriff auf die in ihnen tätigen Menschen – über ein Unbewusstes.

Bewusstes und Unbewusstes, Es, Ich und Über-Ich

Freuds Annahme, dass sich der seelische Apparat aus dem Unbewussten (*Ubw*), dem Vorbewussten (*Vbw*) und dem Bewussten (*Bw*) zusammensetzt, ist heute weithin bekannt. Später ersetzte Freud dieses topische Modell durch das sogenannte Strukturmodell, das Es, Ich und Über-Ich als funktional definierte Instanzen unterscheidet.

Das *Es* ist dabei diejenige Instanz der menschlichen Psyche, die vollständig unbewusst ist. Es ist der Sitz der (insbesondere sexuellen und aggressiven) Triebe, die permanent nach Abfuhr drängen und sich, ähnlich wie in einem Dampfkessel, aufstauen, wenn diese Abfuhr nicht möglich ist. Alle Vorgänge im Es sind dem Lustprinzip unterworfen und streben nach Erfüllung, unabhängig von den Gegebenheiten der Realität. Das Es

> hat keine Organisation, bringt keinen Gesamtwillen auf, nur das Bestreben, den Triebbedürfnissen unter Einhaltung des Lustprinzips Befriedigung zu schaffen. Für die Vorgänge im Es gelten die logischen Denkgesetze nicht, vor allem nicht der Satz des Widerspruchs. Gegensätzliche Regungen bestehen nebeneinander […]. Es gibt im Es nichts, was man der Negation gleichstellen könnte […] und […] keine Veränderung des seelischen Ablaufs durch den Zeitvorgang […]. Selbstverständlich kennt das Es keine Wertungen, kein Gut und Böse, keine Moral. (Freud 1932, S. 80 f.)

Die Begriffe „Ich-Ideal" und „Gewissen", die Freud in früheren Schriften anstelle der späteren Bezeichnung *„Über-Ich"* verwendete, drücken den Charakter dieser psychischen Instanz bereits anschaulich aus. Das Über-Ich tritt häufig in Form eines übersteigerten Selbstanspruches, als Verbot gegenüber lustvollen Aktivitäten, als Schuldgefühl oder dergleichen in Erscheinung.

Das *Ich* ist der Ort der bewussten kognitiven Leistungen des Individuums wie Wahrnehmung, Urteilsbildung, Sprache, Gedächtnis, Antizipation, Kontrolle der Motorik usw. Während das Es nach Bedürfnisbefriedigung gemäß dem Lustprinzip strebt, hat das Ich hat die Aufgabe, gemäß dem Realitätsprinzip Selbsterhaltung und Schutz vor Gefahren zu gewährleisten. Um diese Aufgabe erfüllen zu können, muss es zwischen innerer und äußerer Realität, zwischen Fantasie und Wirklichkeit, Ich und Du, Damals und Heute verlässlich differenzieren können; ferner gehören dazu das Erleben von Angst und die Abwehr dieser Angst.

> Man könnte das Verhältnis des Ichs zum Es mit dem des Reiters zu seinem Pferd vergleichen. Das Pferd gibt die Energie für die Lokomotion her, der Reiter hat das Vorrecht, das Ziel zu bestimmen, die Bewegung des starken Tieres zu leiten. Aber zwischen Ich und Es ereignet sich allzu häufig der nicht ideale Fall, daß der Reiter das Roß dahin führen muß, wohin es nicht selbst gehen will. (ebd., S. 83)

Angstabwehr

Die Aufrechterhaltung von Identität und Integrität ist ein Ziel, das die Dynamik der Psyche entscheidend prägt. Diese Balance wird durch Bedrohungen von innen und außen immer wieder in Frage gestellt. Dies gilt auch für Organisationen, deren größte Herausforderung nicht nur für Psychoanalytiker (Hirschhorn 1988, 2004), sondern auch für Organisationssoziologen (vgl. Abschnitt 6.1: Unsicherheitsabsorption) im Umgang mit Unsicherheit besteht, zumal in einer Zeit, in der Verunsicherungen durch rasante Veränderung der Märkte und Wirtschaftskrisen zunehmen. Unsicherheit und Bedrohungen lösen Ängste oder Depression aus, auf die das System mit Abwehr reagiert. Die Psychoanalyse hat eine Reihe von Abwehrmechanismen beschrieben, von denen wir nur einige zentrale in Tab. 3 aufführen. Diese Abwehrmechanismen laufen unbewusst, automatisch und stereotyp ab.

Verdrängung	Unangenehme Inhalte werden ins Unbewusste verschoben.
Verleugnung	Leugnung einer unangenehmen Realität, während eine angenehmere mit Hilfe der Fantasie, der Sprache oder des Handelns heraufbeschworen wird.
Fixierung	Rigides Festhalten an einer (dysfunktionalen) Haltung oder Handlungsweise.
Projektion	Eigenschaften, Gefühle, Wünsche etc., die man an sich selbst ablehnt, werden ausgeschlossen und in anderen Personen lokalisiert.
Verlagerung	Unerwünschte Impulse (meist Aggression) werden nicht gegen das eigentliche, sondern gegen ein Ersatzobjekt gerichtet (z.B. wenn die Wut gegenüber dem Vorgesetzten auf die Ehefrau abgeladen wird).
Rationalisierung	Versuch, die wirklichen Motive einer Handlungsweise, eines Gedankens oder eines Gefühls vor sich selbst zu verschleiern und stattdessen eine logisch kohärente oder moralisch akzeptable Erklärung zu suchen.
Intellektualisierung	Tendenz, auf rationale, formale und affektlose Art mit Konflikten und Gefühlen umzugehen, um diese so zu meistern.
Spaltung	Nicht miteinander vereinbare Aspekte eines Objekts/einer Person (z.B. der sympathische vs. der verhasste Anteil des eigenen Chefs) werden strikt voneinander getrennt gehalten.

Tabelle 3: Abwehrstrategien

Abwehrstrategien sind nicht nur für die individuelle, sondern auch für die kollektive Ebene beschrieben worden. Thiel (2000, S. 235) weist beispielsweise auf den Abwehrcharakter von etwas hin, das er als „institutionelle Mythen" bezeichnet. Diese Mythen (z.B. „Wir bei XY-Com sind alle eine große Familie") dienen dazu, tabuisierte Themen und Konflikte (z.B. Konkurrenz, Missgunst) zu kaschieren. Tab. 4 benennt einige allgemeine Beispiele für solche Manöver der *Systemabwehr*, wie sie häufig in Organisationen anzutreffen sind (nach Heintel & Krainz 1994).

Suche nach Schuldigen	In Organisationen wird in der Regel nicht die Frage „Was ist die Ursache?" gestellt, sondern: „Wer ist schuld?". Diese Fragestellung ist nicht geeignet, die Probleme zu identifizieren, aber sie „dient der kollektiven Entlastung und einem kollektiven Straf- und Rachebedürfnis. Das im Zuge notwendiger Unternehmensumstrukturierungen oft beobachtbare ‚Köpferollen' bzw. der Ruf danach folgt dabei dem uralten Muster der Sündenbockbildung, das ursprünglich im Menschenopfer wurzelt". (ebd., S. 175)
„Alles ist Schicksal"	Handlungslähmung durch vermeintliche „Sachzwänge" oder übergeordnete Stellen, eigene Gestaltungsspielräume werden als Last empfunden und abgelehnt
Aktionismus	Heintel & Krainz (1994) veranschaulichen diese Strategie mit dem Mark-Twain-Zitat „Als sie das Ziel aus den Augen verloren hatten, verdoppelten sie ihre Anstrengungen" und der Managerdevise „Erst schießen, dann zielen". Sie hat Abwehrcharakter, weil sie davor schützt, sich mit den aus einer gründlichen Analyse resultierenden schwierigen Problemlagen und Konflikten auseinandersetzen zu müssen.

Tabelle 4: Kollektive Abwehrstrategien nach Heintel & Krainz (1994)

Viele der in Organisationen anzutreffenden, primär der Aufgabenerfüllung dienenden Strukturen und Mechanismen haben nach Ansicht von Mentzos (1988) eine Abwehrfunktion, die wiederum zur Stabilisierung ebendieser Strukturen und Mechanismen beiträgt. Mentzos nennt das Beispiel der hierarchischen Rollenverteilung, in der der patriarchalische Chef eine quasi-väterliche Funktion ausübe. Er ermögliche es den Mitarbeitern, Angst und Hilflosigkeit dadurch abzuwehren, dass sie ihn als Schutz vor äußeren Gefahren, als Garant für eine sichere Zukunft und als Träger von Verantwortung bei wichtigen Entscheidungen wahrnehmen könnten. Umgekehrt, so Mentzos weiter,

> dient diese Konstellation dem „Chef" selbst bei der Überwindung von Minderwertigkeitsgefühlen und bei der Festigung von Größenphantasien. Sie hilft ihm beim Verleugnen, Rationalisieren, Verschieben. Seine Angst vor Verantwortung, seine Zweifel an seiner eigenen Potenz und seinen Fähigkeiten kann er dadurch besser kompensieren. (ebd., S. 82)

Fallbeispiel „Divide et impera"

Der Geschäftsführer einer großen Einrichtung im Bereich Altenpflege praktiziert einen Führungsstil, der in der Organisation für viel Unmut sorgt. Er versorgt die Ärzte sehr selektiv mit wichtigen Informationen und fertigt die nicht informierten und verunsicherten Berufsgruppen mit der Bemerkung ab, er würde nicht mit ihnen, sondern nur mit den Ärzten sprechen. Mitarbeiter einer Abteilung wiegelt er gegeneinander auf. Kritik lässt er an sich abprallen, was im Extremfall so weit führen kann, dass er sich wochenlang weigert, mit engen Mitarbeitern zu sprechen. Auf der anderen Seite legt er (anders als in der Branche üblich) großen Wert auf die Sicherung der Arbeitsplätze und stellt dies auch immer wieder deutlich heraus. Auf diese Weise sichert er sich Dankbarkeit und Duldsamkeit gegenüber seinem verunsichernden Führungsstil. So kann er Unsicherheit schüren und gleichzeitig als Retter vor der Unsicherheit der Umwelt erscheinen. Die Mitarbeiter reagieren auf diese Situation mit einer *Spaltung*: die positiven und die negativen Übertragungsanteile gegenüber dem Chef werden voneinander getrennt gehalten. Ihre Einstellung zu ihm ist daher nicht von Ambivalenz geprägt, sondern von einem Hin- und Herpendeln zwischen einer an Götzenverehrung grenzenden Glorifizierung auf der einen Seite und Wut, Angst, Frustration und Aggression auf der anderen Seite. Je nachdem zu welchem Zeitpunkt man die Mitarbeiter auf ihre Haltung gegenüber dem Geschäftsführer anspricht, erhält man also Lobreden oder vernichtende Kritik – aber nie etwas dazwischen oder eine Mischung von beidem. (Mehr zu diesem Fallbeispiel im Beitrag von Wettling in Abschnitt 18.2).

Letztlich bilden sich soziale Systeme aus der Sicht von Jaques (1955) und Menzies-Lyth (1959) u. a. aufgrund ihrer Angstabwehrfunktion heraus. Der Grund dafür liege darin,

> daß die sozialen Institutionen eine Verstärkung der individuellen Abwehrmechanismen ihrer Mitglieder gegen die psychotische Angst ermöglichen. Sie erfüllen mithin eine unbewußte Abwehrfunktion, die zu den bewussten Funktionen libidinöser Befriedigung und rationaler sozialer Kooperation hinzutritt. Einer der Ursprünge sozialer Bindung wäre also der kollektive Kampf gegen die Angst. (Jaques 1955, zitiert nach Mentzos 1988, S. 85)

Wenn man die These unterstützt, dass alle organisationalen Strukturen und Verfahren nicht nur einen funktionalen Wert besitzen, sondern auch ein psychosoziales Gleichgewicht sichern, ist es klar, dass jede Veränderung, die in diese Strukturen und Verfahren eingreift, die angstabhaltenden Abwehrstrukturen labilisiert und daher zu einem Durchbruch von Angst und Widerständen führt (Obholzer 1997). Widerstand in Veränderungsprozessen ist aus der Sicht der Psychoanalyse eine Manifestation von Abwehrvorgängen (vgl. Abschnitt 6.2: Widerstand).

Fallbeispiel: Herr K. und der Laioskomplex (aus Lohmer 2004)

Herr K. ist der Leiter einer Abteilung. Angesichts seines Alters hat Herr K. bereits einige Versuche unternommen, einen Nachfolger für sich selbst aufzubauen. Alle diese Versuche sind jedoch gescheitert, da aus seiner Sicht keiner der Kandidaten die nötigen Leistungen erbringt, was bei Herrn K. immer wieder Ärger hervorruft. Nach Lohmers Analyse würde eine organisationspsychologische Auseinandersetzung mit der mangelnden Delegationsfähigkeit von Herrn K. zu kurz greifen, da eine unbewusste Problematik mit im Spiel ist. Aus psychoanalytischer Sicht liegt der immer wieder scheiternden Suche nach einem Nachfolger der Laioskomplex zugrunde. Laios ist der leibliche Vater von Ödipus, dem das Orakel voraussagt, dass er von seinem eigenen Sohn ermordet werden wird und der deshalb seinen neugeborenen Sohn im Gebirge aussetzt. Danach sind das Abgeben von Macht und das Sich-entbehrlich-Machen mit der Konfrontation mit dem eigenen Tod verbunden. Bewusst registriert die Führungskraft nur den Ärger über den Mitarbeiter, unbewusst ist Herr K. jedoch verstrickt in einen inneren Konflikt zwischen dem aggressiven Impuls, den Mitarbeiter herauszudrängen und den Normen aus dem eigenen Überich, die ihm diese Impulse verbieten. Die eigene Bedrohtheit sowie die eigenen destruktiven Impulse werden nicht wahrgenommen, sondern durch Abwehrmechanismen getarnt, die Kritik an den Mitarbeitern wird als gerechtfertigt empfunden (Rationalisierung, s.o.). Als psychischen Gewinn dieses unbewussten Musters sieht Lohmer, dass Herrn K. die schmerzhafte Auseinandersetzung mit dem eigenen Älterwerden und der Feindseligkeit gegenüber den potenziellen Nachfolgern erspart bleibt. Der dem gegenüber stehende psychische Verlust liegt darin, dass ein blinder Fleck in der Selbstwahrnehmung entsteht. Als Resultat dieser unbewussten Dynamik wird der Konflikt wird mit jedem neuen Mitarbeiter wiederholt (Wiederholungszwang). Das Ziel einer psychoanalytischen Aufarbeitung dieser Thematik bestünde darin, dass Herr K. lernt, seine verdrängten Gefühle und Anteile zu erkennen, anzuerkennen und zu integrieren.

Die Arbeits- und die Grundannahmengruppe

Wilfried Bion (1887 - 1979) war einer der ersten Psychoanalytiker, der sich intensiv mit unbewussten Prozessen in Gruppen und deren Auswirkungen auf die Aufgabenerfüllung beschäftigt hat. Er unterscheidet dabei zwei Modi, in denen sich eine Gruppe befinden kann: die Arbeits- und die Grundannahmengruppe.

Wenn in einer Gruppe die Aufgabe im Zentrum der Aufmerksamkeit steht, eine rationale Atmosphäre herrscht und die Produktivität der Gruppe nicht durch unbewusste Dynamiken durchkreuzt wird, spricht Bion (2001) von einer *Arbeitsgruppe*. Die Arbeitsgruppe ist von einer selbstkritischen und konstruktiven Atmosphäre geprägt: Jedes Mitglied versucht die anderen Mitglieder zu verstehen und seine sozialen Kompetenzen im Dienste der Gruppe einzusetzen und weiterzuentwickeln.

Jede Arbeit in einer Arbeitsgruppe ist aber mit dem sogenannten „primären Risiko“ verbunden, d.h. mit dem Risiko, eine Aufgabe zu wählen, die sich als nicht bewältigbar herausstellt. Durch die dadurch ausgelöste Angst kann die Gruppe in den Zustand der *Grundannahmengruppe* regredieren. In diesem Zustand wird die Gruppe von unbewussten Prozessen, psychosozialen Abwehrmechanismen und verzerrter Realitätswahrnehmung dominiert, die Energie der Teilnehmer wird nicht mehr für die primäre Aufgabe, sondern für Abwehrmechanismen aufgewendet. Alle Grundannahmen können aus drei emotionalen Zuständen abgeleitet werden:

- Abhängigkeit: Die Gruppe begibt sich zu einem Führer (einer Idee), der sie materiell und spirituell nähren soll, in eine quasi-religiöse Gefolgschaft. Daraus resultiert abhängiges, unreifes Verhalten, die Gruppe schirmt sich vor der Realität ab. Da der Führer die an ihn gerichteten überhöhten Erwartungen nicht erfüllen kann, oszilliert die Gruppe zwischen der Überzeugung, der Führer sei gut und der Überzeugung, er sei schlecht. Alternativ kann es zur Spaltung der Gruppe kommen.
- Paarbildung: Die Gruppe ist getragen von einer Erlösungsfantasie (Bion nennt das Beispiel der Erwartung eines ungeborenen Messias), mit deren Hilfe negative Emotionen wie z.B. Verzweiflung abgewehrt werden. Aufgrund ihres Abwehrcharakters darf diese Fantasie niemals eingelöst werden.

- Kampf/Flucht: Hier werden negative Emotionen abgewehrt, indem die Gruppe ihre Energien in den Kampf gegen einen Gegner außerhalb der Gruppe investiert oder flieht.

Eine Gruppe kann in kurzer Zeit zwischen verschiedenen Grundannahmen hin- und herwechseln. Das Charakteristische einer Gruppe drückt sich also nicht in einer einzigen Grundannahme aus, sondern in der Kombination und jeweiligen Dominanz der verschiedenen Grundannahmen.

Für die Organisationsberatung sind Bions Überlegungen insofern relevant, weil Mitarbeiter aufgrund des Schocks, den die Ankündigung einer Veränderung auslöst, zu Grundannahmen regredieren können (Kets de Vries & Balazs 1994, S. 183). Die Aufgabe des Beraters ist es dann, durch die Aufdeckung der in der Gruppe ablaufenden unbewussten irrationalen Prozesse den Fokus wieder auf die primäre Aufgabe zu lenken.

4.2 Grundsätze der psychoanalytischen Organisationsberatung

Die wichtigsten Wesensmerkmale der psychoanalytischen Organisationsberatung sind:

1. Teilnehmende Beobachtung. Der Berater verfolgt die Dynamik der Organisation (z.B. in Arbeitssitzungen und Konferenzen) aus der Perspektive des außen stehenden Beobachters. Seine wichtigsten Diagnostika sind die Analyse des Beziehungsangebotes, das das Klientensystem ihm entgegenbringt („Übertragung") sowie seiner eigenen emotionalen Reaktion auf das Geschehen im System („Gegenübertragung").

2. Verstehender Ansatz. Der psychoanalytische Berater tritt nicht als fachlicher Experte oder Lieferant vorkonfektionierter Lösungen auf, sondern mit einer Haltung des Nicht-Wissens (Lohmer 2004, S. 36). Aufgrund seiner Beobachtungen, aber auch mit Hilfe von Tiefeninterviews, versucht er die unbewussten Muster der Organisation zu erkennen und zu deuten. In den Worten von Lohmer (ebd., S. 36 f.)

> nutzt der Berater seine eigene Subjektivität, um die *Regeln des Unbewußten* der Organisation zunächst mit seinem eigenen psychischen Erleben zu erfassen und dann mit Hilfe seines theoretisch geschulten Verstehens zu konzeptualisieren […]. Er wird sich dabei bemühen, neben dem *dysfunktionalen Element* vor allen Dingen auch den *Grund* für die Verwendung z.B. psychosozialer Abwehrmechanismen zu benennen: Wovor hat das zu beratende System Angst? Was würde drohen, wenn die bisherige Form der Konfliktlösung verlassen würde? Worin besteht der *Gewinn* der jetzigen Lösung? Wie werden Angst, Unbehagen und Konflikt durch Spaltungen und Rollenzuweisungen *innerhalb* des Systems verteilt und dadurch von Wahrnehmung und konstruktiver Bearbeitung ferngehalten?

3. Stärkung der Ich-Funktionen des Systems: Das Ziel der psychoanalytischen Beratung besteht darin, unbewusste Muster, die die Arbeitsprozesse stören, an das System zurückzuspiegeln und dessen rationalen Kräfte zu stärken. Der Berater stellt dem Klientensystem „kognitive und emotionale Landkarten" (Lohmer 2004) zur Verfügung, indem er seine Beobachtungen und Deutungen gezielt zurückspiegelt. Traditionen, Organisationskultur etc. dienen unbewusst der Angstabwehr – in Veränderungsprozessen wird das Etablierte in Frage gestellt, und die dann aufkeimenden Ängste und Widerstände, Verunsicherungsgefühle und Konflikte müssen vom Berater aufgefangen werden, um den Betroffenen Sicherheit und Halt zu vermitteln: „Genauso, wie die Eltern ihrem Kind vielleicht dabei helfen müssen, einen Ersatz für den Teddy zu finden, muß ein Ratgeber [...] seiner Zielgruppe zunächst dabei helfen, das aufzugeben, was ihr lieb und teuer ist, ehe ein Fortschritt möglich wird" (Morgan 1997, S. 326). Diese Funktion wird in der psychoanalytischen Theorie mit dem Begriff „containment" beschrieben: „Der Berater […] dient der Organisation als ‚Container', als Behältnis also, in das die Organisation und ihre Beteiligten unverarbeitete Elemente (z.B. Ängste, Konflikte, Ambivalenzen, Haß- und Neidgefühle) […] projizieren können" (Lohmer 2004, S. 33).

Übertragung und Gegenübertragung

Übertragung und Gegenübertragung sind in der psychoanalytischen Tradition das wichtigste Sensorium zur Wahrnehmung und Entschlüsselung des Unbewussten. Das Konzept der *Übertragung* bezeichnet die Gedanken, Gefühle, Fantasien und Abwehrreaktionen, die der Klient bzw. das Klientensystem dem Berater entgegenbringen, die aber nicht auf Eigenschaften des Beraters, sondern auf Eigenschaften und unbewusste Inhalte des Klienten(systems) zurückgehen. In der Art und Weise, wie die Organisation dem Berater gegenübertritt, offenbart sie also wichtige Hinweise über ihre eigene Kultur. *Gegenübertragung* setzt sich aus zwei Komponenten zusammen:

- der Übertragung des Beraters auf das Klientensystem – sie stört die professionelle Arbeit und sollte z.B. durch Supervision weitestgehend reduziert werden;
- der Reaktion des Beraters auf das Beziehungsangebot des Klientensystems, d.h. seine kognitive und emotionale Reaktion auf die ihm entgegengebrachte Übertragung. Diese Form der Gegenübertragung ist eines der wichtigen Arbeitsmittel des Beraters.

Dadurch, dass der Berater „die Organisation am eigenen Leibe erlebt" (Lohmer 2004, S. 35), d.h. ihre spezifische Atmosphäre aufnimmt, an bestimmten Stellen auf Unverständnis stößt, mit Widerständen und Tabus konfrontiert wird etc., gleichzeitig aber seine kritische Distanz wahrt, wird es ihm möglich, bestimmte

Eigenheiten und latenten Regeln der Organisation wahrzunehmen, die bei einer rein rational ausgerichteten Wahrnehmung nicht in den Blick kommen würden.

Widerstand

Das Widerstandskonzept spielt in der Beratungslandschaft eine große Rolle. Widerstände in Veränderungsprozessen, also die Wahrnehmung, dass das Klientensystem sich den gesetzten Veränderungszielen und -maßnahmen widersetzt, wird insbesondere in der Literatur zu Organisationsentwicklung und Change Management thematisiert (vgl. Abschnitt 5.2). Das Widerstandskonzept hat im Laufe der Zeit einen Wandel durchlaufen – seine Wurzeln liegen aber in den Arbeiten Freuds. Nach Ansicht der Psychoanalyse widerspiegeln die Ausdrucksformen, mit denen Widerstand in der Beratungssituation nach außen hin in Erscheinung tritt, diejenigen Prozesse, die innerhalb der Psyche eines Menschen als Abwehr wirken:

> All jene Kräfte im [Klienten], die […] die Versuche des [Klienten] stören […], Einsicht zu gewinnen und sie sich zu eigen zu machen, die Kräfte also, die gegen das vernünftige Ich des [Klienten] arbeiten und gegen seinen Wunsch, sich [bzw. ihn betreffende Strukturen und Prozesse der Organisation, FvA/JK/HS] zu ändern, all diese Kräfte sind als Widerstand anzusehen. (Greenson 1995, S. 71).

Widerstand ist für die Psychoanalyse also der in der Interaktion zwischen Berater und Organisation aufscheinende *Niederschlag von Abwehrvorgängen*. Aufgrund dieser engen Verbindung der beiden Konzepte verwendet Freud die Begriffe „Widerstand" und „Abwehr" in seinem Werk weitestgehend synonym.

4.3 Potenziale und blinde Flecke der psychoanalytischen Organisationsberatung

Die psychoanalytische Organisationsberatung übernimmt – ähnlich wie im Fall der Strategieberatung und der Organisationsentwicklung – die blinden Flecke der ihr zugrundeliegenden Organisationstheorie (Tab. 5).

Die psychoanalytische Perspektive lenkt die Aufmerksamkeit auf unbewusste Prozesse…

Klassische Organisationstheorien im Gefolge von Max Weber und die darauf aufbauende Strategieberatung sind vielfach dafür kritisiert worden, dass sie ein einseitiges, rationalistisches Bild von Organisationen zeichnen (vgl. Abschnitt 3.3). Die Human-Relations-Bewegung und die daraus entstandene Organisationsentwicklung (vgl. Kapitel 5) haben es sich zum Programm gemacht, diese Einseitigkeit durch die stärkere Berücksichtigung des in der Organisation tätigen Menschen und seiner

Prämissen der Psychoanalyse	**Blinde Flecke der psychoanalytischen Organisationsberatung**
Menschliches Handeln und damit die Dynamik in Organisationen sind zu einem großen Teil von unbewussten Vorgängen bestimmt.	Vieles, was auf den ersten Blick irrational erscheint, hat durchaus rationale Hintergründe – diese kommen nicht in den Blick.
Die Dynamik von Organisationen ist die Summe der Beiträge der Mitarbeiter.	Organisationen entwickeln eine Eigendynamik auf einer emergenten Ebene, die sich nicht als Summe der Einzelhandlungen verstehen lässt.
Unbewusste Dynamiken sind durch die Vergangenheit determiniert, daher weitestgehend veränderungsresistent und nur durch intensive Selbstreflexion beeinflussbar.	Menschen und Organisationen sind nicht durch ihre Vergangenheit determiniert, sondern weisen ein Entwicklungspotenzial auf. Intellektuelle Einsicht ist keine notwendige Bedingung für Veränderung.
Widerstand gegen die Analyse ist Widerstand gegen die Aufhebung der Verdrängung.	„Widerstände" können auch aus einem für die Klienten unpassenden Vorgehen des Beraters entstehen.

Tabelle 5: Prämissen der Psychoanalyse und daraus resultierende blinde Flecke der psychoanalytischen Organisationsberatung

Bedürfnisse auszugleichen. Hier werden „irrationale" Motivationslagen und im Unbewussten wurzelnde Widerstände der Mitarbeiter zwar als wichtige Parameter der organisationalen Dynamik – gerade in Veränderungsprozessen – ausgemacht, doch fehlen in letzter Instanz sowohl die organisationstheoretischen Modelle zu ihrer Beschreibung als auch das Instrumentarium, um unbewusste Dimensionen von Organisationen zu diagnostizieren, zu deuten und im Rahmen des Beratungsprozesses zu nutzen. Theorie und Methodik bleiben auf der Ebene bewusster Prozesse. Dies zeigt sich in Organisationsentwicklungsprozessen zum Beispiel an Fragenkatalogen zur Diagnostik der Ausgangssituation:

> Das Problem bei diesen Fragestellungen ist, dass man nur offensichtliche Antworten erhält. Diese sind sicherlich auch hilfreich bei der Gestaltung des Veränderungsprozesses. Aber die Aspekte, die die Veränderung sabotieren oder torpedieren, kommen in der Regel aus der irrationalen Ecke, aus dem Unbewussten. Diese Dinge sind nicht abfragbar, sondern können nur über Deutungsprozesse unbewusster Äußerungen erschlossen werden. (Nagel 2007, S. 290)

Während also die Fachberatung in der Regel keinen Blick für die latenten Dimensionen des Klientensystems hat (Wimmer 1995) und selbst die Organisationsentwicklung in dieser Hinsicht oft kurzsichtig bleibt, ist die psychoanalytische Organisationsberatung genau auf die Beobachtung dieses in Veränderungsprozessen oft entscheidenden Aspekts spezialisiert.

…und damit weg von den eigentlich relevanten Fragestellungen

Ein psychoanalytischer Denkansatz in der Analyse und Beratung von Organisationen wird von den meisten Praktikern als nicht hilfreich wahrgenommen, und dies nicht nur aufgrund des therapieaffinen, in Wirtschaftskontexten kaum anschlussfähigen Vokabulars, sondern auch, weil ihre Grundfragestellungen nicht die Problemwahrnehmung und Bedürfnislagen der meisten Entscheider treffen. Diese Haltung mag als Problem verschiedener Sprach- und Wertekulturen oder als Ausdruck von Abwehr durch Rationalisierung (vgl. Abschnitt 4.1: Angstabwehr) interpretiert werden, in jedem Fall bleibt Fakt, dass die psychoanalytische Beratung aus der Sicht vieler Praktiker im Hinblick auf „klassische" unternehmerische Fragestellungen keine befriedigenden Antworten zu bieten hat.

Das kollektive Unbewusste – für das Verständnis von Organisationen ein bedeutender Fortschritt…

Die psychoanalytische Literatur – auch die zur psychoanalytischen Beratung – zeichnet sich durch ihre tiefsinnigen Überlegungen zu den Aspekten der organisationalen Dynamik aus, die nicht auf den ersten Blick sichtbar sind. Ein beträchtlicher Teil des psychoanalytischen Gedankenguts ist in andere Beratungskonzeptionen eingeflossen. So spielt das Widerstandskonzept in der Organisationsentwicklung eine entscheidende Rolle, die Dreiteilung von Bewusstem, Vorbewusstem und Unbewusstem ist von Luhmann in sein Konzept der faktischen und der strukturfunktionalen Latenz und von dort aus in die systemische Beratung übernommen worden. Dabei wurden die Begrifflichkeiten abgewandelt, die inhaltlichen Akzentsetzungen aber meist nur leicht verändert.

Der Nutzen dieser Konzepte für zeigt sich vor allem an konkreten Einzelfällen. In der Psychoanalyse hat die Analyse von Einzelfällen eine lange Tradition, und die meist sehr ausführlichen Fallbeispiele in der psychoanalytischen Literatur eröffnen oft interessante und produktiv verwertbare Interpretationen (vgl. auch unsere Fallbeispiele im vorangegangenen Abschnitt). Dass das psychoanalytische Denken bisweilen spekulativ und „verrückt" erscheint, ist kein Argument gegen, sondern eher ein Argument für seine Nutzung im Rahmen organisationstheoretischer Beschreibungen, da, wie Weick (1995a, S. 96) zutreffend schreibt, „im Theoretisieren ohnehin schon ein bisschen Verrücktheit liegt".

…oder ein Rückschritt?

Die Wahrnehmung, dass psychoanalytische Konzepte wie „kollektives Unbewusstes" oder „institutionalisierte Abwehrmechanismen" für die Beschreibung von organisationalen Problemlagen fruchtbar sind, wird nicht durchgängig geteilt. Wimmer (1992, S. 76) kritisiert, „daß solche Begriffe häufig nicht über ihren metaphorischen Charakter hinausgekommen sind". Nach seiner Einschätzung hat „der Rückgriff auf psychoanalytische Beschreibungskategorien zu dem Zweck, sich einen Zugang zur latenten Dimension einer Organisation zu eröffnen, [...] bislang, abgesehen vom ethnopsychoanalytischen Bereich, seine theoretische Fruchtbarkeit vermissen lassen" (ebd.). Die Frage lautet hier, ob es der Psychoanalyse überzeugend gelungen ist, ihre auf Individuen bezogenen Begriffe wie Abwehr, Widerstand etc., auf die Ebene sozialer Systeme zu übertragen, entsprechend konzeptuell zu unterfüttern und deutlich zu machen, wie man sich das „kollektive Unbewusste" einer Organisation vorzustellen habe und wie unbewusste Dynamiken im Zusammenspiel psychischer und sozialer Prozesse zustande kommen. Diese Frage kann mit einiger Berechtigung mit „nein" beantwortet werden. Handelt es sich bei der Rede vom kollektiven Unbewussten somit um einen Reduktionismus, also um den Versuch, Soziales in Kategorien des Individuums zu beschreiben? In diesem Fall „unterstützt ein solcher Sprachgebrauch die ohnehin weitverbreitete Tendenz, sich primär über personenbezogene Zuschreibungen ein Bild von Organisationsverhältnissen zu machen" (ebd.). Zwar, so Wimmer, sei es sinnvoll sich zu fragen, welche Resonanz Organisationszustände in der Psyche ihrer Mitglieder finden, um zu untersuchen, was man mit Hilfe solcher Resonanzphänomene über die Organisation erfahren kann, dann müsse man aber wieder auf die Organisation als eigenständigen Realitätsbereich zurück kommen. Einschränkend zu dieser Kritik ist zu sagen, dass es bislang keinem theoretischen Ansatz gelungen ist, die Zusammenhänge zwischen psychischer und sozialer Sphäre zufriedenstellend zu beschreiben (vgl. auch Abschnitt 6.3 zu den diesbezüglichen blinden Flecken der systemischen Organisationstheorie).

Einblicke in die Pathologie der Organisation…

Fehlanpassungen der Organisation an die Umwelt, destruktiv schwelende oder eskalierende Auseinandersetzungen, Widerstände in Veränderungsprozessen, zielloser Aktionismus oder Missachtung von Risiken gehen aus der Sicht der psychoanalytischen Organisationstheorie auf unbewusste Prozesse zurück, beispielsweise auf eine dysfunktionale Bewältigung des Konflikts zwischen Identitätswahrung und Weiterentwicklung. Solche „Pathologien", die zu den Kernthemen von Beratungsprozessen gehören, zeigt der Blick durch die psychoanalytische Brille deutlicher als dies bei anderen Ansätzen der Fall ist.

…oder Pathologisierung der Organisation?

Das Menschenbild der Psychoanalyse ist häufig als pathologisierend kritisiert worden. Die Psychoanalyse lenkt den Blick vorrangig auf Defizite und neurotische Konflikte, auf Abwehrvorgänge und das Unbewusste, kaum aber auf Ressourcen, Selbstregulation oder Selbstreflexion. Diese Tendenz zur Pathologisierung setzt sich in der psychoanalytischen Organisationstheorie fort. Die Einseitigkeit dieser Betrachtungsweise bringt die Gefahr mit sich, dass die mit Hilfe dieser Brille „diagnostizierten" Pathologien der Organisation überbetont oder im Sinne einer selbsterfüllenden Prophezeiung erst konstruiert werden. Alternative Wirklichkeiten, die ein positiveres Bild von der Organisation zeichnen würden, kommen auf diese Weise nicht in den Blick. Die Neigung der Organisation, pathologisierende Zuschreibungen in ihre Selbstbeschreibung zu übernehmen, wird durch die dem Berater zugeschriebene Deutungsmacht verstärkt. Dies gilt zwar für alle Beratungskontexte, besonders aber für den Nimbus des Psychoanalytikers, der für sich in Anspruch nimmt, unbewusste Pathologien zu erkennen, die der eigenen Beobachtung entzogen sind.

Problematisch ist darüber hinaus, dass psychoanalytische Deutungsmuster dazu tendieren, die diagnostizierten Probleme auf nur schwer veränderliche Merkmale zurückzuführen (ein klassisches Beispiel sind die im therapeutischen Bereich beliebten frühen Kindheitserfahrungen, die nicht mehr rückgängig gemacht werden können).

Aufgrund dieser Fokussierung auf pathologische Vorgänge und der Tendenz, diese Pathologien auf schwer und nur langfristig zu verändernde Merkmale zu attribuieren, läuft Beratung Gefahr, bestehende Probleme zu zementieren und dem Klientensystem neue Probleme zuzuschreiben, wo vorher keine wahrgenommen wurden, mögliche Ressourcen für eine Lösung zu übersehen und so in insgesamt in eine kontraproduktive Beratungsdynamik hineinzugeraten.

Diese Tendenz, die beobachteten Probleme durch den Prozess der Beobachtung selbst herzustellen und somit erst zu realen Problemen zu machen, wird durch eine weitere unangenehme Eigenschaft der psychoanalytischen Theoriebildung verschärft: Psychoanalytisches Hypothesen sind oft selbstbestätigend. Wenn beispielsweise ein Klient die Deutung des Analytikers ablehnt, muss dies kein Anlass zu ihrer Überprüfung sein, sondern kann als Widerstand und damit als Bestätigung der Deutung gewertet werden.

Die psychoanalytische Organisationsberatung deckt Verborgenes auf…

Die Psychoanalyse tritt mit einem aufklärerischen Impetus auf – Freuds Diktum „Wo Es ist, soll Ich werden" benennt das Erkennen unbewusster Strebungen, die Aufhebung neurotischer Zwänge durch deren Bewusstmachung und die Stärkung von Ich-Funktionen als Ziel der analytischen Arbeit. Dies gilt auch für die psychoanalytische Organisationsberatung. Der Berater hat hier die Aufgabe, das Klientensystem mit seiner Deutung der dort ablaufenden unbewussten Dynamiken zu konfrontieren, damit diese erkannt und aufgelöst werden können.

…das oft besser verborgen bliebe

Abwehrmechanismen haben – bei aller Hinderlichkeit für die Zielerreichung – eine struktursichernde Funktion: Sie schützen vor der Auseinandersetzung mit etwas, das aufgrund seiner Bedrohlichkeit in das Unbewusste verschoben wurde. Die Aufdeckung und Infragestellung dieses Selbstschutzmechanismus kann zu einer Labilisierung des Systems führen. Längerfristige psychotherapeutische Prozesse bieten ein geschütztes Setting, in dem diese Destabilisierung aufgefangen werden und an der Restabilisierung der Ich-Funktionen gearbeitet werden kann. In Beratungsprozessen existiert ein solcher Schutzraum aus verschiedenen Gründen nur sehr eingeschränkt. Wimmer (1995, 255 f.) mahnt daher eine genaue Abwägung an, mit welchen latenten Dimensionen der eigenen Realität eine Organisation konfrontiert werden kann. Eine prinzipiell „aufklärerische" Haltung, so Wimmer, ist für diesen Abwägungsprozess hinderlich. Es bleibt also eine offene Frage, inwieweit (unter welchen Bedingungen) eine psychoanalytische Arbeit in Organisationen für die Entwicklung des Systems förderlich ist und inwieweit (unter welchen Bedingungen) das in psychoanalytischen Beratungsprozessen Aufgedeckte nicht besser verborgen bliebe.

5 Organisationsentwicklung/Change Management

> Basierend auf der Annahme eines sich beschleunigenden, exponentiellen Wandels wird Flexibilität zunehmend an Bedeutung gewinnen. Unternehmen werden sich in den kommenden 20 Jahren mehr verändern als in den letzten 200 Jahren. Damit Unternehmen diese Geschwindigkeit des Wandels bewältigen können, wird es für die Unternehmensführung eine der zentralen Aufgaben sein, den Veränderungsgedanken tief in der Organisation zu verankern. Daher wird ein in der Organisation verankertes Change Management zwingend um die einzelnen Mitarbeiter eines Unternehmens durch den fortlaufenden Wandlungsprozess zu begleiten. (Pirker 2007, S. 28)

Der Organisationsentwicklungs-Ansatz (OE) hat in den letzten Jahren unter Begriffen wie „Change Management", „Transformationsberatung" oder „Umsetzungsberatung" die organisationale Bühne zurückerobert. Der Inhalt hinter diesen Schlagworten, die sich begrifflich der jeweils aktuellen Mode anpassen, ist weitestgehend der gleiche – Schreyögg (1999, S. 76) oder Wimmer (2004, S. 247) sehen z.B. im Change Management bislang kein eigenständiges Konzept, das über die OE-Tradition deutlich hinausweisen würde.

Die OE, die vor dem Hintergrund der Human-Relations-Bewegung (Abschnitt 5.1) und der Aktionsforschung (Abschnitt 5.2: Prozessberatungsmodell/Aktionsforschung/Survey-Feedback) entstanden ist, versteht sich als ganzheitliche Strategie, den Wandel in der Organisation unter weitgehender Einbeziehung der Mitarbeiter und mit besonderem Blick auf „weiche Faktoren" wie Gruppendynamik, Kommunikation, Konflikte, Motivation, Identifikation und Führung voranzubringen. Mit dieser Schwerpunktsetzung versteht sich die OE als explizites Gegenprogramm zum Rationalismus der klassischen organisationstheoretischen Ansätze (und damit auch zur Strategieberatung), die dazu neigten, den Menschen aus ihrem Kalkül auszublenden. Entsprechend sieht Baecker (2003a, S. 137) die Leistung der OE „in der Wiedereinführung der Kommunikation in die Organisation, das heißt in der Korrektur eines technischen zugunsten eines sozialen Verständnisses von Organisation".

Die Grundüberzeugung der OE lautet, dass die Verbesserung der Arbeitsbedingungen für die Beschäftigten eine Effizienzsteigerung der Organisation nicht nur nicht ausschließt, sondern sogar bedingt (wenngleich diese Annahme Anlass zu kritischen Diskussionen gab und gibt, vgl. Abschnitt 5.3). Nach der Definition der Gesellschaft für Organisationsentwicklung (1980) handelt es sich bei OE um

> einen längerfristig angelegten, organisationsumfassenden Entwicklungs- und Veränderungsprozeß von Organisationen und der in ihr tätigen Menschen. Der Prozeß beruht auf Lernen aller Betroffenen durch direkte Mitwirkung und praktische Erfahrung. Sein Ziel besteht in einer gleichzeitigen Verbesserung der Leistungsfähigkeit der Organisation (Effektivität) und der Qualität des Arbeitslebens (Humanität).

Im Gegensatz zur Experten- oder Strategieberatung versteht sich OE als Prozessberatung. Während Strategieberater ihre inhaltliche Expertise in den Beratungsprozess einbringen, um das Problem des Klientensystems zu lösen, will der Prozessberatungsansatz das Klientensystem in die Lage versetzen, seine Probleme selbst zu lösen. Ein verbreitetes Schlagwort für diesen Ansatz lautet „Hilfe zur Selbsthilfe". Das Ziel besteht dabei nicht nur in der Lösung des jeweils aktuellen Problems, sondern auch in einem Lernprozess, der die Organisation in die Lage versetzt, auf zukünftig auftretende Probleme selbst besser reagieren zu können. Dem Berater kommt in diesem Konzept die Aufgabe zu, den Problemlöse- und Lernprozess so zu moderieren, dass er möglichst zielführend, effizient und weitestgehend unbehindert von Widerständen ablaufen kann. Eigene inhaltliche Konzepte bringt der OE-Berater nicht oder nur punktuell ein (abgesehen beispielsweise von Konzepten für Seminare und Trainings, die den Beratungsprozess flankieren). Das Konzept organisationalen Lernens als sozialem Prozess verlangt dem Berater psychologische und pädagogische Kompetenzen ab – betriebswirtschaftliche Aspekte stehen eher im Hintergrund. Entsprechend haben OE-Berater häufig einen eher psychologischen, pädagogischen oder sozialwissenschaftlichen Hintergrund.

OE- Interventionen können äußerst unterschiedlich sein: Maßnahmen zur Veränderung von Organisationsstrukturen und Prozessketten, Einführung von Qualitätszirkeln und TQM-Systemen, Leitbildentwicklung, Schnittstellenmanagement zwischen verschiedenen Abteilungen, Einführung von Wissensmanagement u.v.m. Eine umfassende OE-Strategie beinhaltet in aller Regel auch Maßnahmen zur Personal- und Teamentwicklung wie Fortbildungen, Trainings und Coachings.

5.1 Organisationstheoretischer Hintergrund: Die Organisation als Organismus

Die Entwicklung der Human Relations-Bewegung

Die Organisationsentwicklung entstand um die Mitte des 20. Jahrhunderts aus einer Vielzahl unterschiedlicher Einflüsse, die aber eine Gemeinsamkeit aufwiesen: Sie alle wenden sich – nachdem die Organisationstheorie lange von mechanistischen Modellen beherrscht worden war – der menschlichen und zwischenmenschlichen Dimension der Organisation zu. Kieser (2006a) beschreibt das um die Jahrhundertwende bei Gewerkschaftern, Sozialpolitikern, Wissenschaftlern und Unternehmern aufkommende Unbehagen an der tayloristischen Arbeitsweise. Leistungsdefizite, schlechte Arbeitsmoral sowie mangelnde Eigenverantwortung und Identifikation der Arbeiter mit dem Unternehmen wurden auf die Vereinnahmung des Menschen durch eine allzu unmenschliche Produktionslogik und Führungskultur zurückgeführt. Die Human Relations-Schule, aus der sich die OE entwickelte, bildete sich vor dem Hintergrund dieser weltanschaulichen Befürchtungen im Hinblick auf die negativen Konsequenzen durchrationalisierter Organisationen als Reaktion auf die Überzeichnungen der „rational actor“-Sicht (Preisendörfer 2008).

Ein Faktor, der die Entwicklung der Human Relations-Bewegung und der OE entscheidend geprägt hat, sind die 1927 – 1933 von Elton Mayo, Fritz Roethlisberger und William Dickson durchgeführten sogenannten *Hawthorne-Experimente.* Mayo und seine Kollegen hatten eigentlich beabsichtigt, die Auswirkungen unterschiedlicher Beleuchtungsstärken auf die Leistung von Arbeiterinnen bei der Montage von Telefonrelais zu untersuchen, als sie zu ihrer Verblüffung feststellten, dass nicht nur bestimmte Versuchsbedingungen (z.B. die Erhöhung der Lichtintensität), sondern *jede* Veränderung zu einer Leistungssteigerung führten. Darüber hinaus stieg auch die Leistung in einer Kontrollgruppe, bei der die Arbeitsbedingungen nicht verändert worden waren. Man vermutete die Ursache der Leistungssteigerungen darin, dass die Arbeiterinnen sich durch die Anwesenheit und das Interesse der Forscher wertgeschätzt fühlten. In einer zweiten Versuchsreihe stellte man fest, dass sich günstigere Arbeitszeiten und ein nicht-direktiver Führungsstil ebenfalls deutlich positiv auf die Arbeitsleistung auswirkten. Auch wenn die Methodik sowie die Interpretation der Studien umstritten sind und der „Hawthorne-Effekt“ heute – zumindest teilweise – als Mythos angesehen wird, führten Mayos Experimente zu einem grundlegenden Wandel in der Betrachtungsweise von Organisationen: Man begann, die Organisation nicht mehr als mechanistisches, rational durchsteuerbares Gebilde zu betrachten, sondern als Sozialkörper. Die Hawthorne-Studien eröffneten eine Perspektive, „von der aus eine industrielle Organisation als soziales System betrachtet wird […]. Mit ‚System’ ist etwas gemeint, das als Ganzes angesehen werden muss, weil jeder Teil in einer Wechselwirkungsbeziehung zu jedem anderen Teil steht“ (Roethlisberger & Dickson 1939, S. 551).

Neben den Hawthorne-Studien spielte das 1946 von Eric Trist und A.T.M. Wilson in London gegründete *Tavistock Institute of Human Relations* eine wichtige Katalysatorrolle in der Entwicklung der OE. Trist, Wilson und ihre Kollegen hatten den Auftrag erhalten zu untersuchen, warum die Einführung neuer Technologien im schen Kohlebergbau nicht die erwarteten Produktivitätssteigerungen erbracht hatte. Die Ursache fanden sie in den mit der en Technologie verbundenen gen der Arbeitsabläufe, die zu einem Verlust an Selbstregulation, Zusammenhalt und

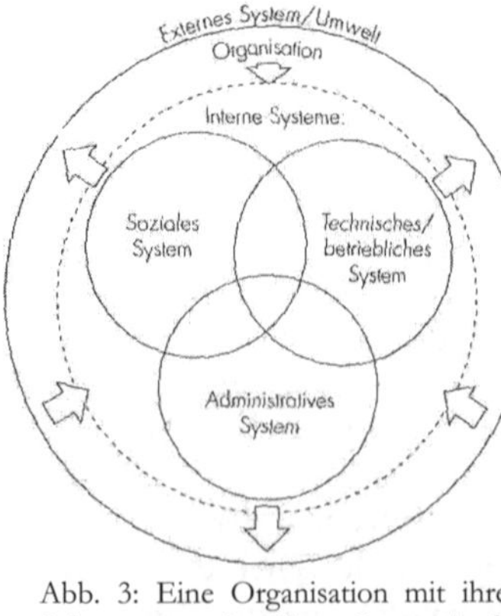

Abb. 3: Eine Organisation mit ihren Subsystemen als offenes System in der Umwelt (aus Comelli 1991, S. 465)

Loyalität innerhalb der Teams geführt hatten. Diese Erkenntnisse führten zur Entwicklung der soziotechnischen Systemtheorie, wonach Organisationen ein technisches und ein soziales System besitzen, die nur gemeinsam verändert bzw. optimiert werden können (vgl. Abb. 3).

Die Metapher der Organisation als Organismus

Die in der Human Relations-Bewegung erstmals aufscheinende „ganzheitliche", systemische Sichtweise von Organisationen wendet sich gegen das mechanistische Bild der Organisation als Maschine und ersetzt es durch die „Basismetapher" der Organisation als Organismus. Die verschiedenen Elemente der Organisation (einzelne Mitarbeiter/Teams/Abteilungen, aber auch administrative Strukturen und Technologien) ähneln dabei Organen, die jeweils spezifische Funktionen für den Gesamtorganismus erfüllen. Eine Organisation differenziert also Teilsysteme aus, um ihre Fähigkeit zur Verarbeitung von Komplexität zu erhöhen. Je weiter sich das System ausdifferenziert, desto schwieriger wird es jedoch, den Zusammenhang der einzelnen Teile zu erhalten. Mit zunehmender Differenzierung steigt daher die Notwendigkeit der Integration – ein Problem, mit dem gerade große Unternehmen zu kämpfen haben.

Im Bild der Organisation als Organismus sind die einzelnen Teile der Organisation in ihrer Funktionserfüllung aufeinander angewiesen. Kommt es zu Störungen im Zusammenspiel der „Organe", leidet das gesamte System. Die Aufgabe des Beraters liegt in diesem Bild also vorrangig darin, die aus dem Gleichgewicht geratene Homöostase des Systems wieder in Balance zu bringen.

Der systemtheoretische Zugang ist nicht nur für die OE, sondern auch für die systemische Beratung kennzeichnend (vgl. Kapitel 6). Anders als in der systemischen Organisationstheorie, die die Selbstbezüglichkeit, Geschlossenheit und Autonomie von Organisationen gegenüber der Umwelt betont, konzentriert sich die Human Relations-Bewegung mit ihrem Bild der Organisation als Organismus entsprechend folgender Prinzipien (Morgan 1997, S. 60 ff.) auf die Offenheit des Systems:

- Organisationen sind offene Systeme, die in einem ständigen Austausch mit ihrer Umgebung stehen;
- die inneren Regulationsmechanismen des Systems müssen mindestens genau so vielfältig sein wie die Umwelt (Anforderungsvielfalt);
- in einem offenen System gibt es verschiedene Möglichkeiten, einen bestimmten Endzustand zu erreichen (Äquifinalität);
- die Evolutionskapazität eines Systems hängt von seiner Fähigkeit ab, komplexere Formen der Differenzierung und Integration anzunehmen (Systemevolution);

- die optimale Gestaltung und strategische Ausrichtung der Organisation hängt von der Umgebung ab, das Management muss sich dabei vor allem um eine gute Passung bemühen (Kontingenzansatz).

Die Organismusmetapher hat Folgen für das Verständnis von Veränderungs- und Beratungsprozessen: Während die Maschinenmetapher eine einfache Austauschbarkeit der Teile nahelegt, hat im Bild der Organisation als Organismus jede Veränderung Auswirkungen auf das Gleichgewicht der Organisation: Lebendes Gewebe kann nicht so einfach entfernt werden wie ein Zahnrad, nach jeder Operation muss ein meist schmerzhafter Wundheilungsprozess erfolgen, und bei einer Implantation von Fremdkörpern ist mit Immunreaktionen zu rechnen.

Die Organismusmetapher legt auch ein anderes Rollenverständnis des Beraters nahe. Während er im Bild der Organisation als Maschine als Ingenieur agiert, der auf der Basis seines Wissens über das Design und die Steuerung von Organisationen bestimmte Zielvorgaben macht, übernimmt er im OE-Ansatz die Rolle des Katalysators in einem Selbstheilungsprozess. Er begleitet den Veränderungsprozess in der Rolle des externen Impulsgebers und Methodenexperten, auf fachlicher Ebene speist sich dieser Prozess aber nicht durch die Expertise des Beraters, sondern aus den impliziten Wissensbeständen des beratenen Systems selbst.

5.2 Grundsätze der Organisationsentwicklung

Humanistisches Menschenbild

Die Human-Relations-Bewegung stellt, wie soeben ausgeführt, eine Gegenbewegung zu den bis dahin vorherrschenden Ansätzen dar, die den Menschen auf seine Funktion im Produktionsprozess reduziert hatten. Nach McGregor (1971) bauen die traditionellen mechanistischen Organisations- und Managementansätze auf folgenden impliziten Menschenbildannahmen auf:

> 1. Der Durchschnittsmensch hat eine angeborene Neigung gegen Arbeit und versucht ihr aus dem Wege zu gehen, wo er kann.
> 2. Weil der Mensch durch Arbeitsunlust gekennzeichnet ist, muß er zumeist gezwungen, gelenkt, geführt und mit Strafe bedroht werden, um ihn mit Nachdruck dazu zu bewegen, das vom Unternehmen gesetzte Soll zu erreichen.
> 3. Der Durchschnittsmensch zieht es vor, an die Hand genommen zu werden, möchte sich vor Verantwortung drücken, besitzt verhältnismäßig wenig Ehrgeiz und ist vor allem auf Sicherheit aus. (McGregor 1971, S. 47 f., zitiert nach Sanders & Kianty 2006, S. 105)

Verhält sich eine Führungskraft gemäß diesem negativen Menschenbild, das er als „Theorie X" bezeichnet, wird sie nach McGregor im Sinne einer selbsterfüllenden Prophezeiung gerade die negative Einstellungen und Handlungsweisen provozieren, die sie (fälschlich) unterstellte.

Die Organisationsentwicklung geht dagegen im Anschluss an die Human-Relations-Bewegung davon aus, dass der Mensch von Natur aus nach Selbstverwirklichung, Übernahme von Verantwortung und Kooperation strebt. Arbeit ist in dieser Sichtweise nicht nur Mittel zum Zweck, sondern integraler und sinnstiftender Bestandteil des Lebenskonzepts jedes Menschen. McGregor bezeichnet dieses Menschenbild als „Theorie Y":

1. [...] Dem Durchschnittsmenschen ist Arbeitsscheu nicht angeboren. Je nach den beeinflußbaren Bedingungen kann Arbeit zum Born der Befriedigung (und dann freiwillig geleistet) oder als Strafe hingenommen (und dann, wenn möglich, links liegengelassen) werden.
2. Von anderen überwacht und mit Strafe bedroht zu werden, ist nicht das einzige Mittel, jemanden zu bewegen, sich für die Ziele des Unternehmens einzusetzen. Zugunsten von Zielen, denen er sich selbst verpflichtet fühlt, wird sich der Mensch der Selbstdisziplin und Selbstkontrolle unterwerfen.
3. Wie sehr er sich Zielen verpflichtet fühlt, ist eine Funktion der Belohnungen, die mit ihrem Erreichen verbunden sind. Die bedeutendste solcher Belohnungen, die Möglichkeit, Bedürfnisse der Persönlichkeit und ihrer Entfaltung zu befriedigen, kann nachgerade aus Bemühungen um die Ziele des Unternehmens herrühren.
4. Der Durchschnittsmensch lernt, bei geeigneten Bedingungen Verantwortung nicht nur zu übernehmen, sondern sogar zu suchen. Flucht vor Verantwortung, Mangel an Ehrgeiz und Drang nach Sicherheit sind im allgemeinen Folgen schlechter Erfahrungen, nicht angeborene menschliche Eigenschaften.
5. Die Anlage zu einem verhältnismäßig hohen Grad von Vorstellungskraft, Urteilsvermögen und Erfindungsgabe für die Lösung organisatorischer Probleme ist in der Bevölkerung weit verbreitet und nicht nur hier und da anzutreffen.
6. Unter den Bedingungen des modernen industriellen Lebens ist das Vermögen an Verstandeskräften, über das der Durchschnittsmensch verfügt, nur zum Teil genutzt. (McGregor 1971, S. 61 f., zitiert nach Sanders & Kianty 2006, S. 106)

Operiert eine Führungskraft auf der Grundlage dieser Theorie Y, wird sie mit ihrem Verhalten den Spielraum dafür eröffnen, dass der Mitarbeiter diese positiven Eigenschaften auch an den Tag legen kann.

In Veränderungsprozessen kann auf diese positiven Eigenschaften und konstruktiven Impulse zurückgegriffen werden. Nach dem Menschenbild der OE sind Mitarbeiter motiviert, Probleme gemeinsam zu lösen; die Ressourcen zur Lösung ihrer Probleme tragen Menschen dabei immer bereits in sich.

Partizipation

Dass Menschen bei Veränderungen ihrer Tätigkeit möglichst umfassend einbezogen werden sollten, ergibt sich aus der Sicht der OE nicht nur aus dem beschriebenen Menschenbild, sondern auch aus den Hawthorne- und Tavistock-Studien. „Betroffene zu Beteiligten machen" (Chin & Benne 1975, S. 58) wird somit als wichtigster Grundsatz und kürzestmögliche Zusammenfassung der Philosophie der

OE angesehen. Doppler & Lauterburg (2005, S. 156) nennen drei wichtige Argumente für ein partizipatives Vorgehen:

1. Ein partizipatives Vorgehen führt zu besseren Entscheidungen und praxisgerechteren Lösungen,
2. die Einbeziehung der Mitarbeiter fördert deren Motivation
3. sowie erhöht ihre Identifikation mit dem Unternehmen.

Prozessberatungsmodell/Aktionsforschung/Survey-Feedback

Will man Veränderungsprozesse partizipativ gestalten, können fachliche Lösungen nicht vom Berater vorgegeben werden. Der OE-Berater versteht sich daher nicht als Fachberater, der (wie ein Arzt) eine Diagnose stellt und die Therapie bestimmt, sondern als Prozessberater, der das System mit methodischer und gruppendynamischer Expertise darin unterstützt, seine Probleme selbst zu lösen. Organisationale Veränderung wird als gemeinsamer sozialer Entwicklungsprozess verstanden, und die Aufgabe des Beraters besteht darin sicherzustellen, dass sich möglichst alle Beteiligten mit ihrem Wissen, ihren Zielen und Bedenken adäquat in diesen Prozess einbringen können.

Die OE orientiert sich dabei am Modell der Aktionsforschung. Dabei handelt es sich um einen kontinuierlichen Zyklus von

- Datensammlung
- Rückmeldung der Daten an das System (Survey-Feedback-Methode)
- Bewertung dieser Analyse gemeinsam mit den Beteiligten
- Gemeinsame Zieldefinition und Maßnahmenplanung
- Durchführung
- Erneute Datensammlung → Neubeginn des Zyklus.

Dieses Vorgehen soll einerseits die Datenbasis für den Beratungsprozess liefern und andererseits die Partizipation der Beteiligten sicherstellen.

Denken in Systemen

OE erhebt den Anspruch, in Systemen und Zusammenhängen zu denken. Organisationen sind komplexe Systeme, deren Elemente untereinander in vielfältigen Wechselwirkungen stehen. Das Geschehen in einem Teil des Systems (z.B. Fehler in der Entwicklung eines Produktes) kann Auswirkungen auf andere Teile des Systems haben (z.B. Produktion, Vertrieb, Unternehmenskommunikation). Wenn Veränderungen in einem Subsystem vorgenommen werden, müssen daher nicht nur die unmittelbaren Auswirkungen innerhalb dieses Subsystems, sondern auch mögliche Auswirkungen auf weit entfernte Teilbereiche des Systems bedacht werden.

Die drei Ebenen der Organisationsentwicklung

Die OE unterscheidet drei Ebenen, die in organisationalen Veränderungsprozessen berücksichtigt werden müssen:

- *die Ebene des einzelnen Mitarbeiters.* Die OE stellt, ihrer psychologischen Tradition folgend, zunächst den einzelnen Mitarbeiter ins Zentrum des Lernprozesses. Organisationslernen beginnt immer auf dieser Ebene, denn „Organisationen lernen nur durch Individuen, die lernen. Individuelles Lernen ist keine Garantie für organisationales Lernen. Aber ohne es kommt kein organisationales Lernen zustande" (Senge 1990, S. 129). Ziel der Arbeit auf dieser Ebene ist beispielsweise die Veränderung der Einstellungen, der „mentalen Landkarten" und der fachlichen wie sozialen Qualifikationen der Mitarbeiter.
- *die Teamebene.* Die OE betrachtet den Menschen als grundsätzlich soziales Wesen. Sozialen Beziehungen, Kommunikation und Konflikt wird daher ein großer Stellenwert für das Funktionieren von Organisationen beigemessen.
- *die Ebene der Organisation.* Auf dieser Ebene sind Fragen der Organisationsstruktur, der Definition von Prozessen oder der Organisationskultur angesprochen.

Mit der Annahme, dass diese drei Ebenen untrennbar miteinander verbunden sind und daher auch in Veränderungsprozessen stets alle drei Ebenen berücksichtigt werden müssen, wendet sich die OE einerseits gegen die reduktionistische Tendenz, Organisationen allein als Ansammlung ihrer Mitglieder zu begreifen, andererseits aber auch gegen die in den systemischen Ansätzen (vgl. Abschnitt 6.1) vollzogene scharfe Trennung zwischen Organisation und Individuum. Aus dieser Sicht

> [...] lassen sich die Prozesse in Organisationen nicht vollständig durch individuelles Handeln oder das Verhalten von Gruppen erklären. Aber auch das Verhalten von Organisationen kann vollständig nicht ohne die Wechselwirkungen zwischen Personen und Gruppen erklärt werden und auch nicht das Handeln der Individuen in Organisationen ohne Berücksichtigung der Gruppen und Organisationsstrukturen. (Greif, Runde & Seeberg 2004, S. 100)

1. Interventionen auf der Ebene des Individuums

Typische Interventionen, die in OE-Prozessen auf der Ebene des Individuums angesiedelt sind, sind Schulungsmaßnahmen. Diese können auf fachliche Qualifikationen abzielen (z.B. leistungsorientierte Bezahlung, Dienstrecht oder EDV), auf methodische Skills (z.B. Moderation und Präsentation) oder auf die Weiterentwicklung der sozialen Kompetenz. Klassische organisationspsychologische Themen in diesem Bereich sind dabei Kommunikation, Konfliktmanagement, Führung oder Arbeit im Team. Auch wenn solche Seminare in der Gruppe durchgeführt werden, geht es dabei doch immer um die Weiterentwicklung des einzelnen Mitarbeiters. Weitere typische Interventionen auf dieser Ebene sind Einzelcoachings oder Fallsupervision. OE-Prozesse zielen jedoch nicht nur auf „Veränderungen im Kopf" ab, sondern können auch konkrete Veränderungen in den Strukturen und Prozessen der Organisation anstoßen, z.B. durch Erstellen von Arbeitsplatzbeschreibungen, job enrichment oder job enlargement.

2. Interventionen auf der Gruppenebene

Das Ziel auf dieser Ebene besteht darin, die Zusammenarbeit zwischen den Mitarbeitern eines Teams zu verbessern. Typische Interventionen zur Erreichung dieses Ziels sind Teamentwicklungsmaßnahmen, regelmäßige Teamsupervision, Outdoor Trainings oder Workshops zur Bearbeitung von Konflikten zwischen den Mitarbeitern.

3. Interventionen auf der Intergruppen-/Organisationsebene

Auf dieser Ebene ist die Gesamtorganisation mit ihren Strukturen und Programmen angesprochen. Die Interventionen, die im Rahmen von OE-Prozessen auf dieser Ebene möglich sind, sind vielfältig:

- Veränderungen der Organisationsstruktur
- Optimierung von Prozessabläufen
- Mitarbeiterbefragungen
- Workshops zur Verbesserung der Zusammenarbeit zwischen verschiedenen Abteilungen (bei denen z.B. eine gegenseitige Rollen- und Erwartungsklärung stattfindet)
- Entwicklung von Leitbildern, Führungsgrundsätzen usw.
- Maßnahmen zur Diagnose und Veränderung von Organisationskultur
- Einführung von Führungsinstrumenten (Mitarbeitergespräch, Zielvereinbarungsgespräch, leistungsorientierte Bezahlung)
- Einführung von Qualitätszirkeln, TQM etc.

Widerstand

Widerstände können sich in Veränderungsprozessen auf unterschiedliche Weise manifestieren, z.B. in folgenden Formen:

- Killerphrasen („Das geht nicht!"),
- Leugnung („Das stimmt nicht!"),
- Verweis auf missglückte Vorerfahrungen („Das haben wir schon x-mal probiert!"),
- Verweis auf weitere Instanzen („Das macht der Personalrat nicht mit!"),

- Forderung nach 100%igkeit („Wenn schon, dann etwas Richtiges!"),
- Generalisierung von (berechtigter) Teilkritik („An diesem Punkt fehlt eindeutig die empirische Basis! Das ganze Konzept ist unrealistisch!"),
- Forderung nach Praxiserfahrung („Wer noch nie in dieser Organisation gearbeitet hat…") (Gasch 1996).

Die Annahme, dass Veränderungen Widerstand auslösen, übernimmt die OE aus der Psychoanalyse (vgl. Abschnitt 4.2: Widerstand). In der OE erhält das Konzept aber eine andere Akzentuierung. Die Ursache für Widerstand wird nicht in der Abwehr von Ängsten gesehen, sondern in rationalen Gründen:

1. die Betroffenen haben die Ziele, Hintergründe oder Motive einer Maßnahme nicht verstanden;
2. die Betroffene haben verstanden, worum es geht, glauben aber nicht, was man ihnen sagt, sondern vermuten andere, für sie nachteilige Zielsetzungen;
3. die Betroffenen haben die Ziele der Maßnahme verstanden und glauben auch, was gesagt wird, wollen oder können die Veränderung aber nicht mittragen, weil sie sich keine positiven Konsequenzen davon versprechen (Doppler & Lauterburg 2005, S. 325).

Die aus diesen Annahmen abzuleitende Empfehlung lautet also: umfassende, verständliche und glaubwürdige Kommunikation sowie Berücksichtigung der Interessen der Beteiligten. Die möglichst weitreichende Partizipation soll auch hier die Bereitschaft der Mitarbeiter sichern, sich auf Veränderungen einzulassen, so dass Widerständen von vornherein vorgebeugt wird:

> Es ist für Individuen schwierig, gegen eine Veränderungsentscheidung Widerstand zu üben, an der sie selbst mitgewirkt haben. Die Gegner sollten deshalb, bereits im Vorfeld einer Veränderung, in den Entscheidungsprozess einbezogen werden. Wenn die Beteiligten das erforderliche Expertenwissen mitbringen und sinnvolle Beiträge liefern können, werden durch ihre Einbeziehung Widerstände verringert, Commitment gefördert und die Qualität der Entscheidungen bei den Veränderungen verbessert. (Robbins 2003, S. 562, zitiert nach Greif, Runde & Seeberg 2004, S. 193)

Gestaltungsfaktoren in OE-Prozessen

Im Zuge umfangreicher Forschung haben sich – der Komplexität, Verschiedenheit und Unwägbarkeit von Veränderungsprozessen zum Trotz – eine Reihe von Erfolgsfaktoren herauskristallisiert. Gerkhardt & Frey (2006) haben in ihrem 12-Faktoren-Konzept einige wichtige Modelle (z.B. von Doppler & Lauterburg 2005, Capgemini 2008 oder das bekannte Modell von Kotter 1995) integriert. Danach sollten folgende Faktoren berücksichtigt werden, in Veränderungsprozessen erfolgsförderliche Bedingungen zu schaffen:

1. *Umfassende Symptombeschreibung & Diagnose*
   Dazu gehört nicht nur die Ebene der Organisationsstruktur und der betriebswirtschaftlichen Eckdaten, sondern auch die Ebene der Kultur (Werte,

vertrauen, Umgang mit Konflikten) und der Einstellungen der Mitarbeiter. In die Ist-Analyse sollten alle Betroffenen(gruppen) einbezogen sein (z.B. in Form von Interviews).

2. *Vision/Ziele definieren*
   Veränderungsprozesse können nur dann in die richtige Richtung führen, wenn das Ziel klar definiert ist: „Ohne eine entsprechende Vision kann sich eine Transformationsbestrebung leicht in eine Aneinanderreihung verwirrender, umständlicher und zeitintensiver Projekte verwandeln, die in die falsche Richtung oder sogar nirgendwohin führen" (Kotter 1997, S. 19). Wichtig ist dabei auch, dass die Vision möglichst plastisch, einfach zu kommunizieren und für die Beteiligten motivierend ist.

3. *Gemeinsames Problembewusstsein*
   Um in einen gemeinsamen Veränderungsprozess einzusteigen, muss Einigkeit darüber herrschen, an welchen Punkten Handlungsbedarf besteht.

4. *Führungskoalition/Befürworter*
   Das Projektteam muss mit der nötigen Akzeptanz und Durchsetzungsmacht in der Organisation ausgestattet sein. Es müssen Führungskräfte eingebunden werden, die hinter dem Projekt stehen und die die geplanten Veränderungen glaubwürdig gegenüber den Mitarbeitern vertreten.

5. *Kommunikation*
   Um Veränderungsprojekte erfolgreich voranzutreiben, sollte zeitnah, auf breiter Ebene, offen, klar und lebendig kommuniziert werden (Gerkhardt & Frey 2006). Im Einzelnen bedeutet das:
   - zeitnah: so früh wie möglich, um Gerüchten und Unsicherheiten vorzubeugen;
   - auf breiter Ebene: alle betroffenen Zielgruppen müssen gleichermaßen in die Kommunikation einbezogen werden;
   - offen: wahrheitsgetreue Vermittlung schlechter Nachrichten;
   - klar: „die Sprache der Betroffenen sprechen";
   - lebendig: alle Kommunikationskanäle sollten genutzt werden (besonders das persönliche Gespräch).

6. *Zeitmanagement*
   Veränderungen brauchen ausreichend Zeit, aber auch ein professionelles Zeitmanagement, auf das sich alle Akteure einstellen können.

7. *Projektorganisation & Verantwortlichkeiten*
   Das Projektteam sollte aus fachlich und sozial kompetenten Mitarbeitern bestehen, die von den Betroffenen akzeptiert sind. Verantwortlichkeiten, Rollen und Aufgaben innerhalb des Projektteams sollten klar definiert sein.

8. *Hilfe zur Selbsthilfe, Qualifikation und Ressourcen*
   Hilfe zur Selbsthilfe bedeutet in der Philosophie der OE, dass die Beteiligten in die Lage versetzt werden, Veränderungen zukünftig selbstständig zu steuern. Das setzt z.B. entsprechende Ausbildung und Qualifizierung der Mitarbeiter voraus.

9. *Schnelle Erfolge*
   Durch „quick wins" werden die Vorteile der Veränderung deutlich, dadurch werden Motivation und Energie für den weiteren Prozess gesteigert.

10. *Flexibilität im Prozess*
    Das Projekt muss flexibel genug geplant sein, um im Prozess identifizierte Veränderungsbedarfe kurzfristig berücksichtigen und auf veränderte (z.B. wirtschaftliche oder rechtliche) Rahmenbedingungen reagieren zu können.

11. *Monitoring/Controlling des Prozesses*
    Ein regelmäßiges Monitoring der durch den Beratungsprozess angestoßenen Veränderungen (sowohl im Bereich der „hard facts" als auch im Bereich der „soft facts") ermöglicht es, die Zielerreichung des Projekts zu überprüfen und bei Abweichungen ggf. nachzusteuern.

12. *Verankerung der Veränderung*
    Die Nachhaltigkeit der erreichten Veränderungen wird durch die Festschreibung von Rollen, Aufgaben und Abläufen gesichert, aber auch dadurch, dass der neue Managementansatz der nachfolgenden Führungsgeneration vermittelt wird.

Doppler & Lauterburg (2005, S. 166 f.) formulieren folgende Negativ- und Positivkriterien als die zehn wichtigsten „do´s" und „dont´s" des Change Management:

1. Unklare Gedanken, diffuse Ziele vs. transparente Projektziele, plausible Begründungen
2. Schlampig zusammengestiefeltes Projektteam vs. handverlesene Auswahl der Schlüsselleute
3. „High-pressure selling" pfannenfertiger Konzepte vs. Beteiligung der Betroffenen bei der Erarbeitung von Lösungen
4. Efficiency-Fetischismus vs. realistische Zeitplanung
5. Kaltstart vs. sorgfältige Vorbereitung und „Kick-off"-Phase
6. Lieblingsideen als „hidden agenda" vs. Lieblingsideen als Erstes offen auf den Tisch
7. Vorgehen nach Taktfahrplan vs. sensible, flexible Steuerung des Prozesses
8. Widerstand brechen vs. konstruktiver Umgang mit Widerstand
9. Konflikte vermeiden vs. Konflikte offen legen und bearbeiten
10. Kabinettspolitik und Geheimratsdiplomatie vs. offene Information - lebendige Kommunikation

5.3 Potenziale und blinde Flecke der Organisationsentwicklung

Eine Reihe von blinden Flecken der Organisationsentwicklung entsteht aus den blinden Flecken des Bildes, das die Human-Relations-Bewegung von Organisationen zeichnet (Tab. 6).

Prämissen der Human-Relations-Bewegung	**Blinde Flecke der Organisationsentwicklung**
Die Elemente der Organisation (Mitarbeiter, Teams, ...) sind Teil eines harmonisch zusammenwirkenden organismischen Systems.	Divergierende Interessen, Konflikte, individuelles Machtstreben bleiben ausgeblendet.
Menschen haben eine intrinsische Motivation für ihre Arbeit, da sie sich in ihrer Arbeit selbst verwirklichen.	Menschen arbeiten, um Geld zu verdienen und versuchen dabei, das Verhältnis von Aufwand und Ertrag zu optimieren.
Ein nicht-direktiver Führungsstil führt zu optimalen Ergebnissen, da er Raum für die Eigeninitiative der Mitarbeiter lässt.	Führung muss situativ angepasst sein und dabei auch direktive Vorgaben machen, wenn die Situation es verlangt.
Eine systematische Beachtung der Bedürfnisse der Mitarbeiter führt zu einer höheren Produktivität.	Eine zu große Orientierung an den Bedürfnissen der Mitarbeiter kann zu Blockaden durch divergierende Interessen, zu zeitraubenden Verhandlungsprozessen und einem schwachen Management führen.

Tabelle 6: Prämissen der Human-Relations-Bewegung und daraus resultierende blinde Flecke der Organisationsentwicklung

Effizienzsteigerung durch Humanisierung der Arbeitswelt…

Die Leistungssteigerung der Organisation und die Verbesserung der Arbeitsbedingungen sind nach dem Grundcredo der OE untrennbar miteinander verbundene Zielsetzungen: ohne Wirtschaftlichkeit kann es keine humane Arbeitswelt und ohne zufriedene und engagierte Mitarbeiter keine Wirtschaftlichkeit geben (Trebesch 1995, S. 164). In vielen Vorstandsetagen und Personalabteilungen gehört es mittlerweile zum common sense, dass es gerade in Zeiten eines immer intensiver geführten Wettbewerbs, wachsender Anforderungen an eigenverantwortliches Handeln und des immer schnelleren Veränderungstempos unerlässlich ist, die Mitarbeiter mitzunehmen, zu motivieren, Identifikation und Commitment (Mitarbeiterbindung) gegenüber der Organisation zu schaffen. In dieser gemeinsamen Entwicklung von Organisation und dem in ihr arbeitenden Personal liegt eine Stärke der OE. Diese Stärke beruht vor allem auf einem konsequent partizipativen Vorgehen, das die Wissensbestände, Vorstellungen und Interessen aller Mitarbeiter einbezieht und zum Wohle der Organisation miteinander in Einklang bringt.

…oder „rosarote Brille“, die den Blick für Interessengegensätze verdeckt?

So plausibel die Prinzipien der Partizipation und der Berücksichtung der Interessen aller Akteure sind, so sehr ist der OE aufgrund dieser Prinzipien eine sozialromantische Verklärung der Wirklichkeit in Organisationen (und insbesondere in Veränderungsprozessen) vorgeworfen worden. Zum einen hat die Forschung gezeigt, dass sich von Human-Relations-Ansatz und OE als dysfunktional bewertete Kultureigenschaften der Organisation keineswegs so negativ auf die Gesamtleistung der Organisation auswirken wie angenommen. Zum anderen werden divergierende Interessenlagen und unaufhebbare strukturelle Machtungleichgewichte, die in Organisationen immer existieren, weder in den organisationstheoretischen Leitbildern noch in den partizipativen Vorgehensweisen der OE angemessen berücksichtigt. Konflikte und Widerstände werden in der Literatur zu Organisationsentwicklung und Change Management als durch sorgfältigere Gestaltung des Veränderungsprozesses „wegzumanagen“ betrachtet. Man muss nur die Ziele klarer fassen, das Vorgehen noch intensiver kommunizieren, die Einhaltung des Projektplans noch strenger steuern (kritisch hierzu Richter & Ibold 2007). Das Rezept lautet: mehr Partizipation, mehr Aufklärung, mehr Konfliktmanagement.

Auf diesem Wege soll es schlussendlich gelingen, „gemeinsam mit den Betroffenen in Bezug auf Macht Anwendungs-, Solidarisierungs- und Immunisierungsstrategien zu entwickeln, die es den Betroffenen möglich machen, die Dinge selbst in die Hand zu nehmen und sich ihrer Haut zu wehren“ (Doppler 1995, S. 267 f.). Eine „Entpolitisierung“ von Veränderungsprozessen mithilfe solcher Strategie des „mehr desselben“ ist zweifelhaft und auf der Basis unserer Erfahrung auch nur punktuell zu erreichen.

Der Grund hierfür liegt darin, dass zwischen den Interessen und Bedürfnissen des Einzelnen auf der einen Seite und den Funktionserfordernissen der Organisation auf der anderen Seite in der Regel ein unaufhebbarer Widerspruch besteht (Wimmer 1998, S. 331). Macht und mikropolitische Spielzüge zum Ausbau der eigenen Machtposition sind gerade in Veränderungsprozessen existenzielle Realitäten und man wird „nicht jedes Potemkin'sche Dorf schlicht durch ‚Aufklärung' in ein wahrhaftiges Gemeinwesen verwandeln können. Weder bei Problemen, die auf einer *theory-in-use* beruhen, noch bei Irrationalitäten, die auf den Kampf verschiedener Interessengruppen und Partialrationalitäten zurückgehen“ (Moldaschl 2001, S. 160). Dass OE-Prozesse über lange Zeit dennoch erfolgreich durchgeführt wurden, führt Wimmer (1998) darauf zurück, dass es in Wachstumsphasen meist ausgereicht habe, überkommene Organisationsstrukturen nur zu optimieren, ohne dass die ihnen zugrunde liegenden Machtverhältnisse hätten in Frage gestellt werden müssen.

Wenn Machtaspekte im blinden Fleck der OE verborgen bleiben, gleichzeitig aber jeder Veränderungsprozess unter möglichst breiter Einbeziehung der Betroffenen gestaltet wird, läuft die OE unter Umständen Gefahr, real nicht existierende Mitgestaltungsmöglichkeiten zu suggerieren (Moldaschl 2001). Aus dieser Sicht erscheint ein (pseudo-)partizipatives Vorgehen geradezu als „Opium fürs Volk", mit dem sich unter (bewusst oder unbewusst) falschen Vorspiegelungen eine Bereitschaft zur Mitwirkung an den geplanten Veränderungen herstellen lässt:

> Die OE postuliert, die verschiedenen Interessen zum Ausgleich bringen zu können. Wenn die OE diesem Anspruch nicht gerecht werden kann, dann muß sie sich den Vorwurf gefallen lassen, *unter dem Deckmantel des Machtausgleichs und der Harmonie Machtunterschiede zu verschleiern und damit zu dementieren, die Mitarbeiter unter Vorspiegelung falscher Tatbestände zur Akzeptierung organisatorischer Änderungen – u.U. gegen ihre Interessen – zu bewegen, sie zu manipulieren, ideologisch zu sein.* (Kieser 2006a, S. 159)

Kieser (ebd., S. 163) resümiert:

> Heute werden basis-demokratische Ansprüche mit der OE kaum noch in Verbindung gebracht. Es ist weitgehend akzeptiert, dass OE nicht mehr ist als ein Ansatz, mit dem betroffene Mitarbeiter motiviert werden, ihre Kenntnisse und Erfahrungen in die Detaillierung eines vom Topmanagement verabschiedeten Rahmenkonzepts einer mehr oder minder umfassenden organisatorischen Änderung einzubringen.

Für Luhmann wird gerade in dieser hidden agenda die eigentliche Funktion der OE sichtbar: Nach seiner – gewohnt provokativen – Auffassung „versteht man unter ‚Organisationsentwicklung' etwas ganz anderes als der Ausdruck erwarten lassen könnte – nämlich eine Zeit in Anspruch nehmende, sozialpsychologisch durchdachte Anpassung des Personals an die Erfordernisse der Organisation" (Luhmann 1984, S. 486).

Anders herum ist die OE durch ihren Partizipationsanspruch und ihre von vielen Beratern verinnerlichte herrschaftskritische Haltung anfällig für Instrumentalisierungsversuche durch Teilnehmer auf unteren Hierarchieebenen. Ansätze, um der – sei es bewussten oder unbewussten, von Auftraggebern oder selbstdeklarierten „Opfern" von Veränderungsprozessen versuchten – Instrumentalisierung von OE-Prozessen entgegenzuwirken, gibt es kaum. Eine Ausnahme bildet Piepers (1988) Entwurf einer „diskursiven" OE, die auf drei Kernpunkten aufbaut:

1. einer durch verbindliche Absprachen zwischen den Beteiligten geregelten Einräumung von Partizpationsmöglichkeiten,
2. einer Vermittlung von Kompetenzen, die es den Betroffenen ermöglicht, ihre Partizipationsansprüche in der Auseinandersetzung mit Vorgesetzten und Geschäftsführung überhaupt durchzusetzen,
3. die Schaffung einer gemeinsamen normativen Basis mit Regeln für die Zusammenarbeit, die nicht nur vom Berater vorgegeben werden, sondern diskursiv ausgehandelt werden und damit die Interessen der Mitarbeiter wahren und ihre Selbstbestimmung stärken.

Expertise für die „soft facts“…

Während sich Veränderungen auf einer technischen Ebene (z.B. Infrastruktur) kurzfristig realisieren lassen, weisen kulturelle Faktoren ein höheres Beharrungsvermögen auf. „Die Anpassungselastizität und die Transformationsgeschwindigkeit in einer krisenhaften Umbruchsituation ist in beiden Bereichen deutlich verschieden“ (Bohler & Kellner 2004, S. 27). Dass der Erfolg von Veränderungsprojekten aber entscheidend von der Berücksichtigung gerade dieser „soft facts“ wie Führung, Kommunikation, Umgang mit Widerständen und Konflikten usw. abhängt, gilt als gesichert. Fries & Schüppel (2004) kommen bei der Auswertung von 16 internationalen Change Management-Studien zu dem Ergebnis, dass erfolgreicher Wandel zu 58% auf weichen und nur zu 42% auf harten Faktoren basiert. Dieser Befund passt zur Erkenntnis, das ein beträchtlicher Prozentsatz klassischer Strategieberatungsprozesse daran scheitert, dass in der Implementierungsphase soft facts nicht ausreichend berücksichtigt werden (vgl. Abschnitt 3.3). Die OE mit ihrem Fokus auf soft facts kann gerade an dieser Schwachstelle ihre Expertise einbringen und wird auch de facto häufig für die Umsetzung der von Strategieberatungen vorgeschlagenen Konzepte genutzt. Organisationsentwickler werden in vielen Organisationen als „beraterischer Sanitätstrupp“ (Iding 2000, S. 15) wahrgenommen, die nach Reorganisationsprojekten (z.B. Personalabbau) hinzugezogen werden, um die von den großen Strategieberatungshäusern hinterlassene „verbrannte Erde“ wieder neu zu bestellen. Moldaschl (2005) sieht darin einen Effekt der Marktsegmentierung zwischen der Strategieberatung und der OE: „Danach greift man bei wirtschaftlichen Krisen auf ‚klassische' Berater zurück, beim Kulturwandel auf prozedurale; oder beim cost cutting zunächst auf den Typus McKinsey, um die verbrannte Erde danach wieder von Organisationsentwicklern aufforsten zu lassen. Das gibt es durchaus“ (S. 51 f.).

Die OE hat das Denken in Zusammenhängen in die Beratung eingeführt. Technologien, organisationale Stukturen und soziale Aspekte werden als untrennbar miteinander verknüpfte Dimensionen betrachtet, deren Wechselwirkungen in jedem Veränderungsprozess berücksichtigt werden müssen. Diese Erkenntnis hat sich angesichts der nach wie vor verbreiteten mechanistischen Herangehensweise an die Veränderung von Organisationen noch nicht durchgesetzt – in vielen Veränderungsprojekten wird zwar ein ganzheitlicher Ansatz proklamiert, aber dann in der Umsetzung nicht konsequent verfolgt. Dabei wäre ein intensiverer Blick durch die Brille „Organisation als Organismus“, also eine stärkere Beachtung des Sozialkörpers der Organisation, in Veränderungsprojekten

> heute höchst aktuell, weil immer noch, und ganz besonders in Zeiten wirtschaftlicher Rezession – wo alte Konzepte im restaurativen Taumel der Ohnmacht wieder Hochkonjunktur haben –, die isolierte Betrachtung der Gesamt-Organisation und der Versuch [der] brachiale[n] Veränderung von Einzel-Segmenten [im Vordergrund stehen und] die systemische Erkenntnis der Tavistock-

> Forschungen ignoriert wird. Und damit werden durch partikulare Scheinlösungen ungeahnte Probleme in der Gesamtheit einer Organisation vernachlässigt oder sogar erst generiert. (Gairing 1999, S. 70)

…aber keine Ahnung von den „hard facts“?

Wenn sich OE als Gegenmodell zu Konzepten wie Strategieberatung, Fachberatung oder Expertenberatung versteht, kann schon die Begrifflichkeit Anlass zu Misstrauen geben – sind OE-Berater keine „Experten“, nicht „vom Fach“ und strategischer Unternehmensführung unkundig? In der Tat sind die historische Verwurzelung der OE in der Organisationspsychologie und die eher skeptische Distanz gegenüber Fragestellungen von betriebswirtschaftlicher Unternehmensführung und Management heute vielfach noch deutlich spürbar. Die OE stellt hier gewissermaßen das Spiegelbild der Strategieberatung dar, die mit betriebswirtschaftlicher Expertise aufwarten kann, dafür aber häufig die organisationspsychologischen Dimensionen von Veränderungsprozessen vernachlässigt. Zwar wird immer wieder ein „integrierter“ Beratungsansatz propagiert, der Prozessberatungskompetenz mit fachlicher Expertise verbindet, jedoch ist noch ein weiter Weg zu gehen.

Die Organisationsentwicklung aktiviert das implizite Wissen der Mitarbeiter…

Analog zur Homöopathie geht der Prozessberatungsansatz davon aus, dass die zur Lösung der Probleme eines Systems benötigten Ressourcen immer bereits im System verfügbar sind. Die OE sieht ihr Ziel in diesem Sinne in der Aktivierung der „Selbstheilungskräfte“ des Systems. Das bedeutet unter anderem, dass organisationales Lernen sich nicht in einem Lernen vom Berater erschöpfen kann, sondern vor allem in einem Lernen miteinander und voneinander besteht. Die OE sieht daher „im Rückgriff auf das Know-how der betrieblichen Akteure eine unverzichtbare Ressource für Problemlösungen“ (Bohler & Kellner 2004, S. 25). Das wichtigste Mittel zur Aktivierung dieser Ressource ist wiederum eine partizipative Gestaltung des Veränderungsprozesses. Mit Teamarbeitskonzepten, Qualitätszirkeln, Wissensmanagement und einer Verbesserung der Kommunikation über Hierarchieebenen hinweg soll das an der „Basis“ vorhandene implizite Wissen (Polanyi 1985, Kroch, Ichijo & Nonaka 2000) für die Steuerung der Organisation und die Verbesserung der Prozesse genutzt werden. Doppler & Lauterburg (2005, S. 171 f.) schreiben in ihrem Standardwerk zum Change Management dazu:

> Das relevante Wissen über das Umfeld, in dem das Unternehmen erfolgreich bestehen soll – die Verfassung der Märkte, deren kurz- und mittelfristige Entwicklung sowie die Bedarfslage aktueller oder potenzieller Kundenzielgruppen – ist fast immer irgendwo im Unternehmen selbst vorhan-

den – nicht unbedingt in den Köpfen der obersten Chefs, wohl aber, meist häppchenweise verstreut, in den Köpfen einzelner Mitarbeiter und Führungskräfte sowie in Studien einzelner Funktionsbereiche oder Fachstellen. Es geht deshalb meist weniger darum, fundamental neues Wissen zu generieren, als vielmehr darum, das an verschiedenen Stellen bereits vorhandene Wissen zu bündeln und für eine erfolgversprechende Strategie des Unternehmens verfügbar zu machen. Mit anderen Worten: Bei der Entwicklung von Strategien kommt dem *Prozess*, das heißt den konkreten Vorgehensweisen, eine ganz besondere Bedeutung zu.

… weil sie kein explizites Wissen anbieten kann

Die Nutzung impliziten Wissens ist wichtig, aber allein nicht ausreichend. Selbst wenn auf das in der Organisation vorhandene implizite Wissen optimal zugegriffen werden kann (z.B. mit einem gut funktionierenden internen Wissensmanagement-System), ist doch neues Wissen häufig erforderlich, um neuen Herausforderungen begegnen zu können, die mit dem vorhandenen Wissen nicht bewältigt werden können. Die Organisation benötigt daher auch explizites Wissen als Gegenmodell zum Vorhandenen (vgl. Moldaschl 2001).

Lange Zeit ist im Zuge der Abgrenzung der Prozessberatung gegenüber der Fachberatung die Abstinenz von fachlichen Aspekten als Merkmal professionellen Beratungshandelns kultiviert worden. Trotz aller Sinnhaftigkeit, die die Nutzung des impliziten Wissens in Veränderungsprozessen haben kann, lässt sich der OE vorwerfen, dass sie wohlklingende Etiketten wie „Aktivierung der Selbstregulationsfähigkeit der Organisation“ oder Leitsätze wie „die Organisation muss zu ihren Problemen passende Lösungen selbst entwickeln“ nutzt, um das Fehlen einer eigenen fachlichen Expertise zu kaschieren.

Die Organisationsentwicklung schaut auf den Menschen…

Dem Human Relations-Ansatz kommt zweifellos das Verdienst zu, in einer von mechanistischen Vorstellungen dominierten Zeit den Menschen in den Blickpunkt von Organisationstheorie und Beratungsarbeit gerückt zu haben. Heute selbstverständliche Konzepte der Organisationsgestaltung wie teilautonome Teams, Qualitätszirkel oder partizipative Führung wären ohne die Ablösung der Maschinen- durch die Organismusmetapher nur schwer vorstellbar. Auch wenn der von der OE vorgebrachte Anspruch einer Humanisierung der Arbeitswelt heute vielfach skeptisch betrachtet wird, besteht die Leistung der Human Relations-Schule und der auf ihr aufbauenden OE ohne Zweifel darin, die Sensibilität für die Relevanz der psychologischen Dimension in Arbeits- und Veränderungsprozessen beträchtlich erhöht zu haben.

...und damit an der Organisation vorbei?

Auch im Hinblick auf das Verhältnis von Person und Organisation verhalten sich die Kritikpunkte an Strategieberatung und OE spiegelbildlich zueinander: Während der Strategieberatung häufig vorgehalten wird, sie nehme den Menschen in Organisationen nicht in den Blick, lautet der Vorwurf gegenüber der OE, sie verfüge über keine angemessene organisationstheoretische Grundlage, um die Differenz von Person und Organisation konzeptuell und in der konkreten Beratungsarbeit zu erfassen. Durch den Fokus auf die persönliche Verhaltensentwicklung der Mitarbeiter, so beispielsweise Kolbeck (2001, S. 65), laufe die OE Gefahr, die strukturellen Rahmenbedingungen der Organisation aus dem Blick zu verlieren. Auch wenn Organisationspsychologie, OE und Change Management einen großen Wissensschatz zu den in Organisationen ablaufenden psychologischen und sozialen Prozessen, insbesondere in Bezug auf die Gestaltung von Veränderungsprozessen, aufgebaut haben, ist die OE doch von ihrer Herkunft aus der Interaktions- und Gruppenforschung geprägt. Die Dynamik von Interaktionen und Gruppen ist jedoch nicht mit der Dynamik von Organisationen gleichzusetzen. Sieht man Organisationen als Kumulation von Interaktionen und den diese Interaktionen prägenden Konflikten, gerät Beratung

> in die Versuchung, moderierend in interaktive Machtspiele einzugreifen und die Systemperspektive [...] aus den Augen zu verlieren. Organisationsbezogene Inhalte und Fragestellungen spielen dann nur noch eine untergeordnete Rolle. Der Blick auf die Organisation bleibt unmittelbarkeitsverhaftet auf agierende Menschen und ihre Interaktionen gerichtet, ohne nach Strukturgesetzlichkeiten zu fragen. Der Ausdruck einer personalisierenden Sicht besteht in moralisierenden Bewertungen von Verhalten. (Zech 2004, S. 200 f.)

Ein Beispiel für die blinden Flecke, die auf diese Weise entstehen, benennt Trebesch (1995, S. 165), selbst einer der prominentesten Vertreter der OE. Trebesch bemängelt, die OE habe die Harmonisierung der Beziehungen betont und dabei übersehen, dass Organisationen ihre strukturellen Konflikte auf der persönlichen und der Beziehungsebene „entsorgten" (vgl. Abschnitt 6.1: Personalisierung von Problemen). Statt einer „Beliebigkeits-OE", die sich auf die interpersonelle Ebene beschränkt, müsse sich der Fokus auf die notwendigen strukturellen Veränderungen richten. Die OE mit ihrem gruppendynamischen Hintergrund, so Königswieser & Hillebrand (2005, S. 105) zusammenfassend, „entfaltet [...] ihre Stärke in face-to-face-Interaktionen, d.h. im überschaubaren Rahmen von Gruppensituationen [...,] ist [aber] mit der strategischen Neuausrichtung ganzer Unternehmen oftmals überfordert".

Die Organisationsentwicklung bietet Instrumente für die Gestaltung von Veränderungsprozessen...

Im Laufe ihrer über 50-jährigen Geschichte haben OE und Change Management ein breites Wissen über die Gestaltung von Veränderungsprozessen angesammelt (vgl. Abschnitt 5.2). Dieses Wissen ist gerade deshalb von hohem Wert, weil die Frage, wie Organisationsveränderungen in der Praxis implementiert werden können, zu den blinden Flecken der klassischen Beratungsansätze gehört. Die OE greift dabei nicht nur auf erprobte Praxismodelle zurück, sondern auch auf eine lange Forschungstradition der Sozial- und Organisationspsychologie.

...aber ohne deren blinde Flecke zu reflektieren

OE und Change Management gehen – vorausgesetzt, man geht nach den in Abschnitt 5.2 beschriebenen Regeln der Kunst vor – vom Normalfall des Gelingens von Veränderungsprozessen aus. Diese Grundhaltung ist eine Folge bestimmter Annahmen über das Wesen von Menschen und Organisationen. Diese Annahmen weisen (unweigerlich) einen blinden Fleck auf, der sich darin auswirkt, dass die „Wirkmächtigkeit" des eigenen Ansatzes systematisch überschätzt wird. Zumindest vor dem Hintergrund der Skepsis, die durch die Diskussion um die systemische Organisationsberatung auch in OE-Kreisen lauter geworden ist, kann dies erstaunen:

> Immer mehr Organisationsgestalter, Change Manager und Unternehmensentwickler [...] distanzieren sich von der Vorstellung, dass exakte Vorhersagen über Entwicklungen möglich sind und fordern die Abkehr von der Betrachtung der Organisation als einer trivialen Maschine.
> Umso paradoxer ist es aber, dass die meisten Ansätze und Methoden des Change Managements immer noch von Beherrschbarkeit, Prognosefähigkeit, von definierten Verfahren und exakten Planungen sowie festgelegten Reaktionsmustern ausgehen. (Kühl 2000, S. 84)

Auch Wimmer (1998, S. 325) kritisiert, dass die OE über kein theoretisches Instrumentarium verfüge, das in Beratungsprozessen eine systematische Reflexion über Möglichkeiten und Grenzen von Veränderungsinterventionen in komplexe soziale Systeme einziehen würde. Das Scheitern von OE-Projekten dürfte in der Praxis häufiger vorkommen als es durch die eigene Theorie und die Beraterliteratur nahegelegt wird (vgl. dazu das Themenheft „Scheitern von Projekten in der Organisationsberatung" der Zeitschrift „Gruppendynamik & Organisationsberatung" 2007).

Kühl (2000) weist darauf hin, dass die Gestaltungsprinzipien des Change Managements, konsequent angewandt, zu unerwünschten Effekten führen können, die den Wandel behindern (Tab. 7). Gerade angesichts der vielfach zu beobachtenden Tendenz, die Organisation mit Wandlungsprozessen zu überlasten (Kühl bezeichnet den resultierenden Organisationstypus als „hyperflexible Organisation ohne Stabilitätsorientierung" oder – in den Begrifflichkeiten des in der OE grundlegenden 3-Phasen-Modells von Lewin – als „chronisch aufgetaute Organisation") empfiehlt er eine bewusste Auseinandersetzung mit den blinden Flecken von Change-Management-Konzepten mit Hilfe von Fragen wie:

- Welche Ziele werden nicht verfolgt?
- Welche Visionen werden nicht berücksichtigt?
- Womit identifizieren sich Mitarbeiter nicht und womit sollten sie sich nicht identifizieren?
- Wo sollen die Mitarbeiter sich nicht mit ihrer ganzen Person einbringen?
- Wer kommuniziert nicht miteinander und wer sollte nicht miteinander kommunizieren?
- Wo wollen wir nicht, dass Selbstorganisation stattfindet?
- Wo wird nicht gelernt und wo sollte nicht gelernt werden? (ebd., S. 196)

Prinzipien „guten" Organisationswandels	**Nichtgewollte Nebenfolgen bei den Prinzipien**
Klara Ziele und Visionen für Veränderungsprozesse	Mangelnde Zielflexibilität bei veränderten Umfeldbedingungen
Identifikation der Mitarbeiter mit Produkten und Prozessen	Organisation büßt an Wandlungsfähigkeit ein, weil Prozesse versteift werden
Mensch steht im Mittelpunkt des Unternehmens	Überlastung mit Ansprüchen der verschiedenen Organisationsmitglieder
Kommunikation, Kommunikation, Kommunikation	Überlastung mit sprachlicher Kommunikation
Selbstorganisation	Orientierung an bestehenden Strukturen, die eigentlich überwunden werden sollen
Bereithaltung von Ressourcen für Veränderungen	Verschwendung und Selbstbehinderung durch überschüssige Ressourcen
Lernen	Erfolgreiches Lernen schreibt Strukturen fest und behindert spätere Anpassungsprozesse
↳ Die Prinzipien der lernenden Organisation	**↳ Die blinden Flecke der lernenden Organisation**

Tabelle 7: Nichtgewollte Nebenfolgen der Prinzipien „guten" Organisationswandels (aus Kühl 2000, S. 185)

6 Systemische Organisationsberatung

Die systemische Organisationsberatung hat in den letzten Jahren enorm an Popularität gewonnen. Sie hat sich im deutschsprachigen Raum vor allem durch die Arbeiten von Barbara Heitger, Roswita Königswieser, Fritz B. Simon und Rudi Wimmer zu einem eigenständigen Ansatz entwickelt. Die systemische Organisationsberatung fußt dabei auf fünf Fundamenten (siehe Abb. 4):

- der Theorie sozialer Systeme und der systemischen Organisationstheorie (vgl. Abschnitt 6.1),
- der diesen Ansätzen zugrunde liegenden konstruktivistischen Erkenntnistheorie (Ameln 2004) sowie insbesondere Maturanas Autopoiesis-Konzept (vgl. Abschnitt 6.1),
- der Organisationsentwicklung (vgl. Kapitel 5),
- systemischen Ansätzen der (Familien-)Therapie,
- der naturwissenschaftlichen Selbstorganisationstheorie und Synergetik (vgl. Abschnitt 6.2: Nicht-lineare Vernetzung und die Entstehung von Teufelskreis-Dynamiken).

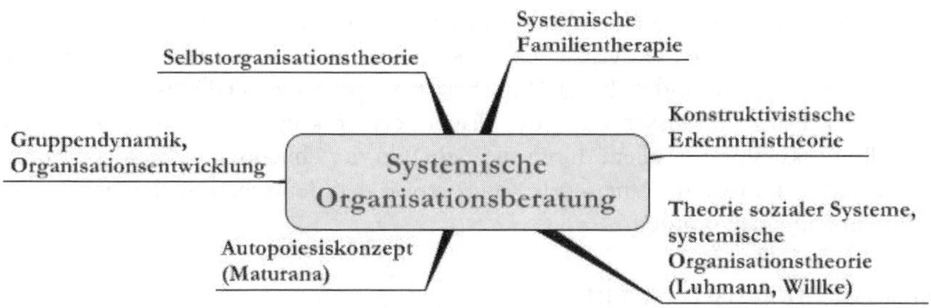

Abb. 4: Wurzeln der systemischen Organisationsberatung

Das Ziel des Beratungsprozesses ist es, Wirklichkeiten der Organisation und ihrer Mitglieder zu rekonstruieren, zu dekonstruieren und neu zu konstruieren. Der Berater tritt dabei in drei Rollen auf (Wimmer, nach Glatzel & Nagel 2006):

- auf der Sachdimension als inhaltlicher und fachlicher Diskussionspartner für das Management,
- auf der Sozialdimension als Teamentwickler des Führungssystems und
- auf der Zeitdimension als „Architekt des Veränderungsprozesses". Diese Prozessarchitektur spielt in systemischen Beratungsansätzen eine große Rolle (s. unten: „Beratung als Prozess systemumfassender Reflexion").

Die systemische Organisationsberatung wird der Prozessberatung zugeordnet, ebenso wie die Organisationsentwicklung, aus der heraus sie sich entwickelt hat und mit der sie viele Gemeinsamkeiten teilt. Aktuell versucht die systemische Beratung jedoch erkennbar, die Kluft gegenüber der Fachberatung zu überwinden, ohne dabei deren blinde Flecke zu kopieren. Ein Beispiel für eine solche Verbindung zwischen systemischer Organisationsberatung und klassischer Strategieberatung ist das von Königswieser & Network entwickelte Konzept der Komplementärberatung (Königswieser, Sonuç, Gebhardt & Hillebrand 2006).

6.1 Organisationstheoretischer Hintergrund: Die Organisation als geschlossenes Kommunikationssystem

Im Gegensatz zur Metapher der Organisation als offenes System, die die Austauschbeziehungen mit der Umwelt in den Vordergrund stellt, gehen die hier vorgestellten Ansätze von der Leitannahme aus, dass Organisationen *geschlossene* Systeme sind und betonen somit ihre Autonomie und Eigendynamik. In den zurückliegenden Jahren hat diese Sichtweise im Zuge der Popularisierung der konstruktivistischen Systemtheorie zunehmend an Einfluss gewonnen. Obwohl die Wurzeln der zeitgenössischen konstruktivistischen Ansätze bis zu den altgriechischen Skeptikern zurück reichen und sich auf Vorarbeiten so prominenter Denker wie Immanuel Kant, Edmund Husserl oder Jean Piaget berufen können (Ameln 2004), ist die aktuelle Diskussion vor allem durch die Arbeiten der chilenischen Biologen Humberto R. Maturana und Francisco J. Varela sowie den deutschen Soziologen Niklas Luhmann angeregt worden.

Das Autopoiesis-Konzept

Der Ausgangspunkt für die Überlegungen von Maturana und Varela ist die Frage, was das Grundmerkmal (lebender) Systeme ist. Für sie liegt dieses nicht in der Fähigkeit zur Selbstreproduktion, sondern in der Fähigkeit zur *Selbsterzeugung*. Diese Eigenschaft bezeichnen sie als *Autopoiesis* (gr. auto = selbst, poiesis = Herstellung). Dieses zunächst nur auf lebende Systeme bezogene Konzept ist für die Organisationstheorie wichtig, weil es später von Luhmann auf soziale Systeme und somit auch auf Organisationen übertragen wurde. Autopoietische Systeme sind Systeme,

> eine Klasse von Systemen, bei der jedes Element als eine zusammengesetzte Einheit (System), als ein Netzwerk der Produktionen von Bestandteilen definiert ist, die (a) durch ihre Interaktionen rekursiv das Netzwerk der Produktionen bilden und verwirklichen, das sie selbst produziert hat; (b) die Grenzen des Netzwerks als Bestandteile konstituieren, die an seiner Konstitution und Realisierung teilnehmen; und (c) das Netzwerk als eine zusammengesetzte Einheit in dem Raum konstituieren und realisieren, in dem es existiert. (Maturana 1987, S. 94)

Diese selbstbezügliche Aufrechterhaltung des Systems durch Anschließen an die eigenen Elemente wird in der systemischen Theorie mit Luhmann (1984) als die *Operationen* des Systems bezeichnet.

Nicht-lineare Vernetzung und die Entstehung von Teufelskreis-Dynamiken

Die naturwissenschaftliche Selbstorganisationsforschung, die sich vor allem mit komplexen physikalischen und chemischen Systemen befasst hat, bietet auch für den organisationswissenschaftlichen Bereich eine Reihe interessanter Denkfiguren. Komplexe Systeme zeichnen sich dadurch aus, dass ihre Elemente nicht-linear miteinander vernetzt sind. Das bedeutet, dass Ursache und Wirkung nicht in Form geradliniger Ketten (A → B → C → D usw.), sondern in kreiskausaler Form miteinander verbunden sind: Die Änderung einer Variable wirkt schließlich wieder auf dieselbe Variable zurück (A → B → C → A). Solche nicht-linearen Rückkopplungen können zu einem unvorhersehbaren, „chaotischen" Systemverhalten führen. Ein typisches Beispiel für ein solches sogenanntes deterministisches Chaos ist das Wetter. In Systemen dieses Typs können minimale Änderungen zu gravierenden Änderungen des Gesamtverhaltens führen. Dieses Phänomen wird als „Schmetterlings-Effekt" bezeichnet. Nach dieser Metapher kann ein Flügelschlag eines Schmetterlings im Regenwald des Amazonas dafür verantwortlich sein, ob in Europa die Sonne scheint oder ein Schneesturm herrscht.

Auf der anderen Seite können nicht-linear rückgekoppelte Systeme auch äußerst stabile Zustände ausbilden, die sich auch dann wieder herstellen, wenn sich einzelne Systemelemente oder äußere Randbedingungen ändern. Diese stabilen, selbstherstellenden Zustände bezeichnet man in der Selbstorganisationsforschung als *Attraktoren*. Sie führen dazu, dass jede der Attraktordynamik zuwiderlaufende Dynamik im System in kurzer Zeit vom Attraktor „versklavt" (ein Begriff der Selbstorganisationstheorie) und der Systemdynamik angeglichen wird. Ein gutes Beispiel für solche attrahierenden Systeme sind Organisationskulturen, die nicht in das bestehende Muster passende Impulse neu eingestellter Mitarbeiter versklaven und sich selbst nach einem weit reichenden Personalaustausch mit anderer personeller Zusammensetzung in ganz ähnlicher Form wieder herstellen.

Ein attrahierendes System ist in der Potenziallandschaft Abb. 5 schematisch dargestellt: bei Fluktuationen (Anstoß der Kugel, in die Praxis übertragen beispielsweise ein Interventionsversuch des Beraters) sorgen die Selbstwiederherstellungsprozesse des Systems dafür, dass sich nach einer Weile immer wieder dasselbe stabile Gleichgewicht einstellt. Im Bild: die Kugel rollt zurück zu Punkt A. Erst eine massive Störung kann bewirken, dass die Kugel den Punkt B, den sogenannten *Bifurkationspunkt*, erreicht. An diesem Punkt entscheiden winzige Fluktuationen, ob das System zurück in den Ausgangszustand fällt oder ob ein Musterwechsel stattfindet, indem die Kugel zu Punkt C rollt und hier einen neuen stabilen Zustand erreicht. Ein solcher Wechsel von einem in einen anderen Attraktorzustand wird in der Selbstorganisationsforschung als *Phasenübergang* bezeichnet.

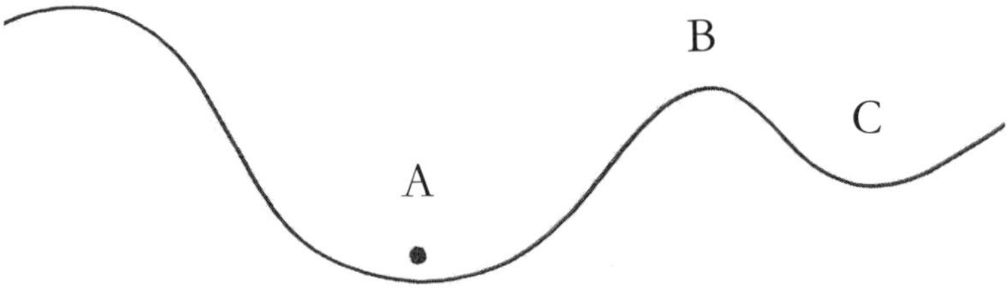

Abb. 5: Potenziallandschaft mit zwei Attraktoren (A und C) sowie einem Bifurkationspunkt (B)

Wenn man dieses Konzept auf Organisationen überträgt, kann die Aufgabe von Beratung darin bestehen, dysfunktionale attrahierende Dynamiken ausfindig zu machen, Fluktuationen im System zu verstärken und Phasenübergänge in funktionalere Systemgleichgewichte anzustreben. Dabei stellen sich mehrere Probleme:

- Berater verfügen über keine „Landkarte" der Potenziallandschaft der Organisation, die Attraktorzustände, Bifurkationspunkte und den Weg von den ersteren zu den letzteren erkennen ließe.
- Es ist nicht klar, welche Interventionen das System zu einem Bifurkationspunkt bzw. darüber hinaus führen können.
- Nicht-linear vernetzte Systeme reagieren oft unberechenbar; Steuerungsversuche im Rahmen von Veränderungsprozessen produzieren daher häufig unerwartete Ergebnisse, gelegentlich sogar das Gegenteil des ursprünglich Intendierten.

Diese im Rahmen der Selbstorganisationstheorie vorgebrachten Einwände gegen die Planbarbeit des organisationalen Wandels werden von der sozialwissenschaftlichen Systemtheorie geteilt. Dort werden sie aber mit Hilfe anderer Konzepte begründet, die im Folgenden dargestellt werden.

Operationale Geschlossenheit

Maturana hatte in (umstrittenen) Wahrnehmungsexperimenten mit Versuchstieren keine stabilen Korrelationen zwischen Außenweltereignissen und der Reaktion des Nervensystems nachweisen können; beispielsweise fand sich keine systematische Übereinstimmung zwischen den Wellenlängen des jeweiligen Farbreizes und den Aktivitäten der retinalen Ganglienzellen. Stattdessen fand Maturana stabile Korrelationen zwischen Zuständen verschiedener Zellen *innerhalb* des Nervensystems, d.h. beispielsweise zwischen verschiedenen Ganglienzellen, so dass er zu dem Schluss kam:

> Das einzige, was dem Nervensystem an irgendeiner Stelle zugänglich ist, sind Zustände relativer Aktivität zwischen Nervenzellen, und das einzige, was durch einen bestimmten Zustand relativer Aktivität verursacht werden kann, sind Zustände relativer Aktivität in anderen Nervenzellen, die die Zustände relativer Aktivität bilden, auf die sie reagieren. [...]
> Es ließe sich folglich sagen, daß die verschiedenen so erzeugten Aktivitätszustände lediglich die an den sensorischen Oberflächen aufgrund der Interaktion des Organismus gegebenen Relationen repräsentieren, und keineswegs eine unabhängige Umwelt [...]. (Maturana 1982, S. 48 f.)

Diese Eigenschaft, die Maturana als *operationale Geschlossenheit* bezeichnet, bedeutet nicht, dass autopoietische Systeme in jedem Sinne gegenüber der Umwelt abgeschottet wären. Um existieren zu können, müssen sie offen sein für den Austausch von Materie und Energie mit seiner Umwelt. Autopoietische Systeme sind also in energetischer Hinsicht offen, in informationeller Hinsicht jedoch geschlossen.

Daraus leitete Maturana die Grundthese des sogenannten Radikalen Konstruktivismus ab: *Das, was wir als Wirklichkeit erleben, ist unsere eigene Konstruktion*, deren Übereinstimmung mit der Realität nicht feststellbar ist.

Beobachtung

Systeme konstruieren nach Niklas Luhmann (1984, 1990a) ihre Wirklichkeit, indem sie Unterscheidungen treffen und an diese Unterscheidungen weitere Unterscheidungen anschließen. So kann eine Organisation mit Hilfe der Boston Consulting Group-Matrix ihre Produktpalette beispielsweise danach unterscheiden, ob mit einem Produkt hoher/geringer Umsatz erwirtschaftet wird oder ob der Markt viel/wenig Potenzial für die Platzierung eines Produktes bietet. Jede solche beobachtungsleitende Unterscheidung (wie viel/wenig Umsatz) „zeigt" einen bestimmten Aspekt der Wirklichkeit, weist aber immer auch einen „blinden Fleck" auf, der andere Aspekte der Wirklichkeit ausgeblendet lässt (vgl. auch Kapitel 2):

> Jeder Beobachter beobachtet, was er beobachten kann, [...] aufgrund einer Unterscheidung, deren Einheit sich seiner Beobachtung entzieht. [...] Wenn man für die eine oder die andere Unterscheidung optiert, hat man nicht mehr die Möglichkeit, die Unterscheidung als Einheit, als Form zu sehen – es sei denn mit Hilfe einer anderen Unterscheidung, also als ein anderer Beobachter. (Luhmann 1990a, S. 123)

Der blinde Fleck verdeckt nicht nur das, was die verwendete beobachtungsleitende Unterscheidung nicht erfassen kann, sondern *er selbst* bleibt für den Beobachter unsichtbar: „Ein System kann nur sehen, was es sehen kann. Es kann nicht sehen, was es nicht sehen kann. Es kann auch nicht sehen, dass es nicht sehen kann, was es nicht sehen kann" (Luhmann 1986a, S. 52).

Die Aufdeckung des blinden Flecks mit Hilfe einer beobachtungsleitenden Unterscheidung, die die Einheit des in der Beobachtung Unterschiedenen erfasst, nennt man *Beobachtung 2. Ordnung*. Eine solche Beobachtung 2. Ordnung betrachtet beispielsweise die Anwendung der Gap-Analyse im Hinblick auf die Frage, inwieweit eine solche Analyse für die Steuerung der Unternehmensprozesse überhaupt sinnvoll ist und welche Optionen sie möglicherweise außer Acht lässt.

Kommunikation als Basisoperation von Organisationen

Luhmann (1984) übernimmt von Maturana die Vorstellung, dass autopoietische Systeme ihre Elemente in einem rekursiven Netzwerk aus ebendiesen Elementen selbst erzeugen. Während lebende Systeme (also z.B. der menschliche Körper) ihre Selbstreproduktion über biochemische Vorgänge vornehmen, operieren soziale Systeme (also auch Organisationen) mit Hilfe von *Kommunikation*. Ihre Elemente sind Kommunikationen, und sie erhalten ihre Autopoiesis dadurch aufrecht, dass sie Kommunikationen an vorausgegangene Kommunikationen anschließen. Kommt die Kommunikation zum Erliegen, hört das soziale System auf zu existieren.

Eine Besonderheit in Luhmanns Theorie ist, dass psychische Systeme und soziale Systeme zwei unterschiedlichen und jeweils operational geschlossenen Systemtypen zugeordnet werden. Sie arbeiten mit unterschiedlichen Operationsmodi (soziale Systeme: Kommunikation, psychische Systeme: Bewusstsein), und die Operationen des einen Systemtypus können nicht an die Operationen des anderen Systemtypus anschließen. Innerpsychische Vorgänge und Strukturen wie Gedanken, Gefühle, Motive, Einstellungen usw. können insofern nicht unmittelbar in die Kommunikation und damit in das organisationale Geschehen einfließen. Der Mensch (im Sinne der Einheit von Körper und Geist) wird mit dieser theoretischen Setzung in die Umwelt der Organisation verlagert. Daher führt

> eine Dekomposition sozialer Systeme in Teilsysteme, Teilteilsysteme oder letztlich in Funktionselemente und Relationen [...] nie auf Personen, sie dekomponiert sozusagen an den Personen vorbei. Sie endet je nach analytischem oder praktischem Bedarf bei Firmen oder bei Organisationsabteilungen oder bei Rollen oder bei kommunikativen Akten, nie jedoch bei konkreten Menschen oder Teilen von Menschen (Zähnen, Zungen usw.). (Luhmann 1977, S. 68)

Das heißt nicht, dass psychisches Geschehen für soziale Systeme irrelevant wäre:

> Ein Kommunikationssystem „beeindruckt" ein Bewußtseinssystem. Das heißt aber nur, daß im jeweils anderen System ein Ereignis co-produziert wird, das als Ereignis nicht bleiben kann, sondern sofort wieder verschwindet. Was das beeindruckende System mit dem Eindruck anfängt, wie es ihn eingrenzt und wie es ihn gegebenenfalls zur Strukturbildung (Erwartungsbildung) verwendet, entscheidet sich im beeindruckenden System [...]. (Luhmann 1990b, S. 58)

Beide Systemtypen stellen sich gegenseitig Komplexität zur Verfügung unter Wahrung ihrer jeweiligen operationalen Geschlossenheit – ein Verhältnis, das Luhmann mit dem etwas diffusen Begriff *Interpenetration* beschreibt. Kommunikation ist dabei nicht durch das Geschehen in den beteiligten psychischen Systemen determiniert, sondern folgt ihrer Eigengesetzlichkeit und Eigendynamik. Diese Setzung hat natürlich weitreichende Folgen für jede Form von Beratung, Schulung, Coaching usw., die im klassischen Konzept auf „Bewusstseinswandel", also auf die Veränderung psychischer Systeme setzt. Wir kommen in Abschnitt 6.2 darauf zurück.

Erwartungen und Entscheidungen

Erwartungen bilden die Struktur sozialer Systeme, die die Kommunikation in sachlicher, zeitlicher und sozialer Hinsicht strukturieren. Sie determinieren nicht, wie eine Kommunikation an eine andere anschließt, machen aber bestimmte Anschlussmöglichkeiten wahrscheinlicher als andere: „Eine Struktur besteht also […] in der *Einschränkung der im System zugelassenen Relationen*" (Luhmann 1984, S. 384). Beispiele für solche Erwartungen sind Rollen oder Programme (z.B. die Beschreibung eines Schlüsselprozesses in einem Organisationshandbuch).

Der Erwartungsbegriff bildet die Grundlage für Luhmanns Verständnis von *Entscheidungen*, die in seiner Theorie den Wesenskern von Organisationen darstellen. Luhmann (2000, S. 63) spricht davon,

> dass Organisationen entstehen und sich reproduzieren, wenn es zur *Kommunikation von Entscheidungen* kommt und das System auf dieser Operationsbasis *operativ geschlossen wird*. Alles andere – Ziele, Hierarchien, Rationalitätschancen, weisungsgebundene Mitglieder, oder was sonst als Kriterium von Organisation angesehen worden ist – ist demgegenüber sekundär und kann als Resultat der Entscheidungsoperationen des Systems angesehen werden.

Organisationen sind danach „Sozialsysteme […], *die aus Entscheidungen bestehen und die Entscheidungen, aus denen sie bestehen, durch die Entscheidungen, aus denen sie bestehen, selbst anfertigen*" (Luhmann 1988b, S. 166). Von Entscheidungen spricht Luhmann (1984, S. 400) dann, wenn „*die Sinngebung einer Handlung auf eine an sie selbst gerichtete Erwartung* reagiert". Die im System möglichen Entscheidungen werden durch drei Entscheidungsprämissen eingeschränkt, die dafür sorgen, dass nicht jedes Mal von Grund auf neu entschieden werden muss (Luhmann 2000, S. 225):

- *Entscheidungsprogramme* (z.B. festgelegte Risikobewertungsprozeduren für die Kreditvergabe in Banken),
- *Kommunikationswege* (der „Dienstweg"),
- *Personaleinsatz*, also die Frage der Zuordnung von Menschen zu Funktionen.

Die drei Entscheidungsprämissen werden mit Hilfe von *Stellen* gebündelt und zueinander in Einklang gebracht. Hier wird auch noch einmal deutlich, dass Menschen nicht als solche Teil von Organisationen sind, sondern nur als (weitgehend) austauschbare Stelleninhaber und nur insoweit sie als Stelleninhaber an der Kommunikation der Organisation teilnehmen. Durch das Ausscheiden eines Organisationsmitglieds ändert sich die Struktur der Organisation so lange nicht wie die betreffende Stelle erhalten bleibt und neu besetzt werden kann.

Unsicherheitsabsorption

In der klassischen Organisationstheorie sind Entscheidungen immer auf eine Zukunft ausgerichtet, in der ein bestimmter Zielzustand erreicht werden soll. Dass diese Art zweckrationalen Entscheidungsverhaltens immer unter Unsicherheit geschieht, wurde in Abschnitt 3.3 bereits angesprochen. Luhmann nimmt diesen Umstand zur Prämisse seiner Theorie und sieht *Unsicherheitsabsorption* als zentrale Rahmenbedingung organisationalen Entscheidens. Unsicherheit im Sinne Luhmanns entsteht daraus, dass sich keine Entscheidung auf die in der klassischen Theorie vorausgesetzte vollständige Information stützen kann. Man weiß nie mit Sicherheit im Voraus, was sich in der Zukunft als optimale Entscheidung erweisen wird. Abgesehen von dieser prinzipiellen Unmöglichkeit, die Entscheidung auf Unerwartbares abzustellen, wäre ständiges rationales Entscheiden zu zeitaufwändig und würde die Kapazitäten des Systems überlasten. Trotzdem muss aber entschieden werden, wodurch die Unsicherheit (vor der Entscheidung) in Risiko (nach der Entscheidung) transformiert wird. Die dadurch entstehende Unsicherheit darf nicht zu einer Selbstblockierung des Systems führen – sie muss ausgeblendet, absorbiert werden, und auch der Umstand, dass Unsicherheit ausgeblendet wird, muss ausgeblendet und hinter einer selbstvorgetäuschten Sicherheit verdeckt bleiben. Ein wichtiger Mechanismus zur Absorption von Unsicherheit ist Planung, die aus Luhmanns Sicht weniger als Mittel der rationalen Entscheidungsfindung dient, sondern primär dazu, die Vorhersagbarkeit und Beherrschbarkeit einer unvorhersagbaren und unbeherrschbaren Zukunft vorzuspiegeln. Die unbemerkte Unsicherheitsabsorption trägt viel zum glatten Funktionieren der organisierten Arbeit bei:

> Da Unsicherheitsabsorption in Organisationen ein sozialer Prozess ist, bei dem Außendarstellung und interne Abhängigkeiten zu bedenken sind, wird Sicherheit prätendiert, schon deshalb, weil das ständige Insistieren auf Unsicherheit den anderen ihre Aufgabe erschweren würde. Ob die Beteiligten psychisch mitmachen oder, wie so oft, eine eher distanzierte oder zynische Einstellung zu ihrer Arbeit gewinnen, um sich selbst zu entlasten: kommuniziert wird ein Vertrauen in die Informationsverarbeitungskapazität des Systems. Das System lebt von Selbstüberschätzung, ja oft von Fiktionen, die sich als nützlich erweisen und deshalb, in ihrer Herkunft unkontrollierbar, transportiert werden - etwa der Fiktion, dass der Sachverständige kompetent war, dass die Kundenberatung durch Firmen eine ausreichende Entscheidungsgrundlage bietet oder dass Konsens erreicht war, wenn einer Entscheidung zugestimmt wurde. (ebd., S. 188 f.)

Formale, informelle und latente Dimensionen der Organisation

Regeln bilden sich in Organisationen, wie oben gezeigt, über den Aufbau von Erwartungen und Erwartungserwartungen aus. Regeln existieren auf einer normativen Ebene: So beschreiben Programme (z.B. Verfahrensvorschriften für die Ausführung einer medizinischen Operation oder die bei der Kreditvergabe zu beachtenden Prozeduren bei der Risikobewertung), wie in bestimmten Situationen und Kontexten gehandelt werden sollte. Das faktische Handeln kann natürlich von diesen offiziellen Vorgaben abweichen. Während also die Organisation auf der formalen Ebene aus Entscheidungen besteht, wie entschieden werden sollte, bilden sich parallel zu diesen formalen Strukturen Erwartungen darüber aus, was in bestimmten Situationen zu erwarten ist, welche Kommunikationswege man zum Beispiel beschreiten sollte, um eine Entscheidung zu erwirken. Diese Strukturen, die nicht auf Entscheidungen des Systems zurückgeführt werden können, bilden die informelle/kulturelle Dimension der Organisation (Luhmann 2000, S. 145).

Organisationen beobachten ihr eigenes Operieren ständig selbst. Auch diese Selbstbeobachtung hat einen blinden Fleck, der die latenten Bereiche der Organisation verdeckt. Die latenten Regeln stellen damit den blinden Fleck der Organisation im Hinblick auf ihr eigenes Operieren dar. Sie bestimmen wesentlich mit, wie in der Organisation kommuniziert mit, tauchen aber selbst in der Kommunikation nicht auf. Der nachfolgende Beitrag von Zech vertieft die Unterscheidung von formalen, informellen und latenten Dimensionen und illustriert die latenten Funktionsgrammatiken der Organisation an einem Beispiel.

Rainer Zech

Ich sehe was, was du nicht siehst! Latente Funktionsgrammatiken in Organisationen

Rainer Zech, geb. 1951, Prof. Dr. phil. habil., Diplompädagoge mit Schwerpunkt Erwachsenenbildung, Geschäftsführer der ArtSet® Forschung, Bildung, Beratung GmbH, Entwickler der Lerner- bzw. Kundenorientierten Qualitätstestierung für Bildungs-, Beratungs und Soziale Dienstleistungsorganisationen (LQW®, KQB®, KQS®), Berater für Wirtschaftsunternehmen und Nonprofitorganisationen, Forschungsschwerpunkte und Veröffentlichungen zu den Themen Organisation, Innovation, Bildung, Persönlichkeit, Qualität und Beratung.

Kontakt: ArtSet® Forschung, Bildung, Beratung GmbH, Ferdinand-Wallbrecht-Str. 17, 30163 Hannover, www.artset.de, zech@artset.de

Einstieg in den Autobus

Wie steigen Gruppen von Menschen in Busse des öffentlichen Nahverkehrs ein? In Deutschland bilden sich an Bushaltestellen kleine Personengruppen, die oft noch in Kleinstgruppen unterteilt sind. Gesprochen wird wenig, und wenn, dann leise in den Kleinstgruppen, die ohnehin zusammen gehören. Wenn der Bus seine Türen öffnet, steigen die Menschen an verschiedenen Türen relativ ungeordnet ein. Wenn sich jemand allzu offensichtlich vordrängelt, entsteht verhalten geäußerter Unmut.

Die Engländer haben bekanntermaßen ein anderes Buseinsteigesystem entwickelt: das queuing. Die Wartenden bilden eine Reihe in der Ordnung ihres Ankommens und steigen auch so in dieser Reihenfolge in den Bus ein. Gesprochen wird meistens nicht. Engländer lesen auch bei dieser Gelegenheit die Times.

In China kenne ich es so, dass die Menschen stumm an der Haltestelle warten. In dem Moment aber, wo der Bus seine Türen öffnet, stürzen alle zugleich in den Bus hinein und versuchen noch mindestens einen Stehplatz zu bekommen. Wem das nicht gelingt, muss auf den nächsten Bus warten. Das Ganze geschieht ziemlich rücksichtslos – allerdings immer noch völlig lautlos.

Mein letztes Beispiel stammt aus Kuba. An den Bushaltestellen bilden sich laut disputierende und gestikulierende Menschengruppen. Es ist ein ständiges Hin- und Her. Wenn allerdings der Bus da ist, löst sich dieses Chaos – wie von Zauberhand – plötzlich auf, und die Menschen steigen der Reihe nach in den Bus ein. Diesen Wechsel von Chaos und Ordnung schaffen die Kubaner durch eine ganz einfache Regel. Jeder, der zu den Wartenden an einer Bushaltestelle hinzu stößt, fragt: »El ultimo?«, also: Wer ist bisher der Letzte? Dadurch weiß der Neuling, nach wem er mit dem Einsteigen dran ist, muss keine Aufmerksamkeit mehr auf die Beobachtung des Systems verwenden und kann sich ganz seiner engagierten Beteiligung an verschiedenen Gesprächen widmen.

Was dies mit unserem Thema zu tun hat, wird sich – sofern es nicht bereits offenbar ist – gleich erschließen. Nur so viel an dieser Stelle: Bei den Wartegruppen an Bushaltestellen handelt es sich ganz offensichtlich um soziale Systeme, die nach einem jeweils spezifischen Regelkodex funktionieren.

Organisation als Regelsystem

Auch Organisationen sind nun soziale Systeme – im Unterschied zu Warteschlangen allerdings formalisierte soziale Systeme; sie lösen sich nicht auf, wenn der Bus abgefahren ist. Die Systemtheorie (vgl. Luhmann 2000), der ich mich in dieser Frage anschließe, differenziert: Eine Organisation ist ein rekursives System der Kommunikation von Entscheidungen, die wechselseitig füreinander Prämissen bilden, welche dann weiteres Entscheiden in gewisse Bahnen lenken. Wir können weiter definieren: Organisationen als soziale Systeme bestehen aus

1. einer eindeutigen *Grenze* zu ihrer Umwelt, die durch Mitgliedschaft bestimmt ist,
2. *Elementen*, das sind die kommunizierten Entscheidungen,
3. *Relationen*, d.h. rekursiven Beziehungsnetzwerken, die sich aus den Kommunikationen ergeben, und
4. *Regeln* bzw. einem spezifisch geordneten Regelsystem des Funktionierens.

Ich möchte mich in meinen weiteren Ausführungen – anknüpfend an das obige Beispiel – vor allem mit dem Regelsystem beschäftigen. Dies wiederum besteht aus drei Ebenen – den formalen, den informellen und den latenten Regeln:

1. *Formale Regeln* in Organisationen sind alle mehr oder weniger rechtlich bindende Verhaltensbestimmungen wie sie in den Bedingungen der Mitgliedschaft, in Satzungen, Geschäftsordnungen usw. festgelegt sind. Diese formalen Regeln können sinnvoll oder überholt sein; im Zweifelsfall aber muss nach ihnen gehandelt werden, sonst drohen Sanktionen des Systems.
2. *Informelle Regeln* bilden sich in der Alltagspraxis der Organisationen. Hier regeln die Beteiligten ihren Umgang miteinander bei der Aufgabenerledigung. Sprichwörtlich bekannt sind die so genannten kleinen Dienstwege in Behörden, auf denen man schneller zu Entscheidungen kommt als auf dem offiziellen Weg der Hierarchie. Informelle Koordinationsmechanismen in Organisationen können funktional sein, wenn sich z.B. erfahrene gewerbliche Arbeitnehmer nicht an die Anweisungen ihres vorgesetzten Ingenieurs halten, weil dieser von der praktischen Produktion bereits zu weit entfernt ist. Sie können aber auch dysfunktional sein, weil Einzelne im System zum Schaden des Ganzen ihre subjektiven Vorteile realisieren.
3. *Latente Regeln* sind schließlich diejenigen Erwartungsstrukturen einer Organisation, die ihr Funktionieren bestimmen, ohne dass sie den Beteiligten bewusst sind. Wir nennen diese unbewussten Strukturen einer Organisation ihre latente Funktionsgrammatik – in Analogie zu der Tatsache, dass die meisten Menschen ihre Muttersprache (überwiegend) grammatikalisch korrekt sprechen, ohne dass ihnen die grammatischen Regeln beim Sprechen bewusst sind. Latente Regeln werden nicht intendiert eingeführt, sondern entstehen – gewissermaßen »subkutan« – aus dem Alltagshandeln ohne bewusstes Zutun der Beteiligten, ähnlich wie so genannte heimliche Lehrpläne in der Schule. Ebenso wie die Grammatik ohne das bewusste Tun der Sprechenden wirkt, strukturieren die latenten Regeln einer Organisation ihr Handeln. Diese latenten Regeln können unschädlich oder vielleicht sogar nützlich für die Organisation sein; sie können sich aber auch schädlich als Lern- und Leistungseinschränkung auswirken (vgl. Zech 2000).

Die Regeln einer Organisationen strukturieren, was die kommunizierenden Organisationsmitglieder legitimerweise voneinander erwarten dürfen. Die Systemtheorie hat die Strukturen einer Organisation als Erwartungsstrukturen definiert. Durch Erwartungsstrukturen wird die doppelte Kontingenz von Kommunikationen kompensiert und Anschlussfähigkeit der einzelnen Kommunikationsbeiträge gesichert. Die Kommunikationen selbst richten sich – strukturiert über eine Grundunterscheidung – an den Relevanzen für das System aus. Relevanzen können in der Umwelt des System vorliegen oder im System selbst. Die kommunikative Grundunterscheidung – oder anders ausgedrückt: den Code – übernehmen die Organisationen von dem gesellschaftlichen Funktionssystem, dem sie sich in erster Linie zuordnen. Für die Wirtschaft orientiert sich der Code natürlich an der Zahlungsfähigkeit, für das Religionssystem ist es der Glauben, für das Bildungssystem das Lernen.

Auf der Basis ihres Codes entwickeln Organisationen dann ihre so genannte Spezialsemantik (vgl. Willke 1994, S.157 ff.). Das ist die jeweils besondere Sprache einer Organisation, in der sich ihr Code gewissermaßen kaskadierend entfaltet und sich die Regelsysteme, die Erwartungs- und Entscheidungsmuster verdichten. Diese Spezialsematiken entwickeln hinter dem Rücken der Beteiligten eine eigenständige Realität, die nicht mehr allein auf die Handlungen von Personen zurückführbar ist. Auf der Basis ihrer Spezialsemantik schließen sich Organisationen gegenüber ihrer Umwelt ab. Sie sind dann nur noch durch Ereignisse irritierbar, die sich in ihrem jeweiligen Code »verrechnen« lassen. Gegenüber allem anderen, was es sonst noch auf der Welt gibt, sind Organisationen ignorant. Auf dieser Einschränkung beruht aber andererseits die spezifische Leistungsfähigkeit der Organisation in ihrem Bereich (vgl. auch Zech 1999).

Latente Funktionsgrammatik

Organisationale Kommunikation und Beobachtung auf der Basis eines binären Codes lassen bestimmte Aspekte des Umweltverhältnisses des Systems sichtbar werden und verdecken andere. Die Umwelt und die eigene Identität sind als Gesamtheit für ein System unerreichbar und intransparent. Sichtbarkeit beruht auf einer bestimmten Blindheit. Da, wo der Sehnerv angewachsen ist, hat das Auge seinen blinden Fleck. Schon der Deutschen Lieblingsklassiker Goethe wusste, dass der denkende Mensch die wunderliche Eigenschaft hat, an die Stelle, wo das unaufgeklärte Problem liegt, gerne ein Phantasiebild zu setzen. Latenzen bzw. blinde Flecken markieren auch in Organisationen eine Negation von (Selbst-)Beobachtungsmöglichkeit (vgl. Luhmann 1991). Diese Latenzen verdichten sich zu einem handlungsregulierenden Regelsystem, dessen Existenz den Handelnden nicht bewusst ist: die latente Funktionsgrammatik.

Zur Veranschaulichung möchte ich ein Beispiel vorstellen (vgl. Zech 2000, S. 75 f.). Bei der Organisation handelt es sich um ein kleines Krankenhaus. In der Praxis dieser Organisation kam es dauerhaft zu offenem oder verstecktem Misstrauen gegeneinander oder gegenüber der Leitung. Wiederholte moralische Appelle, zukünftig offener miteinander umzugehen, halfen nicht weiter. Im Rahmen eines Beratungsprojektes entschlüsselten wir als Berater gemeinsam mit den Betroffenen – mit einem Verfahren, das ich hier nicht weiter erläutere – folgende latenten Regeln:

- Vertrauen ist gut, Misstrauen ist besser.
- Sei wie du bist, aber vergiss die Maske nicht.
- Alle anderen haben keine Probleme, also auch ich nicht.
- Transparenz über alles, aber bitte mit verdeckten Karten.
- Wenn du allein stehen willst, sprich aus, was viele denken.
- Jammern schafft Gemeinschaft und ist allemal besser als Handeln.
- Vorwärts nach weit – aber wohin?
- Was gut läuft, interessiert nicht.
- Wir sind die Besseren, Probleme machen nur die Anderen.
- Wir haben viel zu tun, fang' schon mal an.
- Unterstütze mich, aber misch' dich nicht ein.
- Störungen haben Vorrang, aber störe nicht.

Die Regeln der latenten Grammatik wirken – wie wir sahen – nicht nur einzeln, sondern vor allem als Netzwerk, in dem sich die einzelnen Positionen wechselseitig bedingen, stützen und verstärken. Dieses Netzwerk ist ein Diskurs im Foucaultschen Sinne, d.h. eine Formation des Denkens, Fühlens und Handelns, die bestimmte Wirkungen (re)produziert (vgl. Foucault 1977). Die Individuen diskurrieren in dieser Anlage, die bestimmte Wege vorgibt und andere verschließt, zum Teil sehr aufgeregt hin und her, aber sie tun vor allem eines: Sie reproduzieren die latenten Regeln ihres Tuns. In unserem konkreten Fall greifen die Regeln des Netzwerks der latenten Grammatik – wie in der folgenden Grafik ersichtlich – als dauerhafte Reproduktion des offiziell sogar heftig kritisierten Misstrauens ineinander.

Um den märchenhaften Zauber dieser geheimen Regeln zu bannen, gaben wie diesem latenten Kommunikationssystem einen Namen: MRK – *MisstrauensReproduktionsKreis*:

Der Kreis ist geschlossen; das Netzwerk ist perfekt. Eine Regel bedingt die nächste, alle bilden einen Zusammenhang, der sich selbst reproduziert. Egal an welcher Stelle man in das Regelsystem eintritt, einmal eingetreten bewegt man sich im Kreis, diskurriert man in der Anlage. Diese latente Grammatik verfügt sogar zusätzlich über eine Regel zweiter Ordnung, also über eine Regel zum Umgang mit den Regeln, die als Systemerhaltungsregel wirkt, das Störungsverbot des Reproduk-

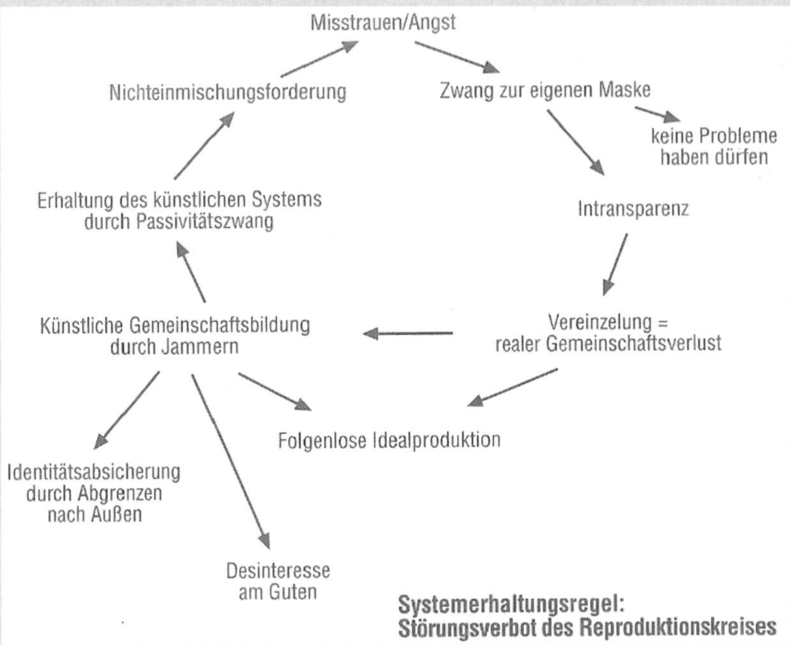

Abb. 6: MisstrauensReproduktionsKreis (eigener Entwurf)

tionskreises. Diese Metaregel macht den Reproduktionskreis besonders resistent gegenüber Veränderungsbemühungen.

Ich sehe was, was du nicht siehst!

Sichtbar wird ein latentes Regelsystem des Funktionierens einzig aus einer Beobachterperspektive zweiter Ordnung. Dazu braucht es mehr als die Anstrengung von Woody Allens Protagonisten Nadelmann, der versuchte, ganz schnell in die andere Ecke des Zimmers zu laufen, um beim Umdrehen einen Blick auf sich selbst zu erhaschen. Obwohl Nadelmanns Grundgedanke im Prinzip richtig ist: Man braucht eine Rückspiegelung aus einer anderen Beobachterperspektive, die nicht den blinden Fleck der Organisation teilt. Das kann ein externer Berater sein, denn der hat als psychisches System ja einen anderen blinden Fleck als die Organisation. Aber das ist eine andere Geschichte…

Personalisierung von Problemen und Konflikten

Konflikte können sich aufgrund von sachlichen Differenzen ausbilden, wenn sie nicht beigelegt werden dann aber ins Persönliche ausweiten. Dann kommt eine gefährliche Eskalationsdynamik in Gang (Glasl 2004) – Luhmann (1984, S. 532) spricht von einem „Integrationssog" –, die für die Beteiligten ebenso wie für die Organisation als Ganzes dramatische Folgen haben kann. Konflikte neigen dazu, die Kommunikation zu „okkupieren" und Ressourcen zu binden, Sachthemen zu verdrängen und sinnvolle Anschlussmöglichkeiten zu blockieren. Angesichts dieser strukturgefährdenden Wirkung neigen soziale Systeme im Allgemeinen und Organisationen im Besonderen dazu, Konflikte latent zu halten, d.h. sie aus der Kommunikation auszuschließen. Diese Kommunikationsbarrieren führen dazu, dass Konflikte auf die Ebene des Psychischen verschoben und somit personalisiert werden. Strukturelle Probleme der Organisation (z.B. unklare strategische Ausrichtung, unklare Aufteilung von Verantwortlichkeiten) tauchen dann als Streitigkeiten unter Kollegen, als Stress- und Überlastungssymptome einzelner Mitarbeiter, als Mobbing etc. wieder auf.

Die systemische Familientherapie hat in diesem Zusammenhang die Begriffe „Symptomträger" oder „Indexpatient" geprägt: der Indexpatient zeigt ein Symptom (z.B. Magersucht), das von der Familie als in der Person begründete Krankheit konstruiert wird, aus systemischer Sicht aber eine Pathologie der gesamten Familie anzeigt und auch nur auf dieser Ebene behoben werden kann.

6.2 Grundsätze der systemischen Organisationsberatung

Beratung als Prozess systemumfassender Reflexion

Systemische Organisationsberatung zielt darauf ab, Prozesse der Beobachtung 2. Ordnung und der Reflexion anzustoßen, die dem Kundensystem helfen sollen, bestehende (dysfunktionale) Wirklichkeiten in Frage zu stellen und neue (funktionalere) Wirklichkeiten zu konstruieren. Die strategische Neuausrichtung oder Transformation einer Organisation beschränkt sich in diesem Konzept nicht auf die Umsetzung einer von den Beratern vorgegebenen Blaupause, sie ist vielmehr ein organisationsumfassender Prozess der gemeinsamen Erschaffung einer möglichen Zukunft. „Zukunft bedeutet in diesem Theorieverständnis […] eine begründete Eigenkonstruktion des jeweiligen Systems. Der Prozess der Strategieentwicklung erschafft in einem oszillierenden Prozess das eigene Zukunftsbild, das auf gemeinsam geteilten Annahmen der Schlüsselakteure beruht".

Dieser Satz könnte auch aus einem Organisationsentwicklungs-Lehrbuch stammen. Im Unterschied zur OE setzt die systemische Organisationsberatung dabei aber nicht auf ein „radikal" partizipatives und egalitäres Vorgehen, sondern ermöglicht Partizipation in einem klar umrissenen Rahmen, z.B. in Subprojekten innerhalb eines ansonsten in klarer Managementverantwortung belassenen Projektaufbaus.

Um den komplexen Prozess der gemeinsamen „Erfindung möglicher Zukünfte" möglicht produktiv zu gestalten, wird für jedes Beratungsprojekt eine Prozessarchitektur entworfen, die bestimmte bewährte Elemente zu einem maßgeschneiderten Design zusammenfügt. Die „Bausteine" dieser Prozessarchitektur sind je nach Beratungsinstitut und konkretem Projekt unterschiedlich – Königswieser & Exner (1999, S. 52 ff.) beschreiben folgende Architekturelemente. Eine zentrale Rolle spielt die *Steuergruppe*. Sie hat die Aufgabe,

- notwendige Entscheidungen vorzubereiten, zu treffen und für ihre operative Umsetzung zu sorgen (Management-Funktion),
- positive und negative Entwicklungen im Veränderungsprozess im Blick zu halten und ggf. nachzusteuern (Controlling-Funktion),
- den Veränderungsprozess zu reflektieren und daraus zu lernen (Reflexions-Funktion),
- die Reaktionen in der Organisation auf den Veränderungsprozess zu beobachten und ggf. notwendige Schritte einzuleiten (Monitor-Funktion),
- als Ansprechpartner für alle Fragen und Probleme (z.B. in Belangen der Organisationskultur) zu fungieren (Adressaten-Funktion),
- neue Ideen und Initiativen anzustoßen (Katalysatoren-Funktion),
- Subprojekte zu initiieren (Auftraggeber-Funktion),
- in der Organisation für das Projekt zu werben (interne Marketing-Funktion).

Weitere wichtige Architekturelemente umfassen:

- die *Dialoggruppe*, die im Dialog zwischen Steuergruppe, Auftraggebern, Betriebsräten usw. die Rückbindung des Projekts an die Wirklichkeit sicherstellt und dafür sorgt, dass die Steuergruppe nicht „abhebt";
- *Subprojekte* zur Erarbeitung von Konzepten, die das Projekt auf eine breitere Mitarbeiterbasis stellen, um durch Partizipation die Qualität und Akzeptanz der Ergebnisse zu verbessern;
- *Arbeit mit dem Vorstand*, um die Führungspersonen in ihrer Vorbild- und Normensetzungsfunktion zu beraten und zu begleiten;
- *Großveranstaltungen*, die Kommunikation, Wir-Gefühl, Sinnstiftung und Energieaufbau fördern sollen;
- *Sounding Board*, in dem die wichtigsten Gruppierungen der Organisation vertreten sind und das als „Resonanzkörper" des Projekts fungiert und eine Multiplikatorenfunktion erfüllt.

Die Prozessarchitektur bindet diese Elemente in einer sachlich, zeitlich und sozial aufeinander abgestimmten Weise in einen Projektplan ein (vgl. Abb. 7).

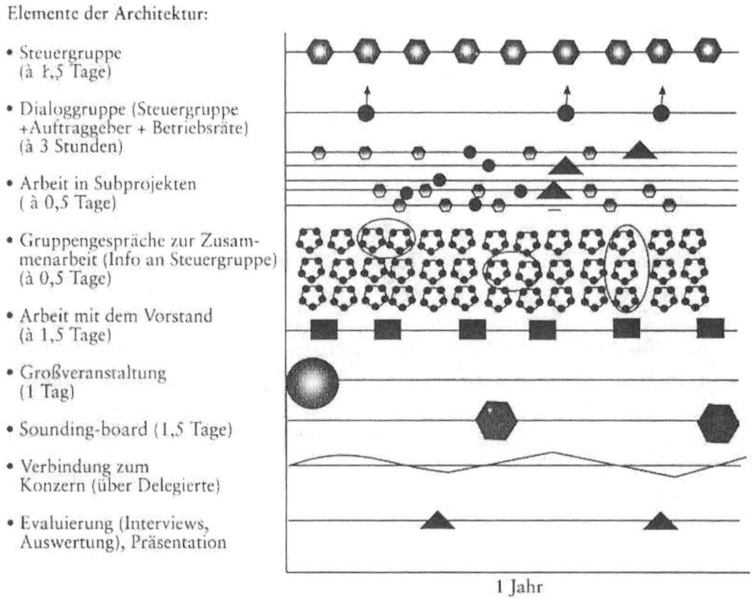

Abb. 7: Beispiel für eine systemische Prozessarchitektur (aus Königswieser & Exner 1999, S. 58)

Beratung als Anstoß zu Beobachtungen 2. Ordnung

Die erste radikale Umstellung im Selbstverständnis der systemischen Organisationsberatung gegenüber den bislang vorgestellten Modellen ergibt sich aus der konstruktivistischen Prämisse, dass man die Dinge nicht so erkennen kann, „wie sie sind", sondern immer innerhalb einer selbst konstruierten Wirklichkeit verbleibt, die so oder – mit einer anderen beobachtungsleitenden Unterscheidung – auch anders möglich wäre. Die Konsequenz aus dieser Setzung ist, dass der Berater nicht Probleme in der Organisation „diagnostizieren" kann, die der Organisation selbst mangels des entsprechenden Expertenwissens verborgen bleiben. Seine Beschreibungen der Organisation und ihrer Dynamik können ebenso wenig Objektivität beanspruchen wie die Selbstbeschreibung der Organisation. Der Berater ist in diesem Verständnis kein überlegener, aber immerhin *ein anderer* Beobachter, der andere beobachtungsleitende Unterscheidungen verwendet als das System. Die systemische Beratung sieht ein wichtiges Potenzial des Beratungssettings in dieser Differenz von Selbst- und Fremdbeobachtung:

> Berater können [...] in ihrer Arbeit den Umstand nutzen, daß sie aufgrund ihrer Ausbildung, ihres Erfahrungshintergrundes, des Reflexions- und Diskussionszusammenhanges, in den sie eingebunden sind, daß sie also aufgrund ihrer spezifischen professionellen Merkmale anderen Begrenzungen

> unterliegen als ihre Klientensysteme. Sie können [...] sich darauf spezialisieren, zu beobachten, welche dominanten Muster zur Konstruktion seiner Realität ein Klientensystem aufgebaut hat, mit welchen Differenzschemata es primär operiert, was es mit deren Hilfe zu sehen bekommt und was nicht, welche spezifische Blindheit dieses System charakterisiert, [...] in welchem Ausmaß diese für das jeweilige System typische Art, sich seine Wirklichkeit zu schaffen, an der Erzeugung und Stabilisierung genau jener Problemlagen beteiligt ist, deretwegen Beratung nachgesucht wird und ähnliche Fragestellungen mehr. (Wimmer 1995, S. 253 f.)

Die Thematisierung der Differenz von Selbst- und Fremdbeobachtung im Beratungsprozess kann das System dazu anregen, die eigenen Operationen und Beobachtungen mit Beobachtungen 2. Ordnung zu hinterfragen (präziser müsste man von „Beobachtungen 3. Ordnung" sprechen, da die Organisation immer schon Beobachterin ihrer selbst ist, indem sie permanent Beobachtungen 2. Ordnung vornimmt). Das Ziel besteht dabei darin aufzuzeigen, dass die Wirklichkeit, die die Organisation als Produkt unausweichlicher Entwicklungen ansieht, ein selbstkonstruiertes Ergebnis der eigenen beobachtungs- und handlungsleitenden Entscheidungen ist (vgl. unten: „Probleme als Konstruktionen"). Beratung, so Wimmer (ebd., S. 270) soll dem Klientensystem die Logik seiner eigenen Verknüpfungsmuster zugänglich machen und den Eigenanteil an der Entstehung und Aufrechterhaltung von Problemen erfahrbar machen. Ein „klassisch-systemischer" methodischer Ansatz in diesem Zusammenhang ist das zirkuläre Fragen (s. unten: Systemische Beratungstechniken).

Beratung als Irritation

Die These der operationalen Geschlossenheit von Systemen hat eine neue Bescheidenheit in die Beratung gebracht. Wenn keine Information an das System übermittelt werden kann, sind damit Wissensvermittlung und Beratung im Sinne einer planmäßigen Instruktion unmöglich. Die Organisation wird für Beeinflussungsversuche von außen gleichsam „resistent". Interventionsversuche stellen aus dieser Sicht lediglich eine unspezifische *Perturbation* (Irritation, Verstörung) ihrer internen Prozesse dar. Die Organisation kann diese Perturbation assimilieren, d.h. in ihr Erwartungsgefüge einbauen, oder sie vergessen (Luhmann 1997). Organisationsberatung besteht damit nicht in der geplanten Herbeiführung gezielter Veränderungen, sondern sie kann maximal eine unspezifische Irritation erreichen, die die Organisation zum Anlass für Veränderung nehmen kann - oder eben auch nicht. Diese Erkenntnisse haben die systemische Organisationsberatung zur Entwicklung von Vorgehensweisen angeregt, die sich nicht als planmäßige Beeinflussung (Instruktion), sondern als Perturbation, d.h. als Unterbrechung von Teufelskreis-Dynamiken (siehe Abschnitt 6.1: Nicht-lineare Vernetzung und die Entstehung von Teufelskreis-Dynamiken) und als Anregung zu selbstorganisiertem Lernen verstehen. Ein gutes Beispiel für eine Klasse von Techniken, die dieses Prinzip umsetzt, sind Verschreibungen (s. unten: Systemische Beratungstechniken).

In der praktischen Arbeit kann schon die Tatsache eine Irritation darstellen, dass ein Berater Selbstverständlichkeiten, die der Organisation durch „Betriebsblindheit" verborgen bleiben, durch eine andere Brille betrachtet und in einer anderen Sprache beschreibt. March (2001, S. 32 f.) formuliert dieses für die Beratung konstitutive Prinzip der aus der Differenz von Selbst- und Fremdbeschreibung entstehenden Irritation wie folgt:

> Das Herzstück einer guten Beratung ist die Einsicht, dass kein Berater genug über die Zusammenhänge weiß, um konkrete Ratschläge zu erteilen. Ein guter Berater kann bestimmte Dinge ansprechen. Was er sagt, ist immer irgendwie falsch, es sollte aber mindestens so falsch sein, dass es einen Manager dazu bringt, noch einmal neu darüber nachzudenken, was er eigentlich tut (ebd., S. 32 f.).

Allerdings ist in den zahlreichen einschlägigen Publikationen nicht erkennbar, wie die Einsicht, dass zielgeleitete Intervention unmöglich und auch Perturbation nur unsystematisch erreichbar ist, in der Methodik der systemischen Beratung berücksichtigt wird (näher dazu vgl. Abschnitt 6.3).

Probleme als Konstruktionen, Lösungsorientierung der Beratung

Die konstruktivistische Theorie betrachtet das, was wir als Realität erleben, als von einem Beobachter konstruierte Wirklichkeit, die – je nach gewählter Leitunterscheidung – so, aber auch anders ausfallen kann (vgl. Abschnitt 6.1: Beobachtung). Für die Beratung lässt sich daraus die Erkenntnis ziehen, dass es sich bei dem, was in einer Organisation als unabänderlich gegebenes Problem, als einzig mögliche Lösung etc. angesehen wird, ebenfalls um Konstruktionen handelt. Die Aufgabe der Beratung verschiebt sich damit vom Anbieten von Problemlösungen hin zur „Dekonstruktion" von Problemen, also zur Problematisierung der Frage, wie Probleme in der Wahrnehmung der Beteiligten zu Problemen werden, wie die Organisation mit Problemen umgeht etc. In Anlehnung an ein Zitat Niklas Luhmanns (1990b, S. 62 f.) kann man sagen:

> Wenn immer man denkt oder sagt: es ‚gibt' ein Problem und damit mehr meint als nur, es gibt etwas, das ist, wie es ist, dann ist ein Beobachter involviert. Für einen Beobachter des Beobachters, für den Berater also, ist die Frage dann nicht: *was* ist das Problem? – sondern: *wie* konstruiert die Organisation das Problem und wie schließt sie weitere Unterscheidungen daran an.

„Dekonstruktion" von Problemen meint aber nicht nur die Hinterfragung der Mechanismen, mit der die Organisation Probleme als soziale Konstruktionen erschafft und aufrechterhält, sondern auch einen Perspektivwechsel von der Problem- zur Lösungsorientierung. Dieses vor allem von Steve de Shazer (1998) und Insoo Kim Berg im Rahmen der systemischen Familientherapie herausgearbeitete Prinzip könnte man wie folgt zusammenfassen: Wer auf Probleme schaut, sieht Probleme, wer auf Lösungen schaut, sieht Lösungen. Die Suche nach Lösungen für

Probleme sollte sich daher nicht auf Probleme, sondern auf Lösungen konzentrieren. In der Beratung wird dieses Prinzip umgesetzt,

- indem man sich nicht lange damit befasst, was *nicht* funktioniert, sondern gemeinsam herausarbeitet, *was* funktioniert und wie das Klientensystem mehr davon tun könnte,
- indem wirkungslose Lösungsstrategien identifiziert werden und die Klienten ermuntert werden, stattdessen etwas anderes zu tun.

Im Sinne des systemischen Verständnisses von Intervention als Irritation muss dieses „Andere" nicht unbedingt auf ausgefeilten Analysen beruhen – es geht darum, die kontraproduktive Überzeugung „Wenn ein Lösungsversuch bislang erfolglos geblieben ist, muss man nur mehr desselben tun, um Erfolg zu haben" zu widerlegen und Unterschiede in das System einzuführen.

„Depersonalisierung" von Problemen und Konflikten

In der systemischen Beratung ist das Konzept des Indexpatienten nicht gebräuchlich, kann aber in ganz ähnlicher Weise wie im therapeutischen Bereich verwendet werden, um zu beschreiben, wie soziale Systeme Störungen auf ihre Mitglieder „abschieben". Beratung kann dann dazu beitragen, solche Symptome als Folgen der Personalisierung von Problemen und Konflikten zu identifizieren. Häufig, so die These von Kühl (2008), wird diese Art von Problemen allerdings in Settings ausgelagert, die die Thematisierung auf der Ebene der Gesamtorganisation eher erschweren und damit potenziell zu einer Bestätigung und Zementierung der Problemzuschreibung auf die Person beitragen (vgl. Abschnitt 6.1: Personalisierung von Problemen).

Systemische Beratungstechniken

Während Systemtheorie und Konstruktivismus den theoretischen Begründungszusammenhang der systemischen Organisationsberatung bilden, sind die systemischen Beratungstechniken zu einem beträchtlichen Teil aus dem Inventar der systemischen Familientherapie adaptiert. Sie können an verschiedenen Stellen des Beratungsprozesses angewendet werden, z.B. in der Diagnosephase. Der „Interventionsbaum" aus Königswieser & Exner (1999, Abb. 8) gibt einen ersten Überblick, der hier nur punktuell zur Illustration erläutert werden kann.

Die Techniken des *zirkulären Fragens* sind eine systemische Interventionsform par excellence. Zirkuläre Fragen dienen allgemein dazu, Unterschiede in die Selbstbeobachtung des Systems einzuführen. Es gibt eine Vielzahl unterschiedlicher Frageformen, die als zirkuläres Fragen bezeichnet werden (vgl. etwa die umfangreichen Beispiele in Schlippe & Schweitzer 2002). Die Spanne umfasst dabei u.a.:

- Fragen zur Auftragsklärung
- Skalierungsfragen: „Wie würden Sie die Tragfähigkeit des neuen Entwicklungskonzeptes auf einer Skala von 0 (überhaupt nicht tragfähig) bis 10 (sehr tragfähig) einstufen?“ (vgl. z.B. Wimmer 2007)
- paradoxe Fragestellungen: „Angenommen, Sie wollten Ihr Problem verschlimmern – was müssten Sie dafür tun?“

Zirkuläre Fragen dienen zur Differenzierung der Wahrnehmung, sie laden zur Übernahme neuer Perspektiven ein und regen Umdeutungen an. So lenkt die Frage „Angenommen, Sie wollten Ihr Problem verschlimmern – was müssten Sie dafür tun?“ die Aufmerksamkeit darauf, dass bei einem bislang als unbeeinflussbar erlebten Problem dennoch Handlungsmöglichkeiten bestehen (oder dass der gegenwärtige Zustand sogar durch das eigene Zutun entstanden ist).

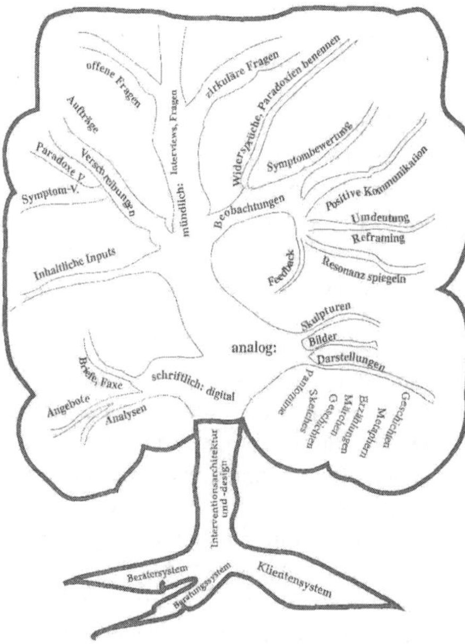

Abb. 8: Der Interventionsbaum
(aus Königswieser & Exner 1999, S. 36)

Zirkuläre Fragen im engeren Sinne dienen dazu, zirkuläre Kausalitäten in einem Kommunikationszusammenhang zu identifizieren. Typische Fragen dieser Kategorie sind

- In einem Workshop mit Vertretern zweier Abteilungen: „Was glauben Sie als Abteilungsleiter A, wie in Abteilung B über das Projekt gedacht wird?“
- In einem Coaching mit drei Vorstandsmitgliedern A, B und C: „Was glauben Sie, Herr A, wenn Herr B und Frau C sich nach Ende dieses Meetings miteinander unterhalten, was werden Sie dann über diesen Coachingtermin sagen?“

Auf diese Weise können Beziehungen, Rollenzuschreibungen und typische Interaktionsmuster hinterfragt werden.

Die Technik des *Reflecting Team* dient dazu, die Wirklichkeitskonstruktionen des Systems mit alternativen Sichtweisen und Deutungen anzureichern und zu kontrastieren. Dazu tauscht sich ein aus zwei oder drei Beratern bestehendes Team in

Gegenwart der Klienten auf offene, persönliche und respektvolle Weise über unterschiedliche Sichtweisen des von den Klienten eingebrachten Problems, über mögliche Formen des Umgangs mit der Situation usw. aus. Dabei soll es sich keinesfalls um einen akademischen Diskurs zum Zwecke der Belehrung des Klienten handeln; auch besteht das Ziel nicht darin, eine bestimmte Problemsicht mit Hilfe diagnostischer „Wahrheiten" zu zementieren. Stattdessen wird ein hypothetischer, offener und suchender Stil gepflegt, der die Problemkonstruktion der Klienten in Frage stellt und neue Perspektiven anbietet. Die Teammitglieder formulieren ihre Äußerungen als Fragen an sich selbst, etwa in der Form „Ich habe den Eindruck, dass Frau Schmidt die mangelnde Kooperationsbereitschaft der Abteilungsleiter im Projekt ziemlich gelassen nimmt. Da habe ich mich gefragt: Könnte es sein, dass sie sich darauf verlässt, dass das HR Department den Konflikt mit den Divisions ausficht? Auf der anderen Seite dachte ich mir, es wäre ja denkbar…". Die unterschiedlichen Perspektiven des Beratungsteams bleiben als gleichwertige Deutungsangebote nebeneinander stehen. Anschließend erhalten die Klienten die Gelegenheit zum Nachfragen, zur Äußerung von Zustimmung oder Dissens, es können auf Initiative der Klienten einzelne Punkte vertieft oder ergänzt werden etc.

Verschreibungen haben sich im familientherapeutischen Kontext bewährt, wenn es darum geht, festgefahrene Rollenzuschreibungen, Kommunikations- und Interaktionsmuster aufzulösen. Solche starren Muster sind auch in Organisationen zu finden. Aus systemtheoretischer Sicht entstehen sie, wenn die Erwartungsstrukturen des Systems sich so weit verfestigen, dass für bestimmte Ereignisse nur noch wenige Anschlussmöglichkeiten bestehen – es entwickeln sich quasi-automatisierte Reaktionsschemata. Schlippe & Schweitzer (2002) veranschaulichen diesen Teufelskreis aus fest miteinander verkoppelten Operationen mit dem Bild eines Ameisenstammes, der ständig im Kreis läuft, weil jede einzelne Ameise der jeweils vor ihr befindlichen Ameise hinterher läuft. Angesichts dieser Verengung der Reaktionsmöglichkeiten des Systems stellt sich eine Veränderung aus eigenem Antrieb häufig als schwierig dar. Aus systemischer Sicht ist für die Veränderung sozialer Systeme jedoch auch keine „Einsicht" der Systemmitglieder erforderlich (schon allein wegen der gegenseitigen Geschlossenheit psychischer und sozialer Systeme). Wichtig ist vielmehr, dass neue Anschlussmöglichkeiten für die Kommunikation in das System eingeführt werden (auch wenn keine Einstellungsänderung stattgefunden hat, die mit der veränderten Kommunikation einhergehen würde). In das Bild des Ameisenstammes übertragen heißt dies, dass es genügt, ein Brett so zwischen zwei beliebige Ameisen zu platzieren, dass eine der Ameisen einen anderen Weg beschreiten muss. „Keine Ameise muß ‚nachreifen', keine muß hinzulernen […]. Die Unterbrechung des Musters reicht" (ebd., S. 123). Verschreibungen an das System können vielfältige Formen annehmen: Beispielsweise kann einem zerstrittenen Team die Empfehlung gegeben werden, sich bei der nächsten Teambesprechung absichtlich zu streiten (mit dem Ziel, dass das Streiten nicht mehr als etwas

Unbeeinflussbares erlebt wird) oder bei einem beginnenden Streit auf die Stühle zu steigen (um das eingefahrene Interaktionsmuster durch Absurdität zu durchbrechen).

Analoge Methoden stellen einen großen Ast in Königswieser & Exners „Interventionsbaum“ dar. Eine solche systemische analoge Methode, die in den letzten Jahren einige Verbreitung gefunden hat, ist die *Systemaufstellung* (einführend Ameln & Kramer 2007, S. 277 ff.). Klassische Organisationsaufstellungen schaffen mit Hilfe von Stellvertretern ein räumliches Strukturbild von Personen, Teams und Abteilungen, aber auch Projekten, Zielen, Werten etc. einer Organisation. Aufgestellt wird die Beziehungsdynamik zwischen den aufgestellten Teilen des Systems durch die räumliche Metapher von Nähe-Distanz und Zu- bzw. Abgewandtheit. Das konkrete körperliche Erleben der Stellvertreter im Raum dient dabei als Ankerpunkt für die Exploration psychischer und sozialer Systemdynamiken. Organisationsaufstellungen können in kurzer Zeit Erklärungen und Prognosen für die Dynamik von Systemen liefern und sind daher im Vergleich zu anderen Methoden potenziell sehr effizient. Systemische Strukturaufstellungen, z.B. die Problemaufstellung oder die Tetralemma-Aufstellung, dienen der Klärung von Entscheidungssituationen oder der Entwicklung von Problemlösungen.

Der Stellenwert vieler systemischer Techniken innerhalb eines systemtheoretisch fundierten Beratungskonzepts ist umstritten, weil oft kein konsistenter Zusammenhang zwischen theoretischen Grundlagen und methodischem Vorgehen besteht (siehe Abschnitt 6.3 unter der Überschrift „Die theoretisch fundierteste Form der Unternehmensberatung“ ... oder Praxiswerkzeug ohne Rückbindung an die theoretischen Grundlagen?“).

Jean-Paul Thommen

Blinde Flecke – ein Fall für Management zweiter Ordnung

Prof. Dr. Jean-Paul Thommen, Lehrstuhl Organizational Behavior an der European Business School (Oestrich-Winkel), Titularprofessor der Universität Zürich, Visiting Professor der Universität Zagreb sowie Dozent an der Universität St. Gallen. Lehr- und Forschungsschwerpunkte: Organizational Behavior, Systemisches Management, Organisationales Lernen, Unternehmensethik und Coaching. Er ist zudem Autor verschiedener Standardwerke der Allgemeinen Betriebswirtschaftslehre.

Kontakt: European Business School Schloss Reichartshausen, 65375 Oestrich-Winkel, jean-paul.thommen@ebs.edu

Ein vorhergesehenes Ereignis heißt nicht,
dass auch dessen Eintreffen vorhersehbar war!

1. Blinde Flecke

Der Begriff blinder Fleck ist ein wichtiger terminus technicus im systemischen Denken. Aber auch über die Grenzen der Systemtheorie bis in die Alltagssprache hat er Einzug gehalten. Damit hat er aber ein Schicksal erlitten, das vielen bekannten Begriffen widerfährt, die eine Popularisierung erfahren oder geradezu zu einem Modebegriff geworden sind: Der Begriff verliert oft seine ursprüngliche Bedeutung bzw. seine ursprüngliche Präzision. Heute wird er deshalb als allgemeine Metapher für solche Situationen verwendet, in denen man etwas nicht gesehen hat, nicht berücksichtigt hat, übersehen hat, vergessen hat, ausgeschlossen hat usw.

Ursprünglich kommt der Begriff blinder Fleck von einem blinden Fleck der Netzhaut, die eine Stelle aufweist, an welcher der Sehnerv austritt und dazu führt, dass wir gewisse Punkte in bestimmten Konstellationen nicht sehen können. Dieses physische Phänomen ist dann auf Individuen und sozialkommunikative Systeme übertragen worden:

> Jeder Beobachter beobachtet, was er beobachten kann, aufgrund seiner für ihn unsichtbaren Paradoxie, aufgrund einer Unterscheidung, deren Einheit sich seiner Beobachtung entzieht. Man hat die Wahl, ob man von wahr/unwahr, Krieg/Frieden, Mann/Frau, gut/böse, Heil/Verdammnis etc. ausgeht, aber wenn man für die eine oder die andere Unterscheidung optiert, hat man nicht mehr die Möglichkeit, die Unterscheidung als Einheit, als Form zu sehen – es sei denn mit Hilfe einer anderen Unterscheidung, also als ein anderer Beobachter. (Luhmann 1990a, S. 123, zit. nach Ameln 2004, S. 103)

Diese Übertragung eines physisch-körperlichen Phänomens auf sozialkommunikative Systeme ist zwar anschaulich und auf den ersten Blick auch einleuchtend. Sie ist aber – wie dies bei Analogien oft zu beobachten ist – einerseits nur beschränkt gültig, andererseits vereinfacht sie ein komplexes Phänomen und trägt wenig zur differenzierten Betrachtung bei bzw. insbesondere zum Erkennen der Ursachen von blinden Flecken im Management im Allgemeinen und in der Beratung im Besonderen. Die Beschränktheit liegt darin, dass es sich nicht um physische, sondern um sozialkommunikative Systeme handelt, die andere Eigenschaften und Verhaltensweisen ausweisen. Insbesondere hat man es nicht mit harten, sondern mit weichen Wirklichkeiten zu tun. In den nachfolgenden Ausführungen soll deshalb der Frage nachgegangen werden, welche blinden Flecke bei sozialkommunikativen Systemen beachtet werden müssen, welche Bedeutung sie haben und wie mit ihnen in der Beratung und in Veränderungsprozessen umgegangen werden muss. Abschließend werden dann noch einige Gedanken geäußert, warum in der Management- und Beratungspraxis diese blinden Flecke bzw. der Umgang mit diesen blinden Flecken kaum Beachtung findet.

2. Blinde Flecke im Management

Die physische Metapher vereinfacht die differenzierte Betrachtung von blinden Flecken sozialkommunikativer Systeme. Grundsätzlich können drei Ebenen unterschieden werden, auf denen blinde Flecke insbesondere in Veränderungsprozessen auftauchen können:

- *Beschreibung* unserer Welt: Was nehmen wir wahr, was nicht? Welche Unterscheidungen treffen wir, was scheiden wir aus? Aus Managementsicht handelt es sich dabei – zumindest zum Teil – auch um einen bewussten Vorgang. Doch vom Resultat her macht es keinen Unterschied, ob man bewusst oder unbewusst etwas ausgeklammert hat, denn in beiden Fällen geht das nicht Gewählte verloren.
- *Erklärung* der Welt: Welche Verknüpfungen stellen wir her? Welche Kausalzusammenhänge glauben wir zu erkennen? Zum Beispiel zwischen Kosten und Gewinn, zwischen Lohn und Leistung, zwischen Werbung und Umsatz, zwischen neuen Produkten und Erfolg, zwischen Kostensenkung und Gewinn? Es handelt sich dabei um unsere Hypothesen, wie die Welt funktioniert.
- *Bewertung*: Wofür entscheiden wir uns, was ist unsere Absicht, welches sind unsere Interessen? Welche Bedeutung haben die Mitarbeitenden, von welchem Zeithorizont gehen wir aus? Wie wichtig ist nachhaltiges Wirtschaften? Letztendlich geht es bei dieser Betrachtung um die Sinnfrage.

Damit wird deutlich, dass wir blinde Flecke auf allen drei Ebenen haben. Man könnte andere Unterscheidungen treffen, andere Erklärungen finden, andere Bewertungen vornehmen.

Allerdings müssen diese blinden Flecke noch etwas genauer beachtet werden bzw. auch in einen anderen Kontext gestellt werden. Bei Unternehmungen handelt es sich nämlich um nicht-triviale bzw. komplexe Systeme, deren Elemente durch nicht-lineare Wechselwirkungen verknüpft sind. Und durch eine Vielzahl von Rückkopplungen entstehen emergente Prozesse, die letztlich nicht steuerbar sind. Emergente Prozesse sind aber gerade dadurch gekennzeichnet, dass man nie weiß, ob eine Unterscheidung, die man gewählt hat – also eine Entscheidung, die man getroffen hat –, auch erfolgversprechend ist. Berater und Führungskräfte wählen zwar nach dem Relevanzkriterium eine Strategie, eine Organisationsstruktur oder einen Merger & Akquisitionsprozess aus, die Relevanz bzw. der Erfolg für das Unternehmen zeigt sich aber erst in der nachfolgenden (emergenten) Entwicklung. Zwar gibt es immer gute Gründe für oder gegen eine Entscheidung (z.B. aufgrund der Erfahrung), je dynamischer die Welt sich aber präsentiert, umso unsicherer ist deshalb der Ausgang bzw. der Erfolg. Umgekehrt sind aber Veränderungsprozesse gerade in Phasen des Umbruchs notwendig, um den Wandel bewältigen und sich neu ausrichten zu können.

Somit wird deutlich, dass es zwar blinde Flecke gibt. Anders aber als bei der physischen Betrachtung des blinden Fleckes, wo ein anderes Hinschauen die Blindheit überwinden würde und man die Möglichkeit hat, durch ein anderes Hinschauen den „entscheidenden" Punkt zu sehen, kann man bei komplexen Systemen zwar andere Unterscheidungen machen, aber deren Relevanz kann man letztlich nicht beurteilen. Letztlich spiegelt sich hier der bekannte Satz von Luhmann wieder, dass echte Entscheidungen nicht entscheidbar sind und somit das eigentliche Problem nicht die blinden Flecke, sondern der Umgang mit Unsicherheit ist.

3. Umgang mit blinden Flecken: Management 2. Ordnung

Aus den bisherigen Ausführungen können wir folgendes festhalten. Berater und Führungskräfte sehen sich gerade in Veränderungsprozessen dem Phänomen der blinden Flecke gegenüber, die zu einer großen Unsicherheit führen, und zwar in zweifacher Hinsicht:

- Erstens wissen sie nicht, ob durch die blinden Flecke Informationen ausgeschlossen worden sind und zu Exformationen werden, die für die Entwicklung des Unternehmens relevant gewesen wären.
- Zweitens wissen Sie auch nicht – und dies ist noch viel schwerwiegender –, durch welche Unterscheidung sie relevantes von unrelevantem Wissen unterscheiden können.

Diese Unsicherheit ist nun in Veränderungsprozessen besonders hoch, weil Veränderung letztlich nichts anderes bedeutet, als neue Unterscheidungen einzuführen. Mit anderen Worten: In Veränderungsprozessen sind die blinden Flecke besonders relevant, weil sie oft das Neue bzw. neue Möglichkeiten offenbaren. Deshalb fragt es sich, welcher Umgang mit dem Phänomen der blinden Flecke angemessen erscheint und welche Instrumente dafür zur Verfügung stehen.

In diesem Zusammenhang haben wir deshalb den Begriff *Management 2. Ordnung* eingeführt (Backhausen & Thommen, 2007a, b). Dieses gibt die traditionelle Sichtweise einer objektiven gegebenen Welt auf, in der eindeutige Beziehungen zwischen Input und Output vorliegen. Management 2. Ordnung konstruiert die Welt, in der Ziele erreicht werden sollen, in einem komplexen Rückkopplungsprozess bewusst selbst mit. Es versucht deshalb – im Sinne einer Beobachtung 2. Ordnung – das eigene Handeln als Management 1. Ordnung und die selbst geschaffene Welt, d.h. das gewählte Geschäftsmodell, stets zu reflektieren und zu hinterfragen. Dies bedeutet, insbesondere, sich immer wieder zu fragen, welche Unterscheidungen (Selektionen), welche Interpretationen (Verknüpfungen) und welche Bewertungen (Absicht, Sinn) gemacht wurden.[4] In Bezug auf das unternehmerische Handeln bedeutet dies den Versuch, beispielsweise mit folgenden Fragen zu verstehen, wie die Welt wahrgenommen wird bzw. wie sie konstruiert worden ist:

- Welche Unterscheidungen macht das Unternehmen in Bezug auf Märkte, Zielgruppen, Kunden, Lieferanten, Mitarbeitende oder Geschäftsprozesse?
- Welche Unterscheidungen machen andere Mitarbeitende, Vorgesetzte, Konkurrenten oder Geschäftspartner?
- Welches sind meine, welches die Erwartungshaltungen meiner Mitarbeitenden, Vorgesetzten, Kunden oder Geschäftspartner?

Neben dieser Reflexionsaufgabe hat Management 2. Ordnung aber noch (mindestens) zwei weitere wichtige Aufgaben zu erfüllen:

- Erstens muss eine Wirklichkeitskonstruktion gemacht werden, d.h. es muss ein Geschäftsmodell gefunden werden, in und mit welchem das alltägliche Managementhandeln sich abspielt und von dem man sich einen Erfolg verspricht.
- Es müssen Mitarbeiter gewonnen werden, welche diese Wirklichkeitskonstruktion teilen und daran teilnehmen. Motivation bekommt in diesem Zusammenhang eine neue Bedeutung. Der Ansatz eines Managements 2. Ordnung geht nämlich von einer grundsätzlich vorhandenen Motivation der Organisationsmitglieder aus. Demnach ist es nicht die Aufgabe der Führung, die Mitarbeitenden zu motivieren, sondern Demotivation zu verhindern. Demotivation heißt, dass sie sich in der neuen Welt nicht mehr zurechtfinden bzw. an ihr nicht mehr teilnehmen wollen, weil es sich für sie nicht mehr lohnt oder keinen Sinn mehr macht.

Diese drei Aufgaben des Managements 2. Ordnung (Reflexion, Wirklichkeitskonstruktion, Mitarbeitergewinnung) können als die eigentliche Leadership-Aufgabe bezeichnet werden. Damit wird das Management 1. Ordnung weder überflüssig noch zweitrangig. Dessen Aufgabe ist das Handeln in der vom Management 2. Ordnung geschaffenen Welt, d.h. den Strukturen, Prozessen und Spielregeln, die aufgestellt worden sind. Es handelt sich sozusagen um eine quasi-harte Wirklichkeit, eine Als-ob-Wirklichkeit. Es handelt sich um die klassische Managementaufgabe mit ihren vielfältigen Techniken, Methoden und Modellen. Da diese Quasi-Wirklichkeit aber immer auf einem Wahlakt basiert, ist das Management 1. Ordnung immer wieder gezwungen, die Angemessenheit bzw. Relevanz dieser Als-ob-Konstruktion zu hinterfragen, womit deutlich wird, dass Management letztlich ein ständiges Pendeln zwischen Management 1. und 2. Ordnung ist (vgl. Abb. 9).

Damit ist aber auch klar, dass ein Berater sich dieser Unterscheidung ebenfalls bewusst sein muss. Geht es um tiefgehende Veränderungsprozesse, so wird er

4 vgl. dazu ausführlich Backhausen & Thommen (2006), S. 188 ff.

nicht darum herumkommen, sich zusammen mit den Beratenen (denn letztere müssen die Mitarbeitenden für die neuen Unterscheidungen, d.h. die neuen Visionen und Ideen, das neue Geschäftsmodell, gewinnen) auf der Ebene des Managements 2. Ordnung zu bewegen. Dazu braucht es aber Instrumente, die den Reflexionsprozess unterstützen, wie z.B. das Coaching, das Unternehmenstheater oder die Open Space-Methode. Diese Instrumente sind aber in der Unternehmenspraxis noch wenig verbreitet.[5] Geht es hingegen um traditionelle Kostensenkungsprogramme oder Strategien der Markterschließung, so kann auf die traditionellen Instrumente zurückgegriffen werden (vgl. Abb. 9).

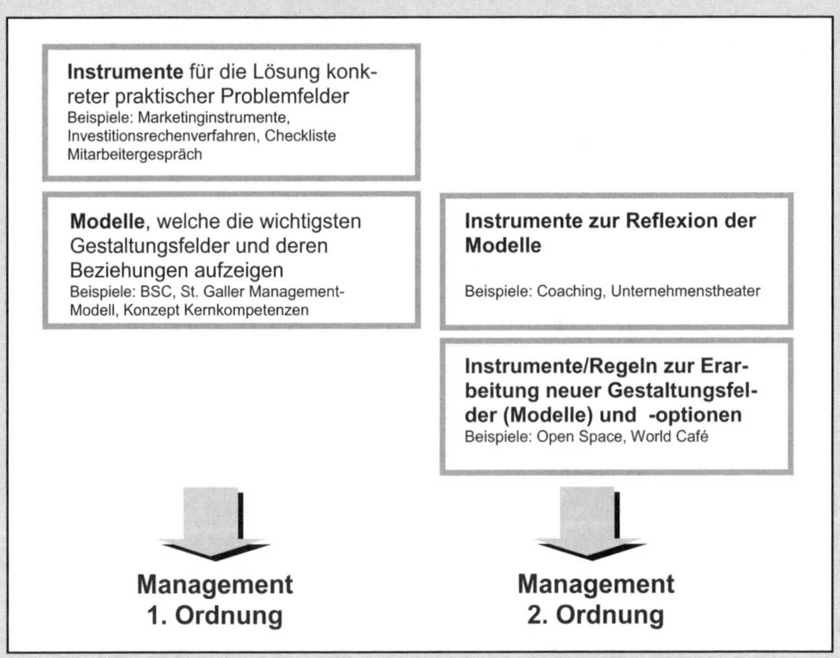

Abb. 9: Unterschied und Komplementarität von Management 1. und 2. Ordnung

4. Die unheilige Allianz zwischen Beratenden und Beratenen

Abschließend kann man sich die Frage stellen, warum in der Beratungs- und Managementpraxis dieser Ansatz bzw. dieses Denken des Managements 2. Ordnung noch wenig Verbreitung gefunden hat, obschon das Management 1. Ordnung

5 Dies wird zum Beispiel in einer Studie von Capgemini Consulting (2008, S. 28ff.) zum Status quo des Change Management eindrücklich aufgezeigt.

schon lange an seine Grenzen gestoßen ist. Bei einer differenzierten Betrachtung können mehrere Gründe gefunden werden:

- Berater werden in der Regel als Experten eingekauft. Weil intern das entsprechende Wissen fehlt, um Veränderungsprozesse umzusetzen, wendet man sich an Berater. Experten vermitteln in diesem Sinne Sicherheit, denn sie wissen, wie die Welt funktioniert und wie man sie in den Griff bekommt. Wie weiter oben dargelegt, trifft dies aber gerade für Veränderungsprozesse nicht zu. Veränderungsprozesse sind gerade durch Unsicherheit geprägt, und die Aufgabe besteht gerade darin, zuerst Unsicherheit zu schaffen – natürlich nicht der Unsicherheit wegen, sondern um die Voraussetzungen für die Möglichkeit neuer Unterscheidungen zu ermöglichen. Diese neuen Unterscheidungen rufen dann allerdings Unsicherheit hervor, weil sie das Alte, das Bewährte, letztlich oft die eigene Identität in Frage stellen.
- Der Auftraggeber muss messbare Erfolgskriterien vorweisen, um den Einsatz von Beratern legitimieren zu können. Die Leistung der Berater muss möglichst schon vor Beginn der Arbeit gemessen werden können bzw. der Nutzen für das eigene Unternehmen muss klar ersichtlich sein. Somit ist es einfacher, mit messbaren Größen zu operieren, die sich an einer harten statt an einer weichen Wirklichkeit orientieren, bei welcher der Erfolg ungewiss bzw. die Art der Erreichung des Erfolgs noch ungewiss ist.
- Berater müssen sich einzigartige Positionen (USP) schaffen, um sich von der Konkurrenz zu differenzieren. Dies wurde bis anhin immer über Expertenwissen in einem bestimmten Feld oder mit einer bestimmten Methode (z.B. Projektmanagement, Strategieentwicklung, Produkt-Portfolio-Management) gemacht, wobei oft entsprechende inhaltliche Konzepte zum Markenzeichen wurden (z.B. BCG Matrix, Balanced Scorecard). Fällt diese inhaltliche Differenzierung weg, dann muss an deren Stelle etwas Neues treten. Und dieses Neue verlangt häufig nach anderen Qualitäten und Methoden, wie Umgang mit Unsicherheit, Sozialkompetenz (z.B. Konfliktmanagement) oder Moderatorenfunktion, doch wird gerade diesen Kompetenzen sowohl in der Managementpraxis als auch -ausbildung noch zu wenig Beachtung geschenkt.[6]
- Letztlich sind unsere gesamte Kultur und unser gesellschaftliches System von einem linearen Denken mit einfachen Input-Output-Beziehungen geprägt. Dies führt unter anderem auch dazu, dass in der Ausbildung der Berater – z.B. an Universitäten – dieses Denken im Sinne von Management 2. Ordnung nicht angeboten wird.

6 Gerade bei Veränderungsprozessen spielen diese weichen Faktoren eine entscheidende Rolle (vgl. dazu IBM Corporation 2008, S. 23ff.).

Somit muss es zu einem eigentlichen Paradigmenwechsel kommen, insbesondere in der Betriebswirtschafts- und Managementlehre, damit sich dieses neue Denken verbreiten und Anerkennung finden kann. Ein solcher Perspektivenwechsel heißt aber wiederum nichts anderes, als dass die blinden Flecke des eigenen Faches ausgelotet werden und somit letztlich die Identität des eigenen Faches in Frage gestellt wird. Und dass dies nicht einfach bzw. schmerzhaft ist, hat bereits Thomas S. Kuhn in seinem Werk festgestellt, in dem er darlegt, wie wissenschaftliche Paradigmenwechsel vor sich gehen. Das neue Paradigma ist mit dem alten nicht nur inkompatibel (d.h. das alte Paradigma kann nicht in das neue integriert werden), sondern auch inkommensurabel, d.h. die beiden Paradigmen können nicht miteinander verglichen werden und deren Vertreter können deshalb nicht miteinander kommunizieren. Dies führt dazu, dass sich ein Paradigmenwechsel nicht dadurch vollzieht, dass die Anhänger des alten Paradigmas argumentativ überzeugt, sondern vielmehr dadurch, dass sie „bekehrt" werden oder aussterben und dass die heranwachsende Wissenschaftsgeneration von vornherein mit dem neuen Paradigma vertraut gemacht wird. (Kuhn 1978, S. 159)

6.3 Potenziale und blinde Flecke der systemischen Organisationsberatung

Auch die systemische Organisationsberatung kopiert die blinden Flecke der ihr zugrundeliegenden Organisationstheorie in ihre Prämissen (Tab. 8).

Prämissen der systemtheoretischen Organisationstheorie	**Blinde Flecke der systemischen Organisationsberatung**
Soziale Systeme im Allgemeinen und Organisationen im Besonderen sind operational geschlossen.	Vernachlässigung der Wechselbeziehungen zwischen Operationen der Organisation und der Umwelt. Unterschätzung der Wirkungen von Beratung.
Soziale und psychische Systeme können nicht an die Operationen des jeweils anderen Systemtyps anschließen.	Vernachlässigung der Wechselwirkungen von Einstellungen und Verhalten, ihrer Relevanz für das Geschehen in Organisationen und ihrer Auswirkungen auf Veränderungsprozesse.
Organisationen bestehen aus Kommunikationen.	Verschwinden des Handlungsbegriffs und Ausblendung aller handlungstheoretisch begründbaren Kategorien (z.B. Macht).
Rationalität ist für Organisationen eine selbsterzeugte Fiktion.	Überbetonung des Irrationalen in Organisationen.

Tabelle 8: Prämissen der systemtheoretischen Organisationstheorie und daraus resultierende blinde Flecke der systemischen Organisationsberatung

„Die theoretisch fundierteste Form der Unternehmensberatung"…

Der konstruktivistisch-systemtheoretische Ansatz ist ein aussichtsreicher Kandidat für ein neues Paradigma in der Organisationsforschung. Er greift Unterscheidungen der traditionellen Organisationstheorien auf und lenkt den Blick auf „die andere Seite" dieser Unterscheidungen, z.B. operationale Geschlossenheit (statt Offenheit und Prägbarkeit durch die Umwelt), auf die Eigenlogik von Organisationen (statt sie als kumuliertes Handeln ihrer Mitglieder zu betrachten) oder auf die erkenntnistheoretische Unsicherheit, mit denen Organisationen auch im Selbstkontakt leben müssen. Angesichts der Aktualität dieser Theoriebestände, die einige blinde Flecken früherer Ansätze erhellen, sehen manche in der systemischen Beratung „die theoretisch fundierteste Form der Unternehmensberatung" (Walger 1995, S. 11) oder gar „bislang die einzige Form, die sich dezidiert auf eine theoretische Basis stützt" (Groth & Wimmer 2004, S. 224).

…oder Praxiswerkzeug ohne Rückbindung an die theoretischen Grundlagen?

Neuere Systemtheorie, Konstruktivismus und Kybernetik 2. Ordnung werden in den Publikationen zur systemischen Organisationsberatung zwar als Theoriegrundlagen und Alleinstellungsmerkmale zitiert, das Vorgehen in der Praxis bleibt aber häufig von diesen Grundlagen abgekoppelt. Die daraus entstehenden „krassen Widersprüche zwischen theoretischer Selbstbeschreibung und Handlungsbeschreibung", die beispielsweise Moldaschl (2005) konstatiert, betreffen vor allem die methodische Ebene. Hier ist eine Reihe von Paradoxien festzustellen:

- Viele der „eigentlichen", genuin systemischen Techniken (z.B. Verschreibungen oder das reflecting team) sind aus der systemischen Familientherapie abgeleitet. Gerade angesichts der von systemischen Autoren (z.B. Simon 2007b, S. 8) immer wieder betonten Unterschiede zwischen Organisationen und Familien stellt sich die Frage, inwieweit die im therapeutischen Kontext entwickelten Techniken auf den Kontext der Organisationsberatung übertragen werden können, welche Modifikationen vorgenommen werden müssten, wo „Indikationen" und „Kontraindikationen" liegen etc. „Insgesamt besteht wohl noch eine große Kluft zwischen konkreten Interventionstechniken, denen systemisches Denken zugrunde liegt und anspruchsvollen Theorieentwürfen, die sich als Paradigma etablieren" – diese über 20 Jahre alte Kritik von Exner, Königswieser & Titscher (1987, S. 266) ist heute noch aktuell. Diese Frage wird in der Literatur zur systemischen Organisationsberatung erstaunlich selten diskutiert, und wenn, dann in erstaunlich oberflächlicher Weise.

- Wenn diese Techniken zwar gelegentlich in der Supervision oder im Einzelcoaching, aber offensichtlich kaum in größeren Veränderungsprozessen eingesetzt werden, hat dies sicherlich auch mit dieser nicht ausreichend geklärten Frage nach der Übertragbarkeit zu tun.
- Während bei diesen „eigentlichen" systemischen Techniken ihr systemischer Begründungszusammenhang erkennbar ist, sind andere Methoden wie die Systemaufstellung oder ein großer Teil des im „Methodenkoffer" von Königswieser & Exner (1999) benannten Instrumentariums nur begrenzt auf der Basis der systemtheoretischen Grundannahmen begründbar. Erstaunlicherweise sind es gerade diese Methoden, deren Nutzung in Beratungskontexten ausführlicher beschrieben ist.

Offenkundig ist systemische Methodik also keine Voraussetzung für systemisches Arbeiten – eine Interpretation, die auch durch systemische Autoren gestützt wird: „Eine systemtheoretische Beratung kann die benannten systemischen Interventionsmethoden anwenden, muss es aber nicht. Sie kann auch klassische Expertenberatung betreiben, sofern sie diese als Intervention begreift und sie deren Rückwirkung auf das System mit beachtet" (Groth & Wimmer 2004, S. 242). Dies erscheint uns als relativ schwaches Abgrenzungskriterium, denn welcher Strategieberater würde von sich behaupten, dass er sein Tun nicht als Intervention begreift und dass er die Rückwirkungen dieses Tuns auf das System nicht beachtet? Und, in der Tat: „In dieser Sichtweise gibt es kein ‚unsystemisches' Vorgehen, genausowenig wie es ein abgrenzbares systemisches Vorgehen gibt" (ebd.). Die Kunst der Beratung, so Groth & Wimmer weiter, liege nicht im Einsatz von Tools, sondern darin, eine für den Beratungsprozess produktive Irritation zu produzieren. Was aber, wenn sich gemäß der systemischen Theorie der Erfolg jeglichen Irritationsversuchs nicht vorherbestimmen lässt?

Diese – systemisch gesprochen – „lose Kopplung" von Theorie und Praxis ist eine kaum vermeidliche Folge der theoretischen Prämissen: Maturanas und Luhmanns Arbeiten zur operationalen Geschlossenheit autopoietischer Systeme, zur Differenz von psychischen und sozialen Systemen, zu den epistemologischen Grenzen der Beobachtung, zum Perturbationskonzept und zur Organisationstheorie stellen die Möglichkeiten einer geplanten, zielgerichteten Intervention grundsätzlich in Frage. Ihnen geht es darum, den „blinden Fleck" klassischer Entwürfe aufzuhellen, die Begrenztheit der Erkenntnis und die Autonomie von Systemen gegenüber Beeinflussungsversuchen von außen herauszustellen. Auf dieser Grundlage ergeben sich Möglichkeiten zur Beschreibung von Beratungsprozessen, aber eben keine Handlungsanweisung, die angibt, mit welchem Vorgehen X ein Berater Ziel Y erreichen kann. Ein systemischer Beratungsansatz, der – über das Selbstverständnis von Beratung als Perturbation hinaus – Interventionen und Beratungseffekte systematisch zu verbinden vorgibt, ist ein Widerspruch in sich. Die systemische Beratung muss sich also – mit einem Buchtitel von Groth (1999) – auf Dauer die Frage gefallen lassen, wie systemtheoretisch sie eigentlich ist.

Neue Wege in der Organisationsberatung...

Die systemische Organisationsberatung versteht sich als besonders innovatives und zukunftsweisendes Projekt. Die zunehmende Umwelt-, aber auch Eigenkomplexität, mit denen Organisationen konfrontiert sind, verlange nach einer Beratungsform, die die Weitsicht der Organisation erhöhe – dies gerade in Abgrenzung von den als kurzsichtig demaskierten klassischen Zugängen zu Organisationsgestaltung, strategischer Planung und Beratung. Die systemische community pflegt dabei in ihrer Selbstbeschreibung die Abgrenzung von vielen etablierten Theoriebeständen. Die Opposition zum Mainstream der Organisationslehre wird betont, man bezieht sich auf „querdenkerische" Ansätze von Luhmann, Maturana, Weick (wobei zumindest in den Sozialwissenschaften diese Ansätze mittlerweile selbst zum Mainstream der Diskussion geworden sind). Systemtheorie und Konstruktivismus haben zweifellos zu einem neuen Denken und Sprechen über Organisationen geführt.

...oder alter Wein in neuen Schläuchen?

Ein neues Sprechen über Beratung ist noch keine Garantie für ein verändertes Handeln in der Praxis. Im Zuge der Konstituierung einer eigenen Identität – schärfer formuliert: einer „unique selling proposition" – grenzt sich die systemische Beratung gegenüber der Tradition der Organisationsentwicklung (OE) ab, aus der sie sich selbst (autopoietisch) erschaffen hat. Wie nahe jedoch die systemische Beratung in ihrem praktischen Vorgehen dieser Tradition steht, wird hinter der Fassade systemtheoretischer Selbstvermarktungsrhetorik nur bei näherem Hinsehen erkennbar. Da, wo die systemische Beratung Einblicke in ihre Methodik gewährt, wird deutlich, dass der konzeptuelle Bezugspunkt für einen großen Teil des genutzten Handwerkszeugs eher die klassische OE ist als das eigentliche systemische Instrumentarium. In Königswieser & Exners (1999) umfangreichem Katalog finden sich zum Beispiel Methoden wie „Organisationsdiagnose" (hinter der sich das klassische Aktionsforschungskonzept verbirgt), „Das systemische Portrait" (alias Kraftfeldanalyse) oder „Blitzlichtkontinuum" (Aktionssoziometrie), um nur einige Beispiele zu nennen. Auch die Prozessarchitekturen für Veränderungsprojekte, die einen Kern der systemischen Methodik darstellen, sind OE-Beratern nicht fremd. Diese Parallelen sind nicht erstaunlich, denn schließlich geht es der systemischen Beratung nach der Aussage von Königswieser & Exner (ebd., S. 18) darum, „die Selbstheilungskräfte und Energien eines Systems zu mobilisieren" – eine Formulierung, die in vielen Lehrbüchern das humanistische Leitbild der OE beschreibt. Entsprechend räumt auch Simon (2006, S. 63) als einer der exponiertesten Vertreter der systemischen Beratung ein, „dass es vielerlei Kompatibilitäten gibt, Analogien, Isomorphien und Übereinstimmungen in Methodik und Denkweise" zwischen OE/Gruppendynamik und systemischer Organisationsberatung.

Stellenweise findet sich in der systemischen Beratung – trotz der analytisch scharfen Trennung zwischen sozialem System und Psyche – sogar psychoanalytisches Gedankengut, z.B. wenn Königswieser & Exner eine Übung zum „Aufspüren kollektiver Ängste" vorstellen.

Die Systemperspektive öffnet den Blick auf das Spezifische der Organisation…

Luhmanns Systemtheorie betrachtet Organisationen als soziale Systeme, die aus einem in sich geschlossenen Netzwerk von Kommunikationen bestehen. Menschen gehören in dieser Betrachtungsweise zur Umwelt der Organisation (vgl. Abschnitt 6.1: „Kommunikation als Basisoperation von Organisationen"). Diese theoretische Setzung macht es möglich, die eigentümliche Personenunabhängigkeit von Organisationen schärfer in den Blick zu nehmen. Ein Beispiel hierfür sind die von Zech (in diesem Band) beschriebenen latenten Funktionsgrammatiken, die häufig auch dann noch die Kommunikations- und Handlungsmuster der Organisation prägen, wenn ein großer Teil des Personals bereits ausgetauscht wurde.

…und blendet dabei den Menschen aus

Jede Theorieprämisse eröffnet neue Beschreibungsmöglichkeiten, die aber durch einen blinden Fleck und den damit verbundenen Verlust an Beschreibungsmöglichkeiten an anderer Stelle erkauft wird. Die Umorientierung der systemischen Theorie von einer akteur- und handlungstheoretischen auf eine system- und kommunikationstheoretische Perspektive hat zur Folge, dass die Menschen als Akteure mitsamt ihren Handlungen im blinden Fleck der Theorie verschwinden. Damit verschwinden sie auch aus der Wahrnehmung der Berater, die diese Theorie zur Grundlage ihrer Beobachtungen machen. Auf diese Weise wird ein typischer blinder Fleck reproduziert, der auch in anderen Beratungsansätzen eine Rolle spielt: das Thema Macht. „Die systemische Beratung kennt keine Macht im Beratungsprozess. Die kann (oder will) Macht nicht adäquat theoretisieren: Macht bleibt machiavellistisches Streben von Personen, und die haben leider nichts in Systemen verloren" (Iding 2001, S. 72).

Beratung als Reflexion der Praxis…

Analog entsprechender Erkenntnisse in der Lernforschung folgt die systemische Organisationsberatung der Überzeugung, dass Lernprozesse nicht als fremdgesteuerte Wissensvermittlung, sondern nur als selbstgesteuerte Wissensaneignung zu verstehen sind. Aus dieser Perspektive ist organisationaler Wandel nicht im Rahmen eines Expertenmodells der Beratung (der Berater diagnostiziert die Probleme der Organisation und gibt Lösungen vor), sondern nur im Rahmen eines Selbstlernmodells (die Organisation beobachtet sich selbst und erarbeitet für sich stimmige Lösungen) zu bewältigen. Systemische Berater verstehen sich in diesem Sinne „als strukturierender Katalysator betrieblicher Lernprozesse. Ihre Aufgabe besteht nicht darin, Probleme betrieblich-instrumentellen Handelns zu lösen, sondern reflexive, umfassende Veränderungsprozesse im Unternehmen selbst zu initiieren und zu steuern" (Bohler & Kellner 2004, S. 135) – oder besser: zu unterstützen.

...oder als gegenüber der Praxis operational geschlossenes System?

Ähnlich wie im Fall der klassischen Organisationsentwicklung muss sich die systemische Beratung mit dem Vorwurf auseinandersetzen, mit ihren reflexiven Methoden an den eigentlichen Themen und Problemstellungen der Organisation vorbei zu arbeiten. Die Gestaltung von Kommunikationsarchitekturen unter weitgehender Abstinenz von eigener inhaltlicher Positionierung kann als Strategie ausgelegt werden, um mangelnden fachlichen (z.B. betriebswirtschaftlichen) Sachverstand zu kaschieren. Die Kundenerwartung jedenfalls besteht häufig nicht im Anstoßen von Selbstreflexionsprozessen, sondern in handfesten Handlungsanweisungen und Expertisen. Dieses Spannungsfeld wird auch von systemischen Autoren selbst gesehen. So fordert Wimmer (2004, S. 46), die systemische Organisationsberatung müsse sich in den relevanten Businessthemen als kompetente Sparringspartnerin bewähren – es genüge nicht mehr, sich auf soziale Prozesse und das Bereitstellen von Kommunikationsarchitekturen zu beschränken.

Neue Optionen für das Verständnis und die Gestaltung von Beratung...

Die systemische Theorie – besonders die Schriften von Luhmann – ist für ihren hohen Komplexitätsgrad und ihre ungewöhnlichen Theorieanlagen bekannt. Gerade diese ungewöhnlichen Prämissen eröffnen jedoch neue Zugänge zu Phänomenen, die bislang im blinden Fleck (oder zumindest im „toten Winkel") der klassischen Theorie lagen. Dies betrifft den Aspekt der Geschlossenheit und die Eigendynamik komplexer Systeme, das Verhältnis von psychischen und sozialen Systemen, die erkenntnistheoretischen Implikationen von (Selbst-)Beobachtung und viele andere Themenfelder. Die damit verbundenen, zum Teil radikalen Umstellungen gegenüber der klassischen Theorie bedingen ungewohnte Begrifflichkeiten (Autopoiesis, Perturbation, strukturelle Kopplung etc.), die die Rezeption gerade in Praktikerkreisen erschweren. Luhmann selbst argumentiert, eine höhere Verständlichkeit für Praktiker gehe möglicherweise zu Lasten der Leistungsfähigkeit der Theorie, daher müsse man sich mit einer losen Kopplung von Kognition und

Handlung zufrieden geben (Luhmann 2000, S. 473 f.). Im Übrigen steht eine intensivere Auseinandersetzung mit der Komplexität des eigenen Handlungsfeldes der ansonsten bisweilen eher theoriefernen Beraterzunft ohnehin nicht schlecht zu Gesicht.

...oder praxisferner Fachjargon, um wissenschaftliche Seriosität und Innovativität zu suggerieren?

Über den Vorwurf der Unverständlichkeit und Praxisferne hinaus liegt der Verdacht nahe, dass die wohlklingenden systemtheoretischen Begriffe von Beratern und Beratungshäusern ins Feld geführt werden, um die Wissenschaftlichkeit und die Eigenständigkeit des systemischen Ansatzes nach außen hin (also dem Kunden gegenüber) zu demonstrieren. Die komplexe und meist abstrakte Theorie erscheint in diesem Lichte auch als Marketing-Instrument, als USP (Unique Selling Proposition), mit denen sich die systemische Beratung gegenüber anderen Ansätzen absetzt:

> Jeder Berater [...] muß imstande sein zu vermitteln, daß der Kunde mit ihm die rechte Wahl getroffen hat. Dies kann er auf verschiedene Art - eine ist es eben, auch mit Theorien, wissenschaftlichen Forschungen und Ergebnissen aufzufahren. Das kommt auch durchaus den Abhängigkeitswünschen auf der anderen Seite entgegen. (Heintel 1992, S. 356)

Mehr zur diesem Vorwurf, der sich in abgewandelter Form auch gegen die Strategieberatung richtet, findet sich in Kapitel 17: Pseudo-Wissenschaftlichkeit).

Umstellung auf die Unwahrscheinlichkeit des Gelingens von Beratung...

„Beratung ist eine Dienstleistung, deren Gelingen höchst unwahrscheinlich ist" (Wimmer 2004, S. 295) – diese aus der Praxis hinlänglich bekannte Erkenntnis wird von der systemischen Theorie erstmalig mit einer differenzierten theoretischen Argumentation begründet. Die latenten Machbarkeitsvorstellungen anderer Beratungskonzepte, die auf der Annahme beruhen, man müsse nur genug Partizipation erreichen (genau genug analysieren, klar genug kommunizieren, die richtigen Werkzeuge einsetzen...), werden mit einer Konzeption kontrastiert, die der komplexen Eigendynamik der Organisation und des Beratungssystems Rechnung trägt.

…oder Theorie als Immunisierung gegen selbst verschuldetes Scheitern in der Praxis?

Mit der Annahme, dass Systeme operational geschlossen und Interventionen nur als Perturbationen möglich sind, verlegt die systemische Organisationsberatung die Verantwortung für das Scheitern von Beratungsprozessen weg vom Berater zur Organisation. Königswieser & Hillebrand (2005. S. 106) sehen die Gefahr, dass die These von der operationalen Geschlossenheit „in eine Unverantwortlichkeit des Beraters mündet, da die Bedeutung seiner Handlungen nur als Irritation qualifiziert und nicht verantwortlich begründet werden kann und muss. Insofern ist die systemische Strategieberatung dem Risiko der Beliebigkeit ausgesetzt". Misserfolge sind dann nicht mehr als Folgen unprofessioneller Vorgehensweise zurechenbar, sondern qua theoretischer Setzung auf eine „Immunreaktion" der Organisation zurückzuführen. Auf diese Weise dient die Theorie als Instrument der selbstwertdienlichen Fremdattribution von Misserfolgen.

Stefan Kühl

Die blinden Flecke der systemischen Beratung

Eine Beobachtung der Beobachtungen durch systemische Berater

Prof. Dr. Stefan Kühl, Professor für Soziologie an der Universität Bielefeld und Organisationsberater bei der Strategie- und Organisationsberatungsfirma Metaplan Quickborn/Versailles/Princeton.

Kontakt: Universität Bielefeld, Fakultät für Soziologie, Universitätstraße 25, D-33615 Bielefeld, Tel. ++49 (0)521/1063977, stefan.kuehl@uni-bielefeld.de

Jedes System schafft sich dadurch, dass es sich von der Umwelt unterscheidet, blinde Flecke.

Glaubt man den neoliberalen und marxistischen Ideologien, dann unterscheidet sich ein Unternehmen von anderen Organisationen durch eine Orientierung an Profiten und verschiebt vieles andere, an dem man sich auch orientieren könnte – man denke beispielsweise an Menschheitsbeglückung, Wohlfahrtspflege oder religiöse Verwirklichung – in den Bereich des (für sie als Unternehmen) Unvorstellbaren. Die typische Verwaltung ist an einer gesetzeskonformen Prozessierung von

Personalausweis-, Bau- und Sozialhilfeanträgen orientiert und – jedenfalls in ihrem operativen Kern – weitgehend blind für die Effekte, die durch die strikte Anwendung von „Wenn-Dann-Regeln" produziert werden.

Die systemische Beratung parasitiert an den blinden Flecken ihrer in der Regel organisierten Klientensysteme. „Ein Beobachter", so die Kurzformel Niklas Luhmanns, „kann nicht sehen, was er nicht sehen kann" (Luhmann 1989b, S. 10) und die systemischen Berater – als Beobachter eines Beobachters – versprechen dem Beobachteten etwas zu sehen, was der „beobachtete Beobachter nicht sehen kann" (vgl. Luhmann 1989a, S. 217). Das machen sicherlich auch andere Beratungsansätze, die systemische Beratung zeichnet sich ihnen gegenüber aber dadurch aus, dass sie ihrer Rolle als „Parasit" bewusst ist und sich – hier ganz in der Tradition der Systemtheorie – zur positiven Funktion dieses „Parasitentums" bekennt (vgl. Bardmann 1997, S. 54).

Aber was für die Klientensysteme gilt, gilt natürlich auch für die Beratersysteme. Auch die systemischen Berater produzieren durch ihre Unterscheidungen eigene blinde Flecke. Alles Beobachten – auch das Beobachten der Beobachtung durch die systemischen Berater (und natürlich auch die hier vorgenommene Beobachtung der Beobachtungen der systemischen Berater) – verfährt mit den eigenen Unterscheidungen naiv und produziert dadurch zwangläufig eigene blinde Flecke (vgl. Luhmann 1989a, S. 217).

Welches sind die blinden Flecke der systemischen Beratung, die – natürlich dann auf Kosten eigener blinder Flecke – beobachtet werden können?

Blinde Flecke der systemischen Beratung – eine Sammlung aus der Perspektive einer systemtheoretischen Beobachtung

Erster Blinder Fleck: Macht

Der erste blinde Fleck betrifft das Phänomen Macht. Immer wieder wird den systemischen Beratern vorgeworfen, Machtprozesse nur in einem sehr begrenzten Rahmen wahrzunehmen. So wird in der systemischen Beratung häufig noch eine „funktionale", „gute", d.h. im Sinne der Organisation wirkende Macht und eine „dysfunktionale", „schlechte", „eigennützige" Macht unterschieden. Besonders Hermann Iding (2000, S. 186) hat gezeigt, dass die systemischen Organisationsberater die Ansätze der systemischen Familientherapie von Selvini Palazzoli nur halbiert in eine systemische Theorie der Beratung überführt haben. Die zweite Phase, in der Selvini Palazzoli Fragen der Geschichte und der Macht thematisiert hat, sind bisher in der systemischen Beratung – genauso wie die machttheoretischen Überlegungen aus der Organisationssoziologie – nur unzureichend rezipiert worden. Gerade in der auch systemtheoretisch aufgeklärten Organisationssoziologie setzt sich jedoch immer mehr ein Verständnis durch, das Macht nicht mehr in einer bewertenden Form betrachtet, sondern sie vielmehr als einen unverzichtbaren

Schmierstoff ansieht, durch den die unvermeidbaren Rationalitätslücken in Organisationen gefüllt werden.

Zweiter Blinder Fleck: Organisation

Ein zweiter blinder Fleck betrifft die tendenzielle Missachtung des Phänomens „Organisation" im systemischen Organisationsberatungsansatz (vgl. Kühl 2001). Es lässt sich in einem Großteil der systemischen Beratungsliteratur eine Konzentration auf die Autopoiesis sozialer Systeme beobachten, ohne auf die Spezifik des jeweiligen Systemtypen besonders einzugehen. Als Indiz lassen sich die fast rituellen Hinweise in der systemischen Beratungsliteratur auf das Buch „Soziale Systeme" von Niklas Luhmann anführen – ein Buch, von dem auch eine ganze Reihe professoraler Systemtheoretiker im Privaten zugeben, dass sie es in ihrer ganzen Tragweite noch nicht erfasst haben. Jetzt mag ein solcher Verweis (fast immer übrigens ohne spezifizierende Seitenzahl) nicht weiter schwerwiegend sein, wenn er lediglich als Kompetenzdarstellung gegenüber Kollegen und Klienten genutzt wird. Ein blinder Fleck bildet sich jedoch aus, wenn über die Referenz auf die Autopoiesis der Blick für die Spezifik von „Organisationen", „Familien" oder „Gruppen" verloren geht (genau das ist der Effekt, der sich bei der Lektüre des Buches einstellen kann). Diese Entwicklung wirkt für den Beobachter fast paradox, weil hinter der Modevokabel „systemisch" ja unübersehbar der Begriff des Systems – und damit eben gerade auch der Appell an die Unterscheidbarkeit so unterschiedlicher Systemtypen wie Familie, Gruppe, sozialer Bewegung oder Organisation – aufleuchtet. Luhmann selbst hat diesen blinden Fleck der systemischen Berater selbst beobachtet (und konnte dies, weil ja deren Unterscheidungen nicht die gleichen waren wie für ihn als systemtheoretischem Soziologen). Glaubt man den mündlichen Überlieferungen, dann hat er das Problem des blinden Fleckes mit der Bemerkung auf den Punkt gebracht, dass die systemischen Berater zu viel über Autopoiesis und zu wenig über Organisationssoziologie lesen und lernen würden. Zur Charakterisierung von Organisationen (oder Familien und Gruppen), so Luhmann (1992, S. 106), reiche die Autopoiesis aber eben bei weitem nicht aus.

3. Blinder Fleck: Misserfolge

Ein dritter blinder Fleck der systemischen Beratung besteht in der Immunisierung gegen Erfolg und Misserfolg der Beratung. Während die Organisationsentwicklung und die Fachberatung Erfolgsversprechungen abgeben, halten sich systemische Berater aufgrund ihrer Vorstellungen von der Autopoiesis des Klientensystems zurück. Man zieht sich auf die Aussage zurück, dass man irritieren kann, es aber von dem Klientensystem abhängt, wie es die Irritation aufgreift (vgl. grundlegend Horn 1994). An dieser Stelle bietet sich eine Anwendung des systemischen Ansatzes auf sich selbst an. So braucht man die Zurückhaltung der systemischen Berater nicht unbedingt mit der Autopoiesis des Klientensystems zu erklären, sondern kann dies auf die Autopoiesis des Beratersystems zurückführen. Es lässt sich bei systemischen Beratern eine Tendenz zur Selbstimmunisierung insofern beobachten, dass sie sich mit ihrer Zurückhaltung in Bezug auf Erfolgskriterien gegen die Gefahr des Scheitern schützen – Motto: „Es hängt vom Klientensystem ab." Sie machen sich gegenüber dem Klientensystem damit unangreifbar.

Zur Pflege blinder Flecke durch die systemische Beratung

Über blinde Flecke „aufklären" zu wollen wäre naiv. Eine Stärke der systemischen Beratung ist sicherlich ihre Einsicht, dass ihre Klienten nur sehr begrenzt auf ihre blinden Flecke ansprechbar sind und viele ihrer Interventionen deswegen am Immunsystem der Klienten scheitern. Gleiches gilt aber natürlich auch für die Beobachtung der systemischen Beratung. Auch hier wäre es hochgradig naiv davon auszugehen, dass die systemischen Berater einem Beschreibungsversuch ihrer blinden Flecke mit Dankbarkeit begegnen würden. Gerade die Ignorierung und Abweisung dieser Beobachtungen ihrer eigenen Beobachtungsformen kann als Indiz dafür gewertet werden, dass die Unterscheidungen der systemischen Berater intakt sind (und die Ignoranz dient dem Beobachter wiederum dazu, seinen eigenen blinden Fleck zu pflegen). Interessanter kann deshalb die Frage sein, *in welcher Form* systemische Berater ihre „blinden Flecke" pflegen und sich der Beobachtung ihrer Beobachtungen (gerade aus der Soziologie) entziehen.

Es spricht einiges dafür, dass die blinden Flecke dadurch gepflegt werden, dass sich die systemische Beratung häufig als angewandte Systemtheorie versteht (paradigmatisch früh schon Exner, Königswieser & Titscher 1987). Das diese Programmatik von angewandter Wissenschaft trotz ketzerischen Anfragen à la „Wie systemtheoretisch ist die systemische Beratung" (vgl. Groth 1999; Scherf 2002) aufrecht erhalten wird, kann als Indiz dafür gewertet werden, wie wichtig diese Mythologie von angewandter Wissenschaft für das Selbstverständnis dieses Beratungsansatzes ist.

Gerade die systemtheoretische Soziologie mit ihrer immer ausgefeilteren Theorieästhetik hat es der systemischen Beratung einfach gemacht, diesen Mythos von systemischer Beratung als angewandte Systemtheorie zu pflegen. Vor lauter Selbst- und Fremdreferenzen, autopoietischen Prozessen, Form-Medien-Unterscheidungen und Reentrys, über deren Darstellungen sich (für Wissenschaftler überraschenderweise) auch einige Praktiker freuen, ist dann häufig auch für den systemischen Berater gar nicht mehr zu erkennen, dass die soziologischen Positionen nicht selten der Alltagswahrnehmung entgegenlaufen (vgl. dazu für Coaching und Supervision Kühl 2008, S. 11).

Die Funktionalität dieses Selbstbildes von systemischen Beratern als „wissenschaftlich orientierten Anwendern" oder gar als „anwendungsorientierten Wissenschaftlern" darf nicht unterschätzt werden. Es ermöglicht nicht nur eine Abgrenzung zu anderen Beratungsansätzen, sondern sichert die systemischen Berater auch dagegen ab, mit den sie beauftragenden Unternehmen, Verwaltungen und Krankenhäusern eins zu werden. Die Entwicklung einer eigenen, häufig an der Systemtheorie angelegten Beratersprache stellt sich nur auf den ersten Blick als Verständigungsproblem zwischen Berater und Klienten heraus. Auf den zweiten Blick wird deutlich, wie wichtig die „gepflegte Inkongruenz“ (Luhmann 1989a, S. 223), die häufig bei Klienten auch als „Verblasenheit“ (vgl. Schnelle 1991, S. 5) daherkommen mag, für die Aufrechterhaltung einer beraterischen Identität ist. Diese Funktionalität mag für den an terminologischer Klarheit und Begriffshygiene orientierten Systemtheoretiker nur schwer zu akzeptieren sein – aber das ist dann ausschließlich ein Problem des beobachtenden Wissenschaftlers und nicht des beobachteten Beraters.

Blinde Flecke sind immer verbaute Lernchancen. Aber kein System - auch nicht (oder besser gerade nicht) die am Konzept des organisationalen Lernens und systemischen Wissensmanagements orientierten Berater – kann alle Lernchancen nutzen, die von außen an es herangetragen werden. Ein Identitätsverlust durch übertriebenes Lernen und damit auch die Auflösung als beobachtungsfähiges System wäre unweigerlich die Folge.

Latente Funktionen und hidden agendas in Beratungsprozessen

Organisationsberatung in all ihren Formen dient der Steigerung der Leistungsfähigkeit, Effektivität und Problemlösungsfähigkeit der Kundenorganisation. Es sollen Lernprozesse angestoßen werden, um einen mentalen, sozialen und kulturellen Wandel herbeizuführen (vgl. etwa die 50 von Trebesch 1982 zusammengetragenen Definitionen von Organisationsentwicklung, die sich in dieser Hinsicht weitestgehend einig sind). Diese formelle Funktionsbestimmung von Beratung als Beitrag zur Effizienzsteigerung der Organisation ist aber nur einer von mehreren möglichen Deutungsrahmen. Der vertraglich definierte Beratungsauftrag ist das eine – hier mag es um eine Neuausrichtung der Geschäftsprozesse, um Verbesserung der internen und externen Kommunikation, um Post Merger Integration, um Vertriebsoptimierung etc. gehen –, „dahinter" geht es nach der Wahrnehmung vieler Berater aber häufig „um etwas anderes". Bei diesen „hinter" der offiziellen Fassade liegenden Zielsetzungen der Beratung kann es sich um bewusste Schachzüge einzelner Akteure handeln – Moldaschl (2005, S. 64) formuliert im Hinblick auf diese hidden agendas pointiert: „Die Vorstellung, Organisationsberatung sei per se ‚Reflexivitätssteigerung' […] ist abwegig. Es gibt Situationen, in denen der Berater auftragsgemäß gefälligst das Gegenteil anzustreben hat". Über diese bewusst ausgespielten hidden agendas hinaus bedient Beratung aber auch *latente Funktionen*, die keinem der Beteiligten bewusst sein müssen. Beide können den Beratungsprozess verlangsamen, komplizieren, vom vereinbarten Ziel ablenken oder gar zum Scheitern bringen. Interessanterweise gibt es zu diesem Phänomen, das die Praxis der Beratung in nicht zu unterschätzendem Maße prägt, kaum Literatur. Wir haben in Kramer, Ameln & Stark (2007) einen ersten mit Fallbeispielen hinterlegten Überblick gegeben.

Hier möchten wir den bereits im Vorwort angesprochenen Hinweis wiederholen, dass es uns in der Auseinandersetzung mit den latenten Funktionen von Beratung um eine Beschreibung und Erklärung, nicht um eine Bewertung geht. Vielfach mag es an der einen oder anderen Stelle naheliegen, sich über die an Beratung beteiligten Personen zu entrüsten. Dabei darf jedoch nicht übersehen, dass das Ausblenden bestimmter Themen aus der Beobachtung oder aus der Kommunikation eine wichtige Funktion für den Strukturschutz von Organisationen erfüllt (vgl. auch den folgenden Text von Kühl). Aus dieser Perspektive blickt eine Betrachtungsweise, die das Handeln der Akteure allein auf persönliche Integrität o. dgl. zurückführt, am systemischen Kontext vorbei, der das Handeln der Beteiligten in maßgeblicher Art und Weise prägt. Für das Verständnis von Beratungsprozessen erweist es sich daher als hilfreich, die moralisch-personalisierende Entrüstung durch eine organisational-systemische Analyse wenn schon nicht zu ersetzen, dann doch zumindest zu ergänzen.

Stefan Kühl

Zum Verhältnis von Beobachtungs- und Kommunikationslatenzen in Beratungsprozessen

Prof. Dr. Stefan Kühl, Professor für Soziologie an der Universität Bielefeld und Organisationsberater bei der Strategie- und Organisationsberatungsfirma Metaplan Quickborn/Versailles/Princeton.

Kontakt: Universität Bielefeld, Fakultät für Soziologie, Universitätstraße 25, D-33615 Bielefeld, Tel. ++49 (0)521 / 1063977, stefan.kuehl@uni-bielefeld.de

Wenn Praktiker über blinde Flecke reden und schreiben, dann geht es darum, dass sich im Unterbewusstsein von Menschen wichtige Erfahrungen verbergen. Die Bezugnahme auf die Tradition der Freudianischen Psychoanalyse ist unübersehbar. Der Mensch, so die Grundannahme, bildet „Abwehrmechanismen" wie Leugnung oder Verdrängung aus, mit denen dieser blinde Fleck erhalten bleibt Der blinde Fleck ist dann, so die für den Professionellen ermutigende Aussage, dem therapeutischen oder beraterischen Fachpersonal zugänglich, und dadurch, dass er vom Fachpersonal aufgedeckt wird, können wichtige Impulse für den Klienten gesetzt werden.

Die systemtheoretische Soziologie – und die durch sie angeregten Beratungsansätze – interessieren sich nicht für diese Latenzen im Bewusstsein von Menschen. Als Soziologe oder Soziologin kann (und will) man nicht in den Kopf von Menschen hineinschauen und überlässt die Bestimmung solcher blinden Flecke der Medizin, der Wahrnehmungspsychologie oder der Psychoanalyse. Stattdessen wird in der Tradition von Niklas Luhmann mit zwei anderen Konzepten von Latenzen gearbeitet – der Beobachtungs- und der Kommunikationslatenz.

Beobachtungslatenz – eine erste Bestimmung

Jedes soziale System verfügt über „Tricks", sich beständig und berechenbar zu machen. Bei Paarbeziehungen sind dies beispielsweise ausgeprägte, durch permanente Wiederholungen verfestigte Normen, wie man sich untereinander und gegenüber anderen Paaren zu verhalten hat. In Freundescliquen, um ein anderes Beispiel zu nennen, herrschen häufig nur implizite Regeln, wie man sich darzustellen hat, wer wann das Wort ergreifen kann und wer welche Rolle in der Gruppe übernehmen soll. In Organisationen bestimmen die Formalstruktur und die – teilweise in Konflikt dazu stehenden – organisationskulturellen Erwartungen, wie sich Organisationsmitglieder verhalten.

Durch diese Normen, Regeln, Strukturen und Kulturen (man verzeihe mir diese ungeordnete Aufzählung) entwickeln Liebespaare, Freundesgruppen und Organisationen einen hoch selektiven Blick. Sie beobachten einiges; besonders natürlich sich selbst. Aber vieles entzieht sich ihren Beobachtungen. Sie entwickeln eine hohe Sensibilität für Bestimmtes und eine ausgeprägte Insensibilität für alles Übrige. Ein deutscher Automobilkonzern interessiert sich nicht für die Änderung der Agrarbestimmungen in Frankreich (und hat auch keine Routinen, um diese wahrzunehmen). Eine Internetfirma hat kein Auge für die Entwicklungen auf dem Arbeitsmarkt für Reinigungsfachkräfte - außer wenn sie virtuelle Reinigungstätigkeiten anbietet. Eine Firma, die keine Schichtarbeit nötig hat, entwickelt keine Routinen, um die neuesten Studien zur Belastung bei Nachtarbeit wahrzunehmen.

Diese Latenz in der Beobachtung hängt – und das ist ein wichtiger Unterschied zur Psychoanalyse – nicht an konkreten Menschen. Das Interessante beispielsweise bei der Betrachtung von Organisationen ist, dass sich die blinden Flecken in der Regel halten – auch wenn das Personal wechselt. Der Spruch „Wenn Siemens wüsste, was Siemens weiß", mit dem auf das von Externen beobachtete verborgene Innovationspotenzial von Siemens hingewiesen wurde, hat deshalb eine gewisse Weisheit, weil die blinden Flecken bei Siemens bezüglich eigener Innovationsmöglichkeiten auch bei Wechsel des Personals weitgehend konstant blieben.

Bei Beobachtungen lassen sich blinde Flecke nicht vermeiden – eine Erkenntnis, in der sich die Anatomie und die Soziologie einig sind. Die Unterscheidungen, die ein Beobachter nutzt, können vom Beobachter selbst nicht beobachtet werden. Sie sind der blinde Fleck des Beobachters. Oder noch grundlegender mit Niklas Luhmann ausgedrückt: Die eigene Unterscheidung wird als blinder Fleck benutzt, der überhaupt erst die „Möglichkeit des Beobachtens organisiert und nur im Tausch gegen einen anderen Blindfleck ersetzt werden kann" (vgl. Luhmann 1989a, S. 217).

Dieses hohe Maß an Selektivität in der Beobachtung ist funktional, weil soziale Systeme sich nur so gegenüber ihrer Umwelt abgrenzen können. Organisationen – und natürlich auch Paarbeziehungen, Freundesgruppen, soziale Bewegungen und ganze Gesellschaften – können nur existieren, weil sie sich durch ihre Strukturen einen hoch selektiven Blick geben und sich gerade mit den von ihnen gepflegten blinden Flecken gegen die Komplexität der Welt abschotten. Beispiel Siemens: Siemens verschlief sowohl die Entwicklung der Faxgeräte als auch die Entwicklung der Datenübertragung über das Internet, weil das Management in diesen Anwendungsfeldern vorher erfolgreiche Lernprozesse etabliert hatte. Mit der Entwicklung von Faxgeräten wurde bei Siemens frühzeitig experimentiert. Sie hätten ohne große Schwierigkeiten auf den Markt gebracht werden können. Weil jedoch Siemens bei der Entwicklung des Telexgeschäfts erfolgreich war und die Lernprozesse dort besonders intensivierte, wurde das Geschäft mit den Faxgeräten anderen Unternehmen überlassen. Im Nachhinein mag man klagen und hätte es vielleicht gern etwas anders gemacht – aber letztlich kommt eine Organisation nicht ohne diese blinden Flecke aus (vgl. Kühl 2000, S. 149 f.).

Kommunikationslatenz – eine erste Bestimmung

Die Beobachtungslatenz – die notwendige Ausbildung von blinden Flecken – ist aber nur eine Form von Latenz, die in Liebesbeziehungen, Freundescliquen und Organisationen auftritt. Eine andere Form ist die Kommunikationslatenz. Mit Kommunikationslatenz wird das „Fehlen bestimmter Themen zur Ermöglichung und Steuerung von Kommunikation" bezeichnet (vgl. Luhmann 1984, S. 457). Will man einen durch die Psychoanalyse geprägten Begriff nutzen, kann man auch von einem „Tabu" sprechen. In Beratungsprozessen wird diese Kommunikationslatenz häufig auch als „Hidden Agenda" bezeichnet; damit wird zum Ausdruck gebracht, dass maßgebliche Gründe für das Engagement von Beratern zwar von allen Beteiligten beobachtet werden, jedoch nicht angesprochen werden können.

Diese Kommunikationslatenz muss von allen an einer Kommunikation Beteiligten sorgfältig gepflegt werden, weil diese die Funktion eines „Strukturschutzes" hat (ebd., S. 459). Wenn man beispielsweise gefragt wird, warum man auf einem internationalen Kongress für Supervision und Coaching einen Vortrag hält, mag – auch für sich selbst einsichtig – Eitelkeit ein treibendes Motiv sein, aber dieses Motiv ist nicht offen kommunizierbar. Man kann, darauf hat Jan-Philipp Reemtsma (2008, S. 407) hingewiesen, auf die Frage nach Motiven nicht einfach antworten: „Weil ich ein eitler Kerl bin und zeigen möchte, dass ich über dies Thema mehr zu sagen habe als XY". Stattdessen werden in der Kommunikation legitime Motive bedient. Man verweist darauf, dass man eingeladen worden ist, man suggeriert, dass man nicht in erster Linie sich selbst, sondern anderen einen Gefallen tut, und wird dann ein paar Worte über die Wichtigkeit des Themas verlieren.

Welche Themen einer Kommunikationslatenz ansprechbar sind, lässt sich häufig nicht genau sagen. Dies hängt häufig von der Spezifik der jeweiligen Beziehung, Clique oder Organisation ab. Aber häufig hat man als Beobachter eine Ahnung, welche Themen nicht ansprechbar sind. Kommuniziert man mit einem Ehepaar, sind die außerehelichen Kontakte des Ehemanns oder der Ehefrau meistens nicht als Konversationsthema geeignet (Ausnahmen gab es vielleicht in der Studentenbewegung in den 1970er Jahren, dort wurde jedoch in der Regel auch nicht geheiratet). In Jugendcliquen ist Kleinstdelinquenz – der Ladendiebstahl oder das Sprayen an Häuserwände – ein beliebtes Thema, während das Gespräch über Schwächen einzelner Cliquenmitglieder möglichst vermieden wird. In Organisationen sind die Aspekte der Formalstruktur – die offiziellen Kommunikationswege, die verabschiedeten Programme und die verkündeten Personalentscheidungen – in der Regel problemlos ansprechbar. Viele im Informellen ablaufenden Macht-, Vertrauens- und Verständigungsprozesse sind dagegen nicht ohne Weiteres offen ansprechbar.

Häufig lassen sich gerade in Organisationsberatungsprozessen diese auf Informalitäten bezogenen Kommunikationslatenzen beobachten. Jede Organisation ist auf informelle, häufig sogar illegale Praktiken angewiesen: die Abkürzung von Ausschreibungsverfahren, das Ausflaggen von Standardaufträgen als eilige Angelegenheit, um ein bürokratiereduziertes Verfahren nutzen zu können, die Nutzung nicht offiziell gemeldeter Räume oder die erst nachträgliche Ausfüllung von Formularen, die eigentlich vor einem Arbeitsschritt ausgefüllt sein müssen. In den Workshops bilden sich dann häufig stillschweigende Vereinbarungen zwischen Management, Mitarbeitern und Beratern, welche informellen Aspekte ansprechbar sind und welche nicht (vgl. die Fallstudie von Kühl 2007a, S. 284 ff.).

Aber Kommunikationslatenzen in Organisationen sind nicht auf informelle oder illegale Prozesse in Organisationen beschränkt. Es ist bekannt, dass Politiker sich gern Gutachten von möglichst renommierten Beratungsfirmen wie McKinsey oder Roland Berger erstellen lassen. Es ist dabei allen Beteiligten (manchmal mit Ausnahme der Berater) klar, dass die Empfehlungen nie umgesetzt werden. Aber die Gutachten erfüllen dann doch eine latente (nicht kommunizierbare) Funktion, weil die Beamten in den Ministerien angesichts der häufig realitätsfernen Gutachten eher bereit sind, selbst über Modernisierung nachzudenken (vgl. die Fallschilderung von Bittner & Niejahr 2004, S. 9 ff.).

Verhältnis von Kommunikations- und Beobachtungslatenz

Welchen Erkenntniswert kann es für Beobachter haben, in dieser Form zwei Arten von Latenzen zu unterscheiden? Ein interessanter Zugang ist es, ein und dieselbe Situation im Hinblick sowohl auf Kommunikations- als auch Beobachtungslatenz zu beobachten. Dabei sollen hier zwei Kombinationsvarianten vorstellbar sein (der Fokus auf ein Thema, bei dem es weder eine Beobachtungs- noch eine Kommunikationslatenz gibt, interessiert uns hier nicht).

Die erste Variante herrscht vor, wenn alle Beteiligten ein Phänomen sehr genau im Auge haben, dies aber in den relevanten Interaktionen nicht ansprechbar ist. Die Existenz von durch Wartungsfirmen illegal bei Kunden vorgehaltenen Räumen mag durch Manager und Mitarbeiter beobachtet werden. Weil das Vorhalten solcher Räume jedoch wegen offizieller Unternehmensvorgaben verboten ist, ist dies intern nicht kommunizierbar (vgl. zu diesem und anderen Beispielen Kühl 2007a,

S. 280 ff.). Der Einsatz von Gewindebohrern im Flugzeugbau ist (oder besser war) zwar früher alltägliche Praxis und wegen des Effizienzgewinns (schnelle Anpassung von Bohrlöchern) kaum zu umgehen. Weil dies jedoch wegen der Auswirkungen auf die Statik des Flugzeugs strikt untersagt war, konnte der Einsatz von Gewindebohrern in offiziellen Sitzungen nicht kommuniziert werden (vgl. besonders Bensman & Gerver 1963, S. 590 ff.).

Kommunikationslatenz bedeutet nicht, dass überhaupt gar nicht über das beobachtete Phänomen gesprochen werden kann, sondern lediglich, dass die jeweils im Fokus stehende Kommunikation mit dem Thema nicht belastet werden kann. Die illegal angeeigneten Räume mögen den Beratern sogar bei einer „informellen“ Tour durch die Firma gezeigt werden, sie sind dann aber bei den Workshops durch Berater trotzdem nicht ansprechbar, weil dadurch das mühsam aufgebaute Arbeitsbündnis zwischen Beratern und Handwerkern zerstört würde. Der Einsatz von Gewindebohrern kann den Wissenschaftlern gezeigt werden, nachdem man diese auf Vertrauenswürdigkeit getestet hat, das ändert aber nichts daran, dass der Einsatz von Gewindebohrern in den Regelbesprechungen am Arbeitsplatz tabu bleibt.

Für den Beobachter ist interessant, wie konstant solche Kommunikationslatenzen sind, obwohl das Phänomen von allen Beteiligten beobachtet wird. Die Beteiligten mögen sich sogar der ungewollten Nebenfolgen bewusst sein, die durch das Verschweigen geschützter Praktiken auftreten, sie sehen aber keine Möglichkeit, dies zu ändern.

Mit der zweiten Variante haben wir es zu tun, wenn eine Beobachtungslatenz herrscht, aber keine Kommunikationslatenz in Form von Tabuisierung vorliegt. Eine eigene Beobachtungslatenz – ein blinder Fleck – wird erst durch Beobachtungen anderer zugänglich, sonst wäre es ja kein blinder Fleck. Ein Paar kann durch einen Wissenschaftler, Therapeuten (oder - was ganz ähnlich ist – durch das eigene Kind) dadurch überrascht werden, dass es auf eine „Macke“ in seinen gemeinsamen Beobachtungen hingewiesen wird. Ihre „Konsensfiktion“ droht zu bröckeln (vgl. Eckert, Hahn & Wolf 1989). Eine Freibadclique von Fünfzehnjährigen im Sommer 1944 mag trotz „ihrer gut trainierten Lässigkeit“ und ihrer für sie hauptsächlich relevanten Unterscheidung Junge/Mädchen durch andere darauf gestoßen werden, dass es langsam, aber sicher (auch) ums „Überleben“ geht (vgl. Storz 2008). Der Neuling in einer Organisation sieht in den ersten zwei Monaten seiner Tätigkeit Dinge, die „die Organisation“ nicht gesehen hat und überrascht – wenn er Glück hat – die Organisation mit diesen Einsichten (vgl. March 1991).

Jetzt mag man ein Paar, eine Clique oder eine Organisation auf diese beobachtete eigene Beobachtungslatenz mit Kommunikationslatenz reagieren. Prozesse sind dann plötzlich beobachtbar, können aber nicht kommuniziert werden (siehe erste Variante). Dem Ehepaar wird – vielleicht durch die Lektüre von zu vielen familiensoziologischen Texten – klar, dass sie über die Kindererziehung oder ihre Sexualität ganz unterschiedliche Vorstellungen hatten, diese Beobachtung wird aber nicht kommuniziert, um die Beziehung nicht zu gefährden. In der Freibadclique mag immer deutlicher beobachtet werden, dass es nicht nur darum geht, „wie das mit den Mädels ist", „wie man die Penne hinter sich bringt" und wie man „um die SS-Werber herumkommt", aber der Tod kann trotzdem nicht kommunizierbar bleiben. In der Organisation mag sehr deutlich werden, dass der Neuling etwas sieht, was bisher noch nicht gesehen wurde, das heißt aber nicht automatisch, dass dies auch in Sitzungen ansprechbar wird.

Der Effekt, dass die von anderen beobachteten blinden Flecke gar nicht in das eigene Beobachtungsschema aufgenommen werden, tritt häufiger auf als die Überführung einer Beobachtungslatenz in eine Kommunikationslatenz. Das Paar merkt gar nicht, dass der Therapeut oder das Kind sich an einer Macke stört. Die Clique erkennt nicht, dass es ums Überleben geht. Die Organisation sieht gar nicht, dass der Neuling Dinge sieht, die die Organisation nicht sieht.

Inwiefern ist diese Unterscheidung von Beobachtungs- und Kommunikationslatenz jetzt für Organisationsberatung relevant?

Ansatzpunkte von Beratern bei der Beobachtungs- und Kommunikationslatenz

Prinzipiell können Organisationsberater einen Zugang sowohl zu den Beobachtungs- als auch zu den Kommunikationslatenzen der von ihnen beratenen Organisationen haben. Würden Berater das gleiche beobachten wie die beratene Organisation selbst, wären die Beobachtungen der Berater für die Organisation wertlos (man würde sie vermutlich gar nicht bemerken). Organisationsberatung schaut also immer auf Dinge, die von der Organisation selbst nicht gesehen werden. An die blinden Flecke ihrer Kunden kommen die Berater heran, weil sie Unterscheidungen nutzen, die für die Organisation ungewohnt sind. Sie identifizieren blinde Flecke ihrer Klienten, weil sie auf ungewohnte Art und Weise mit sehr unterschiedlichen Personen in der Organisation sprechen. Oder die blinden Flecke erschließen sich ihnen, weil ein Organisationsmitglied vertraulich „unter vier Augen" mitteilt, wie es „wirklich" läuft. Oder sie sehen etwas, weil sie aufgrund von Erfahrungen in anderen Organisationen mit für den Klienten ungewohnten Unterscheidungen arbeiten. Wenn die Berater zum Beispiel behaupten, dass der Erfolg eines Unternehmens häufig nicht vom Profit abhängt, sondern von dessen Legitimierung in der Umwelt (für Plausibilitäten Meyer & Zucker 1989), mag der Manager als unmittelbare Reaktion den „psychiatrischen Dienst seiner Firma für zuständig halten" (vgl. Luhmann 1989a, S. 223), aber vielleicht löst ein zweiter Blick bei ihm etwas aus. (Häufig wird übersehen, dass umgekehrt auch die beratenen Organisationen Zugang zu Latenzen ihrer Berater haben können: Sie sehen Muster, mit denen Berater unterscheiden und die den Beratern manchmal selbst nicht bewusst sind).

Und Berater haben natürlich auch die Möglichkeit, in die Kommunikationslatenzen der von ihnen beratenen Organisationen einzubrechen. „Tabus“ der Organisation können für Berater leichter ansprechbar sein, weil der Auftraggeber wenigstens das Lippenbekenntnis abgegeben hat, dass der Berater auch seinen „Finger in die Wunden legen“ soll. „Sensible Themen“ mögen durch Berater eher ansprechbar sein als für Organisationsmitglieder, weil diese ja lediglich zeitweise in der Organisation sind und nichts zu verlieren haben außer einem Auftrag.

Für Berater kann es faszinierend sein, die von ihnen bei ihren Kunden beobachteten blinden Flecke auch anzusprechen. Die beobachteten Latenzen scheinen in vielen Beratungsprozessen förmlich danach zu drängen, vom Berater gegenüber dem Kunden auch kommuniziert zu werden. Beim Entdecken eines blinden Fleckes hört man Berater förmlich schon rufen: „Ich sehe was, was Du nicht siehst“ (Luhmann 2005, aber natürlich ähnlich aufschlussreich Dahl 2004). Wenn die Organisation lernen will, so scheinbar die Annahme in Beratungsprozessen, warum sollte ich diese nicht mit ihren blinden Flecken – ihren Beobachtungslatenzen – konfrontieren?

Aber dieser Aufklärungswille unterschätzt die Differenz zwischen Beobachtungslatenzen und Kommunikationslatenzen. Nicht alles, was beobachtet wird, kann auch kommuniziert werden. Latenzen können – wie gezeigt – immer auch einen Strukturschutz für die Organisation gewährleisten, und dementsprechend droht eine Intervention eines Beraters immer diesen Strukturschutz von Organisationen in Frage zu stellen. Die Organisation reagiert dann auf die Versuche der Aufdeckung von Latenzen mit Verleugnung, Ignoranz oder notfalls mit Entfernung der Berater (natürlich aus offiziell anderen Gründen).

Dies darf nicht als grundlegendes Plädoyer gegen die Kommunikation von Latenzen durch Berater verstanden werden. Schließlich hat es für Organisationen wenig Wert, wenn der Berater alle seine Beobachtungen für sich behält. Aber die Kommunikation von beobachteten Latenzen beim Klienten ist eine ganz eigene Form von Intervention, die häufig nur in homöopathischen, aber immer wiederholbaren Dosierungen möglich ist.

Offizielle Funktionen

Die offiziellen Ziele sind in Beratungslehrbüchern, auf den Websites der Beratungsfirmen (unter Rubriken wie „So arbeiten wir“, „Unsere Mission“ oder „Our formula for success“), in öffentlichen Ausschreibungen und in den Kontrakten zwischen Beratern und Kunden nachzulesen. Sie werden gegenüber den Mitarbeitern der beratenen Organisationen kommuniziert und bilden die offizielle Arbeitsgrundlage für den Beratungsprozess. Zu den typischen Zielsetzungen im Rahmen der offiziellen Funktionen von Beratung zählen das Liefern von fachlichen Expertisen bei der Neuordnung von Geschäftsfeldern, die Begleitung von Reorganisations- und Fusionsprozessen, die Einführung von Qualitäts- oder Wissensmanagementsystemen, die Förderung der Mitarbeitermotivation, die Verbesserung des Arbeitsklimas, Teamentwicklung u.v.m.

Die früheste wissenschaftliche Auseinandersetzung mit den Funktionen von Organisationsberatung stammt von Dahl (1966). Dahl benennt folgende offizielle Funktionen (dort als „direkte Funktionen“ bezeichnet):

a) *Interne Kommunikationsfunktion:* In der internen Kommunikation jeder Organisation gibt es bestimmte „Filter“ (z.B. zwischen den Hierarchieebenen). Eine Funktion von externer Beratung kann darin liegen, diese Filter zu überbrücken.
b) *Ergänzungsfunktion zur bürokratischen Routinearbeit:* Da die Berater nicht in das operative Geschäft der Organisation eingebunden sind„ können sie ihr Augenmerk auf nicht alltägliche Probleme, z.B. auf die Vermittlung neuer wissenschaftlicher Erkenntnisse, richten.
c) *Innovationsfunktion:* Berater können die „Trägheit“ der Organisation kompensieren, da sie gegen Normen verstoßen und sich „revolutionierendes“ Verhalten erlauben können.
d) *Funktion der objektiven Beobachtung und Beurteilung:* Berater sind in der Lage, die im Rahmen des Beratungsauftrags zu bewältigenden Schwierigkeiten aus einer Außenperspektive zu betrachten, die nicht von der Betriebsblindheit beeinflusst ist, die sich bei den Organisationsmitgliedern in Laufe der Jahre entwickelt.
e) *Interne Koordinationsfunktion:* Der Berater unterliegt keinem ressortbedingten Scheuklappenblick, dadurch kann er die einzelnen Perspektiven zu einer übergeordneten koordinieren und auf eine geschlossene Willensbildung hinwirken.
f) *Selektions- und Schulungsfunktion:* Beratung kann explizit den Auftrag haben, die Organisationsmitglieder (z.B. das Management) zu schulen - darüber hinaus weist aber jede Form der Beratung einen Schulungscharakter auf, indem sie die Organisation in die Lage versetzt, ihre Schwierigkeiten selbstgesteuert zu lösen.
g) *Anregungsfunktion:* Hinweise aus der unbefangenen Außenperspektive bieten eines anderes Anregungspotenzial als Überlegungen von Mitgliedern der Organisation selbst.

Motivationen für das Inanspruchnehmen von Beratung – über den Wunsch, die Organisation effizienter zu gestalten hinaus – gibt es viele, ohne dass es sich dabei um hidden agendas handeln müsste. So verfügen viele Organisationen – gerade in Zeiten des Wandels – nicht über die personellen und zeitlichen Ressourcen, um die nötigen Prozesse selbst abzuwickeln. Auch das Know-how für die Gestaltung von

Veränderungsprozessen ist häufig nicht innerhalb der Organisation angesiedelt. In aller Regel ist dann der Einkauf externer Expertise günstiger als diese im eigenen Haus vorzuhalten (Bohler & Kellner 2004, S. 16). Gerade für größere Organisationen lohnt es sich jedoch, eine mit Fachleuten besetzte Change Management-Abteilung oder gar eigene Consulting-Gesellschaften aufzubauen.

Latente Funktionen und hidden agendas

Die wichtige Unterscheidung zwischen offiziellen und latenten Funktionen ist vor allem von Kieser (2002, Ernst & Kieser 2002) ausgearbeitet worden. Von Latenz spricht Luhmann (1984) im Anschluss an Merton, wenn bestimmte Inhalte in sozialen Systemen nicht Bestandteil der Kommunikation werden, weil diese Inhalte nicht verfügbar sind („faktische Latenz") oder weil eine Thematisierung das etablierte Gleichgewicht des Systems stören würde („strukturfunktionaler Latenz"). Latente Funktionen von Beratung sind demnach Funktionen, die im Beratungssystem[7] nicht zur Sprache kommen,

a) weil diese Funktionen weder von Beratern noch von Kunden „erkannt" werden (und nur aus der Perspektive eines außenstehenden Beobachters sichtbar sind),
b) weil sie bewusst aus der Kommunikation ausgeschlossen werden, um erwartete Nachteile im Hinblick auf den Verlauf oder das Ergebnis der Beratung zu vermeiden.

Im letztgenannten Fall kann man von einer versteckten Zielsetzung, einer *hidden agenda*, sprechen. Ein Beispiel ist die Nutzung von Beratung zum Zwecke der Legitimation für unpopuläre Entscheidungen (siehe Kapitel 15). Wenn eine Befragung von Beratungskunden (Meffert 1999) zu dem Ergebnis kommt, dass die Legitimationsfunktion in der Praxis kaum Bedeutung hat, ist diese Aussage nicht verwunderlich – hidden agendas zeichnen sich eben dadurch aus, dass die Latenz gewahrt wird und das Kundensystem nicht mit dem Beratersystem über mögliche „Hintergedanken" kommuniziert. Daher sind latente Funktionen auch schwierig „dingfest zu machen", denn Konsens darüber, welche verborgenen Zielsetzungen in einem konkreten Beratungsprozess eine Rolle spielen, lässt sich vielleicht innerhalb eines der beteiligten Systeme, aber kaum zwischen den verschiedenen Akteuren herstellen.

Nicht überall, wo hidden agendas vermutet werden, sollte man von destruktiven Absichten der Beteiligten ausgehen. Viele schwierige Verläufe in Beratungsprozessen ergeben sich daraus, dass sich die Beteiligten aufgrund ihrer Rolle, ihrer lebensgeschichtlichen Vorprägung, organisationskulturell eingeschliffenen Interaktionsmustern oder mangelnder Reflexion in einer gegebenen Situation nicht anders

7 Zu den Begriffen „Kundensystem", „Beratersystem" und „Beratungssystem" vgl. Kapitel 1.

verhalten können. Hidden agendas in Beratungsprozessen werden von den Akteuren in ihrer individuellen Wahrnehmung oder in Kommunikationsprozessen konstruiert (auf diesen Aspekt weist auch Kirchberg in seinem Beitrag in Kap. 19 hin). Es ist daher wenig sinnvoll, sich latente Funktionen als etwas real Existierendes im ontologischen[8] Sinne zu vorzustellen. Sie sind vielmehr als eine Beobachtungskategorie zu betrachten, die dabei helfen kann, bestimmte Phänomene und Widersprüchlichkeiten in Beratungsprozessen besser erkennen und erklären zu können. Wenn bestimmte Phänomene in Beratungsprozessen auf zugrunde liegende latente Funktionen zurückgeführt werden, ist dies als Deutungsangebot zu verstehen, dessen Wert nicht an der Übereinstimmung mit der (welcher?) Wirklichkeit gemessen werden sollte, sondern an seiner Nützlichkeit für den jeweiligen Beobachter[9]. Wenn als problematisch erlebte Dynamiken des Beratungsprozesses auf eine hidden agenda zurückgeführt werden, kann dies etwas über die Kundenorganisation aussagen – oder auch über den Berater: die Unterstellung einer hidden agenda kann auch ein Mittel sein, um eigene Fehler abzuwehren und dem Klientensystem die Verantwortung für unproduktive oder vom Scheitern bedrohte Prozesse zuzuschieben. Insofern ist an dieser Stelle immer eine selbstkritische Überprüfung der eigenen Wahrnehmung nötig. Jede Suche nach blinden Flecken und hidden agendas hat ihrerseits einen blinden Fleck, nämlich die „guten" und konstruktiven Absichten der Akteure (vgl. dazu auch den Beitrag von Berchtold am Ende dieses Buchteils).

Latente Funktionen und hidden agendas sind unserer Erfahrung nach in Beratungs-, Organisationsentwicklungs- und Coachingprozessen nicht die Ausnahme, sondern die Regel. In einem konkreten Beratungsprozess werden sich dabei in der Regel nicht nur Anzeichen für eine, sondern für mehrere latente Funktionen finden lassen. Hidden agendas laden Beratungsprozesse mit Widersprüchlichkeiten, Kommunikationshemmnissen, Konfliktpotenzial und Fallstricken auf.

Die Mitarbeiter der Organisation nehmen hidden agendas der internen Prozessverantwortlichen natürlich aus einer anderen Perspektive wahr als ein externer Berater. Sie haben ein Bild von den Verantwortlichen und haben Erfahrungen damit, wie in der Organisation Wandel gestaltet (oder verhindert) wird. Diese Erwartungen können zu – oftmals durchaus nachvollziehbaren und berechtigten – Widerständen führen, die sich ihrerseits negativ auf den Beratungsverlauf auswirken:

8 Ontologie ist die „Seinslehre", also die Lehre vom real Existierenden.

9 Da eine durchgängige Beschreibung in Beobachtungskategorien äußerst mühsam ist, werden wir im Folgenden so tun, als seien latente Funktionen „real" und zweifelsfrei festzustellen. Ferner werden wir aufgrund der Tatsache, dass „im wirklichen Leben" nur selten eine trennscharfe Unterscheidung zwischen latenten Funktionen im Sinne von a) und hidden agendas im Sinne von b) möglich sein wird, die Begriffe „latente Funktion" und „hidden agenda" im Folgenden weitestgehend synonym verwenden.

> Geheime Agendas lösen auf Seiten der internen Mitarbeiter große Unsicherheiten aus. Sie sehen sich einem Veränderungsprozess mit Zielen ausgesetzt, die ihnen verheimlicht werden und deshalb die Vermutung nahe legen, dass sie ihren Interessen zuwider laufen. Sie fühlen sich organisationsintern ausgespielt. [...] In solchen Situationen stossen die Berater auf große Vorbehalte und auf eine stark reduzierte Auskunfts- und Kooperationsbereitschaft, und sie sehen dadurch die Wirksamkeit ihrer Massnahmen wesentlich beeinträchtigt. (Müller, Nagel & Zirkler 2006, S. 144)

Hidden agendas können somit sowohl Berater als auch Klienten vor massive Probleme stellen. Sie bestimmen (natürlich zusammen mit anderen Faktoren wie der Professionalität der Berater, den Erfahrungen mit vorangegangenen Beratungsprozessen etc.) wesentlich darüber mit, ob Beratungsprozesse konstruktiv oder im Sande verlaufen. Sie prägen die Atmosphäre zwischen Auftraggebern, Klienten und Beratern. Wenn, wie verschiedene Studien zeigen, zahlreiche Beratungsprozesse scheitern, dürften nicht erkannte hidden agendas hierfür zu einem nicht unbeträchtlichen Anteil mitverantwortlich sein.

Latente Funktionen und hidden agendas sind vielfältig und bergen immer wieder neues Potenzial für überraschende (und in der Praxis oft leidvolle) Entdeckungen. Neubergers in Abb. 10 wiedergegebene Übersicht über die unterschiedlichen Rollen, die Beratern abverlangt werden, illustriert diese Vielfalt sehr anschau-

Terminator (bezahlter) Job-Killer	Makler (Geschäfte-)Vermittler	Aktivator Impulsgeber
Experte Sachverständiger	Aufklärer Selbstverständiger	Navigator Pfadfinder
Sozialingenieur Reparateur	Designer Organigramm-Zeichner	Besamer (In-folio-insemination)
Guru Heiland, Retter	Magier Mantiker	Sprachschöpfer Modeschöpfer
Enthüller Detektiv (Org. Intelligence)	Sanierer Abrißunternehmer	Brandstifter Sprengmeister
Architekt Bauleiter	Akzeptanzbeschaffer Mietling	Katalysator Prozeßbeschleuniger
Abzocker raffgierige Hyäne	Arzt Therapeut	Coach, Trainer (Be-)Lehrer
Spitzel Denunziant	Entwicklungshelfer change agent	Sündenbock Blitzableiter
Alibi-Beschaffer Gefälligkeitsgutachter	Rasputin Einflüsterer	Eunuch Potenzspritzer
Beichtvater Entlaster	Komplize Koalitionär	Kommunikator Präsentator
Wahr-Sager Wahrsager	Ja-Sager Bespiegler	Nein-Sager Hofnarr, bestellter Kritiker
Sprachrohr Vorstandssprecher	Schachfigur Nützling	Akquisiteur Bank-Angestellter
arroganter Besserwisser Yuppie	Grünschnabel Phrasendrescher	Costcutter, GWAler EDV-Verkäufer
Animateur Inspirateur	Showman Bluffer	Schlichter (Schieds-)Richter
Wahl-Helfer Komplexitätsreduzierer	(Verpackungs-)Künstler Koran-Formulierer	Superman Alleskönner
Müllbeseitiger Abräumer	Dealer (Droge Beratung) Placebo-Verschreiber	Cross-Seller Bauchladenverkäufer
Stillsteller int. Kritiker Legitimationsbeschaffer	Sensibilisierer Irritierer (Chaot?)	Schwarzes Schaf (unter lauter weißen)
Handaufleger Handanleger	Weismacher Scharlatan	Meinungsforscher Datenfreak
Innovator Modernisierer	Verhinderer Bremser	Königsmacher Pate
Moderator Gruppendynamiker	Macher Berufsoptimist	Röntgenauge Selektor
Sokratiker Hebamme	Dogmatiker Pedant	Schmerzensgeldempfänger Prügelknabe

Abb. 10: Klingel-Anlage im Berater-Hochhaus:
Ein Überblick über Beraterrollen (aus Neuberger 2002b, S. 136)

lich. Wir haben in diesem Teil des Buches die unserer Erfahrung nach wichtigsten latenten Funktionen geordnet, ihre Entstehungshintergründe beschrieben und anhand von Fallbeispielen gezeigt, wie sie sich in der Praxis auf Beratungsprozesse auswirken.

7 Beratung als soziale Anpassungsleistung

In der Idealwelt des rationalen Denkens wird Beratung in Anspruch genommen, weil die Entscheider im Kundensystem auf der Basis vollständiger Information und nach Abwägung von Kosten und Nutzen zu der Überzeugung gekommen sind, dass das in Frage stehende Beratungsangebot der beste Weg ist, um die angestrebte Veränderung zu erreichen. Das Klientensystem entscheidet frei und selbstbestimmt, außerhalb des Systems liegende Interessen spielen keine wesentliche Rolle. Wie im „wirklichen Leben" werden Entscheidungen jedoch auch im Fall von Beratung nicht kontextfrei getroffen, sondern sie sind eingebettet in einen sozialen Kontext, in dem Erwartungen, Normen, Rücksichtnahmen und Beziehungsgeflechte Einfluss auf die Entscheidungen des Systems ausüben. Beispielsweise sind Organisationen in immer stärkerem Maße aufgefordert, gegenüber der Öffentlichkeit die Einhaltung bestimmter Standards nachzuweisen – seien es Umweltrichtlinien, Corporate Governance oder Bilanzierungsstandards. Beratung wird in diesem Lichte als Folge oder mit dem Ziel einer Anpassung an den das Klientensystem umgebenden sozial-normativen Kontext in Anspruch genommen.

Organisationstheoretischer Hintergrund: Die Organisation als Chamäleon

Die Frage, wie Organisationen auf institutionalisierte Erwartungen aus der Umwelt reagieren, ist von einem Zweig der soziologischen Organisationstheorie, dem sogenannten Neo-Institutionalismus thematisiert worden[10]. Der Leitgedanke dabei ist, dass Effizienz nur eines von mehreren Kriterien für den Erfolg und das Überleben von Organisationen ist (was sich schon daran zeigt, dass sich am Markt zahlreiche ineffiziente Organisationen über lange Zeit halten und ineffiziente Organisationspraktiken in Organisationen aller Größenklassen verbreitet sind). Neben der Effizienz ist in zunehmendem Maße auch entscheidend, inwieweit es der Organisation gelingt, sich bei ihren externen Stakeholdern (Kunden, Aktionären, Banken, Kontrollbehörden) als legitim im Hinblick auf die an sie gestellten normativen Erwar-

10 Wenn in diesem Kontext von „institutionellen Erwartungen" die Rede ist, sind mit dem Begriff „Institution" nicht Organisationen, sondern normative Vorgaben, etablierte Praktiken und Regelsysteme, kulturelle Standards usw. gemeint.

tungen darzustellen. Beispiele hierfür sind die Einhaltung von Umweltstandards oder Compliance-Richtlinien zur Vermeidung von Korruption, die Existenz von Managementsystemen usw. In dieser Funktion übernehmen Berater

> immer mehr die Rolle von „Rationalitätszertifizierern". Sie signalisieren internen und externen Interessengruppen, dass in allen Bereichen und auf allen Ebenen des Unternehmens Expertenwissen zum Einsatz kommt. Zertifizierungen dieser Art sind durchaus in der Lage, die Konsequenzen von Erfolglosigkeit abzupuffern. (Ernst & Kieser 2002, S. 63)

Zwei Entwicklungen im Management haben diese Form der Anpassung an externe Erwartungen nach Nystrom & Starbuck (1984, S. 182) gefördert:

- die zunehmende Trennung zwischen Management und Eignerschaft des Unternehmens und die damit verbundene verstärkte Überwachung der Manager durch die Eigner führen dazu, dass diese möglichst kompetent wirken müssen;
- Professionalisierungsbestrebungen im Management.

Um den an sie gestellten Erwartungen gerecht zu werden, müssen Veränderungen in der Organisation vorgenommen werden, auch wenn diese nicht in jedem Fall produktiv sind. Werthaltungen, Prinzipien der Organisationsgestaltung usw. werden in die interne Struktur der Organisation eingebaut und führen dazu, dass sich die Organisation in den veränderten Bereichen der Umwelt anpasst. DiMaggio & Powell (1983) nennen drei mögliche Ursachenklassen, die zu einer solchen Isomorphie (Strukturgleichheit) von Organisation und Umwelt führen können:

- Isomorphie durch Zwang (coercive isomorphism – z.B. Vorgaben des Gesetzgebers oder der Konzernleitung),
- Isomorphie durch normativen Druck (normative isomorphism – z.B. aufgrund zunehmender gesellschaftlicher Ablehnung bestimmter Produktionsmethoden wie Kinderarbeit),
- Isomorphie durch Imitation (mimetic isomorphism - die Organisation verfolgt bestimmte Change-Projekte oder bietet Fortbildungsthemen an, weil andere Organisationen das gleiche tun).

Scott (2001, dargestellt nach Walgenbach, 1996) stellt ein Drei-Säulen-Modell auf, das DiMaggio & Powells Vorarbeiten aufgreift und erweitert (dargestellt in Tabelle 9). Die erste Säule besteht aus regulativen Systemen (z.B. Gesetze und Verordnungen, entspricht DiMaggio & Powells „Isomorphie durch Zwang"), die zweite Säule normative Systeme (entspricht DiMaggio & Powells „Isomorphie durch normativen Druck"), die dritte Säule kulturell-kognitive Systeme (hier liegt die Annahme zugrunde, dass die Handlungen eines Akteurs das Ergebnis der internen, kognitiven Repräsentation seiner Umwelt sind; die institutionelle Umwelt stellt vorfabrizierte Organisationsmodelle und Skripte bereit, die von einzelnen Akteuren und Organisationen übernommen werden, ähnlich DiMaggio & Powells „mimetischem Isomorphismus".

	Säule		
	Regulative Systeme	**Normative Systeme**	**Kulturell-kognitive Systeme**
Die Forderungen werden befolgt, weil die Akteure / Organisationen...	...es für zweckdienlich halten	...einer wahrgenommenen sozialen Verpflichtung nachkommen	...das Geforderte als selbstverständlich betrachten ...eine gemeinsam geteilte Weltsicht haben
Grundlage der Ordnung	Regulative Regeln	Bindende Erwartungen	Konstitutive Schemata
Mechanismen	Zwang	Normativ	Mimetisch
Logik	Zweckdienlichkeit	Angemessenheit	Üblichkeit
Indikatoren	Regeln, Gesetze, Sanktionen	Zertifizierung, Akkreditierung	Gemeinsame Glaubenssätze Geteilte Handlungslogik
Legitimitätsbasis	Per Gesetz sanktioniert	Über Moral reguliert	Verständlich, wiedererkennbar, kulturell gestützt

Tabelle 9: Die drei Säulen von Institutionen (Scott 2001, dargestellt nach Walgenbach, 1996, S. 380)

Beratung vor dem Hintergrund der Organisation als Chamäleon

Beratung kann in Anspruch genommen werden, um Veränderungen in allen drei Kategorien des Modells von DiMaggio & Powell bzw. allen drei Säulen des Modells von Scott umzusetzen. Dabei wird die Tendenz zur Isomorphie durch Imitation sogar durch die Beratungsbranche gefördert. Der mimetische Isomorphismus besteht darin, dass Organisationen (vermeintliche) Erfolgsmodelle kopieren, die nach der jeweils neuesten Managementmode umgesetzt werden müssen, wenn man im Markt bestehen will. Beratungen (insbesondere Strategieberatungen, vgl. Abschnitt 3.3) fungieren als Katalysatoren in diesem Prozess, da sie dieselben Managementkonzepte in einer Vielzahl von Unternehmen verbreiten.

Ein Faktor, der den mimetischen Isomorphismus durch Beratung fördert (und einen wichtigen Grund für die Dominanz der Strategieberatung auf dem Markt darstellt), ist die Tatsache, dass Berater und ihre Auftraggeber im Management der Organisationen häufig ähnliche Ausbildungs- und Karrierewege durchlaufen haben. Viele Vorstandsmitglieder oder HR-Verantwortliche großer Unternehmen haben ihre Karriere in einem der großen Strategieberatungshäuser begonnen: die Hälfte der Dax- und ein Drittel der M-Dax-Vorstände sind ehemalige Berater (Mohe 2006, S. 189). Die Strategieberatungsfirmen pflegen diese Kontakte in Alumni-Netzwerken, um sie als Akquisewege zu nutzen. Die Ähnlichkeiten in der Art und Weise, wie Berater und Auftraggeber Veränderungsprozesse sehen und steuern, ist also nicht (nur) eine gelungene Anpassung der Beratungsbranche an die Denk- und

Handlungsmuster der Kunden, sondern auch ein Resultat eines gemeinsamen Bezugsrahmens.

Dass Beratungsprojekte der Mode und nicht immer dem fachlich Angezeigten folgen, ist oft auch den Auftraggebern durchaus klar. Nach der hier dargestellten Argumentation orientieren sich Manager in ihren Entscheidungen über Beratungsaufträge nicht primär daran, was inhaltlich sinnvoll sein könnte, sondern daran, was von ihnen erwartet wird (Kieser 1996, S. 30). Darüber hinaus ist aus Organisationsperspektive ein Argument für den mimetischen Isomorphismus, dass das kopierende Unternehmen, falls die kopierte Maßnahme sich positiv auswirkt, ähnliche Vorteile genießt wie das zuerst agierende – im Beispiel von Outsourcing etwa Kostenvorteile. Negative Konsequenzen – im Fall von Outsourcing etwa ein Verlust von organisationsinternem Know-how – müssen jedoch von beiden getragen werden (Ernst & Kieser 2002, S. 58). Aus diesen Gründen „ist jeder Manager gut beraten, sich auf risikomindernde, von Begründungspflichten entlastende und das eigene Handeln legitimierende Leitbilder, Vorbilder oder ‚best practices' berufen zu können, die sich in der institutionellen Umwelt der Organisationen herausgebildet haben" (Faust 1998, S. 163).

8 Beratung als Aufbau organisationaler Fassaden

Um zu zeigen, dass man externe Normensysteme in das eigene Operieren übernommen hat, können Organisationen ihre Strukturen verändern, wie im vorangegangenen Kapitel ausgeführt. Dies ist jedoch ein aufwändiger Prozess und nicht immer ein Zugewinn an Effizienz und Produktivität. Die Alternative besteht im Aufbau einer „Fassade", die nach außen hin den Eindruck erweckt als würde man den Erwartungen nachkommen, während das faktische Operieren nach innen ganz anderen Regeln folgt.

Organisationstheoretischer Hintergrund: Die Organisation als potemkinsches Dorf

Der Legende nach soll Fürst Potjomkin, der Generalgouverneur Katharina der Großen, anlässlich einer Krimreise der Kaiserin die Order gegeben haben, entlang der Reiseroute Dorf-Attrappen aufzustellen, um der Kaiserin „blühende Landschaften" vorzuspiegeln. Die Potemkinschen Dörfer haben zwar nur gerüchteweise existiert (anders als z.B. die Prunkfassaden in den Innenstädten einiger ehemaliger Sowjetrepubliken, die dahinter liegende Fabriken verbargen), sie sind aber zum Inbegriff für beeindruckende Kulissen geworden, hinter denen sich erheblich weniger Beeindruckendes verbirgt. Potemkinsche Dörfer werden aus einem Grund errichtet: Um die Erwartungen eines außenstehenden Beobachters zu erfüllen.

Dieses „impression management" (Alexander & Wiley 1981), d.h. die Errichtung von Fassaden und deren Abkopplung vom operationalen Kern des Systems ist auch in Organisationen anzutreffen, und zwar überall dort, wo auf Beobachtung „von außen" und die vermuteten Erwartungen des Beobachters reagiert wird:

- im Verhältnis von Mitarbeitern und Führungskräften,
- im Verhältnis einzelner Abteilungen zum Controlling,
- im Verhältnis von Organisationseinheiten zur Zentrale,
- im Verhältnis von Organisation zu externen Stakeholdern.

Fassaden innerhalb der Organisation.
Die Entstehung von „Fassaden-Verhalten" innerhalb von Organisationen hat Luhmann (1976) im Zuge seiner Analyse der Folgen der Formalisierung von Organisationen beschrieben. In elementaren, relativ undifferenzierten Sozialordnungen wie z.B. in der Familie, so Luhmann, findet man eine gefühlsgesteuerte Einheit von persönlicher Motivation und sozialer Anerkennung der erbrachten Leistung vor. Kommunikationen in einem solchen sozialen Kontext „enthalten nicht nur informative, sondern, untrennbar beigemischt, auch emotionale Komponenten. Sie weben eine gemeinsame Basis des Fühlens und Handelns, oder sie führen zu Kampf und Streit" (ebd., S. 90). Diese Einheit von Leistungserbringung und Bedürfnisbefriedigung zerbricht in formalen Organisationen, da hier

> die motivierende Befriedigung nicht mehr genau an der Stelle, in den Situationen und durch die Rollenpartner gewährt wird, welche die Leistungen aufnehmen. Dann entsteht für die Motivation ein besonderes Problem: Es müssen Handlungen erwartet werden, für welche in ihrem unmittelbaren Systemzusammenhang verständliche persönliche Motive fehlen. (ebd., S. 91)

Dankbarkeit oder Zuneigung werden als Motivationsfaktoren ersetzt durch eine Entlohnung in Form von Geld (Luhmann spricht von einer „Kapitalisierung" der Motivation, ebd., 95). Die Motivation des Mitarbeiters wird an das Mitgliedschaftsverhältnis (und die damit verbundene finanzielle Honorierung) gebunden, was es möglich macht,

> *die Leitung des Systems* in ihrem konkreten Handeln *von Motivationsaufgaben zu entlasten.* Während „natürliche" Führer in nichtorganisierten Gruppen all ihr Handeln auf Motivationsrücksichten abstellen müssen und durch diese Erwägungen in der Leitung des Systems behindert werden, können formalisierte Systeme reine Vorgesetztenverhältnisse ausbilden. Soweit die Mitgliedschaftsmotivation reicht – aber auch nur so weit -, können Vorgesetzte unterstellen, daß die Anerkennung der formalen Erwartungen, die sie kraft Amtes formulieren, befolgt werden, und daß nur derjenige opponieren kann, der bereit ist, seine Mitgliedschaft zu riskieren. (ebd., S. 96)

Es bildet sich eine Trennung formaler und informaler Verhaltensweisen heraus, die sich mit zunehmender Größe und Formalisierung der Organisation verstärkt (ebd., S. 49). Bei der Frage, inwieweit die Organisationsmitglieder ihr eigenes Handeln und ihre Einstellungen an die Normativität der Organisation binden, unterscheidet Kelman (1956)

- öffentliche Befolgung – hierbei handelt es sich um ein Fassaden-Verhalten an der Oberfläche, das oft als Reaktion auf äußeren Zwang gezeigt wird,
- private Akzeptanz / Identifikation,
- Internalisierung.

Formale und informale Rollen stehen in einem Spannungsverhältnis zueinander. Diese Spannungen werden aufgefangen durch

- eine Trennung von Situationen und Rollenpartnern,
- die Abdichtung der Situationen gegeneinander,
- die Einrichtung von Kommunikationsschranken, die Indiskretionen verhindern, und
- durch ein „Umschalten“ von einer Moral in die andere (Luhmann 1976, S. 49).

Der typische Bedienstete, so Luhmann (ebd., S. 105),

> sieht, was von ihm als Bedingung seiner Mitgliedschaft verlangt wird. Er kennt die Kontaktflächen, an denen seine Arbeit auf diese Anforderungen hin kontrolliert wird. Er weiß, wie wenig er tun muß, um seine Mitgliedschaft zu erhalten, was genügt, um nicht aufzufallen [...]. Wie weit er motiviert ist, darüber hinaus wirksam zu werden, ist eine andere Frage, die von Fall zu Fall verschieden beantwortet werden muß.

Auf diese Weise

> fließen Verhaltensmuster und Einstellungen ein und bestimmen den Umgang, die für Systeme mit unfreiwilliger Mitgliedschaft bezeichnend sind: Konformismus im offenen Handeln und persönliche Distanz zum eigenen Verhalten, künstliche Indifferenz und Freundlichkeit, Maskierung der eigentlichen Meinungen zur Schonung fortlaufender Kontakte, Verzicht auf das, was einem das liebste wäre, zugunsten akzeptabler Lösungen, und dies alles um so ausgeprägter, je vorteilhafter die Mitgliedschaft im allgemeinen ist. (ebd., S. 95)

Die hierbei eingesetzten Interaktionstechniken hat Goffman (1969) in seinem Buch „Wir alle spielen Theater“ detailliert beschrieben.

Interessanterweise kann diese Taktik der Abkopplung des erwartungskonträren Handelns von der erwartungskonformen Fassade durchaus auch dann funktionieren, wenn sie „durchschaut“ wird: Vorgesetzte können beispielsweise offiziell auf Einhaltung der Regeln pochen, inoffiziell aber ihre Übertretung dulden, etwa um Verständnis und Wohlwollen zu signalisieren (Neuberger 2006) oder um auf diese Weise zu signalisieren, dass sie selbst persönlich nicht hinter den Regeln stehen. Ortmann (2004) hat den Fassadencharakter von Regeln und Strukturen innerhalb der Organisation herausgearbeitet. Da es unmöglich und auch nicht zielführend sei, die bestehenden Regeln in jedem Fall zu beachten, seien Regelverletzungen notwendig und würden stillschweigend geduldet. Ortmann zitiert aus einem im Rahmen eines Forschungsprojektes durchgeführten Interviews: Die Arbeiter müssen die Grundsystematiken kennen, aber auch erkennen, dass diese Grundregeln nicht funktionieren – man muss wissen, wann man eine Regel außer Kraft setzen kann, um sie dann sofort wieder als Grundsatz zu definieren und als Grundsatz einzuhalten. „In Organisationen läuft vieles unterderhand, bleibt unsagbar, und sei es nur im Sinne eines offenen Geheimnisses [...]“ (ebd., S. 105). Diese „offenen Geheimnisse“ sorgen im Sinne der von Luhmann beschriebenen Dissoziation von formalen und informalen Anteilen dafür, dass geordnetes und gleichzeitig flexibles Arbeiten möglich wird und dass destruktive Tendenzen (z.B. Unzufriedenheit der Mitarbeiter) im Informellen abgefangen werden, ohne dass der Geltungsanspruch der Organisation in Frage gestellt wird. Brunsson (1989) bezeichnet diese Form der Entkopplung von formalen und informalen Prozessen als „Organisation der Scheinheiligkeit“. Das daraus abzuleitende Programm für das Management umreißt Ortmann (2004, S. 130 f.) wie folgt:

> die Doppelbödigkeit von Organisationen zuzulassen und nicht im Namen der Echtheit, Wahrhaftigkeit und einzigen Geltung der einen oder anderen Ebene zu leugnen; organisationale Scheinheiligkeit verständlich, womöglich: als notwendig einsehbar zu machen, ohne sie zu affirmieren. Dieses Programm hieße nicht: Organisation der Wahrhaftigkeit. Es hieße: Organisation der Wahrhaftigkeit *und* der Scheinheiligkeit, der Tugend *und* der Sünde, der Macht *und* Freiheit, der Trostlosigkeit *und* des Trostes.

Fassaden gegenüber externen Stakeholdern

Dass Organisationen in vielfacher Hinsicht von der Akzeptanz durch externe Stakeholder abhängig sind, wurde schon in Kapitel 7 ausgeführt. Eine dort diskutierte Möglichkeit zur Erreichung dieser Akzeptanz ist die Imitation von im Umfeld der Organisation akzeptierten Leitbildern oder Praktiken, z.B. die Einführung eines Total Quality Management-Systems. Ein solches „Umkrempeln“ der Organisation zur Erreichung von Legitimität ist mit hohem Aufwand und hohem Risiko verbunden – weniger aufwändig und risikoreich ist es, eine entsprechende Fassade zu errichten, mit der die Existenz derartiger Mechanismen zwar glaubwürdig vorspiegelt, die „dahinter liegenden“ Strukturen und Prozesse aber weitestgehend unangetastet lässt.

Eine vor allem von Meyer & Rowan (1977) vertretene Variante des Neo-Institutionalismus unterscheidet sich von den in Kapitel 7 erwähnten Ansätzen im Hinblick auf die Frage, ob die Strukturanpassung zwischen Organisation und Umwelt real vollzogen (DiMaggio & Powell) oder nur proklamiert wird. Nach Meyer & Rowan handelt es sich bei Leitvorstellungen wie Rationalität, Innovativität, Gleichbehandlung von Männern und Frauen, Korruptionsbekämpfung usw. lediglich um „Rationalitätsmythen“, die Organisationen in ihre formalen Strukturen einbauen, um ihre Legitimität und damit ihre Überlebensfähigkeit zu erhöhen. Rationalitätsmythen, so Walgenbach (2006, S. 359),

> bezeichnen Regeln und Annahmegefüge, die rational in dem Sinne sind, dass sie soziale Ziele bestimmen und in regelhafter Weise festlegen, welche Mittel zur Verfolgung dieser Ziele die angemessenen sind [...]. Sie sind Mythen in dem Sinne, dass ihre Wirklichkeit und Wirksamkeit von einem geteilten Glauben an sie abhängt. Sie können keiner objektiven Prüfung unterzogen werden [...].

Versuche, das Verhalten in Organisationen mit formalen Regeln vorzuschreiben und zu kontrollieren, können aber zu Unflexibilität und Konflikten führen, außerdem können die verschiedenen zum Zwecke der Legitimation eingeführten Strukturen miteinander in Konflikt stehen. Organisationen stehen folgende Möglichkeiten zur Verfügung, um diese Probleme zu umgehen oder zu beheben (Meyer & Rowan 1977, S. 356 ff.):

- Zurückweisung der institutionellen Erwartungen – schwierig, weil sich die Organisation damit nicht auf die „Rationalitätssemantik" der Umwelt einstellt;
- zynisches Eingestehen, dass die Struktur der Organisation nicht den institutionellen Erwartungen entspricht – damit entzieht die Organisation sich selbst die Rationalität;
- Ankündigung von Reformen – dies entzieht der aktuellen Organisationsstruktur die Legitimationsgrundlage;
- Entkopplung von formal symbolisierten Praktiken auf der einen Seite vom realen Tun auf der anderen Seite.

Diese Entkopplung ermöglicht es der Organisation, in der Außendarstellung standardisierte, legitimierende formale Strukturen aufrechtzuerhalten und gleichzeitig ihre Aktivitäten nach innen hin pragmatisch an den situativ wechselnden Anforderungen des Tagesgeschäfts auszurichten (ebd., S. 357). Die Entkopplung der Proklamation von Normen von ihrer tatsächlichen Einhaltung verdeutlichen Meyer & Rowan an einigen Beispielen:

- Rauchverbotsschilder sind notwendig, um Klagen wegen Vernachlässigung der Fürsorgepflicht zu vermeiden – dass sagt aber noch nichts darüber aus, ob die Einhaltung des Rauchverbots sanktioniert wird oder nicht.
- Investitionspläne legitimieren die Pläne der Organisation in den Augen von Investoren, auch wenn niemand sie liest.

Die Entkopplung wird dadurch erleichtert, dass oft nicht direkt überprüft wird, ob die institutionalisierten Strukturelemente und Managementpraktiken tatsächlich wirksam umgesetzt wurden (ebd.).

Reformen als Sprachspiele

In den letzten Jahren hat sich in Organisationen das Reformtempo enorm erhöht. Bevor ein Veränderungsprojekt abgeschlossen ist, wird häufig schon die nächste „Reform-Sau" durch die Organisation getrieben. Dass der (ohnehin schwer zu erreichende) Erfolg von Veränderungsprozessen vor allem Zeit erfordert, ist seit langem bekannt – schon allein daher können die Organisationen mit dem heute

weithin gängigen Reformtempo nicht immer mitziehen. Von außen kann man den Eindruck gewinnen, dass es bei Reformen, die sich im Eiltempo ablösen, nicht vorrangig darum geht, sich den immer schneller wechselnden Umfeldbedingungen anzupassen. Das Bildungssystem ist ein hervorragendes Beispiel dafür, dass auch zahl- und umfangreiche Reformen das konkrete Operieren der Organisation nicht unbedingt beeinflussen müssen: Studien haben gezeigt, dass sich die Unterrichtsqualität in den vergangenen Jahrzehnten nicht maßgeblich verbessert hat.
Vielmehr erregt diese „Reformitis" den Verdacht, dass hier ein Rationalitätsmythos aufgebaut werden soll, mit dem man sich politischer Ebene (mag es sich dabei, wie im Schulsystem, um die Landespolitik oder um die organisationsinterne Mikropolitik handeln) Stärke, Handlungswillen, und Innovationsfähigkeit demonstrieren lässt. „Tue Gutes und spreche darüber" lautet ein alter PR-Merksatz. Wer an guten Taten gemessen wird (also z.B. wiedergewählt werden will oder eine Aktionärsversammlung überzeugen möchte), muss in der Kommunikationsgesellschaft vor allem professionelles Selbstmarketing betreiben. Die guten Taten an sich sind dabei sekundär, schon allein, weil das „Wahlvolk" die Reformvorschläge nicht im Detail kennt und beurteilen kann. Entscheidend ist vor allem das Darüber-Sprechen, also der Aufbau rhetorischer Fassaden. Reform stellt sich somit als Sprachspiel dar, bei dem nicht der Inhalt, sondern das Etikett, nicht das Tun, sondern das „Sprechen über" entscheidet. Auf diese Weise setzen Reformen „bestenfalls ihre Sprachregelung durch, kaum aber die beabsichtigten Wirkungen" (Luhmann 2002, S. 246). Für Luhmann (2000, S. 340) besteht die Hauptfunktion von Reformen entsprechend auch darin, Bedarf, Anlässe und Anschlussmöglichkeiten für weitere Reformen zu schaffen:

> Weitgehend erschöpfen Reformen sich darin, auf einer verbal abgehobenen Ebene Akzente zu setzen, die im System erinnert oder vergessen werden und in beiden Fällen Anlaß geben können für weitere Reformen. Eine „Implementation" im Sinne der ursprünglichen Intentionen findet kaum statt und wenn, dann so, daß die ursprünglichen Intentionen den Realitäten angepaßt werden, so daß man nach einiger Zeit den Zustand vor und den Zustand nach der Reform nicht mehr unterscheiden kann. Oft mag es relativ unproblematisch sein, die bisherige Praxis in der Rhetorik der Reform neu zu beschreiben, ohne sich durch die Zielvorstellungen der Reformer beunruhigen zu lassen. Das kann ein Grund dafür sein, daß die Reform als Erfolg angesehen wird, wenn ihre verbale Darstellung kontinuiert, und daß die fortbestehenden Mißstände Anlaß geben können, neue Reformen zu initiieren. (Luhmann 2002, S. 245)

Luhmann (2000, S. 340 f.) kommt daher zu dem Schluss:

> Zu den wichtigsten Ressourcen von Reformen gehört deshalb das Unterlassen der Evaluation ihrer Ergebnisse und das Vergessen des Umstandes, dass ähnliche Versuche schon früher unternommen worden waren. Dies mag einer der Gründe sein, weshalb Organisationen wechselnde Firmen oder Teams von Unternehmensberatern beschäftigen, die sich vor der vollen Durchführung der Reformen zurückziehen, denn das erleichtert das volle Vergessen vorheriger Versuche und den Neuanfang.

Die Frage, warum Beratungsprozesse so selten gründlich evaluiert werden, wird in Kapitel 21 vertieft.

Beratung vor dem Hintergrund der Organisation als potemkinsches Dorf

Beratung kann dem Aufbau legitimatorischer Fassaden im Sinne von Meyer & Rowan dienen. Die dahinter stehende hidden agenda besteht dann darin, formal Beratung in Anspruch zu nehmen (bzw. eine bestimmte Qualitätsmanagement-Zertifizierung zu erlangen), dabei aber möglichst wenig zu verändern. Die betroffenen Einrichtungen stehen dann vor der Entscheidung, die Zertifizierung zum Anlass für eine weit reichende Reflexion und Anpassung der eigenen Strukturen und Prozesse zu nehmen – verbunden mit dem entsprechenden Arbeits- und Zeitaufwand –, oder aber ein eher oberflächliches impression management zu betreiben, mit dem man einerseits die Hürde der Zertifizierung schafft, andererseits aber die Dinge weitestgehend beim Alten belassen kann. Inwieweit die in den Handbüchern beschriebenen, an der Zielvorgabe optimaler Qualität und Effektivität ausgerichteten Standards in der Praxis tatsächlich eingehalten werden, ist von außen nur schwer zu beurteilen.

Ebenso wie Qualitätsmanagement einen Professionalitätsnachweis für die Organisation im Ganzen liefern kann, kann die Inanspruchnahme von Beratung dazu dienen, die Legitimität und Professionalität bestimmter Managemententscheidungen zu sichern. Dies gilt umso mehr als Führungshandeln angesichts einer enorm wachsenden Komplexität und Unübersichtlichkeit mit immer größeren Unsicherheiten und Risiken zu rechnen hat (vgl. Abschnitt 6.1, Unsicherheitsabsorption). In einer solchen Situation ist „jeder Manager […] gegenüber potentiellen Anfeindungen seiner Entscheidungen gut beraten, auf externe Experten verweisen zu können, die für die besondere Dignität des Wissens bürgen, das seine Entscheidungen anleitet – gerade auch im Fall nachträglich festgestellter Erfolgslosigkeit“ (Faust 1998, S. 166).

Fallbeispiel: Über die Kunst, Veränderungen mit Hilfe von Veränderungsberatung aus dem Weg zu gehen

Im Zuge der Neuordnung der Berufe wurde für die berufliche Ausbildung an Schulen vom Bundesinstitut für Berufsbildung das Lernen in Lernfeldern / Lernsituationen vorgegeben, also eine Auflösung der starren Fachunterrichtsstrukturen hin zu einem prozessorientierten ganzheitlichen Lernen. Auf der Ebene der Lehrenden ist dieses Ziel nur durch intensive Teamarbeit zu erreichen. Parallel dazu entstanden in vielen Bundesländern Vorgaben für eine „eigenverantwortliche Schule" – auch hier ist in den veränderten Schulverfassungen Teamarbeit als strukturelles Merkmal vorgesehen.

Das Ausmaß der Veränderung bei von außen vorgegebenem Zeitdruck ist für viele Schulen enorm. Daher wird vielerorts Teamentwicklung notwendig, für die in der Regel von den Schulbehörden Mittel zur Verfügung gestellt werden, um zuerst Beratung für Führungskräfte in Anspruch nehmen zu können. In den Schulen selbst, so kann man häufig beobachten, werden dann Berater für die mittlere Führungsebene (Teamsprecher/innen plus jeweilige Abteilungsleitung) eingekauft und für die Unterstützung der einzelnen Teams (wenn überhaupt) wiederum andere Berater. Die Berater kennen sich nicht, eine Zusammenarbeit und Abstimmung der Berater ist in der Regel nicht vorgesehen (und teilweise auch ausdrücklich nicht gewünscht: der Autorin wurde schon der Wunsch abgeschlagen, an Beratungsterminen der Führungsebene hospitierend teilzunehmen, um so Anknüpfungspunkte für die Beratungsarbeit in der nächsten Ebene zu finden. Dies sei überflüssig und störe die vertrauliche Beratungssituation der Gruppe…). Die Richtschnur scheint dabei folgende zu sein: Je höher in der Hierarchie, desto mehr und desto teurer die Beratertage, je weiter unten, desto kleiner wird die Anzahl und das vorgesehene Budget pro zu beratender Einheit (Gruppe oder Individuum).

Dieses Vorgehen – unvernetzt nebeneinander arbeitende Berater/innen und das unterschiedliche Ausmaß an Unterstützung (oben kommt viel an = hohe Erwartungshaltungen und Angehen vieler Baustellen gleichzeitig; unten „tröpfelt" es nur noch = wenig extern unterstützte „Einübungszeit", wenig Rüstzeug zur Umsetzung vieler Erwartungen) – ist der Garant dafür, dass einerseits die Erwartungen der vorgesetzten Behörde formal erfüllt werden, hinter dieser Blendmauer eines groß angelegten Beratungsprozesses aber alles beim Alten bleiben kann (Geßner [2001] spricht in diesem Zusammenhang von „Pro-forma-Beratungsspielen").

Mit der durch die Struktur des Beratungsprozesses vorgegebenen Zielunklarheit geht die Möglichkeit einher, die neuen Anforderungen weitgehend ignorieren zu können. Klare Zielvorgaben kommen schon deswegen nicht zustande, weil der Beratungsprozess auf den verschiedenen Ebenen zeit- und themenversetzt läuft (wird von unten Zielklarheit gefordert, will die nächste Ebene erst noch ein Training zur Gestaltung von Zielvorgaben absolvieren oder möchte zuerst noch Gesprächsführung in Mitarbeitergesprächen bearbeiten oder...).

Da außerdem zuerst immer wahrgenommen und beurteilt wird, ob der alltägliche Schulbetrieb störungsfrei läuft (keine Beschwerden von Schülern und Ausbildungsbetrieben, kein Ausfall der von der Stundentafel vorgesehenen Stunden etc.) vermittelt sich „unten" der Eindruck, dass die bessere Wahl immer die ist, wo nichts geändert wird. Dies führt zu personalisierendem Streit zwischen denjenigen, die die angestrebten Veränderungen umsetzen wollen (weil sie darin längerfristig einen Garant für bessere Schülerleistungen wie auch erhöhte eigene Arbeitszufriedenheit sehen) und denjenigen, die alles beim Alten lassen wollen und von den Veränderungen keinerlei Verbesserungen hinsichtlich der Schüler, wohl aber Verschlechterungen für die eigene Arbeitssituation (Mehrbelastungen, Kontrolle durch andere, Verlust von Autonomie) erwarten. Personalisierende Streits aber können auf der Ebene „Die Chemie stimmt eben nicht, der Kollege ist nicht teamfähig etc." behandelt werden und bestätigen der Leitung den Eindruck, man habe alles hervorragend gemanagt und es liege am eben nur bedingt beeinflussbaren Faktor Mensch, dass die Veränderungsprozesse – noch – nicht greifen. Dann werden vom Kunden „Konfliktbewältigungstrainings" o. ä. als weitere Maßnahmen angeregt oder man wechselt den Berater, der es „nicht geschafft" hat, nicht anschlussfähig oder nicht durchsetzungsfähig ist (vgl. Kapitel 13). Das Spiel kann von Neuem beginnen. Man ist tätig, ohne dass sich etwas ändert.

9 Beratung als Risikoentlastung und Beruhigungsmittel

Organisationen im Allgemeinen und Veränderungsprozesse im Besonderen zeichnen sich durch extrem hohe Komplexität aus, und „jeder, der Ihnen erzählt, dass es leicht ist, die Art und Weise wie Gruppen Dinge tun zu verändern, ist entweder ein Lügner, ein Managementberater oder beides" (The Economist, zitiert nach Vahs & Leiser 2003, S. 1). Dörners „Lohhausen"-Simulationen, in denen die Teilnehmer in der Rolle eines Bürgermeisters die Entwicklung einer Kleinstadt steuern sollten, haben eindrucksvoll gezeigt, dass der Umgang mit Komplexität und Vernetzung nicht zu den menschlichen Stärken gehört (Dörner 1989). Beratung kann der Organisation dabei helfen, trotz dieser Komplexität entscheidungs- und handlungsfähig zu bleiben. Mit Hilfe von standardisierten Analysetools, Handlungsempfehlungen auf der Basis fachlicher Expertisen usw. wird versucht, die Komplexität der jeweiligen Thematik handhabbar zu machen.

So weit lässt sich die Komplexitätsreduktion auf der *sachlichen Ebene* im Rahmen der offiziellen Funktionen von Beratung beschreiben. Dahinter liegt jedoch noch eine latente Funktion: Beratung wirkt in komplexen und turbulenten Entscheidungssituationen als Risikoentlastung und „Beruhigungsmittel". Veränderungsprozesse bringen große Unsicherheiten mit sich. Dies gilt nicht nur für die Betroffenen, deren Angst um Arbeitsplatzverlust häufig Thema der Medien ist, sondern auch für die von der Öffentlichkeit sehr viel weniger wahrgenommene Situation der Entscheider. Sie sehen sich einer Kombination gegenüber aus einer Überfülle an schwer zu bewertenden Informationen auf der einen Seite und einem Mangel an gesicherten, entscheidungsrelevanten Informationen und Bewertungsmaßstäben auf der anderen Seite. Auf die Zukunft gerichtete unternehmerische Entscheidungen sind riskant, denn „die Zukunft bleibt, auch wenn verplant, unbekannt" (Luhmann 2000, S. 231, vgl. auch die Ausführungen in Abschnitt 6.1 unter der Überschrift „Unsicherheitsabsorption"). Sie müssen trotz dieser nicht aufzuhebenden Unsicherheit Entscheidungen über die Zukunft der Organisation treffen und Strategien festlegen, wie die nötigen Veränderungen implementiert werden können. Beratung kann die Funktion übernehmen, diese *kognitive Überforderung* auf der Seite der Entscheider aufzufangen (Bohler & Kellner 2004, S. 52 f.). Berater helfen den Kunden bei der Interpretation und Vereinfachung hochkomplexer Problemlagen. Sie bieten „Ideen, Metaphern, Modelle und Worte, die in einer verwirrenden Welt Ordnung stiften und so unsere Sinnzuschreibungen des Erlebten rekonstruieren" (March 1999, S. 334). Dieser Funktion dienen insbesondere die stark strukturierenden Tools der Beratungsbranche wie z.B. das Balanced Scorecard-Modell. Sie bündeln die Komplexität der Entscheidungssituation zu leicht überschaubaren und handhabbaren Kategorien, geben den Entscheidern Bewertungs- und Verständigungsmöglichkeiten an die Hand und helfen Prioritäten zu setzen. Ähnliches gilt für Persönlichkeitsmodelle à la DISG, die die schwer zu erfassende Vielfalt menschlichen Verhaltens auf wenige schablonenhafte Charaktertypen reduzieren. Solche einfachen Wahrnehmungsraster vermitteln eine subjektive Sicherheit dabei, das Verhalten anderer Menschen zu interpretieren und zu prognostizieren, um das eigene Handeln darauf abstimmen zu können. Wenn eine höhere Sicherheit bei der Einordnung fremder Verhaltensweisen und bei der eigenen Handlungssteuerung subjektiv erreicht wurde, hat das Instrument seinen Zweck erfüllt – unabhängig davon, ob es sich um ein valides Diagnostikum oder lediglich um einen Self-fulfilling-prophecy-Effekt gehandelt hat.

Kieser (2002, S. 60 f.) greift auf ein Modell von Thompson (1981) zurück, um die Funktionen von Beratung bei der Reduzierung von Komplexität zu beschreiben. Danach können Menschen vier Strategien nutzen, um die subjektiv erlebte Kontrolle über eine Situation zu steigern. Beratung erfüllt Funktionen auf allen vier Dimensionen (vgl. Tabelle 10).

Kontrolldimension	**Beispiel**	**Instrumente und Wirkung von Beratung**
verhaltensmäßige Kontrolle	Aktivitäten und Tools, um Kontrolle zu verstärken	Reengineering, TQM, Boston Consulting Portfolio
kognitive Kontrolle	z.B. Verleugnung	bereits die Gegenwart von Beratern schafft Zuversicht, dass die Probleme gelöst werden
präventive Kontrolle	z.B. Informationen über die Entscheidungssituation und ihre möglichen Folgen einholen	Beratung als Präventionsinstrument für zukünftige Schwierigkeiten
retrospektive Kontrolle	z.B. Umdeutung, Konstruieren von Erklärungen	Unternehmer können die Probleme des Unternehmens in das von den Beratern vorgegebene Raster projizieren

Tabelle 10: Kontrollfunktionen von Beratung im Modell von Thompson (nach Kieser 2002, S. 60 f.)

Mit der kognitiven Überforderung durch die hohe Komplexität der Entscheidungssituation können auf der *emotionalen Seite* Gefühle von Verwirrung, Verunsicherung und Angst einhergehen. Schlimmstenfalls, so beschreiben es Bohler & Kellner (2004, S. 53 f.), kann die Kombination aus kognitiver Desorientierung und emotionaler Hysterisierung in die Handlungslähmung führen. Beratung dient auf dieser emotionalen Dimension dazu, Gefühle der Angst und des Orientierungsverlustes aufzufangen. Gerade in Veränderungsprozessen geraten die Verantwortlichen emotional leicht unter Druck, da eine hohe Verantwortung auf ihnen lastet. Widerstände, Konflikte und mikropolitische Scharmützel wachsen an. Eigentlich sachbezogene Konflikte um Ziele, Maßnahmen und Ressourcen werden von der Systemebene auf die Ebene der Individuen verschoben, so dass bei (unvermeidlichen) Schwierigkeiten im Prozess die Gestalter der Veränderung immer wieder persönlich unter Druck geraten. Beratung kann ein „Containment" (vgl. Abschnitt 4.2) für diese emotionale Belastung bieten – beispielsweise bietet Coaching die Gelegenheit, die auftretenden Spannungsfelder in einem geschützten und ohne die sonst in der Organisation notwendige Vorsicht gegenüber dem Gesprächspartner zu reflektieren. Settings, die ausdrücklich auf diese Funktion abstellen, sind Konfliktmoderationsworkshops oder Teamsupervisionen. Letztlich stellen aber Rückhalt und erlebte Solidarität durch den Berater (Coach, Supervisor, ...) in allen Beratungssettings eine Ressource dar, um die emotionalen Verwerfungen des Veränderungsprozesses souveräner und gelassener durchzustehen.

Fallbeispiel: Reflexionszirkel als geschützter Raum für die Auseinandersetzung mit einem Tabu-Thema

Im Zuge der Deregulierung ist aus einem Staatsbetrieb ein privatwirtschaftliches Unternehmen geworden. Damit sind zwei grundlegende Neuorientierungen verbunden:

1. kaufmännisches Denken gewinnt gegenüber dem bisherigen technisch-ingenieursmäßigen Denken an Bedeutung,
2. statt eines staatlichen Versorgungsauftrages rückt nun der Kunde in den Fokus der Organisation.

Dieser Kulturwandel und die wachsende Unwägbarkeit der Märkte rufen die Frage auf den Plan, inwieweit die vorhandenen Mitarbeiter in der Lage sind, die Organisation auch in Zukunft zu gestalten. Die Einsicht, dass neben heutigen und zukünftigen Potenzialträgern etwa 5-10% des Personals dem neuen Anforderungsprofil nicht mehr gerecht werden, ist zwar rational vorhanden, ist aber gleichzeitig mit heftiger emotionaler Abwehr verbunden.

Der Berater, der in einem Bereich des Unternehmens tätig ist, schlägt vor, dass die Führungskräfte zu einem regelmäßigen Reflexionszirkel zusammenkommen, der unter der Moderation des Beraters einen geschützten Raum, ein „Containment" im oben beschriebenen Sinne, für die offene Anerkennung der Situation mit all ihren Paradoxien, Widersprüchen, Gegensätzen, emotionalen Heftigkeiten und moralischen Konflikten bietet. Hier findet in einer jeweils ca. 1,5-stündigen Fallbesprechung ein intensiver Austausch über die identifizierten „Nicht-Potenzialträger" statt. Während die Führungskräfte aus anderen Kontexten eine Kultur des Austauschs kennen, die von technischer Rationalität, PowerPoint und Metaplan-Karten geprägt ist, ermöglicht das Containment in der geschützten und durch einen psychologisch qualifizierten Berater begleiteten Reflexionssituation die Thematisierung und gemeinschaftliche Bearbeitung von Unsicherheiten. Damit wird eine Selbststabilisierung und Selbstvergewisserung der handelnden Akteure erreicht, die aus der Handlungsunfähigkeit herausführt.

10 Beratung als Kaffeeklatsch

Führungskräfte sind vom „Loneliness-at-the-Top-Syndrom" betroffen: Angesichts der Komplexität ihrer Aufgaben haben sie einen hohen Reflexionsbedarf (wie neuere Führungskonzeptionen nicht müde werden zu betonen), das Umfeld in der Organisation – Mitarbeiter, mit denen sich schwierige Themen aufgrund des Hierarchieverhältnisses nicht besprechen lassen und Kollegen, denen gegenüber man keine Unsicherheit zeigen möchte – bietet aber in der Regel keine Möglichkeiten für eine solche Reflexion. In seiner frühen Studie zu den Funktionen der Organisationsberatung analysiert Dahl (1966) diese Situation wie folgt: Die Führungsrolle macht eine Isolierung gegenüber dem eigenen Apparat erforderlich, die Aufgabenerfüllung ist aber aus der Isolierung heraus nicht möglich. Beratung erfüllt in dieser Situation oft eine „informelle Kontaktfunktion" (Dahl): sie schafft zusätzliche Kontakte, die die formale Unnahbarkeit des Managers bestehen lassen, aber trotzdem Gespräche über wichtige Probleme des Unternehmens ermöglichen. Der Manager, so Drucker 1956, S. 211, zitiert nach Dahl 1966, S. 24) muss mit Leuten zusammenkommen, „mit denen er sprechen kann, die auf einer Stufe mit ihm stehen und deshalb nichts von ihm wollen, Leute, denen gegenüber er nicht jeden Schritt und jedes Wort sorgsam abwägen muß, denen gegenüber er laut denken kann, ohne sich bloßzustellen". Der Manager kann mit dem Berater über Probleme sprechen, da dieser kein Konkurrent für ihn ist (Dahl nennt das „Vertrauensfunktion").

Die Beratungsbeziehung ist also gegenüber den übrigen Beziehungen der Führungskraft in besonderer Weise ausgezeichnet. Beratung beinhaltet oft ein für den Kunden durchaus verlockendes Beziehungsangebot: Der Austausch mit dem Berater ist nicht nur in fachlicher Hinsicht anregend, sondern bietet auch Abwechslung, einen Raum für persönliche Öffnung, in dem auf Hierarchie- und Konkurrenzfragen keine Rücksicht genommen werden muss, sowie eine Möglichkeit, sich in (bewusster oder unbewusster) Verbrüderung gegen den Rest der Organisation die eigene Weltsicht bestätigen zu lassen. Wenn Dahl in der Beratung also „ein Gegengewicht zu der Isolierung der Manager" (Dahl 1966, S. 23) sieht, bezieht sich dies nicht nur auf die Möglichkeit eines sachorientierten Feedbacks, sondern auch auf die entstehende persönliche Bindung in einer ansonsten oft recht einsamen Konstellation. Nicht selten entwickeln sich daher zwischen Beratern und Auftraggebern freundschaftliche Verhältnisse. Man duzt sich in informellen Gesprächen, trifft sich auch außerhalb des Arbeitskontextes zum Essen, Golfen oder Segeln, tauscht sich über private Themen aus. Inwieweit hinter dieser über das Berufliche hinausgehenden Beziehungspflege Sympathie und inwieweit eigene Interessen stehen, ist eine Frage, die immer nur im Einzelfall beantwortet werden kann. Dabei besteht natürlich immer die Gefahr, die Neutralität und wohlwollend-kritische Distanz zu verlieren, die für eine unabhängige Beratung unerlässlich ist.

Fallbeispiel: Gut, dass wir mal (nicht) darüber geredet haben

Anruf einer internen Personalverantwortlichen auf der Mobilbox: „Hallo …, hier ist …. Ja, schade, dass ich dich jetzt nicht erreiche. Ich hoffe, es geht dir wieder besser. Du hast uns am Samstag bei unserem Trainertreffen wirklich gefehlt, ich hatte mich schon so gefreut, dich mal wieder zu sehen. Wirklich schade, dass du nicht da warst. Aber mit so einer Darmgrippe ist ja auch nicht zu spaßen, da habe ich natürlich Verständnis, dass du abgesagt hast. Das Trainertreffen war wirklich (Pause) sehr nett, wir haben uns gut unterhalten, aber (Pause), na ja, es wäre wahrscheinlich auch nicht wirklich spannend für dich gewesen. Insofern ist es sicher ganz gut, dass du nicht da warst. Ich weiß ja, dass du solche Get-togethers nicht so magst. Ja, jedenfalls hoffe ich, dass es dir wieder gut geht und dann… Oder warte, irgendwas wollte ich doch noch mit dir besprechen. Was war das denn noch, welches Projekt? Hm… Meld' dich doch einfach noch mal, dann machen wir mal einen Gesprächstermin aus. Worum ging's denn da noch? Na ja, wirklich dringend ist es dann wohl nicht. Dann meld' ich mich wieder, wenn es mir eingefallen ist. OK. Oder, ist ja egal, meld' Du dich doch mal, wenn du gerade in der Gegend bist, dann gehen wir einen Kaffee trinken. Das wär' doch nett, da würd' ich mich freuen. Also bis dann…"

Die Beziehungspflege zwischen Beratern und Beratenen kann für das Arbeitsergebnis durchaus förderlich sein. In einer anderen, in unserer Praxis immer wieder auftretenden Konstellation werden gemeinsame gesellschaftliche Rituale vom Klientensystem aber auch (unbewusst) eingesetzt, um Beratung zu verhindern. Unser Text „Beratung im Weinkeller" zeigt ein Beispiel für den Versuch des Klientensystems, einen latent als bedrohlich erlebten Beratungsprozess zu einem sozialen Event degenerieren zu lassen und somit unschädlich zu machen.

Fallbeispiel: Beratung im Weinkeller

Der Vorstand eines Automobilherstellers wendet sich mit einer Anfrage an den Berater. Es hat sich gezeigt, dass interne Unstimmigkeiten zwischen dem Vorstand und den direct reports existieren: die direct reports verstehen die Strategie nicht, es gibt zwischenmenschliche Irritationen und Konflikte. Das Thema wird als dringlich eingestuft, darum soll möglichst bald ein Offsite-Meeting zur Klärung sowohl der Management-Themen als auch der sozio-emotionalen Themen stattfinden.
Um in dieser angespannten Situation die Wertschätzung des Vorstands gegenüber den Kollegen zum Ausdruck zu bringen, mietet die Organisation für die Veranstaltung ein exquisites Weingut an und verpflichtet einen Sterne-Koch. Das Meeting

soll am Donnerstag um 18 Uhr beginnen, bis 21 Uhr ist intensive Arbeit angesetzt: In einem breiten Feedback- und Spiegelungsprozess sollen die kritischen Themen auf den Tisch kommen, der Freitag soll für die Abarbeitung der Themen zur Verfügung stehen, für den Ausklang am Freitagabend sind dann nach getaner Arbeit eine Weinprobe und ein opulentes Essen angesetzt.
24 Stunden vor Beginn der Veranstaltung klingelt im Büro des Beraters das Telefon und eine Mitarbeiterin der Personalabteilung fragt an, „ob man nicht am Donnerstagabend mit der Weinprobe beginnen könne". Der Berater lässt ausrichten, dass die Weinprobe gerne an den Beginn des Meetings gesetzt werden könne, dass man sich in diesem Fall allerdings einen anderen Moderator suchen müsse.

Dieses Beispiel zeigt, wie Beratungsprozesse von den kulturellen Mustern und „Widerstandsdynamiken" der Organisation überformt und geprägt werden: Statt sich mit den notwendigen Veränderungen und den dafür erforderlichen eigenen Anstrengungen auseinanderzusetzen, wird ein soziales Ritual inszeniert, das auf Informalität, Affirmation des Bestehenden, Bestätigung von sozialen Rollen und Status, Vermeidung des als problematisch Erlebten und – so eine mögliche Deutung des vorangegangenen Beispiels – Antirationalität durch Genuss und Rausch abstellt („wir betrinken uns lieber als uns mit schwierigen und auch persönlich konflikthaltigen Themen auseinanderzusetzen"). Hier muss der Berater schon im Vorfeld wachsam sein und gegensteuern, was nicht nur deswegen problematisch ist, weil derartige Einladungen seine hedonistische Seite ansprechen, sondern vor allem, weil ein Ausschlagen der Einladung nicht den sozialen Konventionen entspricht und somit schwerfällt. Das folgende Beispiel zeigt, wie an einer solchen Stelle mit einer bewusst unkonventionellen Intervention die eingespielten Muster der Organisation zurückgespiegelt und irritiert werden (zum systemischen Konzept der Intervention als Irritation vgl. Abschnitt 6.2: Beratung als Irritation).

Fallbeispiel: Das strategische Bankett

(10. Oktober nachmittags, A3 zwischen Frankfurt und Köln, das Telefon klingelt)

Kramer: „Kramer?"

Heckhausen-Pöhle: „Ja, guten Tag, Herr Dr. Kramer. Hier Heckhausen-Pöhle, Wirtschaftsministerium, Vorzimmer Dr. Gabriel."

Kramer: „Guten Tag."

Heckhausen-Pöhle: „Sagen Sie, Herr Dr. Kramer, Sie und der Herr Dr. Gabriel und der Herr Dr. Bartels und der Herr Generaldirektor Siemons, Sie treffen sich ja im Rahmen des strategischen Meetings."

Kramer: „Ja, kann sein, ich bin gerade unterwegs, wir wollten einen Termin machen."

Heckhausen-Pöhle: „Ja, das habe ich mit Ihrem Büro bereits vereinbart, das soll jetzt am 18.12. sein, von 17-21 Uhr."

Kramer: „Ja, gut."

Heckhausen-Pöhle: „Ja, Sie treffen sich dann bei uns im Besprechungsraum 1."

Kramer: „Ja, ist in Ordnung."

Heckhausen-Pöhle: „Ja, Herr Dr. Kramer, sagen Sie mal, dann haben Sie da eine Besprechung. Können Sie mir denn dann sagen, was Sie dann essen wollen?"

Kramer: „Wir brauchen Kaffee, Cola und Kokain."

Heckhausen-Pöhle: „…?"

Kramer: „Ansonsten nichts zu essen, ich verbiete sogar Essen. Wir wollen arbeiten."

11 Beratung als Spielball in mikropolitischen Spielen

Organisationstheoretischer Hintergrund: Die Organisation als politische Arena

> In Organisationen tobt das Leben. Weit von jenen anämischen Gebilden entfernt, die in der althergebrachten Forschung unter dem Namen „Organisationsstruktur" ihr schattenhaftes Dasein fristen […], sind Organisationen in Wirklichkeit Arenen heftiger Kämpfe, heimlicher Mauscheleien und gefährlicher Spiele mit wechselnden Spielern, Strategen, Regeln und Fronten. (Ortmann, Windeler, Becker & Schulz 1990, S. 3, zitiert nach Iding 2001, S. 71)

Über lange Zeit wurde die Organisationstheorie von Vorstellungen bestimmt, die auf Metaphern wie „Die Organisation als Maschine" oder „die Organisation als Organismus" gründen (vgl. Abschnitte 3.1 und 5.1). In diesen rationalistischen Bildern bestehen Organisationen aus Elementen, die – abgesehen von Abnutzungserscheinungen oder Defekten – keine Eigendynamik entfalten und im Rahmen eines höheren „master plans" harmonisch zum Wohle des Gesamtsystems zusammenspielen. Die Erfahrung als Organisationsmitglied und als Berater lehrt ebenso wie die neuere Organisationstheorie, dass dieses Bild nur einen Teilaspekt der Wirklichkeit abbildet und eher als normative Leitvorstellung taugt denn als Beschreibung des faktischen Geschehens in Organisationen.

Ein anderes Forschungsprogramm hat sich der augenscheinlichen Irrationalität von Organisationen unter dem Stichwort *Mikropolitik* genähert (erstmalig Burns 1962, dann u.a. Bosetzky 1972, Crozier & Friedberg 1979, Küpper & Ortmann 1992 und Neuberger 2006). Aus dieser Perspektive erscheint die Organisation als Arena für das von persönlichen Interessen sowie dem Streben nach Erhalt und Ausbau der eigenen Machtposition geleitete Handeln der Mitglieder. Der Begriff „Mikropolitik“ umschreibt dieses Programm: Das Geschehen in Organisationen ist demnach ein politisches Geschehen, aber nicht im Sinne einer übergreifenden Perspektive (etwa unter dem Gesichtspunkt der Unternehmenspolitik), sondern im Sinne eines Aufeinandertreffens von Akteuren, die jeweils ihre eigene „Mikro-Politik“ betreiben. Statt – wie im rationalistischen Modell – an einem Strang zu ziehen, zieht jeder Akteur an seinem eigenen Strang, oder es bilden sich verschiedene gegeneinander operierende Koalitionen und Allianzen. Förderliche Bedingungen für die Entstehung mikropolitischen Handelns sind (nach Mintzberg 1983):

1. Unklare Unternehmensziele, z.B. gefördert durch ungelöste Probleme der Zielgewichtung;
2. „Suboptimierung“ (da die Organisationsstruktur nie vollständig der Zielstruktur entspricht, verlieren die einzelnen Einheiten die breitere Organisationsperspektive aus den Augen);
3. Umkehrung von Zwecken und Mitteln (aufgrund persönlicher Interessen werden eigene Aufgaben / Leistungen / Fähigkeiten als Selbstzweck und nicht als Mittel zur Erreichung übergeordneter Ziele der Organisation behandelt);
4. Gruppendruck (aufgrund von Zugehörigkeitsbedürfnissen wird die formale Kontrolle durch soziale Kontrolle verdrängt, was z.B. zu Konflikten zwischen verschiedenen Berufsgruppen führt);
5. Direkte Verbindungen zu externen Einflussgruppen (Tendenz, die Interessen der externen Gruppe, mit der man ständig zu tun hat, nach innen zu vertreten);
6. Herausbildung typischer Interessenssphären auf der Basis intrinsischer Bedürfnisse der Mitglieder (z.B. ist das Risikomanagement einer Kreditabteilung typischerweise an möglichst hohen, der Vertrieb an möglichst niedrigen Hürden für die Kreditvergabe interessiert).

Mikropolitik in Organisationen hat zur Folge, dass

> organisationales Handeln nicht in einer wie auch immer bestimmten Strukturlogik aufgeht, dass personale Identitäten nicht mit sozialen Identitäten zur Deckung gebracht werden, dass also Organisationen mit „Leben“ erfüllt sind, weil Akteure Bedürfnisse, Fähigkeiten und vernunftmäßige Gründe ihres Handelns nie vollständig den systembedingten Interessen, Qualifikationen und Rationalitäten preisgeben. (Küpper & Felsch 2000, S. 153)

Für den aus einer wissenschaftlichen, aber auch aus einer Beratungsperspektive operierenden Beobachter von Organisationen bringt dies vor allem einen Verlust von Geordnetheit und eine enorme Unübersichtlichkeit mit sich:

> Ziele, Erfolgskriterien, Mittel, Strategien, Problemdefinitionen, Wahrnehmung und Deutung von Alternativen, Situation, Umwelt und Gelegenheiten - nichts ist uns einfach „gegeben“, alles umstritten, alles Gegenstand politischer Auseinandersetzung. Die Entscheidungssituation wird zu einem wirren Knäuel [...], an dem alle Beteiligten nun noch in alle möglichen Richtungen ziehen und zerren (und dabei noch hauen und stechen). (Becker, Küpper & Ortmann 1992, S. 94)

March & Romelaer (1976, S. 276) haben für diese von Partikularinteressen geleitete Dynamik ein treffendes Bild gefunden:

> Stellen Sie sich ein rundes, abschüssiges Fußballfeld mit mehreren Toren vor, auf dem einzelne Personen Fußball spielen. Viele unterschiedliche Personen (aber nicht jeder) kann zu unterschiedlichen Zeiten in das Spiel einsteigen (oder aus ihm aussteigen). Einige Personen können Bälle einwerfen oder sie aus dem Spiel entfernen. Während des Spiels versuchen sie beliebige Bälle, die in ihre Nähe kommen, in die Richtung der Ziele zu schießen, die sie mögen und weg von den Zielen, die sie vermeiden wollen.

Das bedeutet keineswegs, dass Organisationen oder ihre Mitglieder sich grundsätzlich irrational verhielten. Im Gegenteil: Nach Auffassung des Modells versucht jedes Mitglied der Organisation seine Handlungsspielräume zu vergrößern und verhält sich somit aus seiner Sicht vollkommen rational. Es existiert jedoch keine übergreifende, organisationsweite Rationalität, sondern so viele „lokale Rationalitäten“ wie es Akteure (bzw. Akteurskonstellationen) gibt, mit der Folge, dass für externe Beobachter (aber auch für die Mitglieder des Systems) nur schwer zu durchschauen ist, was gespielt wird:

> Mikropolitik wirkt unerkannt am besten; von den Akteuren muss nur der *Anschein* der Legitimität gewahrt werden. Geht man davon aus, dass Handlungen ihren Sinn aus ihrer Einbettung in Zusammenhänge erhalten, dann entsteht ein Gutteil der Wirkung von Mikropolitik dadurch, dass Kontexte verwischt werden oder mit ihnen jongliert wird. (Neuberger 2002a, S. 693)

Fallbeispiel: Frau Wachtendonks Kampf gegen Windmühlenflügel - ein Drama in vier Akten

Dramatis personae:

Dr. Regina Wachtendonk, NordSüd-Com Center-Leitung
Dr. Jens Wegner, externer Coach
Felix Fliege, Personalvorstand der NordSüd-Com
Juliane Jacobi, HR Development NordSüd-Com
Clemens Carstens, designierter Personalvorstand der NordSüd-Com
diverse Statisten

Erster Akt: Potenzialcheck Nr. 1

Dr. Regina Wachtendonk ist Leiterin eines regionalen Vertriebs-Centers des Telekommunikationskonzerns NordSüd-Com. Schon seit einigen Jahren ist die Performance in ihrem Bereich mit Abstand besser als die der anderen 13 Center. Kürzlich hat ein Management-Potenzialcheck bestätigt, dass sie extrem effizient arbeitet. Gleichzeitig hat das aus Vorgesetzten, Personalern und Kollegen zusammengesetzte Gremium ihr aber die Rückmeldung gegeben, dass sie aufgrund ihres zum Teil konfrontativen und fordernden Auftretens an ihren „sozial-emotionalen Fähigkeiten" arbeiten müsse. Aus diesem Grund wird von der Personalabteilung ein Coaching bei Herrn Dr. Wegner, einem externen Coach angestoßen, mit dem verschiedene Führungskräfte der Organisation seit längerer Zeit zusammenarbeiten.

Einige Zeit vergeht, das Coaching entwickelt sich sowohl aus der Sicht der Klientin als auch aus der Sicht von Herrn Wegner gut. Frau Dr. Wachtendonk wird mittlerweile vom Personalvorstand, Herrn Fliege, ein Spießrutenlauf durch die Organisation auferlegt, um sich an verschiedenen Stellen ein erneutes Feedback zu holen. Dieses Feedback, so die Aussagen der internen Personalerin, Frau Jacobi, gegenüber dem Coach, fällt im Gesamtbild positiv aus: Kollegen, Mitarbeiter und Teile des Vorstandes bestätigen Frau Dr. Wachtendonk eine Veränderung in ihrem Auftreten und eine persönliche Reifung. Gleichzeitig verfestigt sich bei Herrn Wegner der Eindruck, dass Herr Fliege mit allen Mitteln eine Beförderung von Frau Dr. Wachtendonk verhindern möchte, da er offenbar auf persönlicher Ebene nicht gut mit ihr auskommt und die bei einer Beförderung unvermeidliche enge Zusammenarbeit mit ihr scheut.

Zweiter Akt, erster Aufzug: Potenzialcheck Nr. 2

Einige Wochen steht ein weiterer Zwischenpotenzialcheck an. Kurz darauf ruft Frau Dr. Wachtendonk an und bittet um einen zeitnahen Coaching-Termin zur Vorbereitung auf die Rückmeldung des Zwischenpotenzialchecks. „Ich weiß, die haben zusammengesessen und bisher alle dicht gehalten. Nächste Woche bin ich bei meinem direkten Vorstand, der wollte mir am Telefon nichts sagen, der macht das nur face-to-face. Was muss das sagen? Ich glaube, ich muss mich darauf vorbereiten, dass ich wieder durchgefallen bin". In der Coaching-Sitzung wird eine Strategie für den Fall einer negativen Entscheidung erarbeitet: Frau Dr. Wachtendonk soll dem System den Gefallen verweigern, sich aufzuregen und stattdessen möglichst souverän mit dem Feedback umgehen.

Wenig später ruft der Produktionsvorstand, Herr Dr. Appelhoff, an. Er steht Frau Dr. Wachtendonk positiv gegenüber und hat Herrn Wegner gegenüber signalisiert, dass er sie ggf. in seinen Bereich übernehmen würde, falls die Organisation sie fallen lässt. Dr. Appelhoffs Rückmeldung aus dem Zwischenpotenzialcheck lautet: „Ich wollte es ihnen nur im Vorfeld sagen: Sie ist wieder durchgefallen, machen Sie mit dieser Information, was Sie wollen".

Zweiter Akt, zweiter Aufzug: Herr Flieges Spiel über Bande

Nachdem Frau Dr. Wachtendonk die negative Rückmeldung erhalten hat, stellt sie einen Versetzungsantrag gemäß dem beamtenrechtlichen Procedere, dem sie als Mitarbeiterin eines ehemals staatlichen Unternehmens unterliegt. Dies sorgt für beträchtliche Irritation in der Organisation. Herr Fliege, der Personalvorstand, startet eine telefonische Avance gegenüber dem Coach und bittet ihn, seinen Einfluss geltend zu machen, um Frau Dr. Wachtendonk umzustimmen. Der Subtext seiner Grundaussage lautet dabei: „Wir haben sie als Person zwar abgelehnt, brauchen sie aber auf der Leistungsebene. Wenn Sie sie überzeugen dabeizubleiben, würde sie in 2 Jahren auch *fast* garantiert ihre Meriten bekommen."

Herr Fliege, so eine mögliche Deutung, lanciert sein Angebot über den Coach, damit daraus keine Verbindlichkeit abgeleitet werden kann. Nach zwei Jahren kann man sagen: „Das haben wir nie gesagt – was hat sich Herr Wegner da eingebildet?" Aus der Sicht dieser Deutung läge ein klarer Missbrauchsversuch vor – nicht nur gegenüber Frau Dr. Wachtendonk, sondern auch gegenüber dem Coach. Die Strategie von Herrn Fliege erscheint aus dieser Sicht auch als Versuch, die Vertrauensbeziehung zwischen Coach und Klientin auszunutzen, in dem Wissen, dass die Botschaft in diesem Setting als vertrauenswürdiger eingestuft würde als in der direkten Kommunikation. Herr Wegner lehnt diese Avance freundlich-eindeutig ab und empfiehlt, mit Frau Dr. Wachtendonk in die direkte Kommunikation einzutreten.

Kurze Zeit später zeichnet sich ab, dass Herr Fliege als Personalvorstand in Kürze das Unternehmen verlassen wird (gerüchteweise nicht freiwillig). Als neuer Personalvorstand kommt Herr Carstens, der Herrn Wegner bereits längere Zeit kennt. Nach Dr. Appelhoffs Aussage hat Herr Carstens, nachdem er von dem Coachingprozess mit Frau Dr. Wachtendonk erfahren hat, im Vorstand den Satz fallen lassen: „Herr Dr. Wegner ist aber ein sehr guter Coach. Wenn der schon so lange mit Frau Wachtendonk arbeitet und nicht sagt, dass die scheintot ist, hätte ich gerne noch mal seine Expertise". Vor diesem Hintergrund ließe sich vermuten, dass der Anruf von Herrn Fliege auch auf Intervention von Herrn Carstens zurückging und somit soziale Gesichtswahrung gegenüber dem Kollegen mit Unverbindlichkeit gegenüber Frau Dr. Wachtendonk verband.

Zweiter Akt, dritter Aufzug: Frau Dr. Wachtendonk wird „krank"

Herr Carstens empfiehlt Frau Dr. Wachtendonk eine Krankmeldung als dienstrechtlich abgesicherte Möglichkeit, sich dem mikropolitischen Druck aus der Organisation zunächst zu entziehen. Im Coaching wird besprochen, dass als Grund für die Krankmeldung etwas unanfechtbar Somatisches benannt werden sollte (eine Krankmeldung aufgrund von „Burnout-Syndrom" oder anderer „Nervenleiden" hätte eine Etikettierung zur Folge, die später wieder gegen die Mitarbeiterin verwendet werden könnte). In dieser Situation ist es günstig, dass Frau Dr. Wachtendonk unter chronischen Hüftbeschwerden leidet, aufgrund derer ihr Orthopäde sie krankschreibt.

Dritter Akt: Potenzialcheck Nr. 3

Nach etwa drei Wochen meldet sich Frau Jacobi, die interne Personalverantwortliche, per Telefon und berichtet von einem weiteren Management-Potenzial-Meeting, das in der Zwischenzeit stattgefunden hätte. Sie schildert, dass die Teilnehmer abermals mehrheitlich bekräftigt hätten, dass bei Frau Dr. Wachtendonk deutliche Entwicklungsschritte sichtbar seien, sie hätte die ihr aufgetragenen Veränderungen umgesetzt, das Feedback der Mitarbeiter hätte sich abermals verbessert. Der Personalvorstand, Herr Fliege, habe es aber zu seinem „persönlichen Ding" (Zitat Frau Jacobi) gemacht, dass das Meeting zu einer negativen Bewertung kommt. Hierzu habe er Beispiele aus der jüngsten Zeit gebracht, an denen sich das nach wie vor unangemessene Auftreten von Frau Dr. Wachtendonk gegenüber Kunden, Mitarbeitern und dem Management zeige. Es entwickelt sich folgender Dialog zwischen Frau Jacobi und dem Coach, Herrn Wegner:

Wegner: „Ich würde sagen – und das würde ich auch vor dem Vorstand wiederholen – dass das innere Psychogramm von Frau Wachtendonk, seitdem ich mit ihr arbeite, noch ähnlich funktioniert wie vorher. Ich sage aber auch, dass Frau Wachtendonk eine Selbstwahrnehmung entwickelt hat, dass sie mitkriegen würde, wenn sie so inadäquat reagieren würde. Wenn es diese Anhäufung von Vorfällen gegeben hätte, hätte ich das als Coach ja vermutlich auch erfahren, von Ihnen, von Frau Wachtendonk oder von anderer Stelle."

Jacobi: „Das glaube ich auch."

Wegner: „Dann haben Sie gerade mit mir beschlossen, dass ihr Vorstand lügt."

Jacobi: „Da sag ich jetzt nichts dagegen."

Vierter Akt: Potenzialcheck Nr. 4

Als sich abzeichnet, dass Frau Dr. Wachtendonk bald aus der Krankheitspause zurückkommt, kommt der Vorstand ein viertes Mal zu einem Potenzialcheck zusammen und entscheidet abermals knapp gegen Frau Dr. Wachtendonk. Angesichts der makellosen Leistungsperformance und des positiven Feedbacks erscheint diese Entscheidung als Unterwerfungsleistung gegenüber dem scheidenden Personalvorstand. Der neue Vorstand, Herr Carstens, ist erstaunt angesichts der Beurteilung von Frau Dr. Wachtendonk, die gar nicht zu ihrer unternehmerischen Leistung passt, kann und will als neu berufener Vorstand im mikropolitischen Kontext der Organisation aber keine massive Intervention zu ihren Gunsten vornehmen.

Die Organisation befördert sie zwar im Rahmen des normalen, an das Dienstalter gebundenen Beamtenaufstiegsprocederes, trennt sich aber dennoch von ihr.

Herr Carstens und der Coach besprechen in einem Telefonat, dass man Frau Dr. Wachtendonk bei der „Wiedervermarktung" im Konzern angesichts der widersprüchlichen Aussagen zu ihrer Person („Wir hatten nie eine bessere Führungskraft, wollen uns aber von ihr trennen") die politischen Wege ebnen muss. Der Coach schlägt daher vor, zu viert zusammenzukommen: Frau Dr. Wachtendonk, Frau Jacobi, Herr Carstens und Herr Wegner.

Das Fallbeispiel zeigt, wie vermeintlich rationale Entscheidungen in Organisationen von persönlichen Faktoren (hier: der Abneigung von Herrn Fliege gegenüber Frau Dr. Wachtendonk) beeinflusst werden. Es zeigt, auf welche Weise Instrumente wie der Management-Potenzialcheck, die (zumindest dem äußeren Schein nach) die Objektivität von Entscheidungen sichern sollen, im Dienste von Partikularinteressen instrumentalisiert werden können. Es zeigt, wie Entscheidungen zum Schaden der Organisation (Ablösung der leistungsstärksten Center-Leiterin) von den Verantwortlichen aufgrund mikropolitischer Rücksichtnahmen mitgetragen werden. Es zeigt, wie soziale Zuschreibungen (Frau Dr. Wachtendonk als Person mit zwischenmenschlichen Defiziten) konstruiert und aufrechterhalten werden. Es offenbart die Widersprüchlichkeit der Normativität von Person und Organisation (auf der Leistungsebene wird Frau Dr. Wachtendonk als „Treiberin" dafür geschätzt, dass sie ihr Center zum umsatzstärksten in Deutschland gemacht hat, auf der persönlichen Ebene wird sie für dasselbe Verhalten aber abgestraft). Und schließlich zeigt es, wie Beratungsprozesse (in diesem Fall Coaching) in den mikropolitischen Sog der Organisation hineingezogen werden können.

Zur Durchsetzung ihrer Interessen können die Akteure eine Reihe von *mikropolitischen Spielen und Taktiken* einsetzen. Einige davon listen wir stichwortartig auf und geben Beispiele für den Einsatz solcher Spiele im Rahmen von Beratung.

Mikropolitische Spiele
(nach Mintzberg 1983, Küpper & Felsch 2000)

I. Spiele, in denen Widerstand gegen Autorität geleistet wird

1. Widerstand
   - Spieler: meist gering qualifizierte Arbeitnehmer an der Basis, aber auch Experten gegen formale Autorität, dezentrale Bereiche gegen Zentrale oder mittleres gegen höheres Management)
   - Gründe: Bedrohung etablierter sozialer Beziehungen oder festgefügter Werte, aufgestauter Ärger
   - Beispiel für Beratung: Versuch von Workshopteilnehmern, die Berater gegen das Management in Stellung zu bringen

II. Spiele gegen die Widerstandsspiele

2. Konterrevolution
   - Niederschlagung des Aufruhrs von der „Basis“ (Bekämpfung des Widerstandes durch das höhere Management)
   - Rückgriff auf formale Autorität: Verschärfung der Kontrollen / Regeln, Bestrafung, Rücknahme von Delegation
   - Erzeugung von Loyalität durch Werte-Appell
   - Rückgriff auf politische Mittel, z.B. Überzeugen, Schmeicheln, Mitarbeiter gegeneinander ausspielen (vgl. das Fallbeispiel „Divide et impera“ in Abschnitt 4.1)
   - Beispiel für Beratung: Coaching als Erziehungsinstrument, kirchliche Gemeindeberatung als Befriedung von Unzufriedenheit in den Gemeinden (Kapitel 15: Beratung als Opium fürs Volk)

III. Spiele zum Aufbau von Macht

3. Ausbau eines Einflussbereiches, Aufbau eines „Königreichs“
   - Spieler: einzelne Linienmanager, Experten in Stabshierarchien
   - Einkommen / Ressourcen / Entscheidungsbefugnisse hängen von Art und Größe des kontrollierten Territoriums ab
   - löst Abschottungs- / Verkrustungstendenzen aus
   - Beispiel für Beratung: Unterschiedliche Unternehmensbereiche bringen sich mit Hilfe von Beratung gegeneinander in Stellung
4. Expertentum
   - Bildung einer Machtbasis durch tatsächliches oder vorgetäuschtes Expertentum
   - Beispiel für Beratung: Manager können darauf hinweisen, dass ihre Entscheidungen durch die Beratung gedeckt sind, um die Professionalität dieser Entscheidungen zu belegen

IV. Spiele zur Bekämpfung von Rivalen

5. Linie gegen Stab
6. Rivalisierende Lager

V. Spiele zur Organisierung organisatorischen Wandels

7. Strategische Kandidaten
   - Ziel: Durchsetzung jeweils bevorzugter Unternehmensstrategien und der damit verbundenen Organisationsänderungen
8. Jungtürken
   - Umsturz legitimer Macht, meist von kleiner Gruppe unterhalb der Unternehmensführung gespielt)
   - Übergang in offene Rebellion gehört zur Dynamik des Spiels
   - dem Angriff wird eventuell mit Absorptionsstrategien begegnet, z.B. mit der Gewährung partieller Autonomie in einer neu eingerichteten Organisationseinheit

Beratung vor dem Hintergrund der Organisation als politischer Arena

Mit wenigen Ausnahmen (Geßner 2001, Iding 2000, Ernst & Kieser 2002, Kieser 2002, Fitsch 2007, Muhr 2007) sind „mikropolitische Analysen zum Thema Beratung […] bislang Mangelware“ (Geßner 2001, S. 39) und der Zusammenhang von Macht und Beratung bleibt „eine ‚Terra incognita‘ der Forschungslandschaft“

(Iding 2000, S. 83). Viele Beobachter haben das Thema Macht als „blinden Fleck" der meisten Beratungsansätze identifiziert. Dies gilt besonders für die Organisationsentwicklung (vgl. Abschnitt 5.3), deren humanistischer Philosophie eine sozialromantische Verklärung von Organisationen und den in ihnen bestehenden Interessengegensätzen vorgeworfen wurde, aber auch für die systemische Organisationsberatung (vgl. Abschnitt 6.3). Beratung steht dem Thema Macht somit oft nicht nur machtlos, sondern auch kurzsichtig gegenüber. Dabei sind Machtaspekte ausschlaggebend für die Akzeptanz und Durchsetzbarkeit der von den Beratern vorgeschlagenen Maßnahmen im System.

Dass das Thema Macht aus so vielen Beratungstheorien und -ansätzen ausgeblendet bleibt, liegt wohl nicht zuletzt daran, dass es sich um ein tabuisiertes – wenngleich in Organisationen omnipräsentes – Thema handelt. Macht, so Friedberg (1992, S. 41), gilt „als unanständig [...]: ganz im Gegensatz zur legitimen Autorität verknüpft sich mit Macht und Machtausübung immer ein Beigeschmack von Machtmissbrauch, Gewalt und anrüchiger Einflussnahme. Kurzum, Macht ist böse, und über sie zu sprechen, mutet fast obszön an". Eine angemessene Auseinandersetzung mit Macht und ihren Auswirkungen auf Beratungsprozesse ist erst dann möglich, wenn man akzeptiert,

> dass es menschliche Beziehungen ohne Macht ebensowenig gibt wie menschliche Beziehungen ohne Affektivität. Macht ist ein alltäglicher Mechanismus unserer sozialen Existenz. Sie ist [...] eine nicht aus der Welt zu schaffende Dimension jeder zwischenmenschlichen Beziehung. Und dies nicht etwa deshalb, weil der Mensch „böse" und von einem schlechten System „verdorben" oder „entfremdet" worden wäre. Sondern einfach deshalb, weil ein jeder Mensch in seinen Beziehungen zu den anderen existieren will, d.h. ein relativ autonomer Akteur bleibt, anstatt einfaches Mittel zu werden. Und das kann er nur, wenn er seine Autonomie nutzt, d.h. sich das Recht nimmt, sich anders zu verhalten als von ihm erwartet wird. (ebd.)

Einschlägige Beratungsbücher empfehlen, bei der Auftragsklärung auch den mikropolitischen Kontext zu erfragen, um mögliche Machtpromotoren, Opponenten, Koalitionen für und gegen das Veränderungsprojekt, sensible Punkte im Klientensystem, „do's und dont's" zu identifizieren. Hierzu bieten sich Fragen an wie:

- Welche Personen müssen wir beim Thema XY einbinden?
- Wenn jetzt Herr X (jemand aus der Abteilung ...) unser Gespräch mithören würde – was würde er sagen?
- Was darf im Zuge des Projekts keinesfalls passieren?

Verschiedene Akteursgruppen innerhalb der Organisation entwickeln „Widerstand", wenn der Beratungsprozess sich in eine Richtung entwickelt, die nicht mit den eigenen Interessen kompatibel sind. Küpper & Felsch (2000, S. 124) regen entsprechend an, Widerstand nicht als Lernunfähigkeit oder -unwilligkeit einzelner Mitarbeiter, sondern als Folge einer ungleichen Verteilung persönlicher Risiken in organisationalen Machthierarchien zu deuten. Widerstand gegen riskante Innovationsprojekte ist auf den unteren Ebenen darum vor allem dann zu erwarten, wenn sich das organisationale Risiko als hohes persönliches Risiko der Akteure dieser Ebene niederschlägt (ebd., S. 125). Da den Beteiligten klar ist, dass der Berater sich in erster Linie seinem Auftraggeber verpflichtet fühlt, wird er als Vollstrecker dessen Willens erlebt, als „Spion“ oder Kontrolleur des Vorstands etc. Pongratz (2000) empfiehlt dem Berater vor diesem Hintergrund, die Bereitschaft zur Mitwirkung (in seinem Beispiel an einer Qualifizierungsmaßnahme) durch Verhandlungen mit den „widerständigen“ Akteuren zu erwirken. Diese Verhandlungen können zu Vereinbarungen führen, die den eigentlichen Auftrag ergänzen und die der Berater gegenüber dem Auftraggeber vertreten muss. Dies setzt, so Pongratz, die Bereitschaft des Beraters voraus, dass er „aufrichtig auf ihre [der Teilnehmer] Interessen eingeht und bereit ist, Inhalt und Form des Beratungsprozesses zur Disposition zu stellen“ (ebd., S. 61). Dies ist eine sehr weit reichende Forderung, da der Berater mit dieser Strategie Gefahr läuft, die Prozesshoheit aus der Hand zu geben und das Problem der Organisation zu seinem eigenen zu machen.

Es gibt zahlreiche Möglichkeiten, wie sich Beratung im Rahmen einer hidden agenda für mikropolitische Spiele instrumentalisieren lassen kann. In Organisationen wird stets beobachtet, wer mit welchen Projekten im innerorganisationalen Ranking „punkten“ kann – da ist es wertvoll, wenn man sich den Erfolg „seines“ Beratungsprojektes auf die eigenen Fahnen schreiben kann. Mit der Inanspruchnahme von Beratung wird häufig die Hoffnung auf positive Wirkungen für die eigene Karrieregestaltung verbunden, denn

> Berater unterstützen die Karrieren der sie beauftragenden Manager. Sie sind immer bestrebt, ihre Förderer in einem guten Licht erscheinen zu lassen, so dass diejenigen Manager, die eine Beratung ins Haus geholt haben, einen Gutteil des Erfolges für sich reklamieren können, wenn ein Beratungsprojekt als erfolgreich erklärt wird. (Ernst & Kieser 2002, S. 64)

Die erfolgreiche Steuerung eines Veränderungsprojekts gilt immer mehr als aufstiegsrelevantes Kriterium, was angesichts der Ausdünnung des mittleren Managements und der immer dichteren Taktung von Veränderungsprozessen das mikropolitische Tauziehen weiter verstärkt.

Darüber hinaus kann Beratung dazu dienen, den Auftraggebern Waffen für mikropolitische Aktionen gegen Gegner innerhalb und außerhalb der Organisation zur Verfügung zu stellen:

> Berater spielen eine wichtige Rolle, wenn es darum geht, die Macht einer Gruppe von Managern zu erhöhen, um deren Projekte durchzusetzen, und die Macht rivalisierender Gruppen zu schwächen. Es kommt in größeren Unternehmen durchaus vor, dass verschiedene Gruppen von Managern, unterstützt durch jeweils unterschiedliche Beratungen, gegeneinander Mikropolitik betreiben. Mitunter übernehmen Berater auch die Rolle von Sündenböcken. (ebd.)

Aus dieser Sicht bemisst sich die Relevanz der Beratungsleistung „nicht nach Kriterien wie Wahrheit, Brillanz, Originalität oder Scharfsinnigkeit, sondern nach den

Möglichkeiten, auch mikropolitisch in den Handlungskontext des Abnehmers zu passen“ (Minssen 1998, S. 66). Vorschläge, die nicht in das Interessengefüge des Auftraggebers passen oder machtpolitisch nicht umsetzbar erscheinen, werden ignoriert, umgedeutet oder abgelehnt. Geßner (2001) beschreibt (in Anlehnung an Mintzbergs Machtspiele) eine Reihe von „Beratungsspielen“,

1. Verantwortungsspiele (wenn das Ergebnis zufriedenstellend ist, schreibt es sich der Kunde auf seine Fahne, sonst ist es die Beratung schuld);
2. Nebenzielspiele (der Kunde versucht die Beratung für Zielsetzungen zu instrumentalisieren, die nicht den offiziellen Zielsetzungen entsprechen);
3. Vereinnahmungsspiele (durch Workshop-Teilnehmern, die versuchen, den Berater auf ihre Seite zu ziehen und so gegen den Auftraggeber in Stellung zu bringen, oder durch den Auftraggeber, der versucht, den Berater für seine persönlichen Ziele zu instrumentalisieren);
4. Pro-forma-Beratungsspiele (der Kunde setzt die Rahmenbedingungen so, dass wichtige Themen nicht bearbeitet werden können).

Fallbeispiel: Ein Bauernopfer zur Befriedung der Organisation

Eine Schule hat im Rahmen eines von einer Stiftung ausgeschriebenen Wettbewerbs eine größere Summe zur Durchführung eines Projekts zum Thema „Ökologie“ gewonnen. Da eine der Vorgaben der Stiftung lautet, dass das Projekt durch ein professionelles Projektmanagement begleitet und nach wissenschaftlichen Standards evaluiert werden muss, ist externe Beratung erforderlich. Die größere Fraktion des Kollegiums und des Fördervereins (als Vertragspartner des Projekts) präferiert Berater A, eine kleinere Gruppe setzt sich recht vehement für Beraterin B ein. Der Schulleiter, ein sehr auf Mitarbeiterorientierung und Konsens orientierter Mensch, steht auf der Seite der Mehrheitsfraktion. Da die Protagonistin der Minderheitsfraktion als recht streitlustig bekannt ist und man die Eskalation des Konflikts sowie die Spaltung des Kollegiums entlang der sich abzeichnenden „Sollbruchstelle“ vermeiden möchte, gibt der Schulleiter nach und erklärt sich damit einverstanden, dass der Auftrag an Beraterin B vergeben wird. Hier wird deutlich, dass Auswahlprozess nicht von rationalen Abwägungen, demokratischen Konsensfindungsprozessen, Richtungsentscheidungen der Leitung oder Vergabekriterien der Verwaltung, sondern allein von mikropolitischem Taktieren bestimmt war.

Beratern wird durch die Rollenzuschreibung des externen Experten oft eine beträchtliche Definitionsmacht zugewiesen. Ihr Wort über das, was als Problem etikettiert wird, welche Lösungsstrategien in Betracht kommen, wer „die Guten“ (Kompetenten, Dynamischen, Veränderungswilligen, High Potentials...) und wer

„die Bösen" (Inkompetenten, Widerständigen, Low Achievers...) im Unternehmen sind, hat bei den Entscheidungsträgern Gewicht. Wenn die eigene Sicht der Dinge von einem außen stehenden Berater bestätigt wird, stärkt dies die Position des Auftraggebers und liefert ihm Munition für die mikropolitische Auseinandersetzung innerhalb der Organisation. Wie Beratung im Sinne dieser Zielsetzung instrumentalisiert werden kann, zeigt das folgende Fallbeispiel „Lessons learned...".

Fallbeispiel: „Lessons-learned" als Versuch, der Projektleitung eine Lektion zu erteilen

Ein großes Bauunternehmen setzt ein Projekt auf, das ein Angebot für eine bedeutende Ausschreibung entwickeln soll. Das Projekt, das über mehrere Wochen hinweg umfangreiche Ressourcen beansprucht, hat mit verschiedenen Schwierigkeiten zu kämpfen, die schließlich so weit eskalieren, dass das Projekt abgebrochen wird. Nun soll ein Lessons-Learned-Workshop durchgeführt werden, um die Ursachen für die im Projektverlauf aufgetretenen Probleme zu klären. An dem Workshop sollen die Projektmitarbeiter und der Projektleiter, Herr P., teilnehmen. Der hinzugezogene Berater führt im Vorfeld telefonische Kurzinterviews mit einigen am Projekt beteiligten Personen sowie mit dem für das Projekt verantwortlichen Abteilungsleiter und Auftraggeber des Workshops, Herrn S. Dabei wird u.a. deutlich, dass Herr S. mit Herrn P. als Projektleiter auf persönlicher Ebene nicht gut zurecht kam. Auf die Frage: „Was muss passieren, damit Sie sagen: der Workshop war ein Erfolg?" antwortet Herr S., dass der Workshop aus seiner Sicht dann erfolgreich sein kann, wenn alle Mitarbeiter frei ihre Sicht der Probleme und ihrer Ursachen äußern können. Auf die Gegenfrage antwortet Herr S., dass der Lessons-Learned-Workshop aus seiner Perspektive ein Misserfolg wäre, wenn Streit unter den Steuerern entsteht.

Im Workshop selbst werden eine Reihe von Faktoren erarbeitet, die zum Scheitern des Projekts beigetragen haben, u.a. problematische Vorabentscheidungen des Managements, zeitraubende Kalkulationstools sowie hohe Fluktuation und mangelnde projektspezifische Qualifikation der Projektmitglieder. Diese Ergebnisse werden an Herrn S. zurückgemeldet. Wenig später erreicht den Berater über informelle Kanäle die Information, dass Herr S. mit den Ergebnissen des Workshops sehr unzufrieden gewesen sei – er hätte erwartet, dass der Workshop den Projektleiter, Herrn P., als „Wurzel allen Übels" identifiziert. Erbost zitiert er Herrn P. zu sich, um ihn heftig zu kritisieren und persönlich anzugreifen.

Herrn S.' Differenzen mit Herrn P. waren nach der Einschätzung des Beraters bereits in den unterschiedlichen Rollen angelegt: Herr P. hatte Herrn S. diverse Male mit Nachdruck Entscheidungen abgefordert, Herr S. hatte auf diese Anfragen aber nicht oder mit großer Verspätung reagiert. Dieses von ihm als „wadenbeißerisch" erlebte Verhalten hatte bei Herrn S. zu einer Abneigung gegen Herrn P. geführt. Die Tendenz, systemisch bedingte Konflikte ins Persönliche zu verschieben, ist in sozialen Systemen häufig zu beobachten (vgl. Abschnitt 6.1: Personalisierung von Problemen). Mit „persönlicher Abneigung" lassen sich andererseits aber keine Personalentscheidungen begründen, da hierfür sachlogische Argumente erforderlich sind. Herr S. hatte nun offensichtlich gehofft, dass die Ergebnisse des Lessons-Learned-Workshops ihn in seiner Wahrnehmung bestätigen und solche sachlogischen, durch die Einschätzung des Beraters gestützten Argumente für ein Vorgehen gegen Herrn P. liefern würden. Der Wunsch, die persönliche, emotional geführte und damit letztlich in der Normativität der Organisation nicht legitimierbare Auseinandersetzung durch einen (scheinbar) unpersönlichen Leistungsbeurteilungsvorgang substituieren zu können, drückt sich auch in dem im Vorfeld dem Berater gegenüber geäußerten Wunsch aus, „Streit zwischen den Steuerern" vermeiden zu wollen. In der Ablehnung der Ergebnisse des Lessons-Learned-Workshops durch Herrn S. zeigt sich nicht nur eine Verschiebung des identifizierten Problems auf den Beratungsprozess (vgl. Kapitel 13), sondern auch einwehr dagegen, sich mit der ihm vom Projektteam zugeschriebenen Verantwortung für das Projekt (aufgrund von mangelnder Unterstützung, hinderlichen Richtungsentscheidungen etc.) auseinander zu setzen.

Vor dem beschriebenen Hintergrund erstaunt es nicht, dass Mitglieder des mittleren Managements oder interne HR-Beauftragte häufig versuchen, dem Berater Informationen aus anderen Unternehmensbereichen (z.B. aus der Vorstandsetage) zu entlocken oder ihn mehr oder weniger offen auffordern, an höherer Stelle ein Urteil in ihrem Sinne zu erwirken („Bringen Sie meinem Chef doch mal bei, dass er das so oder so entscheiden soll!"). Das Fallbeispiel „Wie entsteht Coaching-Motivation?" veranschaulicht diese Tendenz in prägnanter Form.

Fallbeispiel: Wie entsteht Coaching-Motivation?

Der Coach wird mit einem Mitglied des Vorstands im Fahrstuhl von dessen direct reports gesehen. Von diesen direct reports – ehemalige Coachees, deren Coaching-Prozesse beendet sind oder seit mehreren Monaten ruhen – laufen innerhalb der folgenden vier Stunden drei Anrufe ein: „Ich wollte mich mal wieder bei ihnen melden, wir sollten unbedingt mal wieder einen Coaching-Termin vereinbaren…" Offenbar bestand bei den betreffenden Führungskräften zum einen die Hoffnung, über den Coach an Insider-Informationen von der Unternehmensspitze zu gelangen; zum anderen sollte der Coach möglicherweise als Vehikel genutzt werden, um die eigene Agenda über inoffizielle Wege in die Vorstandsetage zu lancieren.

Umgekehrt führt die von einer mit Macht ausgestatteten Instanz innerhalb (höhere Führungsebene) oder außerhalb des Unternehmens (Eigentümer, Banken) ausgesprochene „Empfehlung", einen bestimmten Berater zu konsultieren, dazu, dass diese Macht als „geliehene Macht" auf den Berater übergeht. In einer solchen Situation ist es für die solchermaßen „Beratenen" schwierig, die Vorschläge des Beraters oder gar den Beratungsprozess an sich abzulehnen. Vielfach führt diese Konstellation zu einer Reaktanzreaktion der „Beratenen": Termine werden verschleppt, oder die Klienten bauen eine formvollendete Fassade der scheinbaren Zusammenarbeit mit den Beratern auf, hinter der die Berater als Personen sowie ihre Vorschläge ignoriert oder abgelehnt werden.

Fallbeispiel: Beratung als Inszenierung für den Vorstand

Die ChemIT, eine Tochtergesellschaft innerhalb eines größeren Chemiekonzerns, wird auf Empfehlung des Vorstands in einen konzernweiten Unternehmensentwicklungsprozess eingebunden. Herr Steinkamp, der Geschäftsführer der ChemIT, gibt die Leitlinien für diesen Prozess an seinen Bereichsleiter Georg Janowske aus: „Demnächst kommt ein Dr. Arends zu uns, und du kriegst jetzt von mir einen Auftrag: den fängst du ein. Den beschäftigst du hier, sagst ihm, du willst gecoacht werden, der soll hier mal ein paar Veranstaltungen moderieren und da einen Workshop, den lässt du auch mal zu mir durch, den binden wir ein. Dem müssen wir zeigen, wie super wir performen, weil der mit dem Vorstand spricht." Jahre später wechselt Herr Janowske das Unternehmen, hält aber noch Kontakt zu Dr. Arends. Erst jetzt kann er Dr. Arends erzählen, welches „Briefing" er von seinem alten Arbeitgeber erhalten hat und die hidden agenda, die hinter dem jahrelangen Beratungsprozess bei ChemIT stand, offenlegen.

Natürlich sind Berater nicht nur Opfer von machtpolitischen Schachzügen der Beratungsnehmer, sondern auch interessengeleitete „player" in einer von ihnen selbst vorangetriebenen mikropolitischen Dynamik. Ihre Entscheidungen sind nicht allein von der Sorge um das Wohl des Klientensystems und seiner Mitglieder bestimmt, sondern auch von der Frage, welche Strategien und Taktiken am besten geeignet sind, um ihre eigenen Interessen durchzusetzen. Berater suchen daher „die Nähe zur Macht" (Müller, Nagel & Zirkler 2006, S. 133) und achten darauf, bevorzugt diejenigen Mitarbeiter des Klientenunternehmens zu rekrutieren, die die Ziele des Beratungsprojektes nicht in Frage stellen (Ernst 2002, S. 133). Da jedoch häufig nicht auf den ersten Blick erkennbar ist, wer im für die Berater zunächst intransparenten formalen und informalen Gefüge der Organisation die Entscheidungs- und Durchsetzungsmacht hat, wer für die Verwirklichung der eigenen Zielsetzungen eingebunden, überzeugt, umschmeichelt oder behindert werden muss, sind sie mit einem großen Teil ihrer Aufmerksamkeit damit beschäftigt, dieses Gefüge zu beobachten, abzutasten und zu interpretieren, Reaktionen auszuloten und neue Kontakte zu knüpfen:

> Die (Zahlungen auslösende) Kunst des Unternehmensberaters besteht vor allem darin, die Machtverhältnisse im beratenen Unternehmen zu erkennen, die verschiedenen Erwartungen der einflussreicheren Akteure auf Seiten des Klienten auszuloten und so mit diesen Erwartungen umzugehen, dass ihnen weitgehend entsprochen wird, ohne dass die Interessen der Beratungsgesellschaft zu kurz kommen. (Kieser 2002, S. 32 f.)

Fallbeispiel: Kollegiale Großzügigkeit in der Beratungsbranche

Das Beratungsinstitut A. steht in Verhandlungen mit einem Großkonzern – es geht um einen Auftrag im IT-Bereich mit einem Volumen in zweistelliger Millionenhöhe. Berater K., der in dem Konzern seit längerem tätig ist und ein sehr gutes Verhältnis zum Finanzvorstand unterhält, wird vom Institut A. zu einem Musikfestival eingeladen. A. hat sich diese Geste zur Pflege der „kollegialen Zusammenarbeit" etwas kosten lassen – es sind Sitzplätze in der ersten Reihe für ein Konzert mit einem international renommierten Spitzenorchester reserviert, der anschließende Champagnerempfang bietet die Gelegenheit, sich näher kennenzulernen. Offenbar hat das Institut A. in Herrn K. den „Pferdeflüsterer" gesehen, der die Entscheidungen des Finanzvorstands im Sinne der Gastgeber beeinflussen kann.

Heike Stark

Zwischenruf: Die Sommer, der Pauli und ich - Eine große Familie

„Ich coache in der Firma seit 3 Jahren – habe ganz klein angefangen, zwei, drei mittlere Manager. Da habe ich noch aufgesehen zu den Coachs, die da oben rumgemacht haben mit den Topleuten und dem Vorstand.

Aber ich habe mich hochgearbeitet! Heute coache ich da oben mit, da bin ich angekommen. Drei Vorstandsmitglieder, drei Top-Berater – so ist jetzt die Lage! Wir Berater treffen uns manchmal – der Vorstand macht da immer Termine, damit wir „in die Abstimmung gehen", aber unter uns gesagt: Viel zu sagen haben wir uns nicht. In Wirklichkeit ist es doch so: Der eine ist ein Spezi von dem Herrn Merger seiner Frau, die andere hat seit Studienzeiten einen guten Draht zum Personalvorstand – man weiß ja, wie das so läuft. Die fachliche Qualifikation ist doch weniger als die halbe Wahrheit. Also gehen wir Berater regelmäßig „in die Abstimmung", aber nur, um uns gegenseitig zu beobachten. Ich weiß zum Beispiel ganz genau, dass mich die Frau Sommer raus haben will, weil die noch einen zweiten aus dem Vorstandstriumvirat für sich haben will, egal ob den Merger oder meinen Dr. Klaus – da hätte sie dann eine 2/3-Mehrheit sozusagen. Aber das habe ich dem Kollegen Pauli letztens gesteckt, da passt der jetzt auch auf – das würde ihm nämlich nicht gefallen, wenn er den Auftrag von dem Merger verlöre!

Also ich hab ja meinem Vorstandscoachee gesagt, Mein lieber Dr. Klaus, wenn Ihr Vorständler nicht mal *alle zusammen* in den Ring geht, dann wird das alles nichts, und dass ich da schon für eine gewisse Nachhaltigkeit in der Firma sorgen könnte, wenn man mich nur ließe. Der Dr. Klaus hat gesagt, dass dafür seines Erachtens jetzt weder die Zeit noch der Anlass wäre und dass ich jetzt mal den Dr. Meyer coachen sollte und der Pauli stattdessen ihn. Außerdem könnten der Pauli und die Frau Sommer und ich doch mal ein gemeinsames Konzept für die TOP 20 der Firma aufstellen.

Der Dr. Meyer wollte aber nicht, dass sein Pauli jetzt zu meinem Vorstands-Coachee wechselt. Wegen der Vertraulichkeit, hat er gesagt, aber das mit den TOP 20-Leuten, das fände er schon gut. Er wüsste auch genau, was denen mal gesagt werden müsste, auch wenn seine Vorstandskollegen da noch lange nicht so klar wären wie er, aber der Pauli, der versteht ihn und weiß, wo's langgehen sollte.

Als ich das dem Dr. Klaus erzählt habe, da meinte er, das werde man ja sehen und ich solle mich jetzt sofort um die TOP 20 kümmern, bevor der Dr. Meyer da mit seinem Pauli alles an sich reißt. Am nächsten Morgen hatte sich meine Auftragslage extrem verbessert: 11 auf ein Jahr angelegte Einzelcoachings aus den Reihen der TOP 20! Da haben sich der Pauli und die Frau Sommer nur die Augen gerieben, aber Sieg und Platz waren klar vergeben. Der Pauli sicherte sich noch einen ehrenvollen zweiten Platz, aber doch mit deutlichem Abstand. Vier Wochen später habe ich ihn erwischt, wie er einen von meinen angegraben hat, der solle doch zu ihm wechseln. In die Enge getrieben, sagt er doch glatt, er habe nur einen Wunsch vom Herrn Dr. Meyer weitergegeben und das auch eher scherzhaft – aber ich weiß, wie der Hase hier läuft! Mein Vorstands-Coachee hat, als ich kurz nach diesem Vorfall ausdrücklich die vertrauensvolle Zusammenarbeit im Vorstand thematisiert habe (mit einigen kleinen gezielten „Versprechern") sofort eine Teilzusammenkunft des Vorstands (er und der Personalvorstand) einberufen. Jetzt warte ich noch, ob die Frau Sommer oder ich dazu geholt werden – wer zuletzt lacht!

Ich muss sagen, ich bin gerne Berater. Wäre ich nicht Berater, wäre ich gerne Vorstandsvorsitzender geworden."

Weitere Überlegungen zu diesem Punkt finden sich in Kapitel 17 unter der Überschrift „Beratung als Instrument zur Erzeugung von Beratungsbedarf".

12 Beratung als Erziehungs- und Kontrollinstrument

In einem von Konkurrenz-, Kosten- und Innovationsdruck beherrschten Markt (der öffentliche Bereich steht – in abgemilderter Form – in einer vergleichbaren Situation) ist der Maßstab für die erwartete Leistung der Mitarbeiter/innen nicht mehr die im Arbeitsvertrag festgelegte Soll-Leistung, sondern ein quantitatives und qualitatives Plus. Hier stellt sich die Frage, wie die Beschäftigten zu einer solchen Zusatzleistung motiviert werden können. Die Möglichkeiten reichen hier von Anreizprogrammen aller Art über diffuse, auch medial vermittelte Ängste vor Arbeitsplatzverlust bis hin zum Versuch des Aufbaus von „intrinsischer" Motivation. Die Förderung der Leistungsbereitschaft durch Identifikation mit dem Unternehmen (mit Hilfe von Maßnahmen zur Unternehmenskultur, Leitbildentwicklung oder Corporate Identity, durch Teamentwicklung etc.) kann ein Ziel entsprechender Beratungs- und Fortbildungsmaßnahmen sein. Dieses Ziel kann klar gegenüber den Mitarbeitern formuliert sein (z.B. bei Motivationstrainings), die Übergänge zu harmlos als Mitarbeiter- oder Arbeitsklimapflege etikettierten Veranstaltungen mit verstecktem Erziehungs- und Kontrollanspruch sind jedoch fließend. Wenn ein großer deutscher Konzern beispielsweise mit Kürzungen und Entlassungen droht, gleichzeitig aber versucht, seine Mitarbeiter mit groß angelegten Events und Seminarreihen auf die neue, vom Vorstand verkündete „Gewinnerkultur" einzuschwören, ist der Charakter dieses Vorgehens als kulturstiftende Maßnahme in Frage zu stellen. Die Rhetorik derartiger Veranstaltungen wird dabei aufrecht erhalten, obwohl alle wissen, dass sie von niemandem (am allerwenigsten von den Mitarbeitern) ernst genommen wird. Auch Simon weist darauf hin, dass sich hinter schönfärberischen Titeln oft Kontrollmechanismen verbergen, die von der Belegschaft sehr wohl wahrgenommen werden und dann zu Widerstandsreaktionen führen können:

> Werden derartige [Kontroll-]Strukturen in einem Bereich etabliert, wo es um Förderung von Abweichung, d.h. um Kreativität, Flexibilität und Eigeninitiative geht, haben sie meist eine negative Wirkung. Werden Kontrollmechanismen mit Slogans kombiniert, die das Hohe Lied des autonomen und eigenverantwortlichen Mitarbeiters, womöglich gar des „Unternehmers im Unternehmen" singen, so bleibt den Mitarbeitern nur die Möglichkeit, sich gegenüber diesen sich gegenseitig ausschließenden Doppelbotschaften abzusichern, indem sie sich entweder resignativ zurückziehen und emotional distanzieren oder ihre Kreativität nutzen, um mit subversivem Vergnügen die Kontrollmechanismen zu umgehen und ad absurdum zu führen. (Simon 1995, S. 296)

Heike Stark

Zwischenruf: Love it or leave it!

„Sieht so ein erfolgreicher Typ aus? Sieht das nach Erfolg aus?“

Alle Augen richten sich auf Walter. Nein, das kann man nicht sagen, so sieht der Erfolg nicht aus: Bierbauch, strähnige Haare, auf jedem Unterarm ein Tattoo.

„Ich hab halt mal Pech gehabt, das kann doch jedem ....“

„Spricht so ein Gewinner? Ist das der Satz eines Gewinners? Mal ehrlich!“

Alle brüllen: „Nein!“ „Lauter – ich will hören, dass Ihr es wisst, dass Ihr es spürt, dass Ihr es riecht!“ Vielstimmig und dröhnend: „NEIN!“

„Hörst du, Walter? So spricht kein Gewinner!“

Walter runzelt die Stirn, kratzt sich verlegen über die Wampe, öffnet den Mund, schließt ihn, öffnet ihn... „Walter! Wenn du nicht Teil einer Gewinnerkultur sein willst, brauchst du es nur zu sagen. Wir halten hier keinen, wir WOLLEN auch keinen halten, der nicht Teil einer Gewinnerkultur sein will!“

„Commitment!!“ schreit die Menge.

„Du hast es gehört, Walter: Commitment wird gefordert!“

„Ich bin Teil einer Gewinnerkultur. Ich sehe das Ganze und weiß um die Wichtigkeit des Einzelnen. Ich kenne die Ziele und zahle mit meinen Beiträgen auf diese Ziele ein. Ich will leisten und ich werde keine überflüssigen Fragen stellen.“ Walter spricht mit gebremstem Enthusiasmus. Walter ist ein Problemfall, das ist allen gerade überdeutlich klar geworden.

Der Coach lässt es durchgehen – diesmal.

„Was macht einen Gewinner aus?“ Frage an die Menge, die in heiterer Sicherheit um die richtige Antwort beschwingt und ausgelassen zurückruft: „Der Gewinner will gewinnen!“ „Für wen will er gewinnen?“ „Für sich selbst und für das Ganze!“

„Hab ich doch gesagt“, wagt Walter einen zaghaften Einwurf. „Es kommt doch nicht darauf an, was du gesagt hast, Walter – du musst es leben, da muss was sprühen!“ Der Coach hat Walter die Hand auf die Schulter gelegt, doch die Menge ist nicht neidisch: Da ist eher Mitleid als Anerkennung in dieser Geste – das letzte Modul „Dechiffrierung der Körpersprache“ hat ihre Augen geschärft.

„Aber ich will ja meinen Beitrag leisten!“

„Das ist sehr schön, Walter – denn du weißt ja, was wir hier immer sagen: Love it or leave it! Für laue Gefühle ist bei der Arbeit kein Platz. Welchen Beitrag wirst du leisten und auf welche unserer Visionen zahlt der Beitrag ein?“

Die Menge verharrt schweigend.

„Ich werde mit geringen Mitteln und ohne übermäßig auf meinen persönlichen Aufwand zu achten abgelaufene Lebensmittel sammeln und in einer ansprechenden Art und Weise präsentieren, so dass meine Kumpels die toll finden. Dieser mein persönlicher Beitrag zahlt ein auf die Vision: Hartz IV in gesellschaftlich akzeptierter Weise auf 200,-€ senken."

Applaus brandet auf. „Danke", sagt der Coach und, an die Menge gewandt, „Ich freue mich immer wieder, dass wir hier mittlerweile eine Lobkultur fest implementiert haben. Na, Walter – das war dein Applaus. Wie fühlt es sich an, Teil einer Gewinnerkultur zu sein?"

„Das fühlt sich gut an. Aber trotzdem, manchmal hab ich da so ein Gefühl..."

„Walter", fällt ihm der Coach ins Wort, „Walter, ich muss dich warnen. Love it or leave ist, du weißt! Wenn du nicht mit vollem Einsatz, innerlich grundüberzeugt, bei der Sache bist, müssen wir dich leider aus der Gemeinschaft herausnehmen – "

„Commitment", skandiert die Menge. „I love it" brüllt Walter zurück.

Das ist gerade noch einmal gut gegangen. Es ist nicht leicht, heute Hartz IV-Empfänger zu sein und im Leistungsbezug zu bleiben, aber Walter bemüht sich.

Besondere Probleme im Hinblick auf das Spannungsfeld zwischen vertrauensvoller Zusammenarbeit und Kontrollfunktion ergeben sich im Fall von internen Consulting-Abteilungen. Inhouse Consultants sind in noch stärkerem Ausmaß als externe Beratung mit einer erheblichen Setzungsmacht ausgestattet – sie präsentieren sich als interne Experten für die Begleitung von Prozessen, die Vertrauen und Vertraulichkeit voraussetzen. Auf der anderen Seite wissen die Mitarbeiter, dass die internen Berater regelmäßige Ergebnisberichte an den Vorstand liefern. Inhouse Consulting steht daher immer in der Gefahr, von den eigentlichen Auftraggebern als trojanisches Pferd wahrgenommen zu werden (Maaßen 2005, S. 153):

> Auftragsvergaben an interne Managementberatungen allein durch den Vorstand rücken die interne Managementberatung in die Nähe einer Revisionstruppe. Sie verlieren damit die Unabhängigkeit und dadurch erhöht sich die Gefahr, vom Management der Geschäftseinheiten und Divisionen nicht als klientenorientierte Berater wahrgenommen zu werden. (ebd., S. 164)

Die folgende Anekdote zum Thema Inhouse Consulting illustriert dieses Problem:

Fallbeispiel: Ein Vorschlag zur Steigerung der Effizienz von interner Beratung

Inhouse-Consulting-Abteilungen haben sich in den meisten Großorganisationen etabliert. Eine ihrer Aufgaben liegt darin, die Potenziale der Mitarbeiter zu heben. Dabei wird häufig ein weicher Ansatz gefahren, mit Moderation und Befragungen unter Überschriften wie „Betroffene zu Beteiligten machen", „Expertise im Internen holen", „Leute mitnehmen", „intrinsische Motivation steigern", „überzeugen" oder „win-win-Situationen schaffen". Ein erfahrener Mitarbeiter in einem Großkonzern beschreibt die Haltung gegenüber den Inhouse Consultants wie folgt: „Wir wissen, dass wir schneller, höher, weiter arbeiten sollen. Die sollten uns von Anfang an sagen, wie viele Millionen sie holen müssen. Dann könnten wir die Folien so hinbiegen, dass die entsprechenden Zahlen rauskommen, die könnten wieder gehen und uns mit ihrem Workshop-Kram in Ruhe lassen."

Weitere Themen im Rahmen von Beratungsprozessen, die von vielen Mitarbeitern mit Argwohn betrachtet werden, sind die Einführung von kontinuierlichen Verbesserungsprozessen („Führt mein Verbesserungsvorschlag möglicherweise zu Prozessverschlankungen, die den Arbeitsdruck erhöhen oder sogar meinen Arbeitsplatz überflüssig machen?") oder die Erstellung von Kompetenzprofilen („Möchte die Organisation „private" Kompetenzen erfassen, um mich über meine Pflichtleistungen hinaus zu vereinnahmen?").

Unter die Überschrift „Beratung als Erziehungs- und Kontrollinstrument" fällt auch der Versuch, Motivation und Mitarbeiterbindung über Gratifikationen, z.B. in Form von Coaching zu erreichen.

> Personalentwickler berichten, dass in manchen Fällen Vorgesetzte nachrangige Führungskräfte für ein Coaching vorschlagen, ohne einen offiziell anerkennbaren Entwicklungsbedarf geltend machen zu können. Weitere Nachforschungen bringen dann zu Tage, dass es sich um eine wohlwollende Gefälligkeit oder Auszeichnung, in anderen Fällen aber auch um eine Strafmaßnahme handelt. (Taffertshofer, 2006, S. 4)

Auch Fortbildungen sind als Gratifikation beliebt, wobei das sprichwörtliche „Seminar in der Karibik" nur ein besonders plakatives Extrembeispiel darstellt:

> Wenn z.B. erfolgreiche Außendienstmitarbeiter von einem Versicherungsunternehmen zu einem „speziellen Fortbildungsseminar" in die Karibik eingeladen werden, widerspricht dies eindeutig dem primären Sinn von Fortbildung. Viel plausibler wäre es, die *nicht-erfolgreichen* Mitarbeiter zu schulen – und dies müsste nicht unbedingt in der Karibik geschehen! (Gasch 2007, S. 54 f.)

Wenn Führungsseminare, Workshops und ähnliche Veranstaltungen in 5-Sterne-Hotels, mit teurem Essen und Getränken sowie entsprechendem Begleitprogramm durchgeführt werden, ist dies aber durchaus nicht nur als „standesgerechte" Inszenierung von Status zu sehen. Solche Privilegien haben auch einen bewussten Gratifikationscharakter („unsere Führungskräfte sind uns etwas wert") und werden auch als solche wahrgenommen.

13 Beratung als Problemverschiebung

Aus der Individualpsychologie und dem Alltagserleben ist bekannt, dass Menschen sich nicht gerne mit unsicherheitsbesetzten Situationen und Problemen befassen. In Veränderungsprozessen gibt es beides jedoch im Überfluss und damit auch auf Seiten des Klientensystems die Tendenz, unangenehme Themen zu vermeiden, sei es im Sinne einer Verschiebung auf einen späteren Zeitpunkt, auf weniger bedrohliche Themen oder auf das Beratersystem. Für alle drei Ausweichmanöver bietet Beratung die Gelegenheit.

Peter Fuchs hat in verschiedenen Veröffentlichungen (z.B. Fuchs & Mahler 2000) ausgeführt, wie Beratung dazu beitragen kann, einen *zeitlichen Aufschub* vor riskanten Entscheidungen und eine Verlangsamung in von hoher Komplexität, Hektik und Druck geprägten Situationen zu erreichen. Diese Entschleunigung des Veränderungsprozesses kann im Resultat zu einem besseren Ergebnis führen, weil mehr Zeit und Ruhe zur Verfügung steht, um tragfähige, mit den verschiedenen Stakeholdern innerhalb und außerhalb der Organisation abgestimmte Lösungen zu erarbeiten. Eine zeitliche Verschiebung, Beseitigung oder Milderung des Problems kann jedoch – darauf hat Simon (1995, S. 293) hingewiesen – auch negative Effekte haben, weil sie angesichts des (vorübergehend!) abnehmenden Problemdrucks die Entscheidungsträger davon abhalten kann, rechtzeitig die nötigen Entscheidungen für eine dauerhaftere Problemlösung zu treffen (Simon spricht in diesem Zusammenhang von „substitutiver Beratung"). In diesem Fall lautet die versteckte Agenda der Auftraggeber: „Wir müssen die Probleme dringend lösen, nur nicht jetzt".

Problemverschiebungen auf der *sachlich-thematischen Ebene* können sich sehr vielgestaltig äußern:

- Beratungsprojekte werden kurz nach ihrer Einführung schon durch neue Projekte ersetzt, so dass die Themen und Probleme ständig wechseln. Permanent wird eine neue Sau durch die Organisation getrieben – die Mitarbeiter sind allerdings bereits geübt darin einzuschätzen, ob es sich bei der neuesten Veränderungsankündigung um „die Sau der Woche", eine „Tages-Sau" oder lediglich um eine Stunden-Sau handelt.
- Der Auftraggeber schränkt die thematische Ausrichtung des Beratungsprozesses auf „Marginalia" ein und lässt die zentralen Probleme (die Punkte, „an denen es weh tut") ausgeklammert.
- Vom Klientensystem als wichtig bewertete Themen werden im Beratungsprozess identifiziert, dann aber von einer höheren Entscheidungsinstanz nicht weiter verfolgt oder ausdrücklich aus dem Beratungsprozess ausgeschlossen.
- In Supervisionsrunden oder Coaching-Sitzungen dreht sich die Diskussion um ein Thema, dessen Problemgehalt nur verschwommen erkennbar wird –

die „eigentlichen“ Probleme kommen dann erst kurz vor Ende der vereinbarten Zeit auf den Tisch, so dass sie nicht mehr bearbeitet werden können, beim nächsten Termin sind die zuvor als hochbrisant identifizierten Themen dann plötzlich nicht mehr aktuell.

Das unausgesprochene Motto, das über solchen Prozessen steht und die Dynamik des Beratungsverlaufes bestimmt, könnte wie folgt lauten: „Lassen Sie uns alle Probleme ganz offen zur Sprache bringen, nur bitte nicht die, um die es eigentlich geht“.

Problemverschiebungen auf der *sozialen Ebene* sind in Organisationen weit verbreitet. Strukturelle Konflikte, die bei ihrem Aufbrechen für die Organisation bedrohlich werden könnten, werden so verschoben, dass sie sich als persönliche Konflikte zwischen oder innerhalb der Mitarbeiter darstellen (wir haben diesen Mechanismus in Abschnitt 6.1 beschrieben). Beratung kann dazu beitragen, einen „spezialisierten Kommunikationsbereich“ (Kühl 2005b, S. 29) zu eröffnen, der die solchermaßen personalisierten Probleme auffängt. Wenn zum Beispiel im Coaching Schwierigkeiten in der Kommunikation auf Eigenschaften der Person statt auf Strukturen der Organisation zugerechnet werden, wird die durch die Personalisierung organisationaler Konflikte konstruierte Realität validiert und legitimiert. Ein weiteres Beispiel ist die gelegentlich in Teamentwicklungsprozessen spürbare unausgesprochene Erwartung, dass die von der Organisation vorgenommene Problemzuschreibung auf einzelne Mitarbeiter vom Berater bestätigt wird – so hat man einen durch externe und vermeintlich neutrale Expertise gestützten Grund, die Problemverursacher zu entfernen (vgl. Abschnitt 18.5).

Ein weiteres in Beratungsprozessen häufig anzutreffendes Beispiel für Problemverschiebungen auf der sozialen Ebene ist die Tendenz des Kundensystems, eigene Aufgaben und Probleme an die Beratung „wegzudelegieren“. Auf diese Weise wird das System von internen Unsicherheiten entlastet. So fallen in internen Besprechungen und Konferenzen an neuralgischen Punkten Äußerungen wie „über diesen Punkt müssen wir nicht weiter diskutieren – dafür haben wir unsere Berater“. Strategieberatung ist damit für die Ausrichtung der Organisation zuständig (statt wichtige Richtungsentscheidungen oder neue Strukturen auf der Basis der eigenen Ressourcen zu entwickeln), Teamentwicklung für die Kulturpflege (statt Belastungen abzubauen, die zu Spannungen im Team führen) oder Coaching für die Entwicklung neuer Führungskräfte (statt intern Unterstützungsmöglichkeiten, Diskussionsgelegenheiten und Reibungsflächen anzubieten). Die passende Überschrift für diese Konstellation heißt „Wasch mir den Pelz, aber mach mich nicht nass“: Die Organisation erwartet vom Berater, dass er ein Problem löst, mit dem sie selbst (paradox formuliert) nichts zu tun hat. Nimmt Beratung diese Zuschreibung an, kann dies dazu führen, dass die Fähigkeiten der Organisation zur Selbststeuerung eher geschwächt als gestärkt werden. Beratung trägt dann nicht zur Stärkung, sondern im Extremfall zur Entmündigung des Kundensystems bei.

Problemverschiebung auf der sozialen Ebene kann bedeuten, dass – wie beschrieben – die Lösung des Problems an die Beratung delegiert wird, aber auch, dass Beratung selbst als Problem wahrgenommen wird. Aus der sozialpsychologischen und psychoanalytischen Forschung wissen wir, dass Gruppen eigene Unsicherheiten, Orientierungs- und Sinnverlust, Angst, Wut oder Selbstzweifel kompensieren, indem sie entstehenden Aggressionen gegen einen Außenfeind richten und so die eigenen Strukturen bewahren. Veränderungsprozesse sind solche von Verunsicherung geprägten Situationen, in denen es für das System entlastend ist, wenn eine Person zur Verfügung steht, der man die Rolle des Sündenbocks zuweisen kann. Die negativen Begleiterscheinungen der Krise, die das System durchläuft, werden dann nicht mehr der Krise selbst, sondern den Beratern zugerechnet: „Wenn das Ergebnis zufriedenstellend ist, schreibt es sich der Kunde auf seine Fahne, ist es das nicht, ist es die Begleitung schuld" (Geßner 2001, S. 46). Die Berater sind schuld, dass die Entwicklung nicht schneller, leichter, umfassender verläuft. Sie sind nicht kompetent genug, haben die falschen Themen im Fokus oder das falsche Vorgehen gewählt. Zusammen mit dem Berater wird dann – vermeintlich – das Problem zum Verschwinden gebracht: „Durch Berater lassen sich die in komplexen und riskanten Veränderungsprozessen aufgetretenen Probleme gut personifizieren - und damit entsorgen [...]. Die leichte Kündbarkeit von Beratern und die Wegwerfqualität vieler Beratungskonzepte ermöglicht es, diese bei Problemen zu opfern" (Kühl 2000, S. 91). Durch die Verschiebung der Verantwortung auf die Berater entlastet sich das System selbst, Konfliktpotenziale zwischen den Beteiligten werden entschärft, mit der Problemattribution an einen „Außenfeind" geht eine Solidarisierung der Systemmitglieder untereinander einher. Greif, Runde & Seeberg (2004, S. 224) beschreiben diesen Mechanismus wie folgt:

> Wenn es darum geht, „Schuldige" für Misserfolge bei Veränderungen zu finden, bieten sich externe Berater/innen für die Organisation psychologisch gesehen geradezu an. Durch eine schnelle Schuldzuweisung an Externe können aufreibende interne Ursachenanalysen mit einem sehr einfachen Schema unterbunden werden. Indem sie ausschließlich die Berater verantwortlich machen, kaschieren die Organisationsmitglieder gegenseitig ihre eigene Verantwortung und bekräftigen sich gegenseitig.

Gerade in Situationen, in denen die Berater in einen Konflikt mit dem Klientensystem geraten, ist es für sie schwer zu beurteilen, welche dieser Vorwürfe auf berechtigte Kritik am eigenen Vorgehen zurückgehen und welche auf Projektionsmechanismen (vgl. Abschnitt 4.1: Angstabwehr). Dies gilt umso mehr als auch Berater derselben Tendenz unterliegen, die Ursachen für Probleme extern zu attribuieren: Im Zweifel war die interne Projektleitung schuld, die Unternehmensleitung hat nicht kooperiert usw. Hilfreich ist es auch, dem Klientensystem eine hidden agenda zu unterstellen („Die wollten gar nichts ändern – eigentlich ging es um…"), zumal diese These kaum widerlegbar ist.

Die Neigung zur Verschiebung von Problemen mit Hilfe von Beratung lässt sich auf verschiedene Weise begründen. Zum einen dient die Verschiebung, wie sie beispielsweise Fuchs beschreibt, der Unsicherheitsabsorption in schwierigen Entscheidungslagen (siehe Abschnitt 6.1). Ein Argument dafür, auf Zeit zu spielen oder besonders brisante Themen zugunsten von weniger zentralen Problemen aus dem Beratungsprozess auszuklammern, ist der Wunsch des Managements, nicht zu viel Unruhe in der Organisation auszulösen. Während man diesen Argumenten eine sachliche Begründung unterstellen kann, sind andere Motive im blinden Fleck der Beteiligten angesiedelt. Aus der Perspektive eines psychoanalytisch argumentierenden Beobachters lassen sich diese Motive als Vermeidung bzw. Verdrängung angst- und konfliktbesetzter Themen beschreiben (vgl. Abschnitt 4.1: Angstabwehr). Der Berater kann dieser Dynamik als vom Kundensystem (unbewusst) designierter Sündenbock zum Opfer fallen, sich andererseits aber auch (ebenfalls unbewusst) mit den Abwehrbestrebungen des Systems verbünden und an der Vermeidung und Aufschiebung problembehafteter Auseinandersetzungen mitwirken.

Problemverschiebung ist eine Strategie, die sich nicht nur auf der Seite der Klienten finden lässt, sondern auch von Beratern eingesetzt wird. Eine Strategie, um von Themen, für die man sich nicht kompetent fühlt, abzulenken, besteht beispielsweise darin, die Problembeschreibung des Kundensystems so zu redefinieren, dass sie zu den eigenen Deutungsschemata, Erfahrungen und Beratungstools passt (sachlich-thematische Problemverschiebung, vgl. auch Kapitel 17: Einsatz von Standardtools als Universalrezepte). Und alle Beratungsansätze, besonders aber die psychoanalytische und die systemische Beratung, sind gut darin, Misserfolge mit solider Theorie gestützt den Klienten zuzuschreiben (soziale Problemverschiebung).

14 Beratung als Management- und Führungsersatz

In diesem Abschnitt behandeln wir eine in vielen Beratungsprozessen vorzufindende latente Funktion, die sich als Sonderfall der Tendenz zur Verschiebung von Problemen (vgl. das vorangegangene Kapitel) auffassen lässt.

Die Delegation von Problemen (oder Teilaspekten der Probleme) an einen für die jeweilige Problemstellung kompetenteren Berater entspricht grundsätzlich durchaus den professionellen Anforderungen an die Führungsrolle[11]. Es muss jedoch zwischen einer solchen professionell begründeten Delegation und dem

11 Ein Sonderfall ist das Interims-Management, also die Übernahme zentraler Managementfunktionen durch Berater zum Zwecke einer radikalen Umsteuerung, z.B. im Rahmen eines Turnaround Managements. Hier ist „Beratung als Managementersatz" keine latente, sondern eine offizielle und bewusst im Sinne der Überlebensfähigkeit der Kundenorganisation eingesetzte Zielsetzung.

Ausweichen vor der Verantwortung der eigenen Führungsrolle unterschieden werden. In diesem Fall lautet die versteckte Motivation des Systems, die dem Beratungsprozess aufgebürdet wird „Erledige du meine Aufgabe, aber so, dass es keiner merkt".

Die Steuerung einer Organisation wird in Zeiten eines immer schneller werdenden globalen Wandels immer komplexer und schwieriger. Beratung kann unterstützende Funktionen für das Management übernehmen, etwa durch das Liefern von Fachexpertisen und Marktanalysen oder durch die Moderation von Strategieentwicklungsprozessen. Während am einen Ende des Kontinuums solche klar abgrenzbaren Supportaufgaben liegen, verschwimmen am anderen Ende des Kontinuums die Grenzen zwischen Beratungsleistung und genuinen Management- und Führungsaufgaben – die Berater bekommen Teile der Entscheidungs- und Bewertungsaufgaben delegiert, die eigentlich nicht delegierbar sind: „Hauptverantwortliche delegieren gern die Problembearbeitung an untergeordnete Instanzen oder an den Berater, um sich aus dem Prozess heraushalten zu können" (Wimmer 1995, S. 267). Auf diese Weise, so Kieser (2002, S. 32), „reduziert Beratung die Verantwortung der Manager. Für wichtige Projekte sind diese nicht mehr voll inhaltlich verantwortlich, sondern in erster Linie dafür, das richtige Beratungsunternehmen ausgewählt zu haben. Die Wahl eines großen und renommierten Beratungsunternehmens ist jedoch kaum angreifbar". Hinter der bei vielen Kunden vorhandenen Wahrnehmung, dass ihre Probleme an Strategien, Strukturen und mangelnder Expertise in der Organisation liegen, steht nach der Meinung von Leif (2006) häufig ein Mangel an Managementfähigkeiten oder -festigkeit. Der durch seine Firmenaufkäufe bekannte Geschäftsmann Lord Hanson soll den Unternehmern nach Leif (ebd.) in diesem Zusammenhang „unternehmerische Feigheit" attestiert haben.

Mit zunehmendem Einfluss des Beraters auf die Entscheidungen des Managements wächst

> die Gefahr, dass sich das Management der Organisation in eine passive Rolle zurückzieht, sich selbst die Kontrolle über das Geschehen entzieht und damit den externen Berater dazu einlädt, das Notwendige zu definieren und in Gang zu bringen. Ein verunsichertes Management fordert den in seinem Fach fest verankerten, selbstsicheren Berater heraus, das Machtvakuum auszufüllen, Einfluss zu nehmen und schnelle Wirkung zu erzielen. (Müller, Nagel & Zirkler 2006, S. 149)

Auf diese Weise liefert das Management sich selbst gegenüber dem Berater aus. In dieser so bereitwillig überlassenen Macht liegt nicht nur eine große Versuchung für den Berater, sondern auch die Gefahr, dass Veränderungsprozesse aufgrund mangelnder Rückbindung an die Organisation und ihre Kultur scheitern (vgl. den Beitrag von Bomba in Kapitel 19), dass der Berater die Organisation fahrlässig in Schwierigkeiten bringt oder gar seine wachsende Macht missbraucht. Dies kann zu Machtstreitigkeiten und Verunsicherung bei den Beteiligten führen (ein anschaulicher Beleg hierfür ist Idings Fallstudie über den Beratungsprozess in einem Krankenhaus, der schließlich abgebrochen wurde, weil sich das Management durch die Berater in seiner Führungsaufgabe entmündigt sah, vgl. Iding 2000, S. 115). Schlimmstenfalls

> kann sich der Berater aus einer Schwächesituation des Managements heraus so weit selbst ermächtigen, dass er die Organisation entmündigt und seine Sicht der Dinge über eine Art informelle Parallelhierarchie umsetzt. Es bedarf hierzu keiner Fähigkeit zum Anschluss an die Realität der Organisation. Diese läuft damit Gefahr, durch das Wirken des Beraters nachhaltig geschädigt zu werden und ihre Ohnmacht zu verstetigen. (ebd., S. 154)

Eine Delegation von Management- und Führungsaufgaben an die Beratung verhindert also gerade ein nachhaltiges „empowerment" für die Organisation, das die eigentliche Aufgabe der Beratung darstellt, und kann dazu führen, dass das durch die Beratung „künstlich beatmete" System nach dem Weggang der Berater wieder in sich zusammenfällt.

Fallbeispiel: Coaching als Ersatz für nicht geleistete Führungsarbeit

Ein Coachingklient, dem sein Vorgesetzter ein Coaching nahe gelegt hatte, eröffnet die erste Sitzung mit der Frage „Können Sie mir sagen, warum ich hier bin?" Der Klient geht mit der Anweisung, erst dann wiederzukommen, wenn der Vorgesetzte ihm erläutert hat, was die Organisation von ihm erwarte und warum man ihn zum Coaching geschickt habe.

15 Beratung als Konfliktabsorptionsstrategie

Längerfristig konfliktfreies Arbeiten in einer Organisation ist schlechterdings nicht möglich. Dies gilt in besonderem Maße für Veränderungsprozesse, die immer mit Unsicherheit und Konflikten verbunden sind. Konflikte werden in Büchern und Seminaren als Chance für Weiterentwicklung und intensivierte Kommunikation gehandelt. Bei allen Entwicklungspotenzialen bergen Konflikte aber vor allem Risiken für die Organisation (vgl. Abschnitt 6.1: Personalisierung von Problemen). Konfliktpotenziale entstehen in Veränderungsprozessen allerorten. Dissens entsteht in der Regel nicht erst bei der Diskussion der zu verfolgenden Ziele und der zu ihrer Verfolgung einzusetzenden Mittel, sondern bereits beim Aufeinanderprallen der zahlreichen parallel existierenden Wirklichkeiten der Organisationsmitglieder. Eine wichtige Ressource zur Beilegung solcher Konflikte ist Macht. Infrage kommt hier nicht nur die Durchsetzungsmacht der Hierarchie, sondern auch die Expertenmacht des Beraters, der durch seine Empfehlung eine Selbstblockade der Organisation verhindern kann (vgl. „Beratung als Wahrheitsstiftung"). Die organisationsinterne Sprengkraft von Personalentscheidungen kann entschärft werden, indem sich die Berater als „bad guys" zur Verfügung stellen, damit die Auftraggeber die Rolle der „good guys" einnehmen können (vgl. „Beratung als Legitimation von Personalentscheidungen"). Beratung kann helfen, mit mancher Unbill des Arbeitsalltags zurechtzukommen – man denke an personenorientierte Beratung wie Coaching oder Supervision, aber auch an Trainings oder Workshops. Wenn Beratung in diesen Settings den gegen die Organisation gerichteten Unmut auf sich zieht und absorbiert, entlastet sie damit das System von der Auseinandersetzung mit dem vorhandenen Konfliktpotenzial (vgl. „Beratung als Opium fürs Volk"). Schließlich lassen sich Konflikte auf Organisationsebene bequem entsorgen, indem sie auf einzelne Personen verschoben werden. Auch hier kann Beratung eine mehr oder weniger latente Funktion erfüllen – unsere Beispiele im Abschnitt „Coaching als Beitrag zur Personalisierung von Konflikten" lassen sich auch auf andere Beratungssettings übertragen.

In jedem Fall, so die These dieses Kapitels, hat „Beratung […] also oft, sei es offen, sei es latent, einen konflikttherapeutischen Sinn, und dann mag eine Nebenfrage werden, wie sich ihr Effekt in der Bilanz der Firma ausdrücken wird" (Luhmann 1989a, S. 213).

Beratung als Wahrheitsstiftung

In kritischen Situationen wie z.B. dem Umbau einer Organisation gibt es in der Regel so viele Wahrheiten wie es Beteiligte gibt. In dieser Situation

> kann es nicht nur für das Management, sondern für eine ganze Akteurskonstellation legitimatorisch und Verhandlungs-entlastend sein, sich auf einen Experten zu berufen, der den konkurrierenden Gestaltungswünschen *eine* unbestreitbare - weil wissenschaftlich gesicherte - Wahrheit entgegenhält [...]. Ob dieses Wissen „objektiv richtig" ist, oder auch nur irgendwelche anderen Effekte hat als subjektive Sicherheit bei Entscheidungsträgern zu steigern, ist eine völlig andere Frage. (Moldaschl 2001, S. 161)

Der Berater ist also qua Rolle mit einer Deutungsmacht ausgestattet, die interne Selbstblockaden aufheben hilft. Das System kann das Expertenurteil dann zum Anlass nehmen, auf einheitliche Entscheidungsprämissen umzustellen und sich damit von potenziellen Konflikten zu entlasten (sofern die düpierte Gegenposition nicht auf Mikropolitik umschaltet und den Beratungsprozess aus dem Verborgenen torpediert).

Beratung als Legitimation von Personalentscheidungen

Dies ist insbesondere bei Personalentscheidungen der Fall. Eine bei Personaleinsparungen im größeren Maßstab beliebte Strategie besteht darin, ein Beratungsunternehmen mit einer Analyse zu beauftragen, die dann zu dem Ergebnis kommt, dass einige Tausend Entlassungen unumgänglich sind, um die Wettbewerbsfähigkeit der Organisation (das Überleben, den Standort, …) zu sichern. Nach Meinung von Moldaschl (2005, S. 46)

> wäre es töricht, etwa dem zweckrational-strategischen Ansatz zu glauben, er leite alles aus Analysen ab. Analysen gehören, wie die neoinstitutionalistische Organisationstheorie überzeugend vorgeführt hat, zu den magischen Praktiken. Wenn McKinsey mit seiner „Gemeinkostenwertanalyse" kommt, alles durchforstet und damit auf 20 oder 25 Prozent Einsparungspotential bei Arbeitsvorgängen und Stellen kommt, dann stehen die Zahlen oft genug vorher fest oder wurden bei der Auftragsverhandlung vereinbart. Der magischen Praktiken bedarf [man], um den Betroffenen die feststehenden Kürzungsziele als Ergebnis unparteilich-rationalen Kalküls zu legitimieren.

Leif (2006, S. 397) formuliert noch etwas schärfer: „Berater für Unternehmen oder den öffentlichen Sektor werden vor allem eingekauft, weil man ihre Hebelfunktion und ihre Rücksichtslosigkeit bei den gewünschten Reformen oder Restrukturierungen nutzen will". Die Unternehmensleitung kann dann einen Teil der Verantwortung an das Beratungsunternehmen delegieren und darauf verweisen, die Maßnahmen seien nicht primär die Folge der eigenen unternehmerischen Entscheidung, sondern erst durch das externe Expertenurteil notwendig geworden. Eine maßgebliche Rolle spielt dabei natürlich der ausgewiesene Expertenstatus der Berater bzw. – da dieser in der Regel nicht feststellbar ist – der Ruf des Beratungsunternehmens und der für die Analyse betriebene Aufwand. Ein Urteil eines unbekannten Kleinanbieters ist sehr viel leichter anfechtbar als das eines renommierten Instituts. Daher gilt die Grundregel: Je teurer die Beratung, „desto besser muß sie sein und kann umso erfolgreicher im Entscheidungsprozeß instrumentalisiert werden" (Ortmann, Windeler, Becker & Schulz 1990, S. 489, zitiert nach Iding 2000, S. 102). Dem Vorwurf, man habe keine alternativen Sanierungsstrategien entwickelt, kann das Management der betroffenen Organisation sich entziehen, indem es darauf verweist, dies sei Aufgabe des Beratungsunternehmen gewesen, und dieses habe kraft seiner Expertise die (einzig) beste Lösung vorgeschlagen.

> Äußere Autorität schafft leichtere Akzeptanz im Inneren und kann auch als entlastendes Alibi für „unpopuläre" Maßnahmen verwendet werden. Es sind uns einige „berühmte" Beratungsfirmen wohlbekannt, die dieser Funktion Ansehen und Ruf verdanken [...]. Es gibt Maßnahmen, die sich Unternehmen als *Sozialkörper* selbst schwer zumuten können, weil diese emotional überlasten (z.B. Rationalisierungsmaßnahmen, die immer einer „Selbstamputation" gleichkommen). Hier braucht man *fremde*, nicht in gleicher Weise involvierte Autoritäten. (Heintel 1992, S. 357)

Mit Hilfe dieser – sei es bewusst, sei es unbewusst eingesetzten – Strategie wird die Rolle des „Bösen" an die Berater delegiert, wodurch sich

> der Konflikt zwischen Bewahrung und Veränderung organisatorischer Strukturen in einer Weise lösen läßt, welche die künftigen Beziehungen zwischen den Spitzen der Hierarchie und den unteren Ebenen möglichst wenig belastet. Die Berater übernehmen dabei eine doppelte Funktion: Sie stellen Verhaltensweisen und Kommunikationen sicher (sie machen Vorschläge für Umstrukturierungsmaßnahmen und begehen die als unvermeidbar angesehenen „Grausamkeiten"), deren Unter-

lassung für das Unternehmen zu Problemen führen würde. Und sie sorgen dafür, daß das Führungspersonal Verhaltensweisen und Kommunikationsweisen unterlassen kann, die ebenfalls zu Problemen führen könnten (z.B. zu einem länger dauernden Konflikt zwischen Firmenleitung und Arbeitnehmern). (Simon 1995, S. 294)

Auf diese Weise wird

die Leitungsfunktion [...] in populäre und unpopuläre Entscheidungen aufgespalten, die Verantwortung für die unpopulären Maßnahmen wird an die Berater delegiert und mit Sachargumenten begründet; die Berater verlassen die Firma wieder, und zurück bleiben Führungspersonen, die sich „nur unter Überwindung großer persönlicher Bedenken" von der Notwendigkeit der ungeliebten Maßnahmen haben überzeugen lassen. Die These, daß Beratungsfirmen häufig für die Lieferung von Legitimationen bezahlt werden, wird auch dadurch bestätigt, daß sie als Unternehmen höchst erfolgreich sind, obwohl sie selbst nur wenig praktische Hilfestellung zur Umsetzung ihrer Vorschläge anbieten, oder ihre Berichte, wenn sie nicht zu den Konzepten der Auftraggeber passen, in irgendwelchen Schubladen verschwinden und vergessen werden. (ebd., S. 293)

Simon bezeichnet diese Funktion als „suppressive" Funktion der Beratung (ebd., S. 294). Faust (1998) sieht ein Indiz dafür, dass Beratung vielfach als Legitimationsmittel für bereits getroffene Entscheidungen fungiert, in der im Markt beherrschenden Stellung der Rollen „Problemlöser" und „Durchsetzungsberater".

Beratung als Opium fürs Volk

Wenn jeder Mitarbeiter jede Unsicherheit und jede Unzufriedenheit mit seiner Arbeit in die Kommunikation eintragen würde, würde die Organisation nicht nur wegen eskalierender Konflikte zum Erliegen kommen, sondern schon allein deshalb, weil keine Zeit für die Kommunikation über andere Themen bliebe. Beratung eröffnet einen räumlich, zeitlich und sozial ausgegrenzten Sonderbereich, der solche persönlichen Unzufriedenheiten auffängt, ein Ventil für möglicherweise aufgestauten Unmut bietet und problembehaftete Themen von der offiziellen Kommunikation fernhält. Dieser Mechanismus stellt die Existenzgrundlage für Teamentwicklung, Teamsupervision und Mediation (aber z.B. auch für die Familientherapie) dar. Man kann dies für Formen der Beratung halten, die im Auftrag der Organisation die schonende Wiedereinführung des Ausgeblendeten in das System anstreben. Man kann aber auch statt dieser manifesten die latente Funktion für die wesentliche Funktion von Beratung ansehen. So sieht Kühl (2008, S. 173) die Aufgabe von Supervision und Coaching

in der [...] Personalisierung von Effekten, die durch die organisatorische Struktur bedingt wurden. Das Leiden an Problemen mit Klienten kann in spezialisierten (Zeit-)Räumen bearbeitet, die Unsicherheiten anlässlich eines neuen Jobs jenseits der Organisation aufgefangen, Konflikte über die Personalisierung von der Organisation isoliert und Entlassene so ausgekühlt werden, dass die Organisation sich nicht weiter mit ihnen auseinandersetzen muss.

In dieser Ventilfunktion, so Kühl, stellt personenorientierte Beratung ein funktionales Äquivalent zu anderen in der Organisation existierenden Entlastungsräumen wie z.B. Klosprüchen oder dem Lästern mit Kollegen dar.

Interne Beratungen sind oft durch eine Doppelloyalität geprägt: sie stehen in einem Auftragsverhältnis zu der von ihnen beratenen Organisationseinheit, darüber hinaus aber auch in einem Auftrags- oder zumindest Abhängigkeitsverhältnis zur Leitung der Organisation. Hinter dem offiziellen Auftrag kann sich dann der versteckte Auftrag verbergen, das „an der Basis" vorhandene Protestpotenzial gegen die Hierarchie zu kanalisieren und unschädlich zu machen. Beratung erfüllt damit gewissermaßen eine „konterrevolutionäre" und systemstützende Funktion. Dessoy (2008) legt dies am Beispiel der Gemeindeberatung in der katholischen Kirche dar. Sie kann von den Gemeinden in Anspruch genommen werden, agiert aber letztlich im Auftrag des Bistums. Es stellt sich also die Frage, inwieweit Gemeindeberatung die Interessen der direkten Klienten vertritt und inwieweit sie (bewusst oder unbewusst) die Interessen des Bistums wahrnimmt. In der Tradition der Gemeindeberatung, so Dessoy, war „nicht die Veränderung der (Rahmen-)Bedingungen des Systems, sondern ein besserer Umgang damit in der konkreten pastoralen Praxis [...] das erklärte Ziel. Nicht Systemveränderung, sondern die Erhaltung des Status Quo war der geheime Auftrag" (S. 40). Das Beispiel ist nicht nur auf andere Formen des internen Consultings, sondern auch auf externe Beratung zu verallgemeinern. Ungeachtet der Frage, ob Beratung sich im Sinne der Neutralität oder Allparteilichkeit für die eine oder andere Seite einsetzen sollte oder nicht, bleibt der Befund, dass die Moderation von gegen das Management gerichtetem Unmut als latente Funktion von Beratung eine Rolle spielt.

Beratung als Beitrag zur Personalisierung von Konflikten

Ein weiterer häufig zu beobachtender Mechanismus zur Reduktion von Konfliktpotenzial ist die Personalisierung. Die systemische Familientherapie hat überzeugend herausgearbeitet, wie soziale Systeme Pathologien des Gesamtsystems an einzelne Mitglieder delegieren. Sie werden zum Symptomträger, in deren Verhalten sich aus der Kommunikation ausgeschlossene Konflikte und unbewältigte Widersprüche des Systems spiegeln. Aufgrund dieses Verhaltens werden sie vom System als „krank", „unnormal", „seltsam", „sozial unverträglich" oder dergleichen etikettiert. Das identifizierte Problem ist dann (beispielsweise) nicht mehr die Beziehungsproblematik der Eltern, sondern die (damit zusammen hängende) Essstörung der Tochter. Eine Dynamik der Personalisierung von systemimmanenten Paradoxien ist keineswegs nur in Familien, sondern vielfach auch in Organisationen zu beobachten. Die diesbezügliche hidden agenda der Beratung besteht dann meist darin, das System in seiner Wirklichkeitskonstruktion zu bestätigen (vgl. unser

Fallbeispiel „Wer ein Problem hat, braucht Coaching") und als neutraler Experte Argumente dafür zu liefern, den betreffenden Mitarbeiter zu entfernen.

Fallbeispiel: Wer ein Problem hat, braucht Coaching (und umgekehrt)

Herr X., eine hochrangige Führungskraft in einem sich verändernden Unternehmen, schreibt eine Demission – er könne in den gegebenen Umständen nicht mehr arbeiten und bitte um eine kritische Reflexion mit seinem Vorstand. Von dort erfolgt keine Reaktion, stattdessen kommt der Personalchef vorbei und fragt, ihn ob er nicht einmal ein paar Tage Urlaub machen und gecoacht werden wolle. Die Kollegen lassen Bemerkungen fallen wie „du siehst schlecht aus" und fragen Herrn X., ob er krank sei. Schließlich einigt man sich darauf, dass Herr X. „Burnout" habe und drängt ihn, drei Monate zuhause zu bleiben und in dieser Zeit Coaching in Anspruch zu nehmen. Nach seiner Rückkehr steht der Dienstwagen mit Fahrer vor der Tür, die Tageszeitung wird ins Büro gebracht, der Kaffee ist gekocht, man hat Herrn X. jedoch seine Aufgaben entzogen, er darf keine dienstlichen Gespräche mehr führen und das Telefon nicht mehr bedienen. Das Coaching-Angebot spielte hier offensichtlich als ein Element der Zuschreibung „Wenn Sie Kritik äußern wollen, sind Sie krank und brauchen Hilfe" eine Rolle und diente andererseits dazu, die „ernsthafte" Sorge des Unternehmens um das Wohlergehen des Mitarbeiters zu signalisieren.

Die entlang der Hierarchieebenen verlaufende Definitionsmacht wirkt oft zusätzlich als Katalysator bei der kollektiven Identifikation von Symptomträgern, z.B. wenn Vorgesetzte ihren Mitarbeitern „empfehlen", doch mal ein Coaching in Anspruch zu nehmen. Somit zeigt sich auch in Coaching-Prozessen immer wieder, auf welche Weise die Organisation Konfliktpotenzial aus ihren Kommunikationsprozessen ausschließt und in das Beratungssystem abschiebt. Wenn ein Mitarbeiter den Erwartungen der Organisation nicht (mehr) entspricht, gehört es zu den Aufgaben der Führungskraft, diese Erwartungen deutlich zu kommunizieren, Veränderungsbedarf aufzuzeigen, den Umlernprozess des Mitarbeiters zu begleiten und ggf. Sanktionen auszusprechen. Diese unangenehmen Anteile der eigenen Führungsarbeit werden häufig an den Coach delegiert. Diese hidden agenda wird in der Regel weder dem Coach noch dem Coachee gegenüber kommuniziert.

In drastischen Fällen wie dem im Fallbeispiel „Coaching als Outplacement-Beratung" beschriebenen kommt es vor, dass der Coach den verdeckten Auftrag erhält, einen Coachee „aus dem Unternehmen heraus zu coachen".

Fallbeispiel: Coaching als Outplacement-Beratung

Anruf von Herrn X., Führungskraft auf Abteilungsleiterebene in einer deutschen Großbank. „Sagen Sie mal, Sie sind ja schon lange für uns als Coach tätig. Können Sie auch Outplacement-Beratung machen? Ich habe da einen Mitarbeiter, der das mal bräuchte." Der Rückfrage, was mit dieser Anfrage genau gemeint sein, weicht Herr X. aus und beendet nach kurzer Zeit das Gespräch. Der paradoxe Auftrag hätte hier gelautet: „Coachen Sie den Mitarbeiter dahin, dass er in drei Monaten aus eigenen Stücken und ohne weiter gehende Ansprüche die Organisation verlässt."

Das Ziel besteht offensichtlich darin, einem konfrontativen Trennungsprozess aus dem Weg gehen, eine hohe Abfindung einzusparen und all dies unter dem Etikett von Coaching als besondere Gratifikation an den Mitarbeiter zu verkaufen.

Heike Stark

Zwischenruf: Strategische Konfliktvermeidung über selbststabilisierende Regelkreise (nach Gomez/Probst)

„Liebe Frau Meier, ich und mein Stellvertreter, wir beide begrüßen Sie ganz herzlich bei uns in der Chefetage! Wir hätte gar nicht zu hoffen gewagt – angesichts der eher restriktiven aktuellen Einstellungspolitik – hier noch eine Verstärkung an die Seite gestellt zu bekommen – und noch dazu eine so attraktive, wenn man das heute noch so sagen darf – tja, da hat unser Vorstand wohl wieder mehr Weitblick bewiesen, als wir hier vorausgesehen hatten ... Also, wie gesagt: Herzlich willkommen!"

Januar

Je schneller die wieder von der der Bildfläche verschwindet, *desto schneller* ist hier alles wieder beim Alten und wir können in Ruhe arbeiten. Nimmst du das in die Hand? Für's erste wäre da erstmal Beratung probat, oder?

Frau Meier, *je schneller* Sie jetzt erstmal das Führungskräftetraining absolvieren, *desto schneller* haben wir Sie wieder zurück und Sie können sich an verantwortungsvolle Aufgaben machen – in 6 Wochen sehen wir uns wieder!

Februar

Jetzt ist die schon wieder zurück – ich sag dir: *je härter* die sich da reinkniet, *desto härter* wird es hier für uns in der Abteilung. Mach was!

Liebe Frau Meier: Projektmanagement, das ist es, was Sie noch vertiefen sollten. Und denken Sie daran: *Je härter* Sie arbeiten, *desto härter* wird's für Ihre Konkurrenten – kleiner Scherz! Zwei Wochen plus eine Einheit in der Simulationsfirma!

März

Je härter die sich da rein verbeißt, *desto weicher* werden die Eier des Vorstands – die Beteuerungen, dass sich an unserer Stellung nur marginal was ändert und wie unentbehrlich wir für das Unternehmen sind, machen mich stutzig – tu was!

Frau Meier, im Umgang mit Unsicherheiten erleben wir Sie noch etwas unsicher – hier sollten Sie etwas tun, im eigenen Interesse: *Je härter* Sie sich betten, *desto weicher* werden Sie liegen, wenn Sie verstehen, was ich meine: Bei uns lohnen sich Leistung und Einsatzbereitschaft! Nehmen Sie sich ein entsprechendes Modul unserer PE-Abteilung vor!

April

Je seltener wir die hier sehen, *desto öfter* fühle ich mich richtig gut – mach was!

Frau Meier, ein begleitendes Führungskräfte-Coaching mit Ihrem ganz persönlichen Coach könnte Sie hier ein gutes Stück voranbringen und wäre, lassen Sie mich das so sagen, für Sie auch überhaupt nicht verkehrt. Sie wissen schon. Kurz: *Je öfter* Sie Ihren Coach in den nächsten, sagen wir mal drei Monaten, treffen, *desto seltener* werden Sie so genannte Anfängerfehler machen – Sie sind doch noch bemerkenswert jung für Ihre Position und, Frau Meier, wenn ich das mal sagen darf: Sie sehen noch jünger aus – Kompliment, Frau Meier!

Mai

Je schneller die ganz weit weg ist, *desto langsamer* wächst mein Magengeschwür, das ist mal sicher – mach was!

Frau Meier: Umgang mit Konflikten!! *Je schneller* Sie das lernen, *desto langsamer* werden Ihre Konkurrenten, mal bildlich gesprochen. In Ihrer Position, da gibt's ja auch Neider, machen Sie sich da mal nichts vor. Wenn Sie nicht lernen, win-win-Situationen herzustellen… Ich kann Ihnen da ein wunderbares, sehr effektives Training bei einer renommierten Firma empfehlen!

Juni

Je mehr ich diese Frau sehe, *desto weniger* Lust habe ich, überhaupt noch ins Büro zu kommen. Ich kann die einfach nicht leiden, ich weiß auch nicht. Mach was!

Liebe Frau Meier, eines ist ja klar: *Je mehr* Unterstützung durch Beratung Sie in Anspruch nehmen, *desto weniger* Fettnäpfchen, in die Sie treten könnten, wenn es an die verantwortungsvollen Aufgaben geht: Umgang mit interkulturellen Unterschieden, für uns als Global Player ein Muss! Eine Woche, zwei Follow-ups, ein Auslandsaufenthalt – viel Vergnügen!

Juli

Je länger ich die aus der Abteilung raushalten kann, *desto kürzer* werden meine Alpträume! Kompliment, es ist immerhin schon Juli und groß zum Zuge ist sie hier noch nicht gekommen – kannst du noch was machen?

Liebe Frau Meier, es ist ja geradezu eine Binsenwahrheit, aber sie trifft eben erfahrungsgemäß zu: *Je länger* man sich vorbereitet, *desto kürzer* ist der Aufwand bei der Umsetzung. Auf Sie setzt das Unternehmen da ganz besonders, Sie werden das eindrucksvoll unter Beweis stellen: Strategieplanung für Führungskräfte, Theorie der sich aufschaukelnden und stabilisierenden Regelkreise, 3 Wochen Schweiz, prima, nicht wahr?

Juli

Gar nicht übel: Das erste Halbjahr ist rum und Frau Meier hat hier eigentlich nichts auf die Reihe bekommen. Diesen Zustand sollten wir stabilisieren, Ziel: Je *gar*, desto *nicht*! Dann sollte man so langsam mal mit dem Vorstand sprechen – im Großen und Ganzen und auf die Zielerreichung der Abteilung hin gesehen war das ja nun wirklich eine klägliche Performance – tja, die Frau Meier…

16 Beratung als symbolischer Akt

Organisationsberatung geriert sich als durch und durch rationale Praxis, ist aber auch von einem anderen Standpunkt aus beschreibbar. Einen ersten Ausblick von diesem Standpunkt hat Peter Fuchs (2004) mit seinem Artikel „Die magische Welt der Beratung" gewagt. Die klassische Organisationslehre sieht Organisationen als durch und durch zweckrationale Gebilde. Dieses Bild kann im Lichte der neueren Organisationsforschung nicht aufrecht erhalten werden (vgl. Abschnitt 3.3). Organisationen sind kulturelle „Mikrokosmen", die sich – ähnlich wie der kulturelle „Makrokosmos" der Gesellschaft, der sie umgibt – mit Hilfe von Mechanismen der Präsentation und Konstruktion von Sinn reproduzieren.

Vor diesem Hintergrund besteht eine wichtige Funktion von Beratung darin, Sinnangebote zu machen, die das System in Zeiten krisenhafter Veränderungen stabilisieren und die Konstruktion neuer Identitäten unterstützen. Als ein wichtiges Instrument zur Bewältigung von Krisen und zur Konstruktion neuer Identitäten fungieren im gesamtgesellschaftlichen Kontext Rituale. Rituale sind in jeder Gesellschaft (nicht nur in Traditionskulturen) „ein zentrales Medium der Stabilisierung und Konstruktion sozialer Wirklichkeit und somit ein allgegenwärtiges Element unserer Erlebniswelt“ (Kruse & Dreesen 1995, S. 7). Die gesellschaftliche Funktion von Übergangsritualen wie z.B. Abiturfeiern oder Heirat liegt darin, den Wechsel von einer bekannten in eine neue, unbekannte Rolle zu markieren und zu gestalten. Rituale dienen dabei nicht nur der Einzelperson, sondern üben eine kathartische Wirkung auf die gesamte Gruppe aus. Auch in organisationalen Veränderungsprozessen geht es darum, sich von vertrauten Identitäten zu lösen und sich auf eine neue Definition der eigenen Identität einzulassen. Ähnlich wie ein Heiler bei Naturvölkern nimmt auch der Berater eine mystische Stellung ein: er trägt andere Kleidung als seine Klienten („Der Berater muss immer gut, aber anders gekleidet sein als der Klient“, Littrel & Glen 1982), verwendet eine andere, oft esoterisch und unverständlich anmutende Sprache und agiert als Zeremonienmeister in rituellen Inszenierungen, deren Funktion für die Teilnehmer nicht vollständig klar wird. Ein gutes Beispiel für rituelle Elemente in Beratungsprozessen sind Großgruppenveranstaltungen und Events, die eine Art kollektiver Trance herstellen, um emotionales Involvement zu schaffen und auf einer motivationalen Ebene nachhaltig wirkende Erlebnisse zu stiften (die systemische Hypnotherapie würde durchaus zutreffend von „Lösungstrance“ sprechen). Die Beziehungen zwischen Organisationsberatung und Schamanismus sind damit enger als es auf den ersten Blick erscheinen mag. Auch Kieser (1998, S. 214) meint, von Berater-Performances gehe „eine ähnliche Wirkung aus wie von den Ritualen der Schamanen und Medizinmänner“ und weist darauf hin, für die „Hexenmeister der Beratung“ (ebd.) habe sich nicht umsonst die Bezeichnung „Guru“ durchgesetzt.

Fallbeispiel: Ein Sommermärchen, hausgemacht

Herbst 2006. Ein großer Hersteller von Unterhaltungselektronik plant ein Event, um die Mitarbeiter mit dem kürzlich ernannten Marketingvorstand und dem damit verbundenen Strategiewechsel vertraut zu machen. Nach dem unbefriedigenden Abschneiden des Unternehmens in den vergangenen zwei Jahren und einer Mitarbeiterbefragung, die Schwächen in der Führungskultur offenbart hat, soll das Großevent neuen Schwung bringen, Begeisterung schaffen, die Identifikation mit dem Unternehmen stärken und jedem Mitarbeiter zeigen, dass er wichtig ist. Nachdem bereits eine große Halle mit mehreren 1000 Plätzen gemietet, das musikalische und kulinarische Begleitprogramm organisiert und die Präsentation des Marketingvorstands von einer Agentur für Unternehmenskommunikation erarbeitet wurde, sucht die interne HR-Abteilung nun noch nach einem durchschlagenden „Knüller", der das spektakuläre Konzept perfekt machen würde. Man beschließt, Jürgen Klinsmann als Special Guest anzusprechen, der wenige Wochen zuvor bei der Fußball-WM für ein „Sommermärchen" gesorgt hatte. Mit dieser Entscheidung verbindet sich auf symbolischer Ebene die Hoffnung, dass die im Rahmen der Fußball-WM spürbare Masseneuphorie auch auf die Belegschaft überspringt.

Heike Stark

Zwischenruf: Magie (in) der Beratung

Die Palette, die hier angeboten wird, ist groß. Sie vertreten ein eher bodenständiges mittelständiges Unternehmen im ländlichen Raum? Hier empfehlen wir eine Lesung des Kaffeesatzes (wahlweise Teeblätter für den norddeutschen Raum), die – unter Anleitung ausgebildeter Berater/innen – gemeinsam mit den Mitarbeitern z. B. im Rahmen einer Betriebsversammlung durchgeführt werden kann. Die Freude des Mitarbeiters, der so mit einfachen Mitteln und ohne besondere Vorkenntnisse aktiv in Ihre Strategieplanung einbezogen wird, wird sich in einer erhöhten Motivation gewinnbringend für Ihr Unternehmen niederschlagen.

Sie sind ein international operierender Konzern? Da empfiehlt es sich, über den Tellerrand zu schauen und zu ermitteln, welche Praktiken in Ihrem bevorzugten Absatz- und/ oder Kooperationsland üblich sind. Die Interpretation von Hühnereingeweiden frisch geschlachteter schwarzer Hähne ist z. B. im südamerikanischen Raum auch für den dortigen Facharbeiter durchaus nichts Unübliches. Eine bestimmte Art von Pilzen kann, richtig eingesetzt, Ihre jährliche Kick-off-Unternehmensveranstaltung zu einem unvergesslichen Event für alle Mitarbeiter machen. In Zeiten der Globalisierung ist eine Annäherung der Kulturen, die für Ihr und in Ihrem Unternehmen tätig sind, gar nicht hoch genug zu werten.

Über die Halluzination zur Vision – dieser Grundsatz mag in unserer Gesellschaft erst einmal provozierend wirken, ist aber letzten Endes so einfach wie wahr. Woher kommen denn Visionen? Eben. Natürlich sollten Sie Ihre Visionen nur in professionell begleiteten Halluzinationserfahrungen entwickeln – sonst wirkt es schnell wie billiger Drogenkonsum als Folge von Überforderung.

Auch für diesen Bereich der Beratung gilt: Seien Sie sorgfältig! Die Wahl der richtigen Methode ist, lax gesprochen, schon die halbe Miete. Wenn Sie Ihre Ziele klar sehen wollen, so verbietet sich z. B. die Schutzräucherung aus selbsterklärenden Gründen. Auch bei der Auswahl der einzusetzenden Mittel können Fehler gemacht werden: Pendel sollten beispielsweise nur genutzt werden, wenn sie entsprechend präpariert wurden – also z. B. bei Vollmond auf dem Grab des Firmengründers geweiht wurden -, Knochen wirken schnell abstoßend, Karten sind in Zeiten der Billig-Astrologiesendungen in ihrer Glaubwürdigkeit stark eingeschränkt. Wesentlich ist die Professionalität des Beraters: Lassen Sie sich einschlägige Nachweise und Referenzen zeigen (z. B. Einsatz als Medium in erfolgreichen börsennotierten Unternehmen), gerade hier ist der Anteil an Dilettanten nicht zu unterschätzen, gerade hier ist aber die fehlerfreie Durchführung von immenser Bedeutung!

17 Beratung als Instrument zur Erzeugung von Beratungsbedarf

Unausgesprochene Ziele jenseits des offiziellen Anspruchs auf Effizienzsteigerung gibt es nicht nur auf der Kunden-, sondern auch auf der Beraterseite. Eine zentrale hidden agenda ergibt sich aus einer paradoxen Lage, die die Beratung mit Professionen wie der Psychotherapie teilt: einerseits tritt die Beratung mit dem Anspruch auf, sich so bald wie möglich überflüssig machen zu wollen (die Selbststeuerungsfähigkeiten des Klientensystems anzuregen, die Kunden zu schulen etc.), andererseits entzieht sie sich mit der Verwirklichung dieses Anspruchs die eigene Existenzgrundlage. In diesem Sinne arbeitet auch Fuchs (1994, S. 13) mit der These,

> daß Beratung so etwas sein könnte wie ein sich selbst verstärkender Prozeß, der – statt, wie es sich geziemte, sich selbst überflüssig zu machen – immer nur weitere Beratungsnotwendigkeiten generiert, darin vergleichbar dem Gesundheitssystem, das – um sich selbst fortzeugend zu gebären – Kranke benötigt und keinesfalls: Gesunde.

Berater müssen Aufträge akquirieren, um die mit ihrer Führungskraft vereinbarten Zielvorgaben zu erfüllen, um im Konkurrenzkampf um den Aufstieg innerhalb des Beratungsunternehmens gut da zu stehen oder schlicht um ihren Lebensunterhalt zu sichern. Doch auch wenn nicht immer das Streben nach Profitmaximierung siegen mag und die Gefahr, Beratungsprozesse bewusst zu einer „unendlichen Geschichte“ auszudehnen, durch die zu erwartenden negativen Rückwirkungen auf die eigene Reputation eingegrenzt wird, sind hier zumindest eine Reihe konstitutiver Widersprüche angelegt, die die Professionalität von Beratung untergraben können (vgl. Tabelle 11).

Dass der diagnostizierte Beratungsbedarf im Laufe des Beratungsprozesses steigt, lässt sich auf das Interesse der Beratungsfirmen zurückführen, Probleme für die jeweils angebotenen Lösungen zu finden bzw. zu generieren. Aber auch ohne die Unterstellung einer von Profitstreben getriebenen hidden agenda besteht eine im Beratungssetting „eingebaute“ Tendenz zur Ausweitung der Problemdefinition. Das Wesen und die Existenzberechtigung von Beratung bestehen darin, dass der Berater andere blinde Flecke aufweist als das Kundensystem selbst. Er sieht – aus seiner Kenntnis anderer Unternehmen, aufgrund seiner Ausbildung und Erfahrung, weil er nicht die „Betriebsblindheit“ der Internen aufweist und kein mikropolitisch begründetes Interesse an der Aufrechterhaltung des status quo hat, andere Probleme und Schwachstellen als die Organisation selbst.

Selbstanspruch der Beratung	**Hidden agenda**
Beratung versetzt das Klientensystem durch *Wissens- und Technologietransfer* in die Lage, sich zukünftig ohne Hilfe von außen selbst zu steuern.	Beratung suggeriert dem Klientensystem einen *Wissensvorsprung* und hält diese Differenz dauerhaft aufrecht.
Beratung setzt ihre *Ressourcen im Interesse des Klientensystems* optimal ein (maximale Leistung für minimales Honorar).	Beratung setzt ihre *Ressourcen im eigenen Interesse* optimal ein (minimale, „portionierte“ Leistung für maximales Honorar).
Beratung setzt *individuell auf die Situation des Klientensystems angepasste Instrumente* ein. Grundlage hierfür ist eine gründliche Analyse dieser Situation.	Beratung setzt *so weit wie möglich standardisierte Instrumente* ein. Grundlage hierfür ist die Suggestion, dass die verwendeten Standardtools optimal zur Situation des Klientensystems passen.
Beratung arbeitet auf der Grundlage *wissenschaftlich fundierter Methoden.*	Beratung *spiegelt Wissenschaftlichkeit vor*, um die eigene Kompetenz zu demonstrieren und den vermeintlichen Wissensvorsprung gegenüber dem Klientensystem zu demonstrieren, ohne in wissenschaftliche Professionalisierung investieren zu müssen.

Tabelle 11: Widersprüche zwischen Selbstanspruch und hidden agendas der Beratung

Einsatz von Standardtools als Universalrezepte

Auch wenn Beratungsleistung als hoch individualisiertes, „maßgeschneidertes“ Produkt vermarktet wird, haben Beratungsunternehmen angesichts limitierter Ressourcen (Zeit, Personal, Kompetenzen) und eigenem Druck zu möglichst effizienter Arbeit in der Regel ein Interesse, Standardprodukte zu verkaufen, wie schon im Zusammenhang mit der Strategieberatung in Abschnitt 3.3 besprochen. Diese sollen universell einsetzbar sein, „quick wins“ für den Kunden versprechen, durch Expertensprache eine hohe Kompetenzanmutung erzeugen, aber gleichzeitig einleuchtend und anwendungsnah wirken sowie das eigene Haus von der Konkurrenz abgrenzen.

Ernst & Kieser (2002) haben die Vorteile einer solchen Standardisierung für Beratungsunternehmen zusammengefasst:

(1) Höhere Attraktivität für potenzielle Klienten (es wird der Eindruck erweckt, dass das Tool bereits in vielen Unternehmen eingesetzt worden ist);

(2) Größeres Marketingpotenzial (das Tool kann wie ein Markenartikel vermarktet werden, ein eingängiges Label wie z.B. „Value Chain“ macht das Produkt bekannt und suggeriert einen bestimmten Qualitätsstandard);

(3) Erleichterung der Koordination innerhalb der Beratung (die Anwendung von Standardtools ermöglicht den Austausch von Personal zwischen verschiedenen Projekten);

(4) Möglichkeit der Anwendung durch weniger erfahrene Berater.

Um dieselben Standardtools in möglichst vielen Auftragskontexten einsetzen zu können, muss die Problemstellung des Kunden so ausgedeutet werden, dass die jeweiligen Standardprodukte als optimale Lösungen erscheinen: „Am Ende liegt die Kunst darin, möglichst viele Kunden davon zu überzeugen, dass sie das zu einer Lösung passende Problem plagt, sie sich dessen vielleicht nur noch nicht bewusst sind" (Friedrich von den Eichen 2005, S. 370). Bloomfeld & Danieli (1995, S. 28) formulieren das dahinter stehende allgemeine Prinzip so: „Berater zielen weniger auf eine bestimmte Marktnische ab als sie sich bemühen, eine Nische zu erschaffen und ihre Klienten zu überzeugen, dass diese sich darin befinden". Auch Wimmer (2005, S. 367) hat darauf hingewiesen, dass Berater die angebotene Problembeschreibung so redefinieren, dass das eigene Bearbeitungsrepertoire und die aufgebauten professionellen Routinen dazu passen. Barbara Heitger hat die (Strategie-) Berater entsprechend als „Modeschöpfer des Managements" bezeichnet (nach Wimmer 1995). Dass dieselben Berater – je nach aktueller Management-Mode – heute eine und morgen die gegenteilige Strategie empfehlen (siehe Fallbeispiel „Eine Strategieberatung beweist ihre Flexibilität"), tut dem Geschäft keinen Abbruch.

Fallbeispiel: Eine Strategieberatung beweist ihre Flexibilität

Die Stadtwerke einer norddeutschen Großstadt haben ein international tätiges und sehr renommiertes Beratungshaus damit beauftragt, die internen Strukturen und Prozesse zu optimieren. Das Beratungshaus empfiehlt eine weit reichende Outsourcing-Strategie. Alle Einheiten, die nicht als zum Kerngeschäft der Organisation gehörig empfunden werden (z.B. die Wartung des Maschinenparks oder die Pflege der Grünflächen), werden daraufhin ausgegliedert. Ein Teil des Top-Management wird mit hohen Abfindungen aus dem Unternehmen „heraus gekauft", für die anderen Mitarbeiter werden Kündigungen ausgesprochen, einige Mitarbeiter gelten als unkündbar und müssen innerhalb der Organisation verschoben werden (auch wenn dies nicht immer sinnvoll ist).

Wenige Jahre später kehrt die Beratungsfirma zurück. Dieselben Berater (!) empfehlen nun – gemäß den aktuellen Glaubenssätzen ihres Unternehmens – Insourcing als Lösung für die aktuellen Probleme der Kundenorganisation. Die zuvor abgestoßenen Aufgaben werden nun mit hohem Aufwand für Personalselektion und -qualifizierung wieder eingegliedert.

Aus dieser Perspektive ist für den Erfolg der Beratung also – zugespitzt formuliert – nicht entscheidend, *was* geschieht, sondern

> *dass* etwas geschieht, dass etwa Stellen abgebaut, Lagerbestände reduziert oder Strategien entwickelt werden. Ob diese Maßnahmen wissenschaftlichen Kriterien genügen, ist nicht relevant. [...] Berater haben Argumentationen oder Geschichten zur Hand, die plausibel machen, dass der Einsatz der angebotenen Instrumente dringend geboten, eigentlich unausweichlich, ist. (Kieser 2002, S. 31, Hervorhebung FvA/JK/HS)

Um den Kunden zu binden und Nachfolgeaufträge zu generieren, muss das Beratungsunternehmen den Kunden zufrieden stellen, gleichzeitig aber die Probleme nicht allzu nachhaltig lösen oder dafür sorgen, dass Nachfolgeprobleme erzeugt werden. Berater, die Klienten überzeugen, zusätzliche Projekte oder Anschlussprojekte durchzuführen, erhalten von ihren Gesellschaften üppige Prämien (ebd., S. 65).

Pseudo-Wissenschaftlichkeit

Beratung ist darauf angewiesen, sich im Hinblick auf das eigene Wissen um die Problemstellungen des Kundensystems, auf mögliche Lösungsstrategien und –instrumente etc. als dem Kundensystem überlegen darzustellen. Würde das Beratungsunternehmen über die gleichen Möglichkeiten zur Problemlösung verfügen wie das beratene System, gäbe es keinen Grund, externe Beratung in Anspruch zu nehmen. Dies gilt besonders für die Strategieberatung, die ihren Daseinsanspruch vor allem mit einem überlegenen Expertenwissen rechtfertigt (wir haben diesen Aspekt in Abschnitt 3.3 unter der Überschrift „Expertenwissen… oder nur Fassade?" bereits angesprochen). Grundsätzlich betrifft dieselbe Kritik mit leicht unterschiedlicher Akzentuierung aber auch alle anderen Beratungsformen. Hier mag es dann nicht um elaboriertes Branchenwissen oder besonders ausgereifte Analysetools gehen, sondern um organisationspsychologisches Know-how, um Architekturen zur Gestaltung von Veränderungsprozessen, um besondere Workshopdesigns (z.B. für Großgruppenveranstaltungen) oder Ähnliches. In vielen Fällen wird jedoch eine „immer elaboriertere Kompetenzrhetorik" (Wimmer 2005, S. 368) eingesetzt, um dem Kunden gegenüber die Seriosität, Wissenschaftlichkeit und Modernität des eigenen Vorgehens zu demonstrieren: „Man braucht Theorie aus Marketingüberlegungen, sie liefert die erforderliche Verpackung, die Begrifflichkeit des Verkaufs. Unklar bleibt, in welchem Ausmaß die konkrete Praxis im Beratungsalltag mit der feilgebotenen Selbstdarstellung und verbaler Akrobatik etwas zu tun hat" (Wimmer 2000, S. 247). March (1999, S. 328) trägt diese Kritik etwas schärfer formuliert vor: Berater, so seine Ansicht,

> verletzen häufig vernünftige Forschungsstandards. Sie generalisieren auf der Basis flüchtiger Beobachtungen, durchgeführt an schlecht definierten Stichproben, gezogen aus unspezifizierten Universen. Sie scheinen häufig relevante Forschungsliteratur - aus Ignoranz, Faulheit oder Habgier - zu ignorieren. Sie simplifizieren komplexe Sachverhalte und bilden sie dadurch fehlerhaft ab, und sie warnen nicht angemessen vor den Beschränkungen, denen ihre Aussagen unterliegen. Sie leben von

> Binsenwahrheiten, Übertreibungen und billigen Tricks. Und die Ideen, die sie haben mögen, verlieren sich in verkäufermäßiger Terminologie und selbstüberschätzender Aufmachung.

Kieser (2002, S. 41) sieht die Funktion dieser pseudo-wissenschaftlichen Fassade auch darin, sich angesichts unterschiedlichster komplexitätsreduzierender Elemente der Beratung (Vereinfachung durch Konzentration auf einen Schlüsselfaktor, Verwendung stilisierter Beispiele, einfach zu entschlüsselnder Abbildungen und leicht verständlicher Sprache) gegenüber dem Verdacht der Trivialisierung abzugrenzen. Der Gebrauch kompliziert klingender Theorieversatzstücke (z.B. Verweis auf die Chaostheorie) diene der Mystifizierung des eigenen Konzepts, denn

> nichts gefährdet die Beratung mehr als die Möglichkeit, dass das beratene Unternehmen den Eindruck gewinnt, es habe durchschaut, was die Beratung ihm zu bieten hat [...]. Erst die „Kommunikationssperren", die die Beratung gegenüber dem Unternehmen [...] inszeniert, indem sie etwa mithilfe einer komplexen Theorie auf eine Sprache zurückgreift, die dem Unternehmen nicht zur Verfügung steht [...], machen Beratung überhaupt möglich. (Baecker 1993, S. 226 f.)

Die Seriosität der wissenschaftlichen Basis des Beratungskonzeptes wird in der Regel nicht in Frage gestellt, weil man den Beratern zubilligt, dass sie ihr „Geheimwissen" und ihre Methoden nicht offenlegen, um es vor der Konkurrenz zu schützen (Kieser 2002, S. 41).

Beratung erhöht die Komplexität, um sie anschließend reduzieren zu können

Ernst & Kieser (2002, S. 59) haben eine interessante Gegenthese zur gängigen Ansicht aufgestellt, dass Beratung komplexitätsreduzierend wirke (vgl. Kapitel 9). Berater seien an einer dynamischen Wissensproduktion interessiert, da dies den Orientierungsbedarf der Manager und damit die Geschäftsgrundlage der Berater sichere. Aus diesem Grund würden die Berater dafür sorgen, dass es nicht zu einer Lösung der Komplexitäts- und Unsicherheitsproblematik, sondern zu einer Komplexitätssteigerung komme. „Umweltdynamik und -komplexität werden von den ‚Sirenenstimmen der Managementkommentatoren und -berater' (Clark [...]; Deutschmann [...]) ständig dramatisiert. Berater instrumentalisieren also nicht nur bestehende Komplexität, sondern versuchen zusätzlich, die Wahrnehmungen der Manager bezüglich dieser Komplexität zu intensivieren" (ebd., S. 60). Dies falle Beratern leicht, da ihnen unendlich viele Möglichkeiten zur Kombination und Interpretation von Expertenwissen zur Verfügung stünden.

Kieser (1998, S. 217 f.) kommt auf der Grundlage dieser Überlegungen zu dem Schluss:

> *Die Nachfrage nach Unternehmensberatung kann nie befriedigt werden, denn die Verunsicherung der Manager wird durch Zufuhr von Beratung nur oberflächlich und kurzfristig abgebaut. Beratung legt immer den Keim für neue, tiefergehende Verunsicherung. Es stellen sich unweigerlich neue Probleme ein - auch ausgelöst durch neue Management-*

moden -, die als gravierender empfunden werden als diejenigen, welche die letzte Beratung ausgelöst haben. Und schon diese konnten nicht selbständig gelöst werden... Unternehmensberatung macht also abhängig - und der Klient muß immer höhere Budgets bereitstellen, um wenigstens kurzfristig Befriedigung zu erlangen! Auf der Ebene der Volkswirtschaft vergrößert die steigende Nachfrage nach Unternehmensberatung das Angebot und das vergrößerte Angebot schafft sich immer wieder neue Nachfrage.

Ironische Ratschläge für den Beratererfolg

1. Wegelagerei (highway robbery): Verlange immer zuviel! Je mehr man bezahlt, desto mehr ist es wert.
2. Kleider machen Leute (dress for success): Der Berater muss immer gut, aber anders gekleidet sein als der Klient.
3. Kaffeeautomat oder den hilfreichen Mitarbeiter finden (Water Cooler, or finding the HE): Nimm am Kaffeeautomaten Kontakt mit Mitarbeitern auf, bis du den „hilfreichen Mitarbeiter“ gefunden hast, der die Organisation gut kennt und sich bereits Lösungen überlegt hat, die man kopieren kann.
4. Nebelwerfer (Smoke Screen): Mache mit Worten Eindruck, nutze Fachjargon.
5. Unerschütterlicher Optimismus (Polyanna): Formuliere alles, auch schlimme Nachrichten, positiv.
6. Das Gegenteil von Vertraulichkeit (Reverse Familiarity): Trete distanziert auf, um die Kunden einzuschüchtern.
7. Keine offene Flanke zeigen (Shield thy Posterior): Formuliere so, dass du nicht festgelegt werden kannst.
8. Sündenbock (Internal Fallen Guy): Wenn etwas schiefgeht, ist ein Mitarbeiter des Klienten schuld, der falsche Auskünfte, Auswertungen oder Materialien geliefert hat.
9. Beurteilungsumkehr (Reverse Appraisal): Mache dem Klienten klar, dass er nicht imstande ist, die Leistungen des Beraters zu würdigen.

(Litrell & Glen 1982, dargestellt nach Neuberger 2002b, S. 142 f.)

Heike Stark

Zwischenruf: Jubiläumsangebote

Voodoogestütze Personalentwicklung

Wege aus der Personalfalle – Management by Fading Away

Als Ergebnis konsequenter Weiterentwicklung bieten wir Ihnen hier eine Personalmanagementmethode, die in einer Symbiose aus Tradition und Moderne uraltes Wissen und aktuelle Innovationsforschung in Einklang bringt – überraschend wirkungsvoll! Mitzubringen: 1000,00 € für geweihtes Wachs und Fingernagelabschnitte Ihrer leistungsschwachen Mitarbeiter/innen

Pflanzengestützte Betriebsratsentwicklung

Durch aufmerksames Beobachten des Pflanzenwachstums lernen Sie auch auf kleinste Nuancen des Verhandlungsgegenübers zu achten. In mehreren Trainingseinheiten erhalten Sie die Gelegenheit, sowohl das Stehen deutscher Eichen als auch die Biegsamkeit des asiatischen Bambus praktisch einzuüben. Ihre erworbene Fähigkeit, Schösslinge hervorzubringen, wird in einer wissenschaftlich begleiteten Nachhaltigkeitsstudie evaluiert.

Mineraliengestützte Personalentwicklung in der öffentlichen Verwaltung Kundenorientierte Rhetorik – Steine sprechen mit dir!

Wer hätte sich noch nie vom imposanten Auftritt eines massiven Urgesteins beeindrucken lassen, wem hätte noch nie die unaufdringliche Unbeirrbarkeit eines Kieselsteins, das scharfe Profil einer Geröllhalde Respekt abgenötigt? In Rollenspielen tasten Sie sich an einen körpersprachlich gelungenen Auftritt heran und erlernen die Kunst der leisen Darbietung.

Konfliktbewältigung mit Katzen und Kanarienvögeln Ein Seminar für Führungskräfte

Stellen Sie win-win-Situationen her, wo keiner sie für möglich halten würde! Erfahren Sie die begrenzte Tragfähigkeit so genannter Kompromisse und lernen Sie in situationsangemessener Zeit Entscheidungen zu treffen, deren Ergebnis einer Qualitätsüberprüfung Stand hält. Die Definition valider Erfolgsindikatoren als Grundlage einer aussagekräftigen Evaluation ist Bestandteil des Seminars.
Für den Praxisanteil des Seminars stehen je zwei Tiere pro Teilnehmer zur Verfügung.

Elisabeth Berchtold

Die „gute Absicht“ hinter der hidden agenda

Elisabeth Berchtold, Organisationsentwicklerin, initiiert und begleitet Change-Prozesse und Führungskräfteentwicklung in mittelständischen Unternehmen und Konzernen. Lehrauftrag an der Hochschule für angewandte Wissenschaften in St. Gallen.

Kontakt: Berchtold-Consulting, Körnerstr. 16, 57072 Siegen, Tel. ++49 (0)271 / 2380448, www.berchtold-beratung.de

Ohne konsequente Würdigung der „guten Absicht“ hinter den verschiedenen „hidden agendas“ der Auftraggeber und der am Prozess unmittelbar beteiligten Mitarbeiter bauen sich unnötige Hindernisse auf. Die Frage des Menschenbildes steht hierbei im Mittelpunkt: Widerstände dürfen nicht in erster Linie als Störfaktoren, sondern als wichtige Hinweise auf ihre Funktionen für Unternehmenskultur und die darin handelnden Personen beobachtet, interpretiert, in ihren Auswirkungen transparent gemacht und konstruktiv genutzt werden.

Geht man davon aus, die Unternehmenskultur entscheide über Erfolg oder Scheitern beim Umgang mit der Marktdynamik, so hängt das Gelingen des Change-Prozesses aus meiner Sicht entscheidend davon ab, wie sehr es dem Berater gelingt, Kulturveränderungen zu initiieren. Kulturen sind jedoch nicht immer offensichtlich, sondern erschließen sich erst nach und nach. Sie haben stets einen stabilisierenden, bewahrenden Charakter, verbunden mit der Aufgabe, individuelle Verhaltensvielfalt zu minimieren (Kruse 2005). Damit vermitteln sie auch Sicherheit. Gelernte Regeln und gewohnte Verhaltensweisen werden häufig verstärkt, wenn Veränderungen anstehen. Deshalb muss der Berater im Prozess vor allem eines machen: Abstriche! Nicht zuletzt aufgrund des „Nichtoffensichtlichen“, der „Dinge im Verborgenen“ lehrt die Erfahrung eine wichtige Lektion: Beratung macht bescheiden! Auch wenn diese Bescheidenheit nicht immer leicht fällt, zahlt sie sich aus. Sie ist neben der Zielklarheit im Prozess der Dreh- und Angelpunkt des Beratungserfolgs!

Wie schwierig und gleichwohl notwendig diese Anforderung an Berater sein kann, möchte ich an folgendem Praxisbeispiel erläutern.

Wir erhielten den Auftrag, einen umfassenden und tiefgreifenden organisationalen Veränderungsprozess für ein größeres mittelständisches Unternehmen mit mehreren Standorten zu initiieren und zu begleiten.

Unser Dialogkonzept sah vor, grundlegende Themen wie Standardisierung, Flexibilisierung und (Selbst-)Verantwortung auf allen Führungsebenen in den verschiedenen Bereichen und Standorten „mit Leben zu füllen“ und zu konkretisieren.

Mit der Geschäftsführung wurde ein synchrones Vorgehen mit allen Bereichen an allen Standorten vereinbart. Neben einer raschen Wirksamkeit sollte damit durch das Herstellen eines gemeinsamen Informationsniveaus vor allem Vertrauen geschaffen werden.

Die Bereiche haben ihren Ursprung in sehr unterschiedlichen Unternehmen und Branchen und hatten bis zu diesem Zeitpunkt weitgehend eigenständig gearbeitet. Dies stellte in der Vergangenheit durchaus ein Erfolgskriterium dar. So beinhaltete das Selbstverständnis dieser Bereiche ein hohes Maß an Autonomie.

Im obigen Auftrag war der Zeitpunkt der ersten Veranstaltung mit den Führungskräften eines einzelnen Bereiches gekommen. Das Vorgespräch mit dem Bereichsleiter und seiner Assistentin unterschied sich nicht wesentlich von den Gesprächen, die mit den Geschäftsführern der anderen Bereiche bzw. an anderen Standorten geführt wurden. Bei diesem Austausch wurde jedoch bald offensichtlich, dass es prinzipiell andere Vorstellungen, bzgl. der geplanten Kick-off-Veranstaltung gab. Offen kommuniziert wurde folgendes: „Über Inhalte brauchen wir hier nicht zu diskutieren. Sie können bei uns und unseren Führungskräften ein uneingeschränktes Commitment zur Unternehmensstrategie voraussetzen“.

Mir machte man deutlich, dass die Veränderungswünsche aus diesem Grund lediglich marginal seien: „Wir haben lediglich ein paar Wünsche bzgl. des organisatorischen Ablaufs. Auch sind wir in der Moderation solcher Veranstaltungen geübt, von daher benötigen wir im Grunde keine externe Begleitung“.

Freundliches, hartnäckiges Nachfragen ließ schon zu diesem Zeitpunkt die Vermutung zu, dass der Charakter der Veranstaltung hin zu Ankündigungen, Weisungen und Unterhaltungswert verändert werden sollte. Dies stand im Gegensatz zu dem dialogischen Konzeptansatz. Uns ging es um Verständnis und Akzeptanz der Inhalte, um so die Konsequenzen für das eigene Handeln zu erkennen und selbstverantwortlich zu agieren. Unser Hinweis auf diesen Konzeptansatz verhallte ungehört.

Aus meiner Sicht gehört es zur Verantwortung eines professionellen Beraters, den Auftraggeber zu diesem Zeitpunkt über die vermutete prinzipielle Konzeptveränderung in Kenntnis zu setzen. Meine Wahrnehmung war nämlich folgende: Es ging nicht um Marginalien, sondern um Grundsätzliches. Von daher war das „aktualisierte/erneute“ Okay des Auftraggebers unabdingbar. Nachdem uns dieses vorlag und zurückgespiegelt wurde, wurden die kommunizierten Änderungswünsche weitgehend berücksichtigt. Um den Dialogcharakter zu erhalten, haben wir dem Bereichsleiter die besondere Bedeutung der Kleingruppenarbeiten an so genannten Marktständen verdeutlicht. In diesem Kontext sollten sich die Teilnehmer austauschen, Fragen zum geplanten strategischen Vorgehen stellen, eigene Unsicherheiten kommunizieren…kurz: durch den Austausch sollte Verständnis für die Strategie, für die eigenen Möglichkeiten und Verantwortungen entwickelt werden.

Der Verlauf der Kick-off-Veranstaltung stellte sich tatsächlich wie folgt dar:

- Die für den Vortag geplanten Absprachen mit Beteiligten in Schlüsselfunktionen hatten bereits einige Tage vorher stattgefunden, ohne uns davon in Kenntnis zu setzen.
- Für alle Beteiligten und Teilnehmer waren explizit besondere Namensschilder angefertigt worden – für die uns, die externen Moderatoren, nicht.
- Kleingruppenarbeiten im eigentlichen Sinne fanden nicht statt. Vielmehr wurde in separaten Räumen zu den Themen erneut von den „internen Moderatoren" Stellung bezogen, welche uns kurzfristig „zur Seite gestellt wurden". Im Nachhinein stellte sich heraus, dass es sich hierbei ausschließlich um Key Player und enge Vertraute des Bereichsleiters handelte.

Die Abweichungen vom vereinbarten dialogischen Konzept schienen das Ziel zu haben, diese Veranstaltung als Gelegenheit zur Durchsetzung eigener Themen und Interessen zu nutzen und vermeintliche Schwachstellen wie mangelndes Commitment der Führungskräfte keinesfalls nach außen sichtbar werden zu lassen. Dies ist nachvollziehbar, wenn auch für den Prozess zunächst alles andere als förderlich. Wichtig schien es mir, die „guten Absichten" hinter den Widerständen aufzuspüren. Diese „guten Absichten" hinter der hidden agenda des Bereichsleiters habe ich wie folgt interpretiert und akzeptiert: Es könnte darum gehen, Prozesse zu beschleunigen, positive Ergebnisse zu erzielen, Führungskräfte nicht bloß zu stellen und/oder die eigene Wirksamkeit bei dieser Gelegenheit zu beweisen. Aufgrund dieser Annahmen habe ich entschieden weiter an der Bildung einer Vertrauensbasis zu arbeiten und die Betreffenden nicht mit meiner Wahrnehmung einer hidden agenda zu konfrontieren. Wir haben entschieden, Geduld zu haben und Widerstände langsam abzubauen. Nur so konnte auch in dieser Organisationseinheit Vertrauen entwickelt werden, welches mittelfristig ermöglichen würde, Befürchtungen und Ziele offen auszusprechen.

Es ist nicht immer einfach, die gute Absicht hinter den manchmal schwer hinnehmbaren Verhaltensweisen zu erkennen. Wesentlich für einen erfolgreichen Beratungsprozess ist die Suche nach Erklärungen für spezifische Kulturmerkmale von Organisationen, die im Verhalten der Beteiligten ihren Ausdruck finden. Kulturveränderung lässt sich keinesfalls rational verordnen. Es kann also nicht darum gehen, eine hidden agenda durch eine andere zu ersetzen. Sinnvoller ist, kontinuierlich nach Gemeinsamkeiten, besser noch, nach gemeinsamen Zielen von Auftraggeber und Auftragnehmer zu fahnden, diese transparent zu machen und für gegenseitiges Verständnis zu sorgen. Nur so bewirkt die Erfüllung eines Auftrages tatsächliche Veränderung und enthält damit auch Potenzial für die Zukunft. Die eigentliche Herausforderung in unserem Praxisbeispiel waren die unterschiedlichen Kulturen der Bereiche. Hier war die Verzahnung verschiedener, manchmal auch divergierender Interessen gefragt. Aus meiner Sicht benötigen Berater in einem derart komplexen Prozess in erster Linie folgende Eigenschaften: neben persönlicher Klarheit - bezogen auf die eigenen Fähigkeiten, Möglichkeiten und die persönliche Position im Prozess - eine sensible Wahrnehmung, ein hohes Maß an Methodenflexibilität, einen guten Umgang mit Sprache, d.h. Ausdrucksstärke, diplomatische Fähigkeiten und vor allem: Bescheidenheit. Letztere in mehrfacher Hinsicht: Meines Erachtens tun Berater gut daran, sich selbst und ihre eigenen Interventionsmöglichkeiten nicht zu überschätzen. Ein verantwortungsvoller Berater befindet sich in einem permanenten Entscheidungsprozess darüber, welcher der häufig divergierenden Interessen und Bedürfnissen er oder sie in der konkreten Situation „den Vorzug geben“ will.

Der Erfolg gab unserer Suche nach der „guten Absicht“ und deren Akzeptanz Recht: Letztendlich wurde unser Konzept in weiteren Etappen erfolgreich umgesetzt.

Blinde Flecke, latente Funktionen und hidden agendas in der Praxis

18 Blinde Flecke, latente Funktionen und hidden agendas in verschiedenen Praxisfeldern

Blinde Flecke, latente Funktionen und hidden agendas, so wie wir sie in Teil II dieses Buches beschrieben haben, finden sich in jedem organisationalen Lern- und Veränderungsprozess. In verschiedenen Praxisfeldern (oder, mit einem Begriff von Buer: „Formaten") sind unterschiedliche latente Funktionen jedoch unterschiedlich relevant. Auch die blinden Flecken und hidden agendas, denen man begegnen kann, variieren mit dem jeweiligen Praxiskontext. Aus diesem Grund werden in diesem Kapitel verschiedene Praxisfelder im Hinblick auf ihre typischen blinden Flecke, latenten Funktionen und hidden agendas beleuchtet.

18.1 Organisationale Transformationsprozesse

Organisationen sehen sich stets wandelnden Umweltherausforderungen gegenüber. Um auf diese Herausforderungen erfolgreich reagieren zu können, müssen sie sich zielgerichtet verändern können. Dis betrifft die Struktur (Aufbauorganisation, Hierarchien, Kommunikationswege), die Prozesse (Abläufe) ebenso wie die Kultur der Organisation. Im Gegensatz z.B. zu Bereichsentwicklungen, die nur einen Teil der Organisation betreffen, handelt es sich bei Transformationen um grundlegende geplante Veränderungsprozesse, die den Bestand und die Zukunftsfähigkeit von Organisationen sichern sollen. Anlässe für Business Transformation sind laut einer aktuellen Studie des IMWF (Institut für Management- und Wirtschaftsforschung) in deutschen Unternehmen in erster Linie der Bedarf an Kostensenkung, die Erhöhung der Kundenorientierung sowie Fusionen. Transformationsprozesse werden häufig von externen Beratern begleitet. Die Blickrichtung, Zielsetzung und Ausgestaltung dieser Beratung hängt stark vom jeweiligen Beratungsansatz ab. Jeder Ansatz – ob Fach-/Strategieberatung, Organisationsentwicklung oder systemische Organisationsberatung – weist einen spezifischen blinden Fleck auf (vgl. Teil I dieses Buches). Die den Markt dominierende Fachberatung geht von einem Organisationsverständnis aus, das die „hard facts" in den Vordergrund rückt und dementsprechend dazu tendiert, die technische Machbarkeit der Veränderung überzubetonen. Dabei können die sozialen und kulturellen Dimensionen des Wandels leicht aus dem Blick geraten. Die größte Gefahr des Scheiterns liegt dabei in mangelnder Sorgfalt und fehlender Geduld – der Zwang zum Mithalten-können im Wettbewerb verführt die Organisation zur Vernachlässigung besonders der „weichen" (und zeitintensiven) Faktoren. Dazu gehört die vor allem Kommunikation mit den Mitarbeitern, die aufgrund dessen die Veränderungsnotwendigkeit unter Umständen von Beginn an nicht „einsehen", den Veränderungsprozess daher nicht mittragen und „widerständig" unterlaufen. Dass hier nach wie vor ein bedeutender blinder Fleck besteht, spricht auch aus den Erfahrungsberichten aus der Kundenperspektive (Kapitel 19). Wenn darüber hinaus die Entwicklung neuer skills der Mitarbeiter vernachlässigt wird, werden diese weiterhin „business as usual" praktizieren und nicht in die Lage versetzt, ausreichend zur neuen Organisationsstruktur und -kultur beizutragen. Der ganzheitliche Ansatz, dem Transformationsprozesse folgen sollten, wird an dieser Stelle aufgeweicht und konterkariert. Eine Sanierung durch Entlassungen kann einen kurzfristigen Markterfolg bewirken, wenn aber ein tiefer gehender Wandel ausbleibt, ist die Gefahr groß, dass sich langfristig die ursprünglichen Probleme (häufig in verschärfter Form) wieder einstellen. Berater stehen hier oft unter dem Kundendruck, schnell einen „messbaren Erfolg" vorweisen zu können und kommen daher leicht in Versuchung, wichtige Dimensionen des Wandels zu vernachlässigen.

Der Organisationsentwicklung (OE), die gerade diese „soft facts" fokussiert, wird dagegen häufig mangelnde inhaltliche Expertise vorgeworfen. Das Fehlen des von außen eingebrachten Expertenwissens der Strategieberatung kann schmerzlich spürbar werden, wenn das Unternehmen – entgegen der OE-Philosophie – eben nicht über die zur Behebung ihrer eigenen Defizite nötigen Ressourcen verfügt. Angesichts ihres umfassenden Partizipationsanspruchs („Betroffene zu Beteiligten machen") nehmen OE-Prozesse viel Zeit in Anspruch, die in akuten Krisensituationen häufig fehlt. Ferner kann die partizipative Gestaltung des Prozesses Mitgestaltungsmöglichkeiten suggerieren, die schließlich nicht realisiert werden. Bestehende Machtverhältnisse werden ausgeblendet oder replizieren sich im Prozess.

Ein umfassender Organisationswandel kann sich also weder auf die Gestaltung der „hard facts" noch auf die Gestaltung der „soft facts" allein beschränken. Diese Erkenntnis ist die Kernaussage all dessen, was wir in den zurückliegenden Jahrzehnten über organisationale Veränderungsprozesse gelernt haben. Gouillart & Kelly (1995) nennen dementsprechend vier Dimensionen („4 R der Transformation") sprechen, die bei der Umgestaltung von Organisationen berücksichtigt werden müssen:

- *Reframing* – Ein grundlegender Wandel kann nur stattfinden, wenn alte Denkmuster und Routinen in Frage gestellt werden, wenn es gelingt, Einstellungen und Erwartungen zu verändern und wenn durch geförderte Motivation und Mobilisierung der Mitarbeiter (z.B. durch eine begeisternde Vision oder ein Leitbild) Veränderungsbereitschaft geweckt wird.
- *Restructuring* – Um wettbewerbsfähig zu werden, müssen die Strukturen und andere „hard facts" der Organisation verändert werden. Die Grundlage hierfür bildet eine wertschöpfungsorientierte Analyse der Prozesse, aus denen Konsequenzen wie Veränderung der Arbeitsprozesse, der Infrastruktur, der Beschäftigtenzahlen etc. gezogen werden.
- *Revitalising* – Dieser Faktor hat nach Gouillart & Kelly die größte Bedeutung für einen gelungenen Transformationsprozess, weil hier neue Beziehungen

zur Umwelt eingegangen und gestaltet werden, die zukünftiges Wachstum ermöglichen. Bleibt diese Phase ungenutzt, so kann man eigentlich nur von einer Sanierung, nicht aber von einem Transformationsprozess sprechen.

- *Renewing* – Die Fähigkeiten und Fertigkeiten der Mitarbeiter müssen weiterentwickelt werden, um die Bereitschaft und Fähigkeit zu weiteren Veränderungen zu steigern.

Dass in diesem Feld zahlreiche blinde Flecke bestehen, zeigt auch der Umstand, dass ein hoher Prozentsatz (die Rede ist von bis zu 70%) aller Transformationsprozesse scheitern (ausführlich dazu Kapitel 21). Wimmer fasst in seinem nachfolgenden Artikel einige zentrale Erkenntnisse aus der langjährigen Erfahrung mit organisationalen Transformationsprozessen zusammen.

Rudolf Wimmer

Blinde Flecke in organisationalen Transformationsprozessen

Prof. Dr. Rudolf Wimmer, apl. Professor am Wittener Institut für Familienunternehmen, Gründungsprofessor des Instituts und Inhaber des Lehrstuhls „Führung und Organisation" an der Universität Witten/Herdecke von 1999-2004. 1988 Mitgründer der osb, Gesellschaft für systemische Organisationsberatung. Partner der osb international AG sowie des Managementzentrums Witten (MZW). Mitglied im Aufsichtsrat diverser Familienunternehmen.

Kontakt: osb Wien Consulting GmbH, Volksgartenstraße 3, A-1010 Wien, Tel. ++43 - (0)1 - 5260813-0, e-mail rudolf.wimmer@osb-i.com

1. Das Verändern von Organisationen verändert sich

Längst ist es ein vielzitierter Gemeinplatz: „Das einzig Stabile ist die Veränderung". Diese Botschaft besitzt für die allermeisten Organisationen heutigen Zuschnitts eigentlich keinen Informationsgehalt mehr. Wir sind längst angekommen in der Welt des permanenten Change. Uns beschäftigt häufig nur mehr die Frage, schaffen wir die anstehenden Veränderungen schnell und weitreichend genug. Die aktuelle Krise, ausgelöst durch die ungeheuerlichen Turbulenzen an den internationalen Finanzmärkten, setzt auf die bereits eingespielten Veränderungsdynamiken in vielen Organisationen noch einen gewaltigen Schritt drauf. Die üblichen Steuerungsinstrumente und Planungshorizonte versagen zurzeit in vielen Branchen total. In aller Eile werden einschneidende Maßnahmenpakete geschnürt: Investitionsstopp, Kurzarbeit, Kostensenkungsprogramme, Rückbau von Kapazitäten, Schließung von Standorten und vergleichbare Redimensionierungsmaßnahmen. In einer Reihe von Branchen wird der Konsolidierungs- und Marktbereinigungsprozess weiter angeheizt (etwa bei den europäischen Fluglinien oder in der Automobil- bzw. in der Automobilzulieferindustrie). Die Insolvenzrate steigt wieder dramatisch an. Da ist in erster Linie kurzfristig wirksames, effizientes Turnaround-Management gefragt. Gleichzeitig bleibt es aber wichtig, die Leistungsfähigkeit von Unternehmen für den erwartbaren Aufschwung aufrechtzuerhalten und nicht durch kurzfristig wirkende Radikalmaßnahmen nachhaltig zu schädigen. Der sensible Umgang mit diesem Spannungsfeld stellt zurzeit die größte Herausforderung für jedes Veränderungsmanagement dar.

Angesichts der aktuellen wirtschaftlichen Verwerfungen bleiben vielen Unternehmen radikale Transformationsprozesse trotz zunehmender Skepsis gegenüber ihren Erfolgsaussichten wohl auch weiterhin nicht erspart. Dieser Umstand ist Motivation genug, den empirisch beobachtbaren, charakteristischen Fallstricken solcher struktureller Umbauten von Organisationen, die letztlich immer auf kollektive blinde Flecke der Akteure zurückzuführen sind, genauer nachzugehen. Diesem Ziel dienen in aller Kürze die folgenden Überlegungen. Sie konzentrieren sich dabei auf systematisch unterschätzte Dimensionen, deren Beachtung oder Vernachlässigung über den Erfolg oder Misserfolg solcher Vorhaben entscheiden. In der Abfolge dieser Dimensionen folgen wir dabei der Logik und Dramaturgie von Umgestaltungsprozessen, die tief in die historisch gewachsene Identität und in die zugrundeliegenden Strukturen und Prozesse bei den betroffenen Organisationen eingreifen.

2. Wie entsteht Veränderungsenergie?

Wir sprechen von einer radikalen Transformation immer dann, wenn in einer Organisation erkannt wird, dass die Fortsetzung des bisherigen Weges, der eingespielten Routinen, das Festhalten an der bestehenden Aufgabenidentität und den damit verbundenen Strukturen und Prozessen die Organisationen über kurz oder lang in eine existentielle Bedrohungslage hineinführt. Dies kann sein, weil wichtige Kunden wegbrechen, Schlüsselprodukte auslaufen, weil sie Intensivierung des Wettbewerbs das bisherige Geschäftsmodell obsolet werden lässt, weil sich die Rohstoffsituation dramatisch geändert hat, weil die Branchendynamik massive Wachstumsschritte erzwingt, weil ein Technologiewandel eine Neuausrichtung nahelegt und ähnliches mehr. Stets handelt es sich um Anlässe, angesichts derer die verantwortlichen Entscheidungsträger zu der Einsicht gelangen, dass die Fortsetzung des Status quo eine existentielle Gefährdung des Gesamtsystems oder wichtiger Teilbereiche bedeuten würde. In einer solchen Situation greifen die üblichen Verbesserungs- und Optimierungsmaßnahmen zu kurz. Es steht die gesamte Organisationsarchitektur, die bisherigen aufbauorganisatorischen Festlegungen und die damit verbundenen Führungsstrukturen und Führungsverantwortlichkeiten zur Disposition. Stehen Unternehmenszusammenschlüsse, Teilfusionen oder Aufspaltungen durch Outsourcing-Maßnahmen an, dann berühren solche Schritte immer die gesamte bisherige Identität der Organisation und erschüttern ihr gewachsenes Selbstverständnis. Die durch solche Anlässe angestoßenen Organisationsumbauten bringen somit für erhebliche Teile der Beschäftigten stets einschneidende Veränderungen mit sich, sei es dass sich ihr bisheriges Aufgabengebiet und die vertrauten Kooperationsbeziehungen ändern, sich die Einflusspositionen verschieben, sich die Entlohnungssituation verschlechtert oder manche überhaupt ihren Arbeitsplatz verlieren. Mit anderen Worten, radikale Transformationsprozesse lösen in den betroffenen Organisationen heftige Verunsicherungen aus, sie bringen ein enormes Unruhepotenzial ins Haus, das die Aufmerksamkeit der Beteiligten über Wochen und Monate bindet. Es ist gerade diese ungewöhnliche Emotionalisierung, die stets angstbesetzten Entscheidungsnotwendigkeiten mit ihren nicht zu vermeidenden destruktiven Begleiterscheinungen, die charakteristische „blinde Flecke“ in der Realisierung solcher Vorhaben wahrscheinlich machen.

Eines dieser häufig nicht gesehenen Problemfelder ergibt sich aus einer Fehleinschätzung des Energieaufwandes, den die Bewältigung solcher Umbauten erfordert, wie auch aus einer Überschätzung des vorhandenen Energiepotenzials, das in der Organisation für das Vorhaben neben dem normalen Tagesgeschäft zur Verfügung steht. Organisationen sind in ihrem Leistungsvermögen auf die Bewältigung der eingespielten Routinen ausgerichtet. Die Effizienzsteigerungsprogramme der letzten Jahre haben das Ihre dazu beigetragen, dass alle Ressourcen auf das bestehende Geschäft hin optimiert worden sind. Da gibt es üblicherweise keine großen Spielräume für erhebliche zusätzliche Belastungen. Radikale Transformationen bringen es aber mit sich, dass sie einen Großteil der Organisation und hier insbesondere die ohnehin bereits exponierten Leistungsträger über Monate in einen erheblichen zusätzlichen Anspannungsgrad versetzen. Dieser zusätzliche Zeitbedarf liegt erfahrungsgemäß bei 20-30 Prozent, draufgesattelt auf das normale Tagesgeschäft, das in solchen Umbauphasen ja auch nicht leiden soll. Wir operieren hier also mit der aus vielen Erfahrungen abgeleiteten These, dass radikale Transformationsprozesse üblicherweise losgetreten werden, ohne die Organisation bereit zu machen, mit diesem enormen, wenn auch zeitlich begrenzten Energiebedarf fertig zu werden. Das Management unterstellt vielfach, dass die Organisation schon irgendwie mitzieht, zumal die drohende Existenzgefährdung aus Sicht der Entscheidungsträger ohnehin keine Wahl lässt. Genau dies ist eine illusionäre Annahme, die schon von Beginn weg die Weichen in solchen Prozessen in die verkehrte Richtung stellt, weil man glaubt eine schnelle Abkürzung nehmen zu können. Aber wie versorgt man eine Organisation mit der erforderlichen Veränderungsenergie?

Bei dieser unverzichtbaren Führungsaufgabe geht es um die Herstellung eines organisationsweiten Spannungsbogens zwischen einerseits der gezielten Auseinandersetzung mit der Einschätzung der Ist-Situation, die ein Weitermachen in der bisherigen Form nicht zulässt, und dem Aufbau eines attraktiven Zukunftsbildes andererseits, das ausreichend Vertrauen einflößt, um die außergewöhnlichen Anstrengungen im Zuge des Transformationsprozesses auf sich zu nehmen. Dieser energetisierende Spannungsbogen entsteht also zwischen dem vergemeinschafteten Bewusstsein über den „case for action", also zwischen dem in der Organisation auf breiter Basis geteilten Wissen, dass das, was einen bisher erfolgreich gemacht hat, nicht wirklich zukunftsfähig ist und der Erarbeitung einer tragfähigen Vorstellung darüber, wie die Organisation ausschauen kann, die künftig die zentralen Umweltherausforderungen erfolgreich meistern wird. Radikale Transformationen benötigen diese unerlässliche Kombination aus einem kollektiven „Weg von" (Schubkraft) und einem sinnstiftenden „Hinzu" (Zugkraft). Erst auf der Grundlage eines solchen auf allen Ebenen der Organisation aufgebauten Spannungsbogens, lässt sich eine detaillierte Lösung für ein verändertes Organisationsdesign sowie ein dazu passendes Implementierungskonzept erarbeiten, das in seiner praktischen Realisierung dann auch eine Chance bekommt.

Vielfach versuchen die Topverantwortlichen in solchen Situationen, sich diese mühsame Auseinandersetzung in der eigenen Organisation zu ersparen. Sie beginnen gleich mit der Detailarbeit am Reorganisationskonzept, die sie mit Vorliebe an eigene und fremde Experten delegieren. Sobald diese ihre Arbeit in abgeschotteten Projektgruppen fertig gestellt haben, geht's dann ziemlich überfallsartig ans Umsetzen. Dann tauchen all die ungelösten Grundsatzfragen und inzwischen massiv aufgestauten emotionalen Barrieren in den einzelnen Detailschritten auf.

3. Führung als kritische Variable oder die Führung des Wandels bedingt einen Wandel der Führung

Es ist eine beliebte Form der Komplexitätsreduktion, dass sich die Verantwortlichen für einen Changeprozess selbst von demselben nicht unmittelbar betroffen fühlen. Ändern müssen sich ja die anderen: die Führungskräfte der nächsten Ebenen, die Beschäftigen der umorganisierten Bereiche, die Mitarbeiter der bei einer Fusion zu integrierenden Einheiten etc. Dies bedeutet, dass die verantwortlichen Akteure das Veränderungsvorhaben so denken, als wären sie selbst davon gar nicht betroffen, sie sind ja in der Gestalterrolle und haben deshalb die Zukunft bereits vorweggenommen. Die Veränderungsanforderungen fallen bei den „Geführten" an; dort gilt es Bewegung zu erzeugen. Man selbst ist diesbezüglich außen vor. Diese auf einer beliebten Spaltung zwischen „Tätern" und „Opfern" aufsetzende Konstruktion ist ein weiterer sehr häufig zu beobachtender blinder Fleck in organisationalen Transformationsprozessen.

Diese Konstruktion im Selbstverständnis der Entscheider besitzt für dieselben eine Reihe von wichtigen, vornehmlich der Selbstberuhigung dienenden Aspekte. Sie schützt vordergründig das Kompetenzempfinden der Akteure, auftretende Schwierigkeiten müssen nicht an die eigene Adresse zugerechnet werden, man findet dafür stets „Schuldige" in den betroffenen Bereichen, man kann ein eher technisch-ingenieurhaftes Umbauverständnis realisieren und dabei innerlich zu den betroffenen Leuten auf Distanz bleiben, etc. Für das Gelingen des Veränderungsprozesses hat dieses „trivialisierende" Führungsverständnis allerdings fatale Folgen. Es signalisiert der Organisation, dass sich die Entscheidungsträger aus der Veränderung selbst ausnehmen. Dieses Vorbild erzeugt natürlich breitflächig Nachahmer. Warum sollen andere die ganze Last eines solchen Transformationsprozesses auf sich nehmen, wenn die Treiber des Veränderungsprozesses so tun können, als hätte das Ganze auf ihre Rolle, auf ihre Verhaltensmuster nicht auch ganz weitreichende Rückwirkungen? Solche Signale lösen intensive, unterschwellig geführte Auseinandersetzungen darüber aus, wer es sich leisten kann, sein bisheriges Aufgabenfeld und Rollenverständnis weiterzupflegen und wen die Veränderung ernsthaft trifft. Diese mikropolitischen Prozesse stimulieren heftige Machtauseinandersetzungen und Verteilungskämpfe und letztlich „produzieren" sie jene Funktionsträger und Beschäftigtengruppe, die als „Schuldige" für Fehlentwicklungen herhalten müssen.

Will man solche Dynamiken vermeiden, dann ist es ratsam, den Wandel der Führung von Anbeginn an mit im Auge zu haben und mit den anstehenden Veränderungen auch auf den obersten Führungsebenen nicht zu zögern. Das schafft die unausweichliche Selbstbezüglichkeit organisationaler Wandlungsprozesse gerade für jene, die für diese Prozesse führungsmässig die Hauptverantwortung tragen. Dieser Zusammenhang verdeutlicht den enorm hohen Anspruch, den solche Transformationsprozesse an die Führung stellen. Denn die Unausweichlichkeit der erkannten Veränderungsnotwendigkeit bringt in der Regel all die ungelösten Führungsthemen der Vergangenheit auf den Tisch: ein langjähriges, kontaktvermeidendes Nebeneinander an der Spitze des Unternehmens, verdeckte Konflikte zwischen Mitgliedern einer Geschäftsführung, lange Zeit mitgeschleppte personelle Schwächen im Führungsteam, unterschiedliche strategische Auffassungen etc. Das erfolgreiche Bewältigen dermaßen komplexer und anspruchsvoller Veränderungsvorhaben benötigt eine starke, einheitlich agierende Führungskonstellation an der Spitze, die beim Rest der Organisation rasch das Vertrauen gewinnt, dass dieses existenzsichernde Vorhaben in guten Händen ist. Aus diesem Grund bedingt jede einschneidende Organisationstransformation in einem frühen Stadium die Herstellung einer tragfähigen Führungsstruktur, in der die richtigen Leute mit einer zur künftigen Organisation passenden Aufgabenverteilung aufsetzend auf tragfähigen, belastbaren zwischenmenschlichen Beziehungen zusammenwirken. Je früher so eine Führungskonstellation an der Spitze eines Veränderungsvorhabens geformt wird, umso aussichtsreicher kann sich so ein Vorhaben entwickeln.

4. Widerstand ist das Ergebnis einer sich selbsterfüllenden Prophezeiung

Es zählt zu den weithin geteilten Grundüberzeugungen all derjenigen, die sich mit organisationalen Veränderungsprozessen befassen, dass Veränderungszumutungen bei den Betroffenen unweigerlich eine innere Abwehr dagegen auslösen. Veränderung und Widerstand gehörten quasi zusammen, wie das Amen im Gebet. Es ist eine folgenschwere Realitätskonstruktion, die den Blick darauf verstellt, wie die verantwortlichen Akteure in Veränderungsprozessen durch ihr Verhalten jene Gegenwehr erst hervorrufen, die sie dann als ohnehin erwartbaren Widerstand diagnostizieren. Insofern dient das Widerstandskonzept der Selbstimmunisierung derjenigen, die ein Veränderungsvorhaben konzeptionell oder managerial tragen und vorantreiben. In diesem Sinne handelt es sich bei diesem blinden Fleck um eine besonders hartnäckige Ausprägung, weil dieses Konzept die Akteure in die Lage versetzt, jedes Zögern, jedes Nachfragen, jeden Zweifel, jedes Bedenken immer sofort als Widerstand einzuordnen. Gerade in so verunsichernden Phasen wie das nun mal Transformationsprozesse sind, bestätigt es die eigene Realitätswahrnehmung und gibt damit soziale Sicherheit.

Einige Beispiele für solche rekursiv erzeugten Widerstandsphänomene, die durch ein kluges Vorgehen leicht zu vermeiden wären: Wenn man in der Begründung eines Veränderungsvorhabens in erster Linie auf Versäumnisse der Vergangenheit hinweist, die Defizite bestimmter Bereiche und Funktionsträger betont, die Leistungsschwächen in der Zusammenarbeit bestimmter Leute hervorhebt, etc. dann darf man sich nicht wundern, dass bei den Betroffenen jede nur vorhandene Energie zur Selbstverteidigung und Rechtfertigung mobilisiert wird. Dies hat in der Kommunikation völlig unnötige Schleifen, wiederholte Muster von Beschuldigungen und Gegenbeschuldigungen zur Folge, alles vollkommen unproduktive Geschehnisse, die nur davon ablenken, sich die aktuellen Gegebenheiten gemeinsam ungeschminkt anzusehen. Solche Dynamiken verzögern den Aufbau einer vergemeinschafteten Einsicht in die Unabwendbarkeit einer tiefgreifenden Veränderung und stärken die ohnehin vorhandenen Tendenzen zur Realitätsverleugnung. Deshalb ist es ratsam, in der Begründung des anstehenden Wandels ausschließlich zukunftsorientiert zu argumentieren. „Wenn wir die anstehenden Herausforderungen meistern wollen, dann müssen wir in Zukunft..." „Wenn wir für die geänderten Verhältnisse auf unseren Märkten antwortfähig bleiben wollen, dann hat das die und die Konsequenzen..." Auf diese Weise werden (oftmals gar nicht bewusst intendierte) Abwertungen vergangener Leistungen vermieden. Die gezeigte Wertschätzung dessen, was bislang erfolgreich gemeistert worden ist, erleichtert es, angesichts erwartbarer künftiger Gefährdungslagen sich den Veränderungsnotwendigkeiten auch im Zulassen der eigenen emotionalen Betroffenheiten ernsthaft zu stellen.

Ein anderes Beispiel, wo solche selbsterzeugten Widerstandsphänomene gut beobachtbar sind, ist der Umgang mit den sogenannten „Bedenkenträgern". Bei allen Veränderungsvorhaben finden sich Funktionsträger, zumeist erfahrene Leute, die in ihren Bereichen zu den anerkannten Leistungsträgern zählen, die zunächst weder von der Notwendigkeit der Veränderung noch von der angedachten Lösung überzeugt sind. Meistens machen sie aus ihrem Herzen auch keine Mördergrube. Diese mehr oder weniger offen gezeigten Zweifel haben häufig automatisch zur Folge, dass diese Leute kommunikativ von den Treibern der Veränderung eher gemieden werden. Denn diese umgeben sich schon aus Gründen des Vermeidens eigener Verunsicherungen gerne mit Befürwortern, die die angedachte Richtung verstärken. Damit entsteht unwillkürlich durch diese ungleiche Kontakt- und Aufmerksamkeitsverteilung eine „Zweiklassengesellschaft", eine Spaltung in die vorbehaltlosen Unterstützer und den Rest bestehend aus Abwartenden, Skeptikern und offenen Zweiflern. Es bildet sich ein Graben, der sich im Prozess allein durch das einseitige Kommunikations- und Einbindungsgeschehen emotional immer weiter vertieft. Dadurch übersieht man, dass sich bei den Zweiflern und Skeptikern vielfach sehr engagierte, sachlich hochkompetente Leuten befinden, deren Mittubereitschaft durch die Ausgrenzung immer weiter sinkt, was zur Folge hat, dass deren Wissen und Ressourcen dem Veränderungsprozess gänzlich verloren gehen. Will man dem vorbeugen, dann ist es wichtig, scheinbare „Widerstände" bis zum Beweis des Gegenteils zunächst als Ressource zu sehen. Gerade diese zweifelnden Leistungsträger äußern ihre Bedenken aus ihrer Sorge um die Leistungsfähigkeit der Organisation heraus. Wenn man diese Sorgen ernst nimmt, dann erschließt man sich im Veränderungsprozess ein nicht hoch genug einzuschätzendes Erfahrungspotenzial, das dabei hilft, nicht gesehene Risiken des Veränderungsvorhabens zeitgerecht in die Bearbeitung zu bekommen.

5. Die Mühen der Ebene oder das Desinteresse des Topmanagements an der Phase der Implementierung

Ein anderes Phänomen, das zum Scheitern komplexer Veränderungsvorhaben regelmäßig einen hohen Beitrag leistet, ist die Aufmerksamkeitsverlagerung des Topmanagements in der Phase, in der die konzeptionellen und strategischen Weichenstellungen erfolgt sind und die eigentliche Implementierung der gefundenen Organisationslösungen im Alltagsleben ansteht. Das ist fast immer ein besonders gefährlicher Zeitpunkt in der Gesamtdramaturgie eines Changeprozesses. Gefährlich ist dieser Übergang deshalb, weil sich die Hauptakteure jetzt gerne der Illusion hingeben, die Hauptarbeit sei geleistet. Was jetzt ansteht, ist lediglich die tägliche

Kleinarbeit in der Umsetzung. Dieses Selbstverständnis führt dazu, dass die verantwortlichen Entscheidungsträger für alle gut beobachtbar ihre Aufmerksamkeit aus dem Veränderungsvorhaben abziehen; denn längst schon gilt es ganz neue Herausforderungen zu bewältigen, die wiederum neue Veränderungsimpulse generieren. Die Karawane zieht weiter und strickt bereits an den nächsten wahrscheinlich ähnlich weitreichenden Veränderungen in der Organisation.

Damit wird die Verantwortung für die einzelnen Implementierungsschritte dem unteren und mittleren Management übertragen. Bei einschneidenden Organisationsumbauten haben viele dieser Funktionsträger jetzt neue Aufgaben zu erfüllen. Dies ist automatisch mit einer gewissen Rollenunsicherheit verbunden, eine Unsicherheit, die jeder auf seine Weise zu bewältigen sucht. Die einen machen so weiter wie bisher und interpretieren die neue Organisationslösung in diesem Sinne. Andere wiederum nutzen ihren veränderten Verantwortungsbereich und die allgemeine Verunsicherung, um ihre persönlichen, lange gehegten Lieblingsideen nun endlich zu realisieren. Mit anderen Worten, die Implementierungsphase gerät zu einem heterogenen Tauziehen in die unterschiedlichsten Richtungen, begleitet von einer Vielzahl mehr oder weniger heftiger Revierkämpfe, ungelöster Rollenkonflikte und Kompetenzstreitigkeiten, die die Aufmerksamkeit der Organisation über jedes erträgliche Maß binden, die Leistungsfähigkeit insgesamt schwächen und damit all jenen Recht geben, die schon von vornherein gewusst haben, dass das Ganze nicht gut gehen kann. Dauert dieses Absinken des Leistungsvermögens des Gesamtsystems über einen längeren Zeitraum an, so verstärken diese Ergebnisse jene im Topmanagement, die schon die nächste größere Organisationsveränderung im Visier haben. Damit schließt sich der Kreis und die Organisation wird in die nächste Transformation gezwungen, noch bevor der vorangegangene Prozess so richtig ins Leben getreten ist. Die wiederholte Erfahrung mit solchen Veränderungsinitiativen schwächt Organisationen in ihrem Selbstveränderungspotenzial ganz nachhaltig. Denn Organisationen lernen auf diese Weise, dem Symbolcharakter solcher Vorhaben gerecht zu werden, ansonsten aber mehr schlecht als recht für die Aufrechterhaltung der Leistungsfähigkeit im operativen Geschäft zu sorgen. In einer immer herausfordernder werdenden Umwelt bedeuten solche Entwicklungen ein schleichendes, unaufhaltsames Erodieren der eigenen Wettbewerbsfähigkeit.

Ist das Topmanagement für solche Zusammenhänge sensibilisiert, dann wird es für die Implementierungsphase ganz bewusst Strukturen schaffen, die der gesamten Organisation unmissverständlich verdeutlichen, dass ganz oben der Umsetzungsprozess sehr sorgfältig beobachtet wird, dass es laufend Auswertungsworkshops zum Fortgang des Geschehens gibt, dass erforderliche Korrekturen am Grundkonzept vorgenommen werden, wenn die Erfahrungen dies nahe legen. Das Topmanagement stärkt auf diese Weise die Linienverantwortlichen damit sie in ihre neuen Rollen hineinwachsen können. Es stellt dafür – wenn erforderlich – eigene Unterstützungsangebote zur Verfügung (Teambildung, Coaching, Qualifizierung...)

und scheut auch nicht davor zurück, wenn sich im Zuge des Prozesses herausstellt, dass der eine oder andere auf seiner Position überfordert ist, die notwendigen personellen Konsequenzen zu ziehen. Auf diese Weise bekommt die Organisation die Chance, in einer gemeinsam gestalteten Lernreise in die neue Organisationswelt hineinzuwachsen und über Versuch und Irrtum wiederum in einen halbwegs eingeschwungenen Zustand zu kommen. Dieser verspricht natürlich auch keine langlebige Stabilität, aber er sollte die Leistungsfähigkeit der Gesamtorganisation doch soweit nach vorne gebracht haben, dass nicht gleich wieder mit einer nächsten radikalen Transformation gestartet werden muss. Dies ist am ehesten zu vermeiden, wenn Organisationen ihre Veränderungserfahrungen systematisch auswerten, wenn sie sich es leisten können, genau zu evaluieren, mit welchen Zielen man angetreten ist und was man letzten Endes tatsächlich erreicht hat. Auch hier hilft der Grundsatz „face reality". Je stärker die kollektiven Leugnungstendenzen gegenüber den eigenen Transformationserfahrungen ausgeprägt sind, umso mehr bleiben die charakteristischen blinden Flecke weiter aufrecht. Organisationen sind dadurch gezwungen, mangels eines organisationalen Gedächtnisses in solchen Fragen von Transformation zu Transformation die gleichen Fehler wieder zu machen und damit die eigene Vitalität kontinuierlich zu schwächen.

18.2 Seminare und Trainings

Seminare und Trainings sind ökonomisch bedeutsamer als etwa Beratung oder Coaching – vor diesem Hintergrund fällt auf, wie wenige wissenschaftliche Untersuchungen über den Trainingsmarkt existieren (Boos, Heitger & Hummer 2004). Fisch & Fiala (1984) kommen beispielsweise in einer Studie zu Führungstrainings zu dem Ergebnis: „Im deutschen Sprachraum gibt es unverhältnismäßig wenig systematische Untersuchungen über die Wirksamkeit von Führungstrainings. Dies steht in bemerkenswertem Kontrast zu den personellen und finanziellen Aufwendungen für das Führungstraining in Wirtschaft und Verwaltung" (S. 200 f.). Auch die innerbetriebliche Evaluation von Seminaren und Trainings findet meist nur rudimentär und ohne Berücksichtigung wissenschaftlicher Erkenntnisse statt. Eine aktive Nutzung der Evaluationsdaten zur Verbesserung des Angebots findet häufig nicht statt. Im Anschluss an Trainings, die dem Aufbau von Handlungskompetenz dienen (z.B. „Führen von Mitarbeitergesprächen") wird die Zufriedenheit der Teilnehmer, nicht aber der Transfer in die Praxis erfasst. Bemerkenswert ist darüber hinaus, wie wenig Geld angesichts der hohen Kosten für das eigentliche Seminar (zu den Trainerhonoraren kommen Kosten für externe Schulungsräumlichkeiten, Kosten für Übernachtung und Spesen, die Freistellung der Mitarbeiter, die Organisation des Seminars usw.) in die Erfolgssicherung investiert wird. Die Klärung des Auftrags und der zu erreichenden Lernziele ist häufig rudimentär bis inexistent (und oft auch mit Hilfe massiver Interventionen durch den Trainingsanbieter nicht zu erreichen). Vielfach werden Mitarbeiter zu Seminaren verpflichtet, die in ihrem Arbeitsbereich keine Verwendung für die dort trainierten Kompetenzen haben. Obwohl seit Langem bekannt ist, dass der Effekt von Einzelveranstaltungen weitestgehend verpufft, sind Follow-up-Seminare aus Kostengründen nur in seltenen Fällen vorgesehen. Transferförderliche Maßnahmen (z.B. eine Information der Führungskräfte über Inhalte und Ziele der Schulungen) werden nicht reflektiert oder ergriffen.

Wenn Trainingsprogramme als Beitrag zu einer Weiterentwicklung der Organisation verstanden werden, der Auftraggeber gleichzeitig aber nicht die Bedingungen herstellt, die für eine systematische Kompetenzaneignung und den Transfer in die Praxis nötig sind, liegt der Verdacht nahe, dass die Weiterentwicklung der Organisation in letzter Instanz doch nicht so ernst genommen (oder zumindest nicht so hoch priorisiert) wird wie es der offiziellen Agenda entspricht. Dies mag im Einzelfall auf mangelndes Wissen des Auftraggebers, auf dessen Mangel an Zeit für eine gründliche Auftragsklärung und Transferberatung oder auf ein mangelndes Interesse der Auftragsnehmer zurückgehen, da oft eine solche Auftragsklärung nicht separat honoriert wird. In der Summe drängt sich jedoch angesichts dieser Ungereimtheiten die Frage auf, welche latenten Funktionen dem Seminargeschäft zugrunde liegen. Fisch & Fiala (1984) begründen die Tatsache, dass jede größere Organisation trotz der zweifelhaften Wirkung von Seminaren und Trainings über ein breites Schulungsangebot verfügt, mit der Tendenz zum mimetischen Isomorphismus (vgl. Kapitel 7), also der Tendenz, sich den etablierten Standards anderer Organisationen anzupassen:

> Es gibt kaum Firmen sowie staatliche und Landesverwaltungen und andere große Institutionen, die auf eine Fortbildung ihrer Führungskräfte verzichten (können). Selbst wenn ihnen Zweifel an deren Nutzen kämen, der Hinweis auf die entsprechenden Programme der Konkurrenz oder anderer vergleichbarer Institutionen dürfte die Leitungsgremien in der Regel veranlassen, hinter dem Beispiel der anderen nicht nachstehen zu wollen. Diese weite Verbreitung sagt aber nicht viel über die Güte und den relativen Nutzen der Bemühungen um die Fortbildung von Führungskräften aus. (ebd., S. 193 f.)

Diesen Punkt unterstreicht auch Gasch in seinem Beitrag „Funktionen und Modelle von Fort- und Weiterbildung".

Bernd Gasch

Funktionen und Modelle von Fort- und Weiterbildung[12]

Prof. Dr. Bernd Gasch, geb. 1941, Universität Dortmund, Fakultät 14, Institut für Psychologie, beschäftigt sich schon seit seiner Assistentenzeit theoretisch und praktisch mit Fort- und Weiterbildung. Er gilt insbesondere als Experte für den Öffentlichen Dienst.

Kontakt: gasch@fb14.uni-dortmund.de

Fort- und Weiterbildungsaktivitäten werden in der Regel als Maßnahmen zur Organisationsentwicklung verstanden. Dabei sind sie – geschichtlich betrachtet – aus anderen Motiven erwachsen.

... sozialer Akt

Eine erste Quelle war die eines „sozialen Aktes". Einige Arbeitgeber versuchten in früheren Zeiten ihren Arbeitnehmern „Bildung" als eine freiwillige soziale Leistung zu gewähren. Betriebe organisierten kostenlose Literaturabende, Konzerte, Vorträge für ihre Belegschaft. Später wurden diese Leistungen gelegentlich per Gewohnheitsrecht in einen sozialen Anspruch verwandelt. Im Öffentlichen Dienst ist der zuletzt aufgeführte Gedanke noch heute in manchen Personal-Vertretungsgesetzen präsent. Kommentare zu diesen Gesetzen (z.B. Havers 1995, S. 643) sprechen davon, dass der Personalrat darauf zu achten habe, dass „Fortbildungsmaßnahmen … allen Beschäftigten … gleichermaßen zugutekommen und die Chancengleichheit gewahrt bleibt". Hier wird der Eindruck erweckt, Fortbildungsveranstaltungen seien sozusagen ein soziales „Gut, auf das ein Arbeitnehmer einen „Anspruch" habe, unabhängig davon, wie und wo er arbeitet. Der Gedanke von „sozialer Gerechtigkeit" und nicht etwa eine organisatorische Notwendigkeit bestimmt die Planung und Teilnehmerrekrutierung bei Fortbildungsveranstaltungen (*„Die hat's auch mal verdient!"* oder *„Der war schon lange nicht mehr auf Seminar!"*). Diese Tendenzen sind allerdings nicht nur im Öffentlichen Dienst zu beobachten.

12 Nachdruck aus Ameln, F. v. & Kramer, J. (2007). *Organisationen in Bewegung bringen.* Berlin: Springer, S. 54-57. Mit freundlicher Genehmigung des Verlags.

... Motivierungs- bzw. Belohnungselement

Neben dem „Gerechtigkeitsgedanken" wurden (und werden?) Fort- und Weiterbildungsmaßnahmen insbesondere in Wirtschafts-Organisationen gerne auch als „Belohnung" und „Motivierung" ge(miss?)braucht. Wenn z.B. erfolgreiche Außendienstmitarbeiter von einem Versicherungsunternehmen zu einem „speziellen Fortbildungsseminar" in die Karibik eingeladen werden, widerspricht dies eindeutig dem primären Sinn von Fortbildung. Viel plausibler wäre es, die *nicht-erfolgreichen* Mitarbeiter zu schulen – und dies müsste nicht unbedingt in der Karibik geschehen! Den Erfolgreichen dagegen sollte man stattdessen eine deutlich erkennbare Vergünstigung bzw. Belohnung zukommen lassen, z.B. einen kostenlosen Urlaub, oder eine finanzielle Sondervergütung. Natürlich wird den Organisatoren derartiger Veranstaltungen zugestanden, dass die Benennung eines Sonderurlaubs als „Weiterbildungsveranstaltung" durch die gängigen steuerlichen Bestimmungen durchaus nahe gelegt wird.

... als Ersatz für eine nicht hinreichende Erstausbildung

Die „Normalaufgaben" eines Arbeitsplatzes sollten auf Grund der Erstausbildung bewältigbar sein. Dass dies in vielen Fällen nicht geleistet wird, sei zugestanden. Dann sind Weiterbildungsmaßnahmen unumgänglich. Diese sollten die berufliche notwendigen Fähigkeiten und Fertigkeiten spezifizieren, aktualisieren, ggf. auch nachholend berichtigen. Zusätzlich könnten in ihr bestimmte allgemeine „Schlüsselqualifikationen" vermittelt werden z.B. Techniken der Informationsbeschaffung und -verarbeitung, Arbeitstechniken, übergreifende Denk- oder Handlungsmodelle, aber auch Kommunikationsfähigkeit oder „soziale Kompetenz". Allerdings sollte man jedoch in diesen Fällen eigentlich auf eine Änderung der Erstausbildung drängen, was politische Energie erfordert, sich aber ökonomisch rentierten würde.

... als Spielball im innerpolitischen Geschäft einer Organisation

Die folgende Auffassung soll vorsichtshalber als unbestätigtes Gerücht (wenn auch auf expliziten Aussagen der Beteiligten basierend) bezeichnet werden und bezieht sich ebenfalls auf den Öffentlichen Dienst. Ähnliche Dynamiken könnten aber auch in der Wirtschaft auftreten. Das Gerücht besagt, das Fortbildungsgeschäft sei „eigentlich" eine typische und zugestandene *„Spielwiese des Personalrats"*. Die jeweiligen Behördenspitzen seien gerne bereit, mangels eigenen Interesses, eigener Kompetenz oder gar empirischer Daten dieses Feld dem Personalrat zu überantworten, um nach einer Art Symmetrietaktik in anderen, der Leitung wichtigeren Bereichen Zugeständnisse von ihm zu erhalten.

... als „Markt und Mode"

Fort- und Weiterbildung ist auch ein „Geschäft" und folgt dem Markt mit seinen Dynamiken und Moden. Ein Schlagwort taucht auf, z.B. ein Unternehmen A mache Kurse unter einer markanten Überschrift (z.B. „Zielorientiertes Führen"). Unternehmen B weiß zwar nicht, was das ist, kann aber selbst nicht hintanstehen. Also sucht man händeringend einen Trainer, der auch „zielorientiertes Führen macht". Der weiß zwar auch nicht, was damit gemeint ist, nimmt aber mal den Auftrag an, definiert das, was er ohnehin macht, als „zielorientiertes Führen" und kann sicher sein, dass dann, wenn er „gut ankommt", die thematische Diskussion gar nicht geführt wird. Der Grund für diesen Irrweg liegt darin begründet, dass vielfach Fort- und Weiterbildungsmaßnahmen von den entsprechenden Entscheidungsträgern (meist den „Fort- und Weiterbildungsbeauftragten") schlichtweg „gebucht" werden, ohne dass vorher analysiert wird, ob diese Thematik für die Organisation oder für bestimmte Subgruppen sinnvoll ist oder nicht. Dieser Mechanismus trifft besonders auf psychologische Themen zu. Jeder Experte würde davor warnen, für die Belegschaft eines Unternehmens einen „Computerkurs" zu buchen, ohne zu hinterfragen, welche Inhalte darin vermittelt werden. Bei den psychologisch orientierten Veranstaltungen ist dies jedoch fast üblich. Der Grund liegt darin, dass hier die verantwortlichen „Fortbildungs-Dezernenten" oder „Fortbildungsleiter" häufig keine spezifische Ausbildung mitbringen.

Beispiel-Exkurs: Das „Führungsseminar"
Hier eine nur leicht karikierte, ansonsten reale Kurzfassung eines Dialogs zwischen einem Fortbildungsleiter (F) und dem Autor (G):

F: „Sie machen doch Fortbildungsseminare?"

G: „Ja."

F: „Sie sind uns von XY empfohlen worden, dort haben Sie doch mal etwas über Verhandlungen oder so gemacht."

G: „Ja, richtig: Psychologische Aspekte bei Verhandlungen!"

F: „Sagen Sie, machen Sie denn auch Führungsseminare?"

G: „Ja."

F: „Haben Sie denn Termine frei für mehrere, sagen wir 3-4 Führungsseminare, je 3 Tage zwischen März und Oktober? Wir sollten da mal bei uns auch was machen! ..."

Keine Frage über den Inhalt der Seminare, keine Analyse, welche Führungsprobleme in dieser Organisation zur Debatte stehen, keine vorherige Bestimmung der Führungsphilosophie, die in dieser Organisation praktiziert werden soll, usw. Dieser Auftraggeber meinte offensichtlich, „Führung" sei allgemein definiert und in ähnlicher Weise zu lernen wie „Windows" oder „Reisekostenabrechnungen".

... als rationales Element von Organisationsentwicklung

Begreift man Fort- und Weiterbildung als ein Element der Intervention in einem intentionalen Organisations-Entwicklungsprozess, so sollten alle derartigen Maßnahmen eine konsequente Folge eines umfassenden Diagnoseprozesses darstellen und dürfen somit nur bestimmt sein

- von der Diskrepanz zwischen den jetzigen bzw. zukünftigen Anforderungen des Arbeitsplatzes
- in Relation zu den definierten Organisationszielen und
- den derzeitigen Fähigkeiten und Fertigkeiten der Mitarbeiter.

Organisationsmodelle von Fort- und Weiterbildung

Wie wurden bislang Fort- und Weiterbildungsmaßnahmen geplant, organisiert und durchgeführt? Traditionell geschah dies nach 4 Modellen:

Das Versandhaus-Modell
Der Fortbildungsbeauftragte, der Mitarbeiter, ggf. auch der Vorgesetzte des Mitarbeiters erhält einen „Katalog" von Fortbildungsveranstaltungen und „bucht" daraus („*...nach Maßgabe der vorhandenen Plätze*") diejenigen, die er für sich oder den Mitarbeiter als „passend" erachtet, vorausgesetzt, die ansonsten zustimmungspflichtigen Instanzen (Betriebsrat, Personalrat, Weiterbildungsabteilungen, etc.) intervenieren nicht. Diese Kataloge werden von den entsprechenden Weiterbildungsabteilungen oder -dezernaten der Organisation nach meist nicht nachvollziehbaren Kriterien zusammengestellt (vgl. dazu Gasch, Antoine & Köpperschmidt-Bau 1998). Selbstverständlich wäre zu fordern, hiervon in der Richtung einer fachlich wie administrativ professionelleren Planung Abschied zu nehmen, die auf einer systematischen Anforderungsanalyse und einem Kosten-Nutzen-Kalkül und nicht auf dem vorhandenen Markt-Angebot basiert.

Das Curricular-Modell
Nach dieser Modellvorstellung sind Fort- und Weiterbildungsveranstaltungen stringent geplant, d.h. sie umfassen aufeinander aufbauende Veranstaltungen (Beispiel: Grundkurs PC, dann Windows, dann Winword, dann Excel). Die Mitarbeiter haben diese pflichtgemäß (ggf. innerhalb einer vorgeschriebenen Zeit) zu absolvieren. Diese Konzeption orientiert sich an den Grundgedanken einer Erstausbildung. Das Modell wird vor allem wegen fehlender Flexibilität und der assoziativen Nähe zu einem schulischen Curriculum oder einem Studium kritisiert.

Das Baustein-Modell
Grundidee eines Bausteinmodells ist, aus einem differenzierten, aber im Gegensatz zum Warenhaus-Modell besser gegliederten Angebot von Grund-, Aufbau-, Ergänzungs- und/oder Vertiefungsveranstaltungen ein individuelles Programm für den jeweiligen Mitarbeiter in seiner jetzigen oder künftigen Position zusammenzusetzen. Das Modell gestattet dabei, z.B. je nach Berufssituation entweder „in die Breite" zu gehen (dann werden „Grundkurse" für mehrere notwendige Themen gebucht), oder „in die Tiefe" (d.h. ein Thema wird in immer intensiver werdenden Veranstaltungen behandelt).

Das „Chaos"-Modell
Dieses Modell soll als Provokation (?) dargestellt werden und kann mit einem einzigen Satz erläutert werden: Alle Prinzipien laufen gleichzeitig und gleichzeitig durcheinander.

Ausgehend von der Differenz zwischen Person und Organisation, die vor allem die systemische Organisationstheorie beschrieben hat (vgl. Abschnitt 6.1), lassen sich Seminare und Trainings auch als Schachzug verstehen, um Problemlagen der Organisation als personalen Lernbedarf umzuetikettieren. Ein plastisches Beispiel für diese in Abschnitt 6.1 angesprochene Tendenz zur Personalisierung organisationaler Spannungsfelder gibt das Fallbeispiel von Wettling, das zeigt, wie die Geschäftsführung einer Organisation mit Hilfe eines Trainingsprogramms zur Entwicklung der Führungskultur ebendiese Entwicklung blockiert.

Ein „Klassiker" im Seminargeschäft ist die Tendenz der Teilnehmer, sich im internen Rollenspiel der Organisation als Opfer zu verstehen („die da oben/die von der XY-Abteilung/... sollten besser mal hier sitzen"). Hiermit verbunden ist die Einladung an den Trainer, diese Rollendefinition als vermeintlich neutraler Außenstehender zu bestätigen und der Versuch, den Trainer als Fürsprecher in der mikropolitischen Auseinandersetzung zu instrumentalisieren. Der Beitrag von Wettling zeigt auch diese für den Seminarbereich typische Dynamik und illustriert, wie Personalisierungsversuche seitens der Organisation und mikropolitische Abwehrstrategien seitens der Teilnehmer ineinandergreifen.

Sandra Wettling

Führungskräfteentwicklung zwischen Revolution und Konterrevolution

Sandra Wettling, (Jg. 1971) Studium der Erziehungswissenschaften und Soziologie und Weiterbildungen in systemischer Beratung und Coaching, Transaktionsanalyse, Mediation und Trauerbegleitung, mehrjährige Arbeits- und Berufserfahrung im Gesundheitswesen und als Beraterin in einer Unternehmensberatung, seit 2001 freie Mitarbeiterin und Kooperationspartnerin des Instituts für systemische Beratung in Wiesloch. Arbeitsschwerpunkte: Coaching von Einzelnen und Teams, systemische Organisationsberatung, strategische Personalentwicklung, ganzheitliche Gestaltung und Steuerung von Change-Management Prozessen, Führungskräfteentwicklung.

Kontakt: Winzeldorfer Weg 14, 20251 Hamburg, info@entwicklung-durch-beratung.de, www.e-d-b.de

Im Rahmen eines mehrjährigen Beratungsprojektes beauftragte der Personalleiter einer großen Dachorganiation im Bereich Altenpflege in Abstimmung mit der Personalentwicklung ein vierköpfiges Team des Beratungsinstituts „Don Quixote & Partners" mit der Konzeption und Durchführung eines Führungskräfteentwicklungsprogramms. Zielgruppe dieses Programms waren Führungskräfte aus dem ärztlichen und anderen medizinischen Bereichen, der Pflege und der Verwaltung.

Auftragsklärung

Die ersten Schritte in diesem Prozess verliefen, wie es in der Auftragsklärungsphase durchaus üblich ist. Ein Sondierungsworkshop diente den Trainern dazu, mit dem Personalleiter (Auftraggeber) und den Mitarbeiterinnen der Personalentwicklung die Erwartungen an die Wirkung einer Maßnahme zur Führungsentwicklung, die Zielsetzung an das Programm, die inhaltliche und methodisch-didaktische Gestaltung der Module sowie das Setting (Zusammensetzung und Größe der beiden Teilnehmergruppen, Trainerbesetzung, Ort und Räumlichkeiten sowie Termine) zu diskutieren und abzustimmen.

Schon in diesem Workshop wurde deutlich, dass die Bedeutung dieses Angebots weit über die Bedeutung eines Standardprogramms der internen Personalentwicklung hinaus gehen würde.

Die Zielsetzung des Auftraggebers fokussierte die Arbeit an einer gemeinsamen Führungskultur basierend auf dem Leitbild und den Leitlinien für Führung und Zusammenarbeit. Darüber hinaus sollte durch das gemeinsame Lernen, die gemeinsam verbrachte Zeit und den kollegialen Austausch untereinander das informelle Netzwerk zwischen den Bereichen und Hierarchieebenen gestärkt werden. Die Inhalte der vier Module sollten vor allem den theoretischen Rahmen für praxisrelevante Fragen zu Führungsthemen sowie für Übungen und Diskussionen bieten.

Insbesondere die Personalentwicklung vermittelte während der gesamten Klärungs- und Konzeptionsphase den Wunsch nach Aufbruchstimmung in eine neue Ära der Personalpolitik. Die Mitarbeiterinnen waren der Auffassung, es müsse sich ganz oben was tun, um überhaupt etwas bewegen zu können, denn bekanntlich stinke der Fisch ja vom Kopf.

Das Anliegen, den Prozess nicht als „reine" Fortbildungsreihe, sondern als Kulturveränderungsprozess anzulegen, wurde deutlich indem ein Kick-off-Workshop vereinbart wurde, an dem alle an der Seminarreihe teilnehmenden Führungskräfte, die Geschäftsführung, der Personalleiter und das Beraterteam teilnahmen.

Die Zielsetzung bestand darin,

- die gegenwärtige Führungskultur im Hinblick auf Stärken und Veränderungsbedarfe zu reflektieren,
- eine gemeinsame Leitvorstellung von Führung und Führungskultur zu erarbeiten,
- Vernetzungen zwischen den Teilnehmern und insbesondere zwischen den beiden Seminargruppen zu schaffen, um einen gemeinsamen Lern- und Kulturentwicklungsprozess zu initiieren (im Gegensatz zu zwei voneinander entkoppelten Prozesse in den jeweiligen Gruppen),
- die geplanten Inhalte der Fortbildungsmodule zu präsentieren und zur Diskussion zu stellen, um ggf. Inhalte und Schwerpunktsetzungen entsprechend der Wünsche der Führungskräfte modifizieren zu können.

Dieses Konzept wurde von den Mitarbeiterinnen der Personalabteilung begeistert begrüßt.

Kick-off-Veranstaltung

In der Kick-off-Veranstaltung werden vereinbarungsgemäß Stärken und Schwächen der aktuellen Führungskultur in Arbeitsgruppen zusammengetragen. In den Arbeitsgruppenergebnissen kommt zum Ausdruck, dass Führung aktuell als unberechenbar, intransparent, kommunikationsschwach, richtungslos und verunsichernd erlebt wird. Aus der Sicht der Berater ist deutlich, dass hier vor allem lange schwelende Unzufriedenheiten mit der Geschäftsführung ein Ventil fanden. In der anschließenden Diskussion wird diese Unzufriedenheit noch einmal in emotional zugespitzter Form deutlich, teils in Form offener Kritik an der Geschäftsführung, meist aber in „verpackter" Form, d.h. ohne den Geschäftsführer als Hauptadressaten der Kritik offen zu benennen.

Gebeten, zu dieser Kritik Stellung zu nehmen, hält der Geschäftsführer einen etwa 15-minütigen Vortrag zur schwierigen Lage des Gesundheitswesens, in dem er vor allem immer wieder auf sein Verantwortungsgefühl gegenüber den Mitarbeitern und sein unermüdliches Bestreben hinweist, die in vergleichbaren Organisationen üblichen Entlassungen zu vermeiden. Der Monolog schließt mit den Worten „... und was die hier geäußerten Kritikpunkte angeht, da werden Don Quixote & Partners ein entsprechendes Konzept erarbeiten“. Der mitschwingende „Subtext“ lautet aus der Sicht der Berater: „Ich bin der Gute und liebe euch wie meine eigenen Kinder. Deshalb kann ich mit eurer Kritik nicht gemeint sein. Und was diese Liebe wert ist, zeigt unsere Konkurrenz, wo die Mitarbeiter nicht geliebt und deshalb entlassen werden.“ Nach dieser Rede, die Liebesappell und latente Vernichtungsdrohung in einer Double-bind-Kommunikation verbindet[13], sind das revolutionäre Aufbegehren und die Aggression der Führungskräfte (scheinbar) ebenso verpufft wie die anfangs spürbare hoffnungsvolle Aufbruchsstimmung.

Die Berater haben aus ihrer Sicht keinen Auftrag für eine Konfliktklärung zwischen Geschäftsführung und Führungskräften und setzen daher an dieser Stelle keine weiteren Interventionen.

Hinter der Ankündigung, das von den Führungskräften benannte Problem mit Hilfe eines Konzepts zu lösen, verstecken sich gleich drei hidden agendas:

- das kritisierte persönliche Defizit wird als Technologiedefizit umgedeutet,
- die Verantwortung für die Behebung des Problems liegt nun nicht mehr bei der Geschäftsführung, sondern bei der Beratung,
- der Geschäftsführer demonstriert auf diese Weise sein Engagement („wir werden keine Kosten und Mühen scheuen...“).

Dass selbst dieses Versprechen, das Thema Führungskultur durch ein Beratungskonzept zu klären, ein Lippenbekenntnis war, das dazu diente, den Konflikt in der Kick-off-Veranstaltung abzuwenden, zeigt, dass der Auftrag für die Erarbeitung des Beratungskonzepts nie erteilt wurde.

Im weiteren Verlauf der Veranstaltung brach die durch die Rede des Geschäftsführers unterdrückte Unzufriedenheit der Führungskräfte doch noch einmal durch: das mit der Personalabteilung abgesprochene Konzept der Fortbildung wurde scharf kritisiert, den Beratern wurden Fangfragen gestellt, der Versuch, die Diskussion im Sinne des Zeitplans zu begrenzen, führte zu heftigen Attacken. Hierin kann man eine Verschiebung der gegen den Geschäftsführer gerichteten Aggression auf die Berater sehen, aber auch eine Weigerung, das Thema Führungskultur nun auf seminaristischer Ebene abzuhandeln und damit als eigenes Lerndefizit deklariert zu wissen. Diese Interpretation wird auch durch den weiteren Fortgang der Seminarreihe gestützt.

13 Das Fallbeispiel wird in Abschnitt 4.1 noch einmal aufgegriffen und im Hinblick auf diese Dynamik und ihre Wirkung auf die Belegschaft vertieft.

Der Fortgang der Seminarreihe

Der Auftrag an die Berater lautete nun nicht nur, ein Führungsprogramm durchzuführen. Vielmehr waren sie ab jetzt die Experten dafür zu sorgen, dass diese Uneinigkeit bezüglich Führung und Kommunikation und die wechselseitigen Erwartungshaltungen geklärt und gelöst würden. Beide Seiten legten ab sofort die Verantwortung der gemeinsamen Annäherung und Entwicklung in die Hände der Berater.

In den folgenden Modulen, an denen weder die Geschäftsführung noch der Personalleiter teilnahmen, war diese Haltung durchgängig präsent und lässt sich verkürzen auf die paradox anmutende Aussage:

„Wir wollen unsere Führungsrolle gegenüber unseren Mitarbeitern eigenständig und verantwortungsvoll wahrnehmen und an der Gestaltung unserer Organisation beteiligt werden. Dazu ist es unerlässlich, dass wir zielorientiert geführt und informiert werden. Wie gute Führung gelingen kann, wissen *wir* schon lange! Wenn etwas nicht gut läuft, haben wir das nicht zu verantworten. Es liegt nicht an uns, sondern an den anderen und an den Umständen."

Die Idee der Maßnahme, Vernetzung und Austausch zu Führungsthemen zu ermöglichen, die Entwicklung einer gemeinsamen Führungskultur zu fördern, die die Veränderungen der internen Kommunikation ermöglicht, wurde von den Teilnehmenden umgedeutet. Sie betrachteten die Vernetzung untereinander sowie die Entwicklung und Abstimmung gemeinsamer Erwartungen und Forderungen als die Möglichkeit, schlagkräftig und gemeinsam an die Geschäftsführung herantreten und Veränderungsvorschläge bzw. -forderungen formulieren zu können.

Aus der anfänglich anklagenden Haltung entwickelte sich im Laufe der Zeit das Vorhaben, mit der Geschäftsführung in konstruktiver Weise ins Gespräch zu kommen. Das ist in der Abschlussveranstaltung tatsächlich überwiegend gut gelungen.

Zunächst dachten die Teilnehmenden daran, die Berater könnten die Boten ihrer „Entwicklungsergebnisse" und Vorschläge sein. Selbstverständlich lehnte das Team diese Aufgabe ab, sodass sich zum Abschluss die Führungskräfte aktiv und eigenverantwortlich für ihre Veränderungswünsche einsetzen konnten.

Zusammenfassung

In diesem Beispiel wird deutlich, dass alle Akteure mit ihren jeweiligen blinden Flecken und hidden agendas in diesem Prozess unterwegs waren:

Die Geschäftsführung

Hinter der Ankündigung, das von den Führungskräften benannte Problem mit Hilfe eines Konzepts zu lösen, verstecken sich gleich drei hidden agendas:

- das kritisierte persönliche Defizit wird als Technologiedefizit umgedeutet,
- die Verantwortung für die Behebung des Problems liegt nun nicht mehr bei der Geschäftsführung, sondern bei der Beratung,
- der Geschäftsführer demonstriert auf diese Weise sein Engagement („wir werden keine Kosten und Mühen scheuen…").

Die Personalabteilung

Die Aussage der Auftraggeber, „es müsse sich ganz oben was tun, um überhaupt etwas bewegen zu können, denn bekanntlich stinke der Fisch ja vom Kopf", lässt mehrere Deutungen zu:

- Chancen, mit guten Konzepten auf einen Kulturwandel im Sinne der Personalabteilung Einfluss nehmen zu können, sehen insbesondere die Entwicklerinnen nur, wenn auf den Führungsebenen ein anderer Wind weht, sprich wenn nur „geeignete" Personen zu Führungskräften gemacht werden und nur die geeigneten in dieser Funktion bleiben dürfen.
- Diese Idee beinhaltet selbstverständlich auch, dass die Geschäftsführung auf Herz und Nieren geprüft wird und zur Reflexion des Führungsstils bereit sein muss.
- Ein offener und aktiver Umgang mit solchen Ideen, die Reformierung der Auswahl und Entwicklung des Führungsnachwuchses, die auch die unkritischen „Vitamin B-Praktiken" in Frage stellen würde, scheint ein selbst auferlegtes Tabu für die Personalabteilung zu sein.

Daher setzt die Personalabteilung darauf, dass sich eine unausgesprochene Koalition zwischen Beratern und Teilnehmenden bildet.

Das Konzept der der Kick-off-Veranstaltung wurde von den Mitarbeiterinnen der Personalentwicklung nicht zuletzt deshalb begeistert begrüßt, weil

- die Erwartung war – so schien es –, in diesem moderierten und unterstützten Rahmen, eine wegweisende und veränderungsförderliche Auseinandersetzung mit der Geschäftsführung führen zu können.
- Die Funktion, die den Beratern zugedacht war, war die eines Katalysators, die in kürzester Zeit die angestaute Aggression der Teilnehmenden zum ungefilterten Ausbruch bringen sollte.

Die Teilnehmenden des Führungskräfteentwicklungsprogramms

Die Haltung der Teilnehmenden, die sich in Aussagen wie „wenn etwas nicht gut läuft, haben wir das nicht zu verantworten. Es liegt nicht an uns, sondern an den anderen und an den Umständen" zusammenfassen lässt, erinnert an die Haltung des Geschäftsführers. Denn auch er sieht die Bearbeitung von Problemen nicht in seiner Zuständigkeit und Verantwortung.

- Diese Haltung kann man als Fremdattribution von Problemen sehen.
- Möglicherweise ist diese Haltung aber auch als Zurückweisung der Zuschreibung durch den Geschäftsführer und auch durch die Personalabteilung zu verstehen: Die reformwürdige Führungskultur ist ein Defizit der Führungskräfte, das durch Seminare ausgeglichen werden muss.
- Diese Abwehrhaltung gegenüber Veränderung im eigenen Verhalten, ein Überdenken der eigenen Haltung kann aber auch als ein Ausdruck von Angst und Unwohlsein sein.

Möglicherweise ist es die Angst davor,
- in einem Reflexions- und Lernprozess viel von sich zu zeigen und
- durch Rückmeldungen viel über sich und die eigene Wirkung zu erfahren.

Diese Erfahrungen fordern selbstkritische Auseinandersetzung mit dem eigenen Führungsstil. Schwächen und Entwicklungsfelder werden deutlich und lösen unangenehme Gefühle aus. Wenn aber die Devise für Veränderung und Entwicklung ist: „erst der Chef, dann wir", wissen die Führungskräfte, dass sie Schonzeit gewinnen können.

Die Berater
Die Berater sind auf die Haltung der Geschäftsführung „die anderen müssen sich ändern, ich nicht" oder „wir wollen doch hier nicht etwa hierarchieübergreifend miteinander reden!", die sich in der Kick-off Veranstaltung sehr deutlich gezeigt hat, zu wenig eingegangen. Sie haben den Widerstand der Geschäftsführung gegen ein dialogisches Konzept, der schon in der Präsentation spürbar war, nicht stärker thematisiert. Dadurch, dass sie nicht anders auf den Monolog des Geschäftsführers beim Kick-Off-Workshop reagiert haben, haben sie seine hidden agenda bestärkt.

In Zuspitzung der zuvor beschriebenen Argumentationslinie sehen Boos, Heitger & Hummer (2004) gerade in der *Verhinderung* organisationalen Wandels das zentrale hinter Trainingsmaßnahmen stehende Programm: „Gewinn und Irritationen sind abschätzbar. Gelernt werden Fähigkeiten, die in der bestehenden Organisation gebraucht werden, was dann gelingt, wenn die Lerninhalte zu den bestehenden Routinen im Alltag der Organisation gut passen" (ebd., S. 28).

18.3 Supervision

Supervision ist – in noch stärkerem Maße als z.B. Coaching – ein Setting zum systematischen Aufspüren von blinden Flecken. In der *Fallsupervision* werden kritische Arbeitssituationen (z.B. ein Konflikt zwischen einem Mitarbeiter einer Jugendhilfeeinrichtung und einem der betreuten Kinder oder ein festgefahrener psychotherapeutischer Prozess) thematisiert, mit dem Ziel, neue Deutungs- und Lösungswege für diese Situationen zu finden. Das kann bedeuten, zu erforschen, welche wichtigen Aspekte in der Interaktionsdynamik der Supervisand nicht berücksichtigt hat, welchen eigenen Denk- und Handlungsmustern er „auf den Leim gegangen" ist, an welchen Stellen er sich in die Problemmuster seines Klienten verstrickt hat, wo er die Grenzen seiner Rolle überschritten hat usw. *Teamsupervision* hat die Aufgabe, die Zusammenarbeit eines Teams durch Beziehungs- und Erwartungsklärung, Abgleich unterschiedlicher Arbeitsweisen, Stärkung der Kohäsion zu verbessern und damit insgesamt für eine höhere Professionalität in der Arbeit des Teams zu sorgen. Auch hier geht es wesentlich darum, blinde Flecke des Teams zu identifizieren und aus der Latenz in die Reflexion zu holen. Der Supervisor steht damit in der Teamsupervision vor der ständigen Aufgabe, die Äußerungen der Teammitglieder, die Gruppendynamik und seine eigenen Gegenübertragungsreaktionen (vgl. Abschnitt 4.2) auf Hinweise für mögliche Latenzen abzutasten.

Dass diese kontinuierliche Beobachtung 2. Ordnung das „Eigentliche" der Supervision ausmacht, ist auch schon im Begriff „Supervision" („Darüber-hinaus-Schauen") angedeutet. Für Fall- wie Teamsupervision gilt daher in besonderem Maße die von Fuchs (1994, S. 20) allgemein für Beratung formulierte These

> daß Beratungskommunikation eine kommunikative Realität konstruiert, die - auf den einfachsten Nenner gebracht - ständig unterstellt, daß das, was gesagt wird, nicht das bedeutet, was damit gesagt wird, und zweitens, daß dabei kommunikativ die Bewußtseine aller beteiligten Personen als „Zurückhalte-Bewußtseine" konzipiert werden, also als Bewußtseine, die nicht mitteilen können, was [...] Fakt ist, aber es trotzdem indirekt laufend tun.

Supervision nutzt die Tatsache, dass der Supervisor als Außenstehender nicht von der Teamdynamik mit ihren blinden Flecken befangen ist und seiner Beobachtung andere Leitunterscheidungen zugrunde legt als das zu supervidierende System: „Was vom Berater [in diesem Fall vom Supervisor, FvA/JK/HS] erwartet wird, ist die Kompetenz, zu sehen, was der Beratene nicht sieht" (ebd., S. 18).

Supervision als für fremde Latenzen und blinde Flecke hochsensibilisiertes Format steht andererseits in besonderem Maße in der Gefahr, eigene Latenzen und blinde Flecke zu entwickeln. In einem Setting, das qua Auftrag den Finger in die wunden Punkte des Systems legen soll und damit die (wiederum latenten) Schutzreflexe des Systems in permanenter Mobilisierung hält, ist die Wahrscheinlichkeit groß, angesichts der vom System gezündeten Nebelkerzen häufig wegen Nebels die Orientierung zu verlieren (vgl. Kapitel 13). Für Supervisoren sehen wir daher eine noch stärkere Notwendigkeit einer eigenen Supervision als es in anderen Beratungsfeldern der Fall ist.

Neben den gewissermaßen fallspezifischen, von der Dynamik der jeweiligen Supervisionsgruppe abhängigen blinden Flecken spielen die in Teil II dieses Buches beschriebenen latenten Funktionen und hidden agendas eine große Rolle. Ein Punkt, der meist nicht ausreichend reflektiert wird, ist die Aufgabenteilung zwischen Supervision und Leitung der „Heimatorganisation“ des supervidierten Teams. Häufig existieren auf Leitungsebene Unklarheiten in den Strukturen und Abläufen, die sich als intra- oder interindividuelle Spannungen in der Supervisionsgruppe niederschlagen. Einige Beispiele unter vielen sind personelle Unterbesetzung, unausgereifte Vertretungs- und Urlaubsregelungen oder unklare Standardprozesse. Diese Themen scheinen legitime Themen im Rahmen von Teamsupervision darzustellen, da sie Fragen der Zusammenarbeit und des Teamklimas berühren. Es kann in solchen Fällen jedoch schnell dazu kommen, dass die Supervision durch Klagen über die Arbeitsbedingungen oder Reibungen im Team (z.B. Streit um die Frage, wer wen wann unter welchen Bedingungen vertreten muss) erschwert wird. Das System (die Leitung) ist von diesen Problemen entlastet, da sie in der Supervision aufgefangen und so moderiert werden, dass sie in einem für die Mitarbeitenden erträglichen Rahmen bleiben. Supervision übernimmt in diesem Fall die Rolle eines Puffers, der systemisch bedingtes Konfliktpotenzial vom System fernhält (vgl. Kapitel 15).

Der Versuch, die vom Team als problematisch erlebte Situation konstruktiv zu lösen, indem man gemeinsam mit dem Team entsprechende Absprachen und Konzepte entwickelt, kann dazu führen, dass die Supervision zu einer Art extern moderierter Teambesprechung degeneriert. Hier übernimmt die Supervision Management- und Führungsaufgaben (vgl. Kapitel 14), die nichts mit ihrem eigentlichen Auftrag zu tun haben. (Darüber hinaus besteht das Risiko, dass an unterschiedlichen Stellen der Organisation von unterschiedlichen Supervisionsgruppen für dieselben Probleme unterschiedliche Lösungen erarbeitet werden, so dass es zu einem „Flickwerk“ inkompatibler Regelungen kommt.)

Fallbeispiel: Supervision als Bedrohung für die Leitung von Teams

Ein Team eines in kommunaler Trägerschaft befindlichen Krankenhauses im Ruhrgebiet fragt wegen Supervision an. Die Anfrage von einem der Mitarbeiter, Herrn W., der im Auftrag der Teamleitung agiert. Die Reaktion des Teams auf einen Probetermin, an dem auch der Teamleiter teilnimmt, ist positiv, so dass das Team – wie vom Supervisor vorgeschlagen – auf weitere drei Termine vereinbart. Nach diesen Terminen soll dann entschieden werden, ob eine längerfristige Zusammenarbeit eingegangen wird oder nicht.

Die drei Termine verlaufen konstruktiv, wobei an verschiedenen Stellen aufscheint, dass Teamleitung und Teammitglieder zu Grundsatzfragen unterschiedliche Standpunkte haben. Der Supervisor spiegelt und benennt diese Unterschiede, ohne sich auf eine Seite zu schlagen. Beim dritten Termin ist eine deutlich positive Stimmung zu spüren. Das Team benennt die Supervision als hilfreich, entlastend und klärend. Der Supervisor schließt die Sitzung mit dem Hinweis, dass die Entscheidung über den Fortgang des Prozesses nicht spontan, sondern z.B. in der nächsten Dienstbesprechung getroffen werden und dem Supervisor dann mitgeteilt werden solle. Informell signalisieren die Teammitglieder jedoch schon an dieser Stelle, dass die Supervision fortgesetzt werden soll.

Nach wenigen Tagen sendet Herr W. eine e-mail an den Supervisor mit der Nachricht, dass die Supervision fortgesetzt werden soll und dass die Teamleitung für die weitere Terminabsprache Kontakt aufnehmen wird. Nach einem Monat „Funkstille" erkundigt sich der Supervisor beim Teamleiter per e-mail nach dem weiteren Vorgehen. Erst auf eine weitere Erinnerung hin teilt der Teamleiter mit, dass der Fortgang der Supervision wegen „Umstrukturierungsprozessen" in der Organisation verschoben werden müsse.

Etwa ein Jahr später trifft der Supervisor im Zug zufällig Herrn W., der das Thema Supervision anspricht. Herr W. macht dabei deutlich, dass der Teamleiter die Supervision gegen den Willen der Gruppe blockiere, obwohl das Budget zur Verfügung stünde. Es scheint, als habe der Teamleiter den zum Teil kontroversen Austausch in der Supervision als Bedrohung für seine Autorität in der Führungsrolle empfunden.

18.4 Coaching

Für den immer größer werdenden Stellenwert von Coaching in Organisationen gibt es eine Reihe von Gründen. Zum einen setzt sich mittlerweile – spät, aber immerhin – die Erkenntnis durch, dass den wachsenden Herausforderungen und Unsicherheiten, mit denen Führungskräfte in der immer komplexer werdenden Organisationslandschaft konfrontiert sind, nicht mit einer betriebs- oder ingenieurwissenschaftlichen Fachausbildung und einigen wenigen Führungsseminaren zu begegnen ist. Zum anderen gewinnt Coaching als flankierende Maßnahme in Beratungsprozessen an Bedeutung. Und schließlich hat nun auch in konservativere Branchen und in der Verwaltung ein Kulturwandel gegriffen, der es Führungskräften möglich macht, sich eine Reflexionsunterstützung in ihrem schwierigen Aufgabenfeld zu gönnen, ohne von Kollegen hinter vorgehaltener Hand als potenzieller Therapiefall belacht zu werden.

Eine Alltagsvariante von Coaching, darauf weist Kühl (2005b) hin, hat in Form des kollegialen Gesprächs in der Kantine schon immer existiert. Ein Austausch mit Kollegen kann aber einen externen Coach nicht ersetzen, da Führungskräfte typischerweise für den Reflexionsbedarf, der im Rahmen der zahlreichen Anforderungen ihrer Rolle entsteht, innerhalb der Organisation keinen Ansprechpartner finden. Über Unsicherheiten, Probleme und Fehler zu sprechen, ist gegenüber den Mitarbeitern inadäquat, gegenüber den eigenen Vorgesetzten potenziell karrieregefährdend, und gegenüber Kollegen auf derselben Hierarchieebene besteht oft ein Konkurrenzverhältnis. Ein Coach als neutraler Außenstehender mit professioneller Qualifizierung für die Begleitung von Führungsthemen kann dann ein wertvoller Sparringspartner sein, um die eigene Ausgestaltung der komplexen Führungsrolle kritisch zu hinterfragen, um Ansichten und Anregungen von einer außen stehenden Person zu bekommen, aber auch, um Unterstützung und Stärkung in einem konfliktären, oftmals belastenden Handlungsfeld zu erfahren. Gemeinsam mit dem Coach sollen Ziele und Handlungsmöglichkeiten, Kommunikationsmuster und Rollenkonstellationen, Überzeugungen und Werthaltungen, Wahrnehmungen, persönliches Auftreten in bestimmten Situationen und mögliche blinde Flecken reflektiert werden. Dies setzt auf der Seite der Klienten eine hohe Offenheit sowie Fähigkeit und Bereitschaft zur Selbstreflexion voraus.

Doch auch für die Coaches ist Coaching ein hochgradig anspruchsvolles, persönlich, fachlich und sozial forderndes Setting. Entsprechend lang sind die Kataloge der Kompetenzen, die ein Coach mitbringen sollte. Welchen Grad an Professionalität ein Coaching-Anbieter aufweist, ist jedoch für Klienten im Voraus kaum einschätzbar.

Heike Stark

Zwischenruf: Warum? Ein Coaching-Gespräch

Wissen Sie, warum Sie hier sind?

Weil Herr Borchard auch bei Ihnen ist und mir das zusteht.

Mmm. Haben Sie ein Anliegen, das wir hier bearbeiten wollen?

Ist mir egal. Ich bin hier wegen dem Borchard. Der hat geglaubt, er könnte ne Extra-Tour reiten, aber das kommt nicht in die Tüte.

Haben Sie Schwierigkeiten in der Zusammenarbeit mit dem Herrn Borchard?

Überhaupt nicht. Wir haben ja kaum was miteinander zu tun. Ich kenn den eigentlich gar nicht Ich will nur nicht, dass er glaubt, er käme mit solchen Extra-Touren durch.

Könnten Sie das Handy vielleicht doch ausstellen?

Ich hab's doch schon stumm gestellt, mehr geht wirklich nicht. Sie haben ja keine Ahnung – meinen Sie, mir macht das Spaß? Geht aber nicht anders!

Zurück zu Herrn Borchard.

Mit dem hab ich nichts am Hut. Jetzt, wo ich dem Dr. Rainer gesagt hab, das geht nicht, dass der einen persönlichen Coach hat und ich nicht, jetzt ist ja alles wieder in Ordnung.

Sie haben sich also beim Aufsichtsratsvorsitzenden durchgesetzt. Haben Sie gelegentlich Probleme mit ihren Durchsetzungsstrategien?

Nee, überhaupt nicht. Man muss nur immer aufpassen, wo einer einem was wegnehmen will. Einmal nicht hingeguckt, schon gerät alles in eine Schieflage. Aber nicht mit mir!

Was genau meinen Sie mit „Schieflage"?

Na, eben dies hier, mit dem persönlichen Coach für Führungskräfte. Sagt der Dr. Rainer doch glatt – am Tag nach meiner Beschwerde –, sagt der doch glatt: Wir haben Ihnen einen ersten Termin mit Frau Dr. Soundso gemacht, die wird sehr empfohlen. Weil *Sie* angeblich ausgebucht waren! Na, das war natürlich nicht in Ordnung und das habe ich auch sehr deutlich gesagt.

Ich kenne die Beraterin und kann mich in der Einschätzung hinsichtlich ihrer Kompetenz Ihrem Chef voll und ganz anschließen.

Aber darum geht es doch überhaupt nicht! Erstmal ist es eine Frau, da steckt ja schon mal per se weniger Ernsthaftigkeit dahinter und dann geht es ja bei Frauen immer nur um die soft skills – nachher denkt noch jeder, ich hätte eine Führungsschwäche! Außerdem habe ich dort im Büro angerufen und sie nimmt 500 € weniger pro Tag als Sie. Da fragt man sich doch wirklich!

Was? Was fragt man sich dann wirklich?

Wie der Chef dazu kommt, für den Borchard Sie zu buchen und für mich so ein billiges „Ersatzprodukt"! Damit kommt der Borchard nicht durch, wir haben schließlich exakt das gleiche Verantwortungsmaß im Unternehmen, nur eben in verschiedenen Abteilungen. Aber sonst gibt's da keinen Unterschied, überhaupt keinen! Das wollte ich einfach nur klar gestellt haben. An mir kommt keiner vorbei, das muss halt klar sein und klar bleiben.

Was also machen wir heute noch gemeinsam?

Ich dachte, wir fahren zusammen im Fahrstuhl, wenn der Borchard Mittag macht, das wäre jetzt in etwa 15 Minuten, besser in 13.

Ich meinte im Coaching, was machen wir da heute, Ihre Anliegen, das meine ich.

Das weiß ich doch nicht. Wissen Sie, ich brauche kein Coaching. Das interessiert mich – mal im Klartext von Mann zu Mann gesagt – einen Scheißdreck. Und im Übrigen: Für das Geld, das Sie hier kriegen, müsste *Ihnen* doch wohl was einfallen, oder?

Die Qualität von Coaching

Selbst in der Fachwelt hat sich bislang kaum ein Konsens darüber ausgebildet, was als professionelles Coaching gelten kann und welche Methoden im Rahmen von Coaching sinnvollerweise eingesetzt werden sollten (Kühl 2005b, S. 21 f.). Bei der Beschreibung von Qualitätskriterien wird daher häufig auf Persönlichkeitseigenschaften wie Empathie oder Humor zurückgegriffen, die aus der Klientenperspektive wichtig erscheinen mögen. Dieser Rückgriff auf die Beschreibungssprache der Klientenwelt, so Kühl (ebd., S. 22), „ist typisch für eine fehlende Professionalisierung des Feldes. Professionalisierung bedeutet – und dies ist sehr gut bei Pastoren und Therapeuten zu beobachten – die Fähigkeit, sich von dem Urteil und von Beschreibungen der Klienten weitgehend zu befreien“. Als Folge dieser mangelnden Professionalisierung entwickeln sich „Qualitätssurrogate“ (ebd., S. 23), d.h. äußere Anzeichen, die die Seriosität und Erfahrung des Coachs anzeigen: Falten, graue Haare, teure Kleidung, luxuriöser Dienstwagen.

In der Praxis ist die Zufriedenheit der Coaching-Klienten meist recht hoch. Ausschlaggebend für dieses Urteil ist jedoch nicht allein die Effektivität des Coachings, sondern auch die persönliche Bindung, die sich zwischen Coach und Klient entwickelt, die subjektiv erhaltene Unterstützung, die gefühlte Solidarisierungsdynamik („ich und mein Coach gegen den Rest der Organisation“), das „Teilen von Geheimnissen“ und die erlebte Nähe, die sich aus der ungewohnten Selbstöffnung selbst bei Tabu-Themen ergibt. Für Außenstehende (z.B. für die Personalabteilung, die oft als „Einkäuferin“ von Coaching fungiert und somit ein hohes Interesse an der Erfolgsüberprüfung hat) ist aufgrund der Vertraulichkeit des Settings und der hohen Individualität der Prozesse ohnehin kaum zu beurteilen, was im Coaching hinter verschlossenen Türen tatsächlich geschieht.

Aus diesen Gründen steht Coaching in noch stärkerem Ausmaß als andere Formen der Beratung und des organisationalen Lernens in dem Verdacht, unter einem „Scharlatanerieproblem“ (Kühl 2005) zu leiden.

Latente Funktionen und hidden agendas im Coaching

Während der Großteil der theoretischen Beschreibungen von Coaching davon ausgeht, dass Coaching der Professionalisierung von Führungskräften (im weitesten Sinne) dient, spielen in der Praxis häufig die in Teil II dieses Buches beschriebenen latenten Funktionen und hidden agendas eine große Rolle. Unserer Erfahrung deckt sich hier mit Taffertshofers (2006, 2007) Analyse der informellen und latenten Funktionen von Coaching.

Coaching wird häufig nicht oder nicht vollständig freiwillig in Anspruch genommen. Vielfach wird Mitarbeitern, die als Abweichler oder „low-performer" wahrgenommen werden, ein Coaching von einer höheren Führungsinstanz „empfohlen", um ihr Führungsverhalten zu überdenken. Coaching kann als Sanktion „verhängt" werden, aber auch als Gratifikation und weitere Karriereförderung für verdiente Führungskräfte (vgl. Kapitel 12). Führungskräfte stehen unter ständiger Beobachtung der Organisation und müssen dies in ihrem Handeln berücksichtigen. Coaching kann ein Instrument sein, um im Sinne dieses internen „impression managements" zu demonstrieren, dass man offen für Feedback und auf Linie mit den Rationalitätsvorstellungen des Managements ist (ebd.).

Organisationen neigen dazu, ihre Konflikte ins Persönliche zu verlagern und auf diese Weise aus ihren Prozessen auszuschließen, wo ein Aufbrechen von Konflikten möglicherweise die Arbeit der Organisation gefährden würde (vgl. Abschnitt 6.1: Personalisierung von Problemen). Coaching und andere Formen der personenorientierten Beratung neigen dazu, diese Probleme angesichts des Erwartungsdrucks des Auftraggebers, der eine Lösung der Probleme erwartet, so zu definieren, dass sie im gegebenen Rahmen (d.h. in der Arbeit mit Personen) lösbar sind (Kühl 2007b).

Coaching ist gewissermaßen das Instrument zur Personalisierung von Problemen par excellence – entsprechend sind von dieser Funktion geprägte Coaching-Prozesse in der Praxis anzutreffen:

> Entgegen der Auffassung von Coaching als eine Möglichkeit zur Optimierung der eigenen Beruflichkeit, kann also aus einer eher organisationszentrierten Perspektive eine zentrale Funktion von Coaching darin gesehen werden, dass die Organisation von den persönlichen Nöten und Leiden ihrer Mitarbeiter strukturell entlastet wird. (Kühl 2005b, S. 29)

Wir haben in Kapitel 13 beschrieben, wie sich Beratung auf verschiedene Weise für eine solche Problemverschiebung auf der zeitlichen, sachlichen und sozialen Ebene eignet. Coaching-Prozesse benötigen Zeit, und für jeden in der Organisation ist einsichtig, dass die umfassende Persönlichkeitsveränderung, die vorgesetzte Instanzen einem unbeliebten Mitarbeiter auf dem Wege eines Coachings verordnet, erst nach geraumer Zeit (oder, so die gelegentlich spürbare unterschwellige Hoffnung: nie) eintreten wird.

> Die Entscheidung für ein Coaching vertagt gewissermaßen das zugrunde liegende Problem, wie auch immer das umschrieben sein mag, ob als Konflikt, als persönliches Defizit oder als noch ausstehende Realisierung von persönlichen Potenzialen. In jedem Fall verringert sich der Problemdruck schon allein dadurch, dass man ein Verfahren einsetzt, das Zeit in Anspruch nimmt und dessen Ergebnisse abgewartet werden können. (Taffertshofer 2006, S. 6)

In einem solchen Fall „kann für Organisationen Coaching schon die Lösung sein, noch bevor es begonnen hat“ (ebd., S. 5). Ein Fallbeispiel, das diese latente Funktion sehr plastisch deutlich macht, findet sich in Kapitel 11 („Frau Wachtendonks Kampf gegen Windmühlenflügel“). Kühl (2005b, S. 29) weist darauf hin, dass die Möglichkeit, auf Coaching zurückzugreifen, die Tendenz zur Personalisierung organisationsbedingter Konflikte nicht nur erleichtert, sondern perspektivisch sogar verstärken könnte.

Mit Hilfe von Coaching kann es somit gelingen, im System angelegte Konflikte (z.B. aufgrund unklarer Führungsvorgaben) dauerhaft in der Latenz zu halten. Dies gilt umso mehr, als das Risiko, dass sich die Organisation durch Coaching ändert, ohnehin gering ist. Denn: Organisationen verändern sich in systemischer Sicht über ihre Strukturen, nicht über die Veränderung der beteiligten Personen (vgl. Abschnitt 6.1), und die Veränderbarkeit von Personen ist ohnehin gering: „Im Vergleich zur Wandlungsresistenz von Personen sind Organisationen insgesamt geradezu Wunder der Wandlungsfähigkeit“ (Kühl 2005b, S. 29).

Das folgende Fallbeispiel „Immunreaktionen der Organisation gegen den Coach“ illustriert, welche Rolle Coaching in einer mikropolitischen Auseinandersetzung zwischen Vorstand und Organisation spielen kann.

Fallbeispiel: Immunreaktionen der Organisation gegen den Coach

Die Papyros AG, ein Papierhersteller mit ca. 2000 Mitarbeitern, hat beschlossen, zur Professionalisierung und Dynamisierung des Führungshandelns Coaching anzubieten. Die Personalabteilung soll eine entsprechende Vorauswahl für den Aufbau eines Pools von 3-4 Coaches treffen. Der Vorstandsvorsitzende hat an seiner vorherigen Position in einer anderen Organisation gute Erfahrungen mit einem Coach, Herrn Fließner, gemacht. Er legt der Personalabteilung nahe, Herrn Fließner, einen gestandenen und auf der Top-Management-Ebene erfahrenen Coach, in den Auswahlprozess miteinzubeziehen.

1. Szene: Gespräch mit dem Hauptabteilungsleiter Personal. Herr Fließner wird vom Hauptabteilungsleiter Personal, Herrn Aschendorf, in Abständen von 3 – 6 Monaten zu drei Einzelpräsentationen eingeladen. Diese Treffen finden in steifer bis angespannter Atmosphäre statt und bestehen im Abarbeiten von Fragenkatalogen. Dabei geht es merklich nicht um Inhalte (wie z.B. Herrn Fließners Konzept oder die Chancen von Coaching für die Organisation), sondern um ein rein administratives Procedere. Besonderen Wert legt Herr Aschendorf auf Fragen, die die Vertraulichkeit betreffen. Dadurch mutiert das persönliche Kennenlernen zu einer Art „Vertrauensverhör“: Herr Aschendorf tastet den Coach nach Anzeichen für die hidden agendas des Vorstandsvorsitzenden, der ihn empfohlen hat, ab und will in Erfahrung bringen, ob Informationen aus dem Coaching an den Vorstand weitergeleitet werden sollen.

2. Szene: Gespräch mit dem Personalreferenten. Herr Aschendorf, der in den drei Gesprächen offensichtlich keine gegenüber dem Vorstand legitimierbaren Gründe gefunden hat, Herrn Fließner aus dem Auswahlverfahren auszuschließen, delegiert den Vorgang an einen Personalreferenten weiter. Dieser ist mit dem Thema und dem Coach als Person völlig überfordert und versucht wiederum, sich mit einem Fragenkatalog über die Situation hinwegzuretten (Subtext: „Entschuldigen Sie bitte, Herr Fließner, ich muss Sie irgendwas fragen, ich weiß zwar nicht was, aber ich muss das hier ausfüllen“). Der Coach interpretiert die hohe „Widerständigkeit“ der Personalabteilung, die sich in der Redundanz der Vorstellungstermine und Distanziertheit aktenmäßiger Vorgänge äußert, als eher gegen die als Machteingriff wahrgenommene Vorstandsempfehlung als gegen ihn persönlich gerichtet.

3. Szene: Auseinandersetzung zwischen dem Vorstandsvorsitzenden und der Personalabteilung. Auf der Basis der Vorgespräche lehnt die Personalabteilung Herrn Fließner als Coach ab. Stattdessen werden ausgewählt:

- eine ehemalige Sparkassenangestellte, die Schwägerin von einem Papyros-Mitarbeiter,
- ein ehemaliger Sozialarbeiter, der sich unter dem Stichwort von Nonprofit-Organisationen selbstständig gemacht hatte,
- eine ehemalige Gewerkschaftssekretärin.

Auf die Intervention des Vorstandsvorsitzenden, der seine Empfehlung berücksichtigt sehen will, lenkt die Personalabteilung jedoch ein, konstruiert eine Begründung, warum Herr Fließner nun doch als Coach in Frage kommt, teilt sie ihm schriftlich mit und nimmt ihn in den Coaching-Pool auf.

4. Szene: Das Führungsmeeting. Den von der Personalabteilung ausgewählten Coaches wird die Gelegenheit eingeräumt, sich im Rahmen des monatlichen Führungsmeetings den Führungskräften der Papyros AG mit einer 15-minütigen Selbstpräsentation vorzustellen. Herr Fließner fällt dadurch auf, dass er keine PowerPoint-Präsentation mitgebracht hat, wird aber in der Folge von 13 Führungskräften als Coach ausgewählt.

5. Szene: Die Coaching-Sitzungen. Schon bei den ersten Coaching-Sitzungen zeigt sich, dass das angebotene Einzelcoaching für den überwiegenden Teil der Führungskräfte eine Überforderung darstellt. Die Klienten sind deutlich von einer Kultur der „Dauer-Beseminierung“ geprägt, es fällt ihnen erkennbar schwer, sich auf eine Auseinandersetzung mit Management-Fragestellungen oder eine persönliche Selbstexploration einzulassen. Einer der Klienten, der zuvor als Strategieberater gearbeitet hat, ist sichtlich gekränkt, dass er sich einem persönlichen Coaching stellen soll und doziert gegenüber Herrn Fließner, was der Vorstand noch nicht weiß und weshalb er für die Papyros AG unverzichtbar ist. Andere Klienten kommen zum Coaching mit der Haltung „ich hab als Elektriker angefangen und mich hochgearbeitet, hab noch die Meisterschule und die Ingenieurschule besucht und ich mach alles richtig". Herr Fließner merkt, dass die Bereitschaft, sich auf eine Selbstreflexion einzulassen, kaum vorhanden ist. Stattdessen spielen die Klienten das Spiel „Wir reden jetzt mal über nichts", sagen aber nach 4 Stunden: „Es war unheimlich wertvoll, mit Ihnen zu reden", wobei der Subtext „Klammer auf: Ich weiß, Sie kennen den Vorstandsvorsitzenden, Klammer zu" deutlich mitschwingt.

6. Szene: Beendigung der Coaching-Prozesse. Herr Fließner meldet der Personalabteilung und dem Vorstandsvorsitzenden zurück, dass er die Intervention Einzelcoaching für die betreffenden Führungskräfte zum gegenwärtigen Zeitpunkt nicht für stimmig hält und lässt die 13 Coaching-Prozesse „wohlwollend einschlafen".

7. Szene: Rückblick. Der abgelaufene Prozess lässt sich jedoch aus verschiedenen Perspektiven deuten. Zum einen lässt sich die „widerständige" Haltung der Personalabteilung und der Coaching-Klienten als *Zurückweisung des Machteingriffes* seitens des Vorstandsvorsitzenden in die Führungskultur verstehen. Hinter der Verschreibung des Vorstandsvorsitzenden an die Organisation vermutet diese eine hidden agenda, nämlich den Versuch, das Coaching nicht ergebnisoffen und vertraulich zu gestalten, sondern als Kontroll-, Sanktions- und Steuerungsinstrument zu instrumentalisieren (ob der Vorstandsvorsitzende tatsächlich derartige Absichten verfolgte, lässt sich nicht feststellen und ist für die Soziodynamik des Prozesses auch unerheblich). Hier zeigt sich, dass sich persönliche Entwicklung im Rahmen eines Coachings eben nicht „verordnen" lässt. Zum anderen wird deutlich, dass sich in der abwehrenden Haltung der Personalabteilung eine vor dem Hintergrund der Kultur der Organisation absolut stimmige *„Immunreaktion des Systems"* gezeigt hat: Herr Fließner wurde als nicht kulturkonform, in seiner persönlichen Präsenz als „Überdosis", vielleicht auch zu teuer und insgesamt als abzustoßender „Fremdkörper" bewertet – in diesem Sinne stellt sich die Auswahl der übrigen, mit weniger Erfahrung und Standing ausgestatteten Coaches als absolut stimmig dar. Die Personalabteilung hat hier auf der Grundlage ihrer Eigenlogik agiert, die mit der Eigenlogik des Vorstands nicht nur nicht deckungsgleich, sondern in diesem Falle sogar inkompatibel ist.

Beratung besteht darin, die Wirklichkeit des Klientensystems zu dekonstruieren und neu zu konstruieren (vgl. Kapitel 1 sowie Abschnitt 6.2). Dies gilt für das Coaching ebenso wie für andere Anwendungskontexte. Das Klientensystem beobachtet in diesem Prozess sich selbst und das Beratersystem/den Coach. Der Berater/Coach kann nicht determinieren, wie das Klientensystem beobachtet – er kann nur andere beobachtungsleitende Unterscheidungen anbieten und hoffen, dass dieses Angebot für das Klientensystem/den Coachingklienten in konstruktiver Weise irritierend und anschlussfähig ist. Verstehen spielt dabei eine zentrale Rolle: der Berater/Coach muss den Klienten verstehen, um beraten zu können, der Klient muss den Berater verstehen, um den Rat annehmen und umsetzen zu können. Dass Verstehen im alltagssprachlichen Sinne sehr viel voraussetzungsreicher ist als man landläufig meint, gehört in den Kommunikationswissenschaften mittlerweile zum common sense. Luhmann (1984, 1986b) hat besonders deutlich herausgearbeitet, dass zur Fortsetzung der Kommunikation kein Verstehen im Sinne einer Kongruenz psychischer Inhalte erforderlich ist. Verstehen ist für ihn vielmehr all das, was das verstehende System *für Verstehen hält* (Luhmann 1986b, S. 85). Die These, dass Berater und Klient sich verstehen müssen, ist also nur aufrechtzuerhalten, wenn man berücksichtigt, dass beide dabei in ihrer Wirklichkeit bleiben. Sie müssen in ihrer Wirklichkeit bleiben, weil die Äußerung einer Person bei der anderen Person vor einem anderen Sinnkontext rekonstruiert wird. Sie müssen in ihrer Wirklichkeit bleiben, weil sich Beratung durch bestimmte Kommunikationssperren (Luhmann 1989a) auszeichnet, die dazu führen, dass nicht alles, was beobachtet wird, in die Kommunikation eingebracht wird. Und sie dürfen in ihrer Wirklichkeit bleiben, weil die Anschlussfähigkeit der Kommunikation (Beratung eingeschlossen) auch gesichert bleibt, wenn die „innere Unendlichkeit" der beteiligten psychischen Systeme nicht ausgelotet wird (Luhmann 1986b, S. 95). Hier gilt wiederum das bereits in Kapitel 6 erwähnte Zitat von March (2001, S. 32 f.): Was ein Coach sagt, „ist immer irgendwie falsch, es sollte aber mindestens so falsch sein, dass es einen Manager dazu bringt, noch einmal neu darüber nachzudenken, was er eigentlich tut".

Das nachfolgende Fallbeispiel soll dazu dienen, dieses Merkmal von Beratung am Beispiel eines Coaching-Prozesses aufzuzeigen. Wir haben eine Coaching-Klientin und ihren Coach gebeten, den abgelaufenen Coaching-Prozess aus ihren Perspektiven zu beschreiben, und zwar unabhängig voneinander und ohne vorherige Absprache (leider konnten wir die damalige Führungskraft der Klientin nicht dafür gewinnen, einen Text aus ihrer Perspektive beizusteuern). Die Texte sprechen soweit für sich, dass sich der Leser ein eigenes Bild von der Unterschiedlichkeit der Blickwinkel, den blinden Flecken im Coaching und ihrer Entstehung machen kann. Um die Anonymität der Autoren und der im Text erwähnten Personen zu gewährleisten, haben wir die Namen der Autoren verändert.

Nina Blume[14]

„Es kann nicht sein, was nicht sein darf“

Die Perspektive der Klientin

Mein neuer Job war die Leitung eines Werkes mit 530 Mitarbeitern. Zuvor hatte ich eine kleinere Einheit mit 160 Mitarbeitern geleitet. Ich war stolz, dass mir diese Aufgabe zugetraut wurde. Mir war klar, dass ich an einigen Führungsthemen wie z.B. Entschleunigung und Delegation arbeiten wollte, um ein richtig guter Chef zu werden und mit der Mannschaft gute Ergebnisse zu erzielen. Ich hatte mich innerlich darauf eingestellt, mich nicht unter Zeitdruck zu setzen oder setzen zu lassen, z.B. nach 100 Tagen bereits alles umgekrempelt zu haben.

Vor meinem ersten Arbeitstag gab mein neuer Chef mir mit auf den Weg, dass es sein könnte, dass ich gemobbt würde. Wenn das eintreten sollte, sollte ich sofort zu ihm kommen. Ich habe mich zwar höflich bedankt, aber innerlich diese Warnung ausgeblendet: Mobbing, das passiert nur anderen, aber nicht mir.

Mein Coaching war angelegt als Fortsetzung meiner Personalentwicklung als Führungskraft. Das Coaching hatte ich mir gewünscht, weil ich bereits zuvor einen Einzelcoach gehabt hatte und weiter an meiner Führungskompetenz arbeiten wollte. Mein Chef hat meinen Wunsch unterstützt und die Finanzmittel dafür freigegeben. Gleichzeitig war ich mit einigen Kollegen (in gleichen Jobs) in einem Gruppencoaching, das mein Chef für uns eingerichtet hatte. Ich konnte mir meinen Coach aus mehreren aussuchen und entschied mich für den Coach aus dem Gruppencoaching, den ich sehr gut fand. Mein Coach hat auch meinen Chef gecoacht, was mich aber nicht gestört hat. Im Gegenteil, ich habe mich sehr wertgeschätzt gefühlt, weil soviel in mich investiert wurde und ich einen besonders guten Coach bekommen habe.

Mit Abstand und mehr Wissen betrachtet, war ich nicht ausreichend auf meine neue Führungsaufgabe vorbereitet: Mir waren einige eigentlich einfache Dinge nicht in ihrer Tragweite bewusst, z.B. wie wichtig der Eindruck war, den ich auf die von mir geführte Einheit machte und in welcher Richtung ich dieses Bild gestalten musste. Allüren wie „Der Chef hat einen reservierten Parkplatz, das dickste Auto, den besten Platz und immer einen Anzug an“ hielt ich für anachronistisch. Ich bin positiv naiv an die neue Aufgabe herangegangen. Ich dachte, dass die Mitarbeiter es gut fänden, wenn der Chef sich nicht arrogant von ihnen abgrenzt. So habe ich mein etwas älteres Auto irgendwo auf den Parkplatz gestellt und dem überraschten Pförtner gesagt, dass ich keinen besonderen Parkplatz brauche, weil ich nichts Besonderes bin. Ich habe auch manchmal eine Jeans angehabt und selbst die Kaf-

14 Auf Wunsch der Autorin erscheint dieser Beitrag unter einem Pseudonym.

feetassen nach einer Besprechung mit abgeräumt. Ich habe erst zu spät gelernt, dass die Abgrenzung oft notwendig ist, weil viele Mitarbeiter einen Chef haben möchten, der etwas Besonderes ist, weil sie sich dann besser nach außen vertreten fühlen.

In Gesprächen mit Kollegen, aber auch im Gruppencoaching, wurde klar, dass auch andere hier Wissenslücken haben. Das Unternehmen hat ein umfassendes Bildungssystem mit vielen Seminaren für Führungskräfte. Eigentlich müssten Führungskräfte systematisch vor einem solchen Entwicklungsschritt ein Seminar zur neuen Rolle und den vermeintlich trivialen Anforderungen an diese Rolle bekommen. Ein solches Seminar gibt es aber nicht. Hier wird tabuisiert, dass Menschen viel Verantwortung übertragen wird, sie aber einige banale Voraussetzungen nicht erfüllen. Es darf nicht sein, dass jemand mit einer Budgetverantwortung für 100 Mio € nicht weiß, wie er sich als Chef benehmen muss.

Als ich den Fehler erkannt hatte, war seine Korrektur zwar einfach, aber zu spät. Man hat immer genau eine Chance für einen guten ersten Eindruck. Im Klartext: Der Start in einer neuen Umgebung muss gut vorbereitet sein und dies ist eigentlich nicht schwer. Im Coaching hätte dieses Wissensmanko evtl. auch festgestellt und systematisch nachgebessert werden können.

Die Ausgangssituation in meinem neuen Werk war problematisch. Die Produktion hatte ein dramatisches Qualitätsproblem mit einer Reklamationsquote von 20%. Der Druck kundenseitig wegen der unzuverlässigen Produkte und seitens der Geschäftsführung wegen der hohen Fehlerkosten war sehr groß. Meine Vorgängerin war fachfremd und konnte die Mannschaft in diesem Qualitätsproblem nicht führen. Zuvor war 17 Jahre ein Patriarch Werkleiter gewesen, der die nachgeordneten Führungskräfte entmündigt hatte. Das Resultat war eine Führungsmannschaft ohne Rückgrat. Fehler wurden totgeschwiegen, die Kosten quersubventioniert, eine Fehlerkultur im Sinne der ständigen Verbesserung gab es nicht. Im Werk stand also dringend ein Changeprozess an.

Der Changeprozess ohne Changemanagement misslingt

Die wesentliche Ursache für das Misslingen des Prozesses war, dass ich kein Methodenwissen zum Changemanagement mitbrachte. So habe ich die Ausgangssituation nicht systematisch analysiert und die Risiken nicht erkannt.

Ich habe sehr schnell die Ursachen für das Qualitätsproblem erforscht und meinen Chef darüber informiert. Die Ursachen waren neben Materialfehlern auch in fehlerhafter Vorgehensweise in der Produktion zu finden, also eindeutig Managementfehler der handelnden Ingenieure und Meister. Ich kam aus einem Schwesterunternehmen, in dem die Kundenorientierung bereits in den Köpfen der Mitarbeiter angekommen war. In dem zuvor von mir geleiteten Werk war allen klar, dass der Arbeitsplatz eines jeden Mitarbeiters bedroht ist, wenn der Kunde – egal aus welchem Grund – abzuwandern droht. Mein neues Werk hingegen war ein interner Dienstleister im Konzern und noch sehr weit weg vom echten Markt. Die existenzielle Bedrohung durch die schlechte Produktqualität haben die Mitarbeiter nicht wahrgenommen. Dieses habe ich unterschätzt. Ich selbst bin ein Kopfmensch, entscheide also rational. Ich dachte, dass ich mit Sachargumenten die Mitarbeiter von den notwendigen Veränderungen überzeugen kann, zumal es um klassischen Maschinenbau ging. Die irrationale Reaktion von vielen Mitarbeitern konnte ich mir lange nicht erklären, habe sie nicht verstanden und habe meine Mitarbeiter dementsprechend nicht in der erforderlichen Weise geführt.

Mir war nicht klar, dass ich allen Beteiligten starke persönliche Egoismen zutrauen muss, die für den eigenen vermeintlichen Vorteil sogar die Existenz des gesamten Werkes aufs Spiel setzen. Ich wusste nicht, dass man Mitarbeiter in drei Gruppen einteilen kann: 70% Mitläufer, 20% Gegner und 10% Unterstützer. Im Werk waren zwei Führungskräfte, die sich Hoffnungen auf meinen Job gemacht hatten. Beide waren schon viele Jahre im Werk. Einer der beiden war der Controller und mein Vertreter, also stellvertretender Werkleiter, der andere Abteilungsleiter für Optimierungsprojekte. Beide hatten das schon seit Jahren vorliegende Qualitätsproblem quersubventioniert und der Geschäftsführung gegenüber in den Kennzahlen verschleiert. Dass diese beiden nicht erfreut waren, dass sie den Job nicht bekamen und an der systematischen Analyse des Qualitätsproblems nicht interessiert waren, liegt auf der Hand.

Meine Analyse der Qualitätsprobleme zog Maßnahmen nach sich, deren Umsetzung aber Zeit beanspruchte. Hierfür gab es wenig Verständnis, weil das Thema bereits vor meiner Zeit für große Unzufriedenheit seitens der Kunden gesorgt hatte. Der Druck auf die Geschäftsführung, damit auf mich und damit auf das Werk wuchs stetig.

Irgendwann konnte ich meinen Vorsatz, mich und damit meine Mitarbeiter nicht unter Zeitdruck setzen zu lassen, nicht mehr aufrecht erhalten. Ich gab den Druck an meine Mitarbeiter weiter. Der notwendige Veränderungsprozess lief ohne strukturiertes Changemanagement, die Stimmung im Werk war schlecht. Ich hatte viele Gegner in meiner Mannschaft, die ich offen und sachlich zu überzeugen versuchte, was aber aufgrund der „Leichen im Keller" und der nicht vorhandenen Fehlerkultur unmöglich war, Mission Impossible.

Die Mitarbeiter reagierten mit Mobbing gegen mich. Dies eskalierte in einem anonymen Brief der mir nachgeordneten Führungskräfte, den der Betriebsrat meinem Chef überreichte. Mein Chef reagierte gut. Er berichtete mir von dem Brief, zeigte mir den Brief aber nicht, weil er wusste, dass mich das noch mehr verletzen würde als dies sowieso schon der Fall war. Ich hatte mich stark engagiert, um das Werk und die Arbeitsplätze zu retten und die Kunden zufrieden zu stellen. Ich war enttäuscht und total verunsichert. Ich hatte Angst, dass ich meinen Job verlieren würde. Man wechselt eher den Trainer als die Mannschaft.

Mein Chef vollzog mehrere Interventionen:
- In einem persönlichen Gespräch gab mein Chef mir ein Feedback zur Situation. Das Wort Mobbing wurde nicht ausgesprochen.
- Ich konnte meinen Coach intensiv nutzen. Dies war sehr wichtig, ohne ihn wäre ich durch diese schreckliche Situation nicht heil durchgekommen. Mein Coach formulierte: „Sie gehen jetzt in die emotionale Reha". Dieser Satz machte mir bewusst, dass meine Gesundheit in Gefahr war. Ich war froh, dass mir gestattet wurde, mich zu erholen. Ich denke, dass meinem Coach meine Erschütterung voll bewusst war. Ich selbst hatte keinen inneren Abstand, um mich zu spüren, ich hatte nur Angst.
- Das Wort Mobbing fiel auch beim Coaching nicht. Ich habe nicht bemerkt, dass ich gemobbt wurde. Ich weiß nicht, ob mein Chef und mein Coach die Mobbingsituation bewusst wahrgenommen und darüber gesprochen haben. Ich habe nicht an Mobbing gedacht, weil ich auf „man fasst sich zuerst an die eigene Nase" sozialisiert bin, also den Fehler als erstes bei mir suche und anderen keine schlechten Dinge zutraue.
- Mein Chef zitierte meine gesamte Führungsmannschaft in die Zentrale, um ihnen zu sagen, dass sie verantwortlich für die Rettung des Werkes sind und dass ich im Amt bleiben würde. Ich war nicht dabei.
- Mein Chef hat versucht, meinen Controller, meine Personalleiterin (die dritte im Werkleitungsteam) und mich als Team einzuschwören, indem er mit uns dreien ein gemeinsames Gespräch geführt hat. Dies hat er noch zu verstärken versucht, indem ein weiteres Gespräch zu sechst stattfand, bei dem auch seine beiden Geschäftsführerkollegen, die Chefs meiner beiden Kollegen dabei waren. Ich habe eindeutig den Auftrag bekommen, mit den beiden zusammenzuarbeiten. Eine andere Möglichkeit gab es nicht.
- Es fand ein sogenannter Strategieworkshop für das Werk statt, der durch meinen Coach moderiert wurde. Teilnehmer waren alle mir nachgeordneten Führungskräfte, mein Controller, meine Personalleiterin und ich. Der Workshop wurde von uns dreien mit meinem Coach zusammen vorbereitet. Das Ziel des Workshops war es, die gesamte Mannschaft auf Kernziele einzuschwören, ein Wir-Gefühl zu schaffen und ein aufeinander abgestimmtes Vorgehen zu initiieren. Die gemeinsam festgelegten Maßnahmen wurden in einem gemeinsamen Maßnahmencontrolling überwacht. Nach einigen Monaten war ein Besuch der Geschäftsführung im Werk angesetzt, um die Ergebnisse der Maßnahmen zu überprüfen. Mein Coach hat die Führungskräfte in dem Workshop das erste Mal erlebt. Er sagte mir anschließend seine Einschätzung, nämlich sinngemäß, dass sie alle schwache Spieler wären, ich also mit dieser Mannschaft keinen Blumentopf gewinnen könne.

In all diesen Veranstaltungen wurde über das Misstrauen meiner Mannschaft mir gegenüber, das Mobbing, meine Verletzungen, nicht gesprochen. Es gab keine Entschuldigung und es gab keine Verzeihung. Ich war überzeugt, dass mein Chef und mein Coach ihr Vorgehen miteinander abgestimmt hatten und beide es so für richtig hielten.

Die Treiber des Mobbings hatten es darauf angelegt, dass mir gekündigt werden würde. Ich hatte in der akuten Situation wahnsinnige Angst, meinen Job zu verlieren. Als ich von dem Brief an meinen Chef erfuhr, habe ich mich sofort juristisch beraten lassen und angefangen, mich um eine andere Arbeitsstelle zu bewerben. Das Vertrauen in meine Mannschaft hatte ich verloren. Diese Leute hatten mich massiv bedroht bzw. waren mitgelaufen. Mir war klar, dass ich diesen Menschen immer misstrauen würde. Ich selbst konnte mich im Werk zurücknehmen, da mein Coach und mein Chef mich hierzu aufforderten. Ich konnte mich emotional erholen und wurde wieder etwas sicherer. Als ich nach einigen Monaten wieder etwas selbstbewusster war, habe ich Stück für Stück wieder ein wenig Führung übernommen, was mein Chef auch von mir erwartet und unterstützend gefordert hat. Wenn ich - nun wieder etwas mutiger – Probleme im Werk anpacken wollte und ein Konfliktpotenzial sah, habe ich einige Male meinen Chef angesprochen, um mich mit ihm zu beraten. Er hat sich darauf nicht eingelassen: „Sie reden ja mit Ihrem Coach“. Meine Führung erfolgte also nicht durch meinen Chef, sondern über Eck, über meinen Coach. Ich hatte den Eindruck, dass die beiden dieses Dreieck absichtlich lebten, um mir die Situation leichter zu machen. Ich dachte, dass sie sich regelmäßig miteinander sprechen würden. Heute denke ich, dass mein Chef das Coaching zweckentfremdet hat und sich teilweise um seine Führungsverantwortung gedrückt hat.

Je mehr ich wieder Führung im Werk übernahm, desto größer wurden wieder die Widerstände, insbesondere durch meinen Controller. Er informierte seinen Chef, den kaufmännischen Geschäftsführer über Risiken, die ich aus seiner Sicht eingehen würde, ohne mit mir zu sprechen. Das Mobbing lebte wieder auf.

Die Mannschaft beugte sich vermeintlich dem Druck durch meinen Chef und der sozialen Kontrolle durch die Kollegen. Die gemeinsamen Maßnahmen wurden verfolgt, allerdings nur halbherzig. Ein Kommunikationsprojekt wurde aufgesetzt, um die Kommunikation über alle Ebenen zu verbessern. Die beiden Beraterinnen, die dieses Projekt unterstützten, gaben mir ein vertrauliches Feedback, in dem sie mir sehr deutlich sagten, dass sie keine Chance sehen, dass die Mannschaft und ich jemals wieder Vertrauen zueinander finden könnten. Sie berichteten mir, dass einige Führungskräfte sich meine Verzeihung wünschen würden. Auch mit diesen beiden Beraterinnen wurde Mobbing nicht thematisiert. Ich berichtete meinem Coach nicht inhaltlich von diesem Feedback. Ich habe meinem Coach auch nicht gesagt, dass ich mir einen neuen Job suchen würde, weil ich nicht wusste, ob er dies meinem Chef berichten würde oder das Coaching evtl. abbrechen würde.

Der Besuch der Geschäftsführung im Werk war ein Desaster. Ich hatte versucht, mit meinem Controller und meiner Personalleiterin gemeinsam den Besuch vorzubereiten, aber es gelang uns nicht, einen Termin zu finden. Wir hatten alle viele Auswärtstermine, die beiden teilweise Urlaub. Beide waren nicht bereit, mit ihren jeweiligen Chefs darüber zu sprechen, dass sie sich mit mir zusammensetzen müssten. Immer wenn ich in den vorangegangenen Monaten von den beiden blockiert worden war und dies meinem Coach oder meinem Chef gesagt habe, wurde ich eindeutig angewiesen, mit den beiden zusammen zu arbeiten. Ich habe daher die Terminblockade der beiden nicht an meinen Chef weiter gemeldet, sondern mich mit einem Minitermin begnügt und den Besuch im Wesentlichen alleine vorbereitet. Die Mannschaft hat schlecht mitgespielt. Es war deutlich, dass die Führungskräfte nicht hinter mir stehen. Sie haben gedacht, ich würde sie vor der Geschäftsführung vorführen wollen.

Wenige Wochen später löste mein Chef mich als Werkleiterin ab. Die Ablösung verlief sanft. Ich ahnte, was auf mich zukommen würde und konnte mich darauf vorbereiten. Die Mobbingsituation war schlimmer gewesen. Ich wurde sicher geparkt, bis ich einen neuen Job in einem anderen Unternehmen gefunden hatte. Im Ablösungsgespräch thematisierte mein Chef das erste und einzige Mal das Mobbing.

In den letzten Monaten in dem Unternehmen konnte ich an einem sehr guten mehrteiligen Führungsseminar teilnehmen. Dort habe ich gutes Methodenwissen zu Changemanagement, Rollenbild in der oberen Führungsliga, Zusammensetzung von Führungsteams und noch einige andere Dinge gelernt. Den letzten Teil konnte ich besuchen, obwohl ich schon gekündigt hatte.

Was blieb ausgeblendet?

Mein Chef hätte die personelle Situation erkennen müssen. Er kennt die Stärken und Schwächen der meisten Führungskräfte in allen Werken gut. Er hätte abschätzen müssen, dass die beiden Konkurrenten um den Werkleiterjob keine Unterstützer, sondern Gegner im Changeprozess sein würden. Warum hat mein Chef da nicht hingeguckt bzw. nicht gehandelt? Das Unternehmen ist in einer Matrix organisiert, d. h., dass ich Erster unter Gleichen in meinem Werk war. Das gleiche gilt für meinen Chef, der Erster unter Gleichen in der Geschäftsführung ist. Meinem Vertreter, also dem Controller und der Personalleiterin war ich nicht weisungsbefugt, sondern die Kollegen meines Chefs, der kaufmännische bzw. der Personalgeschäftsführer. Diese drei Geschäftsführer, alle erfahrene Manager, hätten handeln müssen. Sie hätten miteinander diskutieren müssen, wie die Situation zu lösen wäre. Diese Diskussion – wenn sie denn ehrlich geführt worden wäre – hätte sicher als Ergebnis gehabt, dass der Controller an eine andere Stelle hätte versetzt werden müssen. Auch der Kaufmännische Geschäftsführer hatte mir über den Controller gesagt: „Herr x hat eingesehen, dass er nicht Werkleiter sein kann. Wir haben darüber gesprochen. Das ist kein Thema mehr für ihn.“ Es ist aber nichts passiert. Diesen Konflikt mit seinen Kollegen hat mein Chef vermieden. Stattdessen musste ich einen Stellvertreterkrieg führen.

Die Komplexität des anstehenden Veränderungsprozesses zur Fehlerkultur wurde ausgeblendet. Das Standardthema Changemanagement hätte berücksichtigt werden müssen. Bei Veränderungsprozessen wird die Angst der kleinen Leute gesehen, aber nicht die Gegenwehr von starken Figuren. In einem solchen Szenario auftretende Machtkämpfe wurden ausgeblendet. Es kann nicht sein, was nicht sein darf.

Das Konfliktpotenzial war für meinen Chef sichtbar, da ich ihn zu Beginn sehr offen über meine Erkenntnisse bei der Fehlerursachenanalyse informiert habe. Ihm hätte klar gewesen sein müssen, dass ich eine massive Gegenwehr erfahren würde. Er hätte auch sehen können oder sogar müssen, dass ich naiv und damit ungeschützt und alleine in die Schlacht gezogen bin. Er hat ausgeblendet, dass die Mannschaft nicht geeignet war, um die Probleme zu lösen. Er sagte mir zu Beginn, dass im Unternehmen 80% der Führungskräfte ungeeignet wären, man sie aber nicht alle ersetzen kann. Eigentlich hätte mein Chef vorab eine Ist-Analyse machen müssen, evtl. mit seinem, also auch meinem Coach. Dann wäre die Changesituation klar gewesen, die handelnden Personen wären aufmerksam geführt oder ersetzt worden. Das Ganze hätte dann klappen können. Ich hätte einen Changeprofi an der Seite gebraucht, der mich methodisch und analytisch hätte unterstützen können.

Außerdem wurde mein persönlicher Entwicklungsstand ausgeblendet. Werkleiter sind sehr schwer zu finden. Viele meiner Kenntnisse und Erfahrungen haben gut auf den Job gepasst. Aber mit vielen Dingen war ich damals überfordert.

Ein wesentlicher Punkt, den mein Chef und auch ich ausgeblendet haben, ist, dass ich eine Frau im Männerberuf bin. Die chauvinistische Gegenwehr gegen mich als Werkleiterin habe ich auf die leichte Schulter genommen. Insbesondere der Betriebsrat (!) hatte große Probleme damit, dass eine Frau das Werk leitete. Es kann nicht sein, was nicht sein darf. Probleme mit der Akzeptanz? Ich doch nicht.

Es wäre besser gewesen, das Thema Mobbing methodisch sauber anzugehen und die Punkte zu besprechen, die dazu geführt haben. Dann wäre vielleicht auch Raum für Entschuldigungen und Verzeihung und damit eine Basis für neues Vertrauen zwischen mir und der Mannschaft gewesen. Mein Coach wollte ein Flashback vermeiden, also ein Zurückfallen von mir und der Mannschaft in die alten Gefühle. Daher haben wir das Thema tabuisiert. Dadurch fand keine Entschuldigung und keine Verzeihung statt. Möglich wäre auch eine Eskalation gewesen, wenn meine Gegner sich ggf. offen zu erkennen gegeben hätten.

Die Kommunikation zwischen meinem Chef und mir bzw. meine Führung erfolgte weitgehend über meinen Coach. Mein Chef hat sich jedem Versuch meinerseits, mit ihm zu sprechen, entzogen. Ich habe diese Dreieckskommunikation bewusst wahrgenommen, aber nicht mit einem der beiden darüber gesprochen. Ich wusste nicht, was die beiden miteinander über mich gesprochen haben. Warum habe ich nicht danach gefragt? Einerseits wollte ich nicht neugierig und unsicher erscheinen. Ich dachte, dass mein Coach, der ja auch meinen Chef gecoacht hat, ihn an einigen Stellen in eine für mich gute Richtung lenkt und wollte daher nicht indiskret sein. Andererseits hätte meine Frage wahrscheinlich zu einer Diskussion über die Sinnhaftigkeit des „Rettungsversuchs" geführt. Wenn ich ernsthaft angesprochen hätte, dass mein Chef sich seiner Verantwortung entzieht, dass er und mein Coach meine Mannschaft für ungeeignet hielten, dass ich mich auf meine Führungskräfte nicht mehr einlassen konnte, wäre als einzige Konsequenz schnell klar gewesen, dass ich den Job nicht weiter machen konnte. Und ich wollte erst gehen, wenn ich einen neuen Job gehabt hätte.

Es wäre gut, wenn es denkbar sein dürfte, dass eine Situation nicht positiv lösbar, also eine „Mission Impossible" ist. Man kann nicht alle Probleme durch reden lösen, einige muss man durch machen lösen. Das Ergebnis ist sonst ein Flicken an Details, aber keine wirklich gute/brauchbare Situation.

Was hat das Coaching trotz des vermeintlichen Scheiterns gebracht? Ich bin nicht an dem Mobbing zerbrochen. Ich bin dünnhäutiger geworden, das wird wohl auch so bleiben. Ich bin aber auch gestärkt aus der Situation hervorgegangen. Ich blende meine Sondersituation als Frau im Männerjob nicht mehr aus, sondern erarbeite mir einen anderen Umgang mit Revierkämpfen. Und ich bin auf dem Weg ein guter Chef zu werden. Einige Fragen sind offen (s.o.), die ich meinem Coach stellen werde.

Friedrich Bollmann[15]

Die Beziehungsebene als Ressource und Fallstrick im Coaching

Die Perspektive des Coachs

Frau Blume wird zur Werksleiterin ernannt – der Beginn des Coaching-Prozesses

Die Entscheidung von Herrn E., Frau Blume an die Spitze einer technischen und männerdominierten Organisationseinheit zu setzen, stellt einerseits ein mutiges Mandat dar, das von seiner Wertschätzung gegenüber von Frau Blume und ihrer kritischen Haltung zeugt. Das Signal „Sie haben alle meine Unterstützung, für Sie ist meine Tür immer offen" war somit – auch in meinem Erleben als Coach sowohl von Frau Blume als auch von Herrn E. – durchaus Ernst gemeint. Gleichzeitig stellte es möglicherweise schon eine erste belastende Hypothek für die Arbeit von Frau Blume dar, da Herr E. aufgrund seiner eigenen Arbeitsbelastung darauf angewiesen ist, dass seine Werksleiterin eigenständig führt. Der Quasi-Auftrag an das Coaching lautete also auch: „Ich kann mich nicht kümmern, kümmern Sie sich um Frau Blume!"

Frau Blume berichtet in der soziobiografischen Exploration zu Beginn des Coaching-Prozesses, dass sie in verschiedenen Wohngemeinschaften groß geworden ist – hier hat sie Durchsetzungsvermögen und Streitbarkeit gelernt, die auch ihr berufliches Auftreten prägen. Sie ist dynamisch und hochmotiviert, erfolgshungrig und ehrgeizig, in der Sache aufrecht und für den Inhalt kämpfend unterwegs. Vielfach wird sie von ihrer Umwelt in ihrem Agieren auch als zu heftig, zu laut, zu emotional und in der Schärfe und Geschwindigkeit der Kommunikation überschießend erlebt. Sie ist in ihrer Rhetorik ihrer Führungsmannschaft überlegen. Durch diese Art des Auftretens löst sie ambivalente Reaktionen bei den ihr unterstellten Männern aus, die zwischen Faszination, Insuffizienzerleben und Abwehrreaktion liegen.

Die Kontrolle und Zurücknahme dieses überschießenden Verhaltens ist über den gesamten Coaching-Prozess hinweg ein kontinuierliches Leitmotiv. Zentrale Botschaften des Coaching-Prozesses in dieser Phase lauten: „Sie bringen mit Ihrer schnellen Zunge und ihrer Form des Agierens die Führungsmannschaft gegen sich auf – gegen Sie kann man (Mann) in der Diskussion nicht gewinnen."

15 Auf Wunsch des Autors erscheint dieser Beitrag unter einem Pseudonym.

Mit der Analyse, dass für ihre Akzeptanz im Unternehmen weniger oft mehr wäre, geht Frau Blume mit, bekommt aber in der Praxis ihre Handlungsmuster nicht an diese Erkenntnis angepasst.

Frau Blume „räumt auf"

Frau Blume begibt sich – durchaus im Sinne des Auftrags, den Herr E. ihr erteilt hat – sehr schnell daran, die Organisation zu optimieren und aufzuräumen, alte Zöpfe abzuschneiden und Prozesse zu verbessern. Dabei deckt sie vor allem die Versäumnisse ihrer Vorgängerin auf. Diese Vorgängerin, eine „gelernte" Personalerin, konnte offenbar bestimmte technische Herausforderungen nicht bewerten, so dass die Mitarbeiter von ihr unbemerkt eine Reihe von technisch unzulänglichen Lösungen einführen konnten. Dass Frau Blume diese Missstände aufgedeckt hat, war sicherlich für die Abwehrreaktion der Organisation ihr gegenüber mitverantwortlich.

Viele Coachingtermine beginnen mit einer Abreaktion von Frau Blume, die sich darüber beklagt, dass die Vorgängerin ihr „nur Müll" hinterlassen habe. Sie hat immer eine Liste mit drei bis fünf Mitarbeitern, die sie für Fehlbesetzungen hält und die sie deshalb austauschen will. Diese Umbesetzungen werden auch rasch durchgeführt. Auch diese Kritik an der bisherigen Praxis und der recht umfangreiche Personalaustausch ist von der Organisation sicherlich als Überreiz erlebt worden.

Jede neue Führungskraft hat ein per sozialer Konvention gewährtes „Budget" für Personal-Umbesetzungen („Einkäufe und Verkäufe"), die sie vornehmen kann. Sie kann den Vorgänger kritisieren, wobei sie sich jedoch irgendwann Missstände selbst zurechnen lassen muss. Sie kann drei oder vier Mitarbeiter austauschen, muss dann aber Stabilität in die Personalsituation bringen. Frau Blume ist dies jedoch nicht genug. Sie hat in der Wahrnehmung der Organisation ihr Veränderungsbudget für die Antrittsphase überschritten.

Zentrale Botschaften des Coaching-Prozesses in dieser Phase lauten: „Sie dürfen nicht die komplette Führungsmannschaft austauschen – Sie werden auch daran gemessen, wie Sie mit den vorhandenen Führungskräften arbeiten – Sie müssen integrieren". Diese Rückmeldung kann sie zwar akzeptieren, spricht aber kurze Zeit später schon wieder darüber, welcher Mitarbeiter ausgetauscht werden müsse. Die Frage, wie man mit Systemwiderständen umgeht, war aus der Sicht des Coachs immer mit einem inneren Kampf verbunden. Wenn sie im Sinne der Fortentwicklung der Organisation seien, so Frau Blumes Position, können Veränderungen doch nicht falsch sein. Dass eine rein rationale Reaktion auf den rationalen Aufriss der Situation im Werk zu kurz gesprungen ist, sieht auch Frau Blume, sie kann sich dann aber nicht von ihrem Wunsch nach schneller Wirksamkeit lösen. In dieser Phase kommt es zu zum Teil sehr disparaten Selbst- und Fremdeinschätzungen, zu

Wahrnehmungsverschiebungen und Enttäuschungen, die zunehmenden Widerstände der Organisation führen nicht zu einer veränderten Handlungsweise.

Die Führungsmannschaft wendet sich gegen Frau Blume

Im Laufe von Frau Blumes Umgestaltungsmaßnahmen kommt es dazu, dass bestimmte Führungspositionen in der Außenwahrnehnmung auch von ihr falsch besetzt werden. Dadurch gerät sie unter Druck. Der traditionell sehr starke Betriebsrat fühlt sich von ihr nicht genügend einbezogen. In Folge dieser Entwicklungen kommt es zu einem Misstrauensvotum, das sich darin manifestiert, dass ihre direct reports beim Vorstand ihre Ablösung fordern. Mit diesem Misstrauensvotum durch die Führungsmannschaft beginnt eine Demontage, die das „Anfang vom Ende" einläutet. Auch Herr E. kann seine „Ziehtochter" unter dem Druck des Vorstands nun nicht mehr halten. Dies mag auch daran liegen, dass Frau Blumes harsche Kritik an ihrer Vorgängerin bei Herrn E. Missstimmungen ausgelöst hat – schließlich hat Herr E. auch Frau Blumes Vorgängerin ausgewählt. Frau Blume überzieht mit dieser Kritik das Gleichgewicht zwischen Geben und Nehmen im Verhältnis zu Herrn E. Umgekehrt muss Frau Blume die abnehmende Unterstützung ihres Vorgesetzten als Verrat erleben. Psychoanalytisch gesprochen kommt es zu einer gegenseitigen Übertragungsenttäuschung (Petzold), d.h. einer Enttäuschung darüber, dass das Gegenüber nicht dem Idealbild entspricht, das man von ihm aufgebaut hat.

Was blieb ausgeblendet?

Trotz aller Anzeichen für die zunehmenden Spannungen zwischen Frau Blume und ihren Mitarbeitern kommt die Eskalation, die schließlich in der „Palastrevolution" der Führungsmannschaft gipfelt, für Coaching-Klientin und Coach gleichermaßen überraschend. Erst im Rückblick stellt sich als offensichtlich dar, was man schon lange vorher hätte wahrnehmen können. Ich habe Frau Blume auf einer menschlichen Ebene geschätzt, was für sie sicherlich auch spürbar war. Ein authentisches, positiv tragendes Beziehungsangebot gegenüber dem Klienten gehört zu den wichtigsten Ressourcen und Qualitätskriterien in Beratung und Coaching. Mit ihrem konsequenten und mutigen Führungsstil, ihrer kritischen und schonungslosen Haltung gegenüber den Missständen in der Organisation konnte ich mich solidarisieren, sowohl im Hinblick auf meine persönliche Überzeugung als auch im Hinblick darauf, was ich in meiner langjährigen Beratungstätigkeit für die Organisation an notwendigen Veränderungen sah. Diese persönliche wie professionelle Solidarisierung zwischen Frau Blume und mir mag dazu geführt haben, dass neben der fachlichen Ebene im Coaching, auf der die problematische Seite von Frau Blumes Handeln ständiges Thema war, eine zweite Ebene mitgeschwungen ist, auf der ich Frau Blume nonverbal Anerkennung und Ermutigung für ihr

Vorgehen signalisiert habe. So könnte die Wirkung des immer wieder besprochenen verbalen Appells „Sie müssen sich zurückhalten, taktieren, integrieren" durch die nonverbale Botschaft „Eigentlich finde ich Ihr direktes, undiplomatisches, konsequentes Vorgehen richtig" aufgehoben worden sein. Auf der Beziehungsebene ist im Rückblick eine Euphorisierung spürbar, in der wir uns gegenseitig gestützt haben und die dazu geführt haben kann, dass wir die negativen Rückwirkungen von Frau Blumes Agieren in der Führungsrolle ausgeblendet haben.

18.5 Teamentwicklung

Teamentwicklung (TE) zielt darauf, die Zusammenarbeit und Leistungsfähigkeit von Teams zu verbessern. Dies kann „präventiv" oder anlässlich aktueller Spannungen im Team erfolgen. Je nach Auftragssituation werden dabei folgende Ziele in unterschiedlicher Schwerpunktsetzung verfolgt:

(1) Verbesserung des Verständnisses für die Rolle eines jeden Teammitglieds innerhalb der Arbeitsgruppe;
(2) Verbesserung des Verständnisses für die Beschaffenheit des Teams und seine Rolle innerhalb der Gesamtabläufe der Organisation;
(3) Verbesserung der Kommunikation zwischen den Teammitgliedern über alle Punkte, welche die Effektivität der Gruppe angehen;
(4) Stärkung der gegenseitigen Unterstützung unter den Gruppenmitgliedern;
(5) Klares Verständnis für die ablaufenden Gruppenprozesse, d.h. für jene gruppendynamischen Ereignisse, die in jeder Gruppe vorkommen, in der Leute eng zusammenarbeiten;
(6) Finden von effektiveren Wegen für die Gruppe, die in ihr bestehenden Probleme auf der Sach- wie auf der Beziehungsebene zu bewältigen;
(7) Entwickeln der Fähigkeit, Konflikte positiv (statt destruktiv) zu nutzen;
(8) Verstärkung der Zusammenarbeit zwischen den Teammitgliedern und Verringerung jedes Wettbewerbs, der auf Kosten der jeweiligen Gruppe bzw. der Organisation geht;
(9) Verbesserung der Fähigkeit des Teams, mit anderen Arbeitsgruppen innerhalb der Organisation zusammenzuarbeiten;
(10) Stärkung des Bewusstseins des gegenseitigen Aufeinanderangewiesenseins innerhalb des Teams (Comelli 1995).

Hinsichtlich der Ziele gibt es deutliche Parallelen zwischen TE und Teamsupervision (vgl. Abschnitt 18.3). Entsprechende Parallelen existieren daher auch im Hinblick auf die latenten Funktionen beider Anwendungsfelder: die Organisation kann davon profitieren, dass TE-Maßnahmen Konfliktpotenziale zwischen den Teilnehmern aufnehmen, dämpfen und so für die Organisation unschädlich machen. An den Stellen, wo in der Teamentwicklung organisationale Prozesse nachgeschärft werden, die zur Entstehung von Spannungen im Team beitragen (z.B. im Sinne einer hilfreicheren Strukturierung von Teambesprechungen), übernimmt der Berater Aufgaben, die von der Teamleitung bislang vernachlässigt wurden. Anders als im Fall von kontinuierlichen Teamsupervisionsprozessen handelt es sich bei TE-

Maßnahmen um punktuelle „Einmal-Interventionen“. Aus diesem unterschiedlichen Auftragskontext ergeben sich andere mögliche Schwierigkeiten und hidden agendas für den Prozess. Relativ häufig scheint im Laufe des Prozesses die Erwartung der Auftraggeber auf, dass in der TE Gruppe und Berater gemeinsam ein Teammitglied identifizieren, das als „unnormal“ oder sogar „psychisch krank“ etikettiert, für die existierenden Probleme in der Zusammenarbeit alleinverantwortlich gemacht und infolgedessen aus dem Team entfernt werden kann. Entsprechend ist der Berater eher als Diagnostiker denn als „Entwicklungshelfer“ gefragt. Aus Auftraggebersicht ist es vor diesem Hintergrund dann folgerichtig, einen psychologisch geschulten Berater mit der Durchführung der TE-Maßnahme zu beauftragen. Die hidden agenda wird erkennbar, wenn der Berater während oder nach dem Workshop vom Auftraggeber beiseite genommen und um seine Einschätzung der Teammitglieder gebeten wird: „Wer ist hier der Übeltäter?“, „Sie sind doch Psychologe – Frau X. ist ja eine schwierige Person, sehen Sie das auch so?“ Hier zeigt sich nicht nur der Versuch, den Teamentwicklungsprozess zum Personalselektionsinstrument umzuwidmen, sondern auch die Neigung, in einem komplexen gruppendynamischen Interaktionsmuster einen „Sündenbock“ ausfindig zu machen, dessen Entfernung zur Auflösung der Probleme führt (vgl. auch Kapitel 13) – eine Sichtweise, die spätestens dann widerlegt wird, wenn das Team die frei gewordene Rolle des Symptomträgers unbewusst einem anderen Mitglied zuweist und die Probleme erneut (und oft massiver als zuvor) auftreten. Außerdem ist diese hinter dem TE-Prozess stehende unausgesprochene Agenda für die identifizierten Problemträger oft keineswegs „hidden“, sondern klar erspürt, was zu einem Vertrauensverlust führt, die Ziele der Maßnahme torpediert und zu einer selbst erfüllenden Prophezeiung führt - man ist nun bestätigt in dem, was man bereits im voraus wusste: Frau X. ist nicht kooperativ (was ihre Schuld beweist) und muss daher das Team verlassen.

Ein weiterer Unterschied zur Teamsupervision liegt darin, dass im Vorfeld von TE-Maßnahmen intensivere Briefings und Zielklärungen mit dem Auftraggeber stattfinden. Fredrich (1994) weist in diesem Zusammenhang auf die Gefahr hin, dass der Berater die ihm in den Briefings angebotene Interpretation der Teamsituation unkritisch übernimmt und auf diesem Wege unbemerkt eine Solidarisierung mit dem Auftraggeber entsteht, die die Arbeit mit dem Team erschwert.

18.6 Qualitätsentwicklung

Qualitätsentwicklung versteht sich als organisationsweiter, von Qualitätsgesichtspunkten gesteuerter Prozess der Verbesserung von Arbeits-/Geschäftsprozessen und Strukturen der Organisation. Angestrebt werden dabei z.B. eine Professionalisierung der Organisation, eine möglichst weitgehende Fehlerfreiheit der Produkte, Vermeidung von Verschwendung entlang der gesamten Prozesskette, konsequente Ausrichtung an den Erwartungen der Zielkunden etc. sowie die Institutionalisierung eines Qualitätsdiskurses. Es gibt eine Vielzahl von Qualitätsmanagement-Methoden, die sich branchenspezifisch herausgebildet haben. Die bekanntesten Systeme wie DIN EN ISO 9000 ff.. (Deutsche Industrie Norm/Europäische Norm/Internationale Organisation für Standardisierung) und EFQM (European Foundation for Quality Management) bilden dabei für viele der branchenspezifischen Modelle die Grundlage. Sie definieren Standards und schaffen damit einerseits nach außen Vergleichbarkeit im Wettbewerb, andererseits nach innen einen systematisch angelegten kontinuierlichen Verbesserungsprozess. Kombiniert werden i.d.R. Selbstevaluation (aus der heraus Qualitätshandbücher, Selbstreports oder Punktekataloge entstehen) und Fremdevaluation (durch Gutachter, Auditoren etc.). So wurde z.B. das LQ-Modell (Lernerorientierte Qualitätsentwicklung) für die Bildungsbranche, KTQ (Kooperation und Transparenz für Qualität) für das Gesundheitswesen etc. entwickelt, wobei der entscheidende Unterschied in der Definition des für die jeweilige Branche spezifischen angestrebten Standards liegt. (Das LQW – Modell überlässt die inhaltliche Definition des Standards den Einrichtungen selbst, indem sie eine „Definition des Gelungenen" für die jeweilige Einrichtung abverlangt.) Prozesse, Verfahren, Strukturen werden dann auf ihre innere Plausibilität und Geeignetheit für eine optimale Zielerreichung hin überprüft, Maßnahmen für Prozessgestaltung, Mitarbeiterbefähigung, Führungsdesign, Infrastruktur und Controlling werden daraus abgeleitet. Viele Großunternehmen sowohl in der Fertigungsindustrie als auch im Dienstleistungssektor wenden heute das Modell „Six Sigma" kombiniert mit Elementen des „Lean Management" an: Six Sigma wurde in den 80er Jahren in den USA entwickelt (Vorläufermodelle stammen aus Japan, daher rühren noch die Bezeichnungen der Akteure nach Kampfsportarten wie Black Belt, Green Belt etc.) und hat sich als QM-System mit konsequenter Ausrichtung an Kundenbedürfnissen bei gleichzeitigem Blick auf die Wirtschaftlichkeit etabliert. Ziel ist die Eliminierung von Fehlern und Verschwendung entlang des gesamten Produktlebenszyklus (Null-Fehler-Produktion, Senkung der Abweichungen vom Standard), eine Verkürzung der Entwicklungs- und Durchlaufzeiten sowie die vollständige Erfüllung der Kundenerwartung. Der Erfolg hängt bei allen Systemen des TQM (Total Quality Management) davon ab, dass ein eindeutiges Commitment der Führung vorliegt (besondere Betonung der Führungsverantwortung), dass Betroffene beteiligt werden, also Verbesserungsbedarfe selbst identifiziert werden, und ein gutes Projektmanagement für Konsequenzen sorgt. Die interdisziplinäre Zusammensetzung von Teams wird mindestens empfohlen, bei Six Sigma (+Lean) ist sie unverzichtbarer Bestandteil des Modells. Damit sorgt das QM für eine einheitliche Sprache unter den Mitarbeitern, vermeidet mit dem steten Blick auf Schnittstellen Doppelarbeit und Lücken, fördert Motivation und Kooperationsbereitschaft und bildet die Basis für wiederholbare Erfolge. Der konsequente Blick auf Kundenerwartungen dient dazu, dass nicht nur „negative Qualität“ eliminiert wird, sondern auch neue Qualität generiert wird. Ohne Evaluation – die für eine faktenbasierte Analyse sorgt – kann es keine Qualitätsentwicklung geben, d.h. die systematische Einholung von Feedbacks ist ebenso wie statistische Erhebungen zu Produktionsregelkreisen/Erbringung der Dienstleistung unerlässlich. Speziell ausgebildete Berater bringen Methoden und Tools ein und sorgen für die Einhaltung der jeweiligen Projektarchitektur – in unterschiedlichem Maße: So verlangt z.B. LQW kein spezielles Projektmanagement, sondern empfiehlt nur, überhaupt eines zu haben, während Six Sigma von den „Black Belts“ die Überwachung eines genau beschriebenen Projektmanagements verlangt, das jeweils auf eine Zeitdauer von drei Monaten und eine definierte Einsparquote ausgerichtet ist.

Wie in Kapitel 7 angesprochen, kann eine breite Einführung von qualitätssichernden Strukturen aus der Sicht der Entscheider nicht nur Arbeitsaufwand, sondern sogar einen Verlust an Flexibilität und Anpassungsfähigkeit bedeuten. Qualitätsentwicklung wird von den Mitarbeitern oft nur als Kontrolle und Überwachung mit dem Ziel, Arbeit zu verdichten und Stellen einzusparen, angesehen (und leider teilweise durchaus auch so eng definiert umgesetzt). Bei einer solchen Bewertung liegt es nahe, die formalen Erwartungen durch geschicktes Impression Management zu erfüllen (nötig, da die Übernahme bestimmter Qualitätsmanagementsysteme von den Abnehmern erwartet oder verlangt wird), das faktische Operieren der Organisation jedoch so weit wie möglich von dieser Fassade abzukoppeln. Die „Qualitätsentwicklung als Organisationsentwicklung“ wird dann verkürzt auf die Einrichtung einer Funktion „Qualitätsbeauftragte/r“, der oder die im stillen Kämmerlein Vorzeige-Papiere produziert und nur im notwendigsten Fall andere Mitarbeiter mit Teilaufgaben (die von diesen nicht in ein ihnen unbekannt gebliebenes Gesamtsystem eingeordnet werden können) „behelligt“. Damit wird ein Maximum an Nicht-Veränderung bei hoher Arbeitsbelastung nur eines Mitarbeiters (im besten Fall ein befristet eingekaufter „Ghostwriter“) erreicht.

Fallbeispiel: Schon mal was von Qualitätsentwicklung gehört?

Qualitätsentwicklung versteht sich als Prozess der organisationsweiten Hinterfragung und Optimierung von Strukturen und Abläufen. Im Idealfall sollten alle qualitätsrelevanten Arbeitsprozesse einer kritischen Prüfung unterzogen und im Sinne einer größeren Prozesssicherheit, Kundenorientierung usw. angepasst werden. Da dies letztlich alle Stellen (vom Geschäftsführer über die Fachabteilungen bis hin zur Hausverwaltung oder Reinigungskraft) betrifft, sollten alle Mitarbeiter in die Entwicklung des Qualitätsmanagementsystems einbezogen werden.

Viele Leiter von Organisationen, die Qualitätsentwicklung betreiben, können diese Philosophie zwar auf Abruf (z.B. gegenüber der Presse) in einem 5-minütigen

Kurzvortrag überzeugend präsentieren, scheinen noch nicht verinnerlicht zu haben, was das für die eigene Organisation bedeutet.

Visitation bei einer Organisation mit ca. 100 Mitarbeitern. Hier, kurz vor Abschluss des Prozesses, wird überprüft, inwieweit die Organisation die durch das Qualitätsmodell gestellten Anforderungen erfüllt hat. Der Geschäftsführer bemüht sich, den angereisten Gutachter in einem ersten Meeting davon zu überzeugen, wie eingehend sich die Organisation mit dem Thema Qualitätsentwicklung befasst habe und wie radikal und nachhaltig der dadurch angestoßene Wandel für die Organisation sei. Um die Durchschlagskraft seiner QM-Strategie zu belegen, berichtet der Geschäftsführer voller Stolz und Überzeugung, dass eine Fragebogenbefragung gezeigt habe, dass 52% der Mitarbeiter schon einmal etwas von dem Qualitätsentwicklungsprozess in der Organisation gehört hätten.

Heike Stark

Zwischenruf: Aus dem Leben einer Qualitätsbeauftragten

(am Beispiel der Einführung von LQW[16], auf Wunsch anonym)

Wir lassen uns testieren, wir schreiben einen Selbstreport!

Die Entscheidung war zwar nicht einstimmig, aber, so schätzte ich es damals ein, durchaus überzeugend getroffen worden. Wir geben uns ein Leitbild - Aufbruchstimmung, Euphorie! Ein Leitbild, eine Vision, eine Mission – Gott, war das schön.

Ich war die Qualitätsbeauftragte und stand im Zentrum der Aufmerksamkeit – ich war der Fokus, der Motor, Alpha und Omega, ich war das Licht.

Aus heutiger Sicht gebe ich zu, dass ich die leisen Bedenken hinsichtlich der Positionsübernahme nicht ernst genug genommen hatte. In der Folge wurde ich daher zunächst überrascht von den Ereignissen. Ich sollte an dieser Aufgabe mehr reifen, als ich damals ins Kalkül gezogen hatte.

Die Stimmung änderte sich schon mit den ersten Anforderungen eines Qualitätsmanagements schlagartig zum Schlechteren. „Bedarfserschließung" - Originaltöne meiner Mitarbeiter/innen:„Ich soll dir sagen, warum dieses Angebot erfolgreich sein wird? Dir sagen, wen ich gefragt habe, damit ich das weiß? Bist du noch ganz bei Sinnen? Was ist mit deiner Beziehung, wir dachten, ihr hättet endlich wieder zueinander gefunden??"

Die Stimmung war miserabel, genau gesagt hatte sie einen – in der Rückschau allerdings nur vorläufigen – Tiefpunkt erreicht. Ich konnte die Atmosphäre ers-

16 LQW: „Lernerorientierte Qualitätsentwicklung in der Weiterbildung", Qualitätsmanagementsystem für Weiterbildungseinrichtungen in Deutschland und Österreich, Testierungsstelle: ArtSet® Qualitätstestierung GmbH Hannover.

taunlicherweise weiter verschlechtern, indem ich die Klärung von Schlüsselprozessen einforderte. „Glaubst du, wir hätten noch Zeit, Firlefanz zu machen? Was ICH tue, ist Kernprozess, sonst würde ich es ja nicht tun" – das waren noch die sachlichsten Äußerungen.

Ich gebe zu, ich erzielte einen kleinen Aufmerksamkeitserfolg, als wir uns dem Lehr-Lern-Prozess zuwandten. Da hatten viele, nicht alle, aber viele das Gefühl, sie hätten etwas dazu zu sagen. Arme Qualitäts-Laien! Es ging natürlich nicht um Pädagogik, es ging um Verfahren – und ich gewann den Eindruck, dass die ablehnende Haltung einiger Kollegen zunehmend persönliche Züge annahm.

Mit den Evaluationsanforderungen kam der nächste Einbruch. Das Wort von „misstrauischer Überprüfung" machte die Runde. Die Belegschaft rückte spürbar von mir ab. So hatte ich z. B. keine Einladung für den diesjährigen Betriebsausflug in meinem Fach. Meine – ruhig vorgebrachte – Nachfrage wurde mit dem Hinweis auf ein Versehen, den leider bereits verstrichenen Anmeldetermin sowie die Begrenztheit der Plätze eher ausweichend beantwortet.

Nach diesem Tiefschlag sowie der „Trennung auf Zeit", die mein langjähriger Lebenspartner als Reaktion auf mein gewachsenes Engagement im Beruf vorschlug und auch umsetzte, konnte ich eine gewisse, beinahe heitere Gelassenheit an den Tag legen. Zu diesem Zeitpunkt hatte ich meinen alten Platz in der Belegschaft unwiderruflich hinter mir gelassen. Aber ich hatte neue Freunde gefunden: Einmal monatlich traf ich mich nun mit Qualitätsbeauftragten anderer Einrichtungen.

Deshalb war ich ruhig, aber bestimmt, als ich die Erfüllung der Anforderungen hinsichtlich einer adressatengerechten Infrastruktur erbat (Sie haben richtig gelesen – ich bat. Wir hatten im Kreise der Qualitätsbeauftragten eine kleine interne Fortbildung zum Thema Mitarbeitermotivation durchgeführt und nun ja – warum nicht versuchen). Ich erntete leider nur desinteressierte Blicke, als ich eine Reihe verbessernder Maßnahmen aus Mangel an kollegialer Unterstützung schließlich allein durchführte: die Anschaffung und Aufhängung heiterer Pumuckl-Gardinen zur Unterstützung einer angstfreien Beratungsatmosphäre, den Treppenhausanstrich in rosa, um Genderaspekten Rechnung zu tragen sowie die Ausstattung des Wartebereichs mit Lesezirkelheften – dies, wie mir bekannt war, ein lang gehegter Wunsch einer breiten Mehrheit der Kolleginnen und Kollegen. Hierfür gab es das eine oder andere verhaltene Dankeschön, ich fühlte mich beinahe neu angenommen, blieb jedoch aus Selbstschutzgründen distanziert. Eine richtige Entscheidung, wie ich schon bald feststellen musste.

Die anstehenden qualitätsentwickelnden Maßnahmen hinsichtlich der Führung schien mir zwar die akzeptierende Stimmung noch zu steigern. Ich sah feixende Gesichter und kumpliges Zwinkern, als ich die Transparenz von Entscheidungsverfahren einforderte oder auch nach Führungsstil und dazu vereinbarten Grundsätzen fragte. Zu diesem Qualitätsbereich kursierten schon nach kurzer Zeit gefälschte Ausführungen, die mir zeigten, welch unerwartet großes Potenzial an Kreativität (wenn auch fehlgeleitet) in der Belegschaft vorhanden war. Leider kam es recht bald zu einem unschönen Eklat in der Betriebsversammlung, als der Leiter seine ausschließlich mit seiner Vertreterin vereinbarten Führungsgrundsätze vorstellte (hier wurde nicht ganz zu Unrecht eine Verquickung mit privaten Interessen vermutet), und ich als vehement aufgerufene Expertin mich testierungsgemäß auf die Seite des Angeklagten stellen musste. Seitdem habe ich einmal wöchentlich eine Sitzung bei einem mir empfohlenen Coach.

Mit dem Thema „Systematische Personalentwicklung" brachen alle Dämme. Sie hätten meine Kolleg/innen hören sollen! Aufgabenprofile („Das war immer schon *mein* Bereich!"), Kompetenzprofile („Nur die allerdümmsten Kälber wählen ihre Metzger selber!"), systematische Fortbildung („Ihr bestimmt das Thema und ich muss dahin? Vergesst es! Ich mache Segeln 2!") - die Abneigung, die mir entgegenschlug, war jetzt völlig unverhohlen. Ich stellte meine Coaching-Termine auf einen wöchentlichen Rhythmus um und meldete mich für Yoga an.

Seit der Bearbeitung der Controllingfragen kommunizierten die Buchhalterin, der Leiter und ich nur noch schriftlich. Da ich sowieso keine kollegialen Kontakte mehr hatte, traf es mich nicht in dem von ihnen erhofften Maße. It's so lonely at the Top! Ich blieb hart in der Auslegung der Anforderungen und buchte vorsichtshalber zur Ableitung eventueller versteckter Aggressionen einen Kick-Box-Kurs, mittwochs und samstags, je 2stündig.

Als es an die reflexive Bewertung der Kundenkommunikation ging, spürte ich in mir eine gewisse Leere, eine Art Unbeteiligtsein, Resignation und Apathie. Mein langjähriger Hausarzt sprach von burn-out und dass es im Leben wichtigere Dinge als die Verwirklichung im Beruf gäbe – gerade für eine Frau. Ich überarbeitete die Geschäftsbedingungen allein, nachdem mir die zuständige Arbeitsgruppe auf höfliche Nachfrage meinerseits folgende Antwort gab: „Uns doch egal, wenn es Auflagen bei der Testierung gibt! Werden wir deshalb entlassen?"

In dem den Qualitätsentwicklungsprozess abschließenden Strategie-Workshop hielt ich mich bedeckt (Ratschlag meines Coachs). Die Mitarbeiter/innen votierten einstimmig für eine Fortsetzung meiner Tätigkeit als Qualitätsbeauftragte und stimmten für eine Zeitressource von einer Stunde pro Woche. Ich habe die Wahl ohne mit der Wimper zu zucken angenommen. Meine Work-Life-Balance steht: Im Laufe des Jahres hatte ich bereits meine Stelle auf 75% reduziert (Rat meines Hausarztes). Die Arbeitsstunden nutze ich sehr effizient und dennoch völlig stressfrei, da es keinerlei Unterbrechungen durch plaudernde oder Kaffe trinkende Kollegen gibt. In meiner Freizeit treibe ich – auch unterstützt durch mein mittlerweile auf Dauer angelegtes Single-Dasein – sehr regelmäßig Sport, nehme an einer Vielzahl westlich wie östlich inspirierter Entspannungskurse teil, genieße meine wöchentliche Therapie-Sitzung und aus meiner Qualitätsbeauftragten-Runde haben sich sehr nette Kontakte ergeben, wenn wir uns im gemütlichen Wartebereich des Therapeuten oder in der Apotheke treffen. Im Osterurlaub werden einige von uns sogar gemeinsam an einem Urschrei-Seminar auf Kreta teilnehmen.

Ich kann nur sagen: Qualitätsentwicklung tut gut und ist jeder Organisation unbedingt zu empfehlen! Persönliche Opfer fallen an, sollten aber nicht zu hoch bewertet werden.

19 Blinde Flecke der Beratung aus der Kundenperspektive

Tanja Dünnfründ

Do's und dont's im Erstgespräch zwischen Berater und Organisationsvertreter

Tanja Dünnfründ, Jahrgang 1972, ist Arbeits- und Organisationspsychologin und derzeit als Capability and Development Managerin bei The Coca-Cola Company tätig. Dort steuert sie die Entwicklung aller Mitarbeiter in Zentral- und Südeuropa, berät die Führungskräfte – trainiert, moderiert und coacht. Zuvor war Tanja Dünnfründ in leitenden Funktionen im Personalbereich bei der Deutschen Bahn und bei Accenture tätig.

Kontakt: Coca-Cola University, Friedrichstrasse 68, 10117 Berlin, Tel. ++ 49 (0)30 / 22606-9802, e-mail tduennfruend@eur.ko.com

Der Erstkontakt ist eine Situation, die für Berater und Organisationsvertreter aus unterschiedlichen Gründen häufig als unangenehm und stressig empfunden wird.

Der Organisationsvertreter hat in der Regel schon mehrere andere Berater gesehen oder weitere Termine vor sich. Zusätzlich drängen andere Themen in diesem Moment oft mehr als das Projekt, das gerade angestoßen werden muss. Häufig genug werden Projekte zu Themen initiiert, die der Boss so will, die Organisation als neues Feigenblatt braucht oder die gerade total in sind. Kurz gesagt, der Organisationsvertreter hat keine große Lust und sieht es als einen Pflichttermin an, von dem nicht viel zu erwarten ist. Je nach persönlicher Veranlagung und Verweildauer in Organisationen im speziellen oder dieser im Besonderen führt das zu einer Haltung von „schauen wir uns den eben auch noch an", „Hurra, endlich wieder jemand, an dem ich mich austoben kann" oder im besten Fall „Ich habe viel Gutes gehört und freue mich auf neue Impulse".

Auf diese Situation trifft nun der Berater, der mehr oder weniger intensiv auf der Suche nach einem neuen Auftrag ist. Auch er hat schon viele verschiedene Kontakte hinter sich und sein Standardpaket im Koffer.

Diese Situation kann sich nun unterschiedlich entwickeln. Einige Aspekte, die ich als No-Go's im Erstkontakt empfinde, fasse ich im Folgenden zusammen. Dies alles ist natürlich eine rein subjektive Beschreibung – basierend auf eigenen Erfahrungen, Gesprächen mit Kollegen und vor allem persönlichen Vorlieben. Hoffentlich birgt es aber dennoch die eine oder andere Einsicht in das Leben und Denken eines Unternehmensvertreters.

Die ersten Minuten…

Ein Faktor, den weder die eine noch die andere Seite wirklich beeinflussen kann, ist der erste Eindruck. Und auch wenn das nicht sehr professionell ist: Es gibt Menschen, die sind einem unsympathisch und man weiß eigentlich gleich, dass man nicht mit ihnen zusammen arbeiten möchte. In der Regel bringt der erste Eindruck jedoch nicht gleich diese „Top oder Flop“-Entscheidung, aber Eindrücke von Arroganz, Freundlichkeit, Unsicherheit und und und, die das Gespräch oder die Grundstimmung in eine Richtung triggern. Ebensolche Eindrücke entstehen aber natürlich auch beim Berater. Im besten Fall stimmen beide überein und man findet schnell – sozialverträglich – Konsens über Fortführung oder Ende des Gesprächs. Den Konventionen entsprechend geht man aber zunächst in die Phase des Smalltalks über. Allgemeinplätze werden ausgetauscht – auch hier kann es zu Missverständnissen oder falschen Themen kommen. Leider ist diese erste Gesprächsphase schwierig zu steuern, da viele Dinge unbewusst ablaufen. Wichtig ist es sicherlich, sich über sein Auftreten im Vorfeld Gedanken zu machen – es sollte authentisch sein, aber auch der Unternehmung entsprechen. Ansonsten ist es hier zentral bei umsichtigem Herantasten mit einem guten Gespür und Beobachtungsgabe wahrzunehmen, wie das Gegenüber auf Themen und Verhaltensweisen reagiert, und sich darauf entsprechend einzustellen.

Der schwierige Übergang – wie komme ich vom Warm-up ins konkrete Thema?

In der Regel steuert der Unternehmensvertreter diesen Übergang mehr oder weniger dezent an. Meine Empfehlung an der Stelle ist es, dies auch so zu belassen. Dies gibt dem Unternehmensvertreter das Gefühl, das Gespräch zu steuern. Wenn der Berater von sich aus zu rasch einsteuert, kann das Animositäten bewirken etwas das Gefühl von „ist wohl nicht interessant genug, was ich erzähle“. Ein endloses Geschwafel des Unternehmensvertreters muss man sich jedoch auch nicht antun. Nach einer subjektiv erlebten angemessenen Zeit kann man das Gespräch auch charmant überleiten – am elegantesten, indem man eine Aussage des Gegenübers dazu nutzt.

Der fachliche Austausch

In der nächsten Phase geht es darum, sich über das eigentliche Thema zu verständigen. Dies kann ein allgemeines Kennenlernen sein oder ein Termin, um ein konkretes Projekt zu besprechen.

Auch wenn viele Handbücher von Standards abraten, begegnen sie einem in der Praxis doch häufig unverhüllt. Das reduziert die Lust des Unternehmensvertreters in der Regel weiter. Jeder möchte eben doch gerne das Gefühl haben, etwas Besonderes zu sein und in seinen Besonderheiten wahrgenommen zu werden. Natürlich ist es verständlich, dass man als Berater seine Leistungen in einer allgemeinen Übersicht allen gleich präsentiert. Dagegen spricht auch überhaupt nichts. Im Gegenteil: Eine kurze, knackige Präsentation macht im Allgemeinen einen sehr guten Eindruck. Allerdings geht es eben auch darum, dass die Organisation das Gefühl hat, in ihren spezifischen Bedürfnissen wahrgenommen zu werden. Oft reichen dazu Kleinigkeiten wie ein Kommentar zu jüngsten Änderungen auf der Website oder im Produktportfolio und von dort wiederum auf die eigenen Produkte und deren exzellente Passung hinzuweisen. Generell ist es entscheidend, eine gute Balance zwischen Präsentieren und Verstehenwollen zu finden. In dieser Phase des Gesprächs geht es für beide Seiten darum, einen soliden Eindruck und Argumente für oder gegen eine Zusammenarbeit zu bekommen. Daher präsentieren beide ihre eigenen Kompetenzen sowie Erfahrungen, hören aber auch intensiv zu und verarbeiten das Gehörte weiter. Aus meiner persönlichen Erfahrung ist es förderlich, einige wenige standardisierte Grundaussagen zu präsentieren und den Rest auf den Kunden zuzuschneiden. Häufig werden hier von beiden Seiten zu wenig (Verständnis-)Fragen gestellt.

Eine große Gefahr ist es, beim Diskutieren des Themas ins Dozieren zu verfallen. Als Berater hat man bestimmte Themen einfach schon 1001mal gehört und auch entsprechende Erfolgsgeschichten zu berichten. Eine Tendenz, die ich persönlich häufig bei älteren Beratern mit einem akademischen, universitären Background erlebt habe ist es, in ein „Ich erkläre Dir die Welt, Kleines" zu rutschen. Hier schwingt eine erlebte Überlegenheit mit – gerade gegenüber jüngeren Frauen –, die ausgesprochen unproduktiv ist. Was nach platten Klischees klingt, ist erlebte Praxis und nervt. In der Regel ist es als Berater hilfreich davon auszugehen, dass das Gegenüber nicht ohne Grund in der Rolle ist, dieses Gespräch zu führen. Dies deutet auf fachliche oder politische Kompetenz hin. Ein Zur-Schau-Stellen der eigenen Überlegenheit, das als Infragestellen der Kompetenz des anderen ausgelegt werden kann, zieht möglicherweise ein Kräftemessen nach sich. Dieses wiederum ist nicht sonderlich hilfreich für den Prozess des Kennenlernens oder zielführend für die Gestaltung eines angenehmen Gesprächklimas.

Einen ähnlichen Verlauf nimmt das Gespräch auch dann, wenn der Berater mit seiner Allzweckwaffe punkten möchte. Es ist gut zu wissen, dass es Erfolgserlebnisse zu berichten gibt und diesen höre ich auch eine Weile gerne zu. Denn daraus lerne ich eine Menge über Arbeitsweise, Methoden, Überzeugungen sowie Konzepte. Wenn mir jedoch eine Standardlösung zu meinem (subjektiv erlebt) höchst spezifischem Thema geboten wird, befriedigt mich das in der Regel nicht. Klar freue auch ich mich über schnelle und kosteneffiziente Lösungen – aber sie sollten nicht zu offensichtlich eins zu eins aus einem anderen Projekt auf mich übertragen werden.

Häufig passiert es mir, dass man in solchen Gesprächen auch auf allgemeine fachliche Themen kommt. Hier ist es absolut begrüßenswert eine klare Meinung und eigene Überzeugungen zu vertreten. Kritisch wird es in diesem Kontext jedoch, wenn diese diktatorisch und mit einer Ausschließlichkeit propagiert werden, die nichts anderes zulassen. Dies lässt die Realität des Gesprächspartners und der Organisation außen vor. Manche Dinge – egal wie effektiv sie in anderen Kontexten sind – passen einfach nicht in bestimmte Kulturen oder ein vorhandenes Klima oder vielleicht auch einfach nicht zu einem Typ Mensch, der das Thema nach innen vertreten muss. Dies gilt es zu akzeptieren.

Eine kontroverse und auch kritische Diskussion von Themen finde ich persönlich jedoch äußerst begrüßenswert. Diese Art von Diskussionen führt man in der Regel innerhalb von Organisationen viel zu selten, da man häufig in seiner Spezialistenfunktion alleine ist und somit nicht viele Gesprächspartner mit ähnlichem Background hat. Daher entstehen aus solchen Randthemen häufig neue Ideen und bereichernde Einsichten.

Zusammengefasst gilt auch hier die gute alte Regel: „Behandle niemanden, wie Du nicht auch selber behandelt werden möchtest.“ Es gilt also die Balance zwischen fachlichem Austausch ohne Dozieren und gemeinsamer Ideen- und/oder Lösungsfindung ohne Dogmatismus zu finden.

Der Abschluss

Häufig gibt es ein vorher definiertes zeitliches Ende des Gesprächs. Auch hier steuert in der Regel der Unternehmensvertreter. Für beide Seiten ist es gut, hier das Gespräch kurz zusammenzufassen – optimalerweise durch den Unternehmensverteter und kommentiert vom Berater – und nächste Schritte zu besprechen. Fasst der Unternehmensvertreter nicht zusammen, sollte die Zusammenfassung durch den Berater erfolgen – aber bitte nicht zu euphemistisch. Positiv erlebe ich es an der Stelle, wenn auch kritische und offene Punkte noch einmal klar benannt werden.

Das Follow-up

Im besten Falle hat man sich im Gespräch auf einen weiteren Termin verständigt. Schön ist, wenn man als Unternehmensverteter eine freundliche Mail mit der Zusammenfassung, vereinbarten Schritten und einem freundlichen, ehrlichen Feedback bekommt.In der Regel ist der Ausgang nicht ganz so verbindlich und hier ist auch die oben erwähnte Mail gut, ansonsten gilt jedoch, nicht zu schnell wieder kontaktieren.

Rainald Kirchberg

Erfolgsfaktoren in Beratungs- und Veränderungsprozessen

Kommunikation und hidden agendas

Dr. Rainald Kirchberg, Dipl.-Kaufmann (Jg. 1966). Promotion über strukturelle Organisationsveränderungen in Finanzkonzernen. Seit 1997 Tätigkeit bei der Deutschen Bank AG; Start im Inhouse Consulting als Leiter diverser Konzernprojekte. 1999 Wechsel in das Privatkundengeschäft in den Bereich Service Center PBC (operative Linienfunktion, weiterer Aufgabenschwerpunkt: Management von Veränderungsprojekten). 2006 Aufbau eines Bereichs zur Steuerung der Filialnetze der Deutschen Bank AG.

Kontakt: Deutsche Bank AG, Theodor-Heuss-Allee 72, 60486 Frankfurt, Tel. ++49 (0)69 / 910-21166, e-mail rainald.kirchberg@db.com

Bei Beratungs- und Veränderungsprojekten gibt es vielfältige Erfolgsfaktoren: Die Erfahrung aus verschiedenen Unternehmen und Branchen zeigt, dass die klare, zielorientierte kommunikative Vorbereitung und Unterstützung sowie das Erkennen und Nutzen von hidden agendas zwei der zentralen Erfolgsfaktoren sind. Daher sollten diese bei Aufsetzen von Projekten und dem Einsatz der Berater besonders berücksichtigt werden, damit Beratungs- und Veränderungsprozesse effizient durchgeführt werden können.

Funktion und Rolle der Berater

Die Typologie des Projektes determiniert die Rolle des Beraters und den Kreis der Projektbeteiligten. Insbesondere bei übergreifenden strukturellen Veränderungsprojekten ist eine großflächige und frühzeitige Einbindung verschiedener Parteien kontraproduktiv. Hier muss der Kreis der mit dem Projekt Befassten zunächst sehr klein gehalten werden – wenn Klarheit über das Projekt erreicht wurde und die entscheidenden Protagonisten einbezogen wurden, kann man das Projekt erweitern. Bei Prozessoptimierungsthemen kann man den Kreis dagegen von vornherein größer ziehen, da hier der Fokus auf Steigerung von Qualität, Durchlaufgeschwindigkeit etc. liegt.

Die Beratungsforschung hat gezeigt, dass Beratung verschiedene Funktionen erfüllt:

- Wissensfunktion: der Berater als Lieferant fachlicher Expertisen;
- Neutralitätsfunktion: der Berater als von internen Interessen unbeeinflusster Außenstehender;

- Kapazitätserweiterungsfunktion: der Berater als temporärer Mitarbeiter in komplexen, arbeitsaufwändigen Projekten;
- usw.

Zu Projektbeginn muss deutlich dargestellt werden, in welcher dieser Funktionen der Berater für das Projekt „eingekauft" wird. Fehlt diese klare Kommunikation, können leicht Verunsicherungen, Gerüchte und Ängste entstehen, insbesondere vor dem Hintergrund, dass Veränderung immer mit Widerstand verbunden ist.

Häufig wird mit der Gegenwart von Beratern – gerade wenn sie von großen Strategieberatungshäusern kommen – für sich persönlich Negatives assoziiert. Eine weitere mögliche Vermutung könnte lauten: „Das Management hat uns Berater geschickt – meinen die vielleicht, wir hätten unseren Job nicht gut gemacht?" Diese erlebte Infragestellung der eigenen Kompetenz kann schnell entstehen, wenn die etablierten Abläufe („Das machen wir schon seit 20 Jahren so!") von Beratern infrage gestellt werden, denen es aus der Sicht der Mitarbeiter an Kenntnissen über die Besonderheiten des Unternehmens mangelt.

Eine Schieflage in dem Beratungsprojekt kann entstehen, wenn

- zu spät kommuniziert wird (nachdem der Berater ohne vorangegangene Information der Mitarbeiter bereits einige Tage im Unternehmen ist, wird auf einmal das Projekt angekündigt),
- nicht klar kommuniziert wird (Ziele, Rollen und Funktionen werden nicht deutlich gemacht) oder
- nicht glaubwürdig kommuniziert wird, z.B. wenn den Mitarbeitern signalisiert wird, dass der Berater lediglich als Kapazitätserweiterung dient, dieser dann aber systematisch Insider-Informationen sammelt (siehe „Der Beratungsprozess").

Wichtig ist also, zu Beginn einen klaren Projektscope zu definieren und dies den Mitarbeitern gegenüber entsprechend zu erläutern. Dabei sollte auch geprüft werden, inwieweit die Mitarbeiter die Projektstruktur verstanden und akzeptiert haben und welche Unklarheiten noch ausgeräumt werden müssen.

Der Beratungsprozess

Die Tatsache, dass Berater zu Beginn eines Projekts viele Informationen benötigen, um sich in die Strukturen, Abläufe und Kulturfaktoren des Kundenunternehmens einzuarbeiten, kann zu Missverständnissen und Irritationen führen. Die Mitarbeiter fühlen sich zu „Informations-Lieferanten" degradiert, wenn der Berater die Informationen „absaugt" und seine eigenen Charts daraus macht. Unter Umständen fühlen sich die Mitarbeiter sogar ausgenutzt: Insider-Wissen und über Jahre aufgebautes Erfahrungswissen der Mitarbeiter sind Hoheitsräume, die in einigen Fällen ungern geteilt werden. Zu Beginn eines Projekts sollte daher die zu erwartende wechselnde Rollenverteilung zwischen internen Projektmitarbeitern und externen

Beratern klar gemacht werden. Man muss den Mitarbeitern deutlich machen, dass der Informationsaustausch mit dem Berater am Anfang des Beratungsprozesses unweigerlich eine Einbahnstraße darstellt, weil dieser sich erst in das Unternehmen einarbeiten muss. In der nächsten Phase kommt man dann mehr in einen Dialog und Austausch, und in der dritten Phase kehrt sich das Verhältnis um, wenn das Unternehmen vom Implementierungs-Know how des Beraters profitiert.

Ownership über den Beratungsprozess

Die Akzeptanz eines Beratungsprojektes ist weitaus höher, wenn das Unternehmen die „Ownership" über das Projekt behält, d.h. die Veränderung als selbst- und nicht fremdgesteuerter Prozess wahrgenommen wird. Wenn die Berater die steuernde Rolle und interne Teilbereiche lediglich eine der Beratung zuarbeitende Rolle einnehmen, gibt die Organisation das Heft aus der Hand. Ein möglicher Kompromiss ist eine gemeinsame (Teil-)Projektleitung, die den Vorteil eines hohen Know-how-Transfers besitzt, aber im Hinblick auf das Rollenspiel zwischen Internen und Externen schwierig sein kann. Besonders wenn in einer solchen Konstellation Konflikte mit dem Berater entstehen, kann das eine negative Wirkung auf die Organisation haben. Verwickeln sich interner und externer Projektleiter in ein Machtspiel, besteht die Gefahr, dass die Mitarbeiter in dieses Machtspiel einsteigen und die Projektleitung gegeneinander ausspielen, so dass kein inhaltliches Ergebnis zustande kommen kann. Wenn die Projektleitung jedoch klar der Organisation selbst zugeordnet bleibt und Beratung eindeutig als unterstützende Funktion definiert ist, setzt dies ein kommunikatives Zeichen in die Organisation hinein, das in seiner positiven Wirkung nicht zu unterschätzen ist.

Commitment des Top-Managements

Ein wichtiger Erfolgsfaktor in diesem Zusammenhang ist auch das Commitment des Top-Managements. Schon ein entsprechendes Announcement mit Informationen über die Projektziele und der Bitte um Unterstützung durch die Mitarbeiter kann eine Gerüchtebildung weitestgehend verhindern und die Akzeptanz im Unternehmen deutlich steigern. Besonders bei strategisch übergreifenden ausgerichteten Projekten kann das Management sein Commitment signalisieren, indem es am Steering Committee teilnimmt. Bei taktischen Projekten ist vor allem das Commitment des mittleren Managements von Bedeutung.

Dieses Commitment muss nicht nur initial, sondern kontinuierlich sichergestellt werden. Insbesondere bei längeren Projekten können sich Prioritäten verschieben, weil sich die Zielhierarchie verändert. Diese Gefahr besteht insbesondere dann, wenn die Projektziele zu Beginn nicht eindeutig definiert wurden. Gerade in der aktuellen Krise mit den entsprechenden Prioritätenverschiebungen besteht diese Gefahr, so dass langfristige Veränderungsprojekte aus dem Fokus geraten können.

Auch die Reduzierung von Personal- oder Managementkapazität des Projekts kann einen Stopp oder zumindest eine deutliche Verlangsamung verursachen. Schließlich können auch personelle Veränderungen im Management dazu führen, dass die ursprüngliche Rückendeckung wegfällt und das Projekt in Gefahr gerät.

Hidden agendas beim Einsatz von Beratern und Folgen

Hidden agendas können Widerstände erzeugen und damit den Erfolg von Beratungs- und Veränderungsprozessen massiv beeinträchtigen. Bei hidden agendas oder auch bei deren Vermutung entstehen Unsicherheit und Gerüchte – mit einer Reihe negativer Folgen.

Beratungsprozesse können im Sinne verschiedener hidden agendas instrumentalisiert werden. Wenn man sich bei Verantwortlichen aus unterschiedlichen Unternehmen und Branchen umhört, stößt man immer wieder auf Schilderungen, die diese These belegen. Beratung kann beispielsweise eingesetzt werden, um bereits vorhandene Vorstellungen des Managements umzusetzen oder zu legitimieren. Damit stammen die Vorschläge von den Beratern und nicht aus dem eigenen Haus. Beratung kann auch dazu dienen, Mitarbeiter „unter der Hand" weiterzuentwickeln. In der Zusammenarbeit mit den Beratern können sich Mitarbeiter benötigte methodische und konzeptionelle Fähigkeiten aneignen, die sie brauchen, um die nächste Hierarchieebene zu erreichen. Ebenso kann die Leistungsfähigkeit dieser Mitarbeiter damit überprüft werden. Ein weitere Möglichkeit für den Einsatz von Beratern besteht darin, dass sie parallel oder nachgelagert zur Linienabteilung an derselben Problemstellungen arbeiten. Damit dienen sie als externe Validierungsinstanz, um bei schwerwiegenden Veränderungsprojekten die besten Ergebnisse zu erreichen. Solche hidden agendas können bei den Mitarbeitern für Verunsicherung sorgen. Dabei ist zu überlegen, wie vermutete hidden agendas im set up der Projektkommunikation thematisiert und ausgeräumt werden können. Damit lassen sich die Widerstände teilweise und ganz vermeiden.

Ebenso können sich Probleme in Beratungsprojekten aber auch ergeben, obwohl bei den Projektverantwortlichen keine versteckten Zielsetzungen vorliegen. In diesen Fällen liegt die Ursache für das Misstrauen der Mitarbeiter meistens in einer unklaren initialen Projektvorstellung. Die klare Kommunikation über Zielsetzung und Rollenverteilung im Projekt sowie das Commitment des Top-Managements ist daher ein entscheidender Faktor für den Erfolg eines Beratungsprojektes.

Lessons learned

Veränderungsprozesse in Unternehmen sind komplex und bringen oft Überraschungen mit sich, die sich im Vorfeld nicht immer vollständig antizipieren lassen. Doch auch wenn sich nicht alle Eventualitäten und Widerstände verhindern lassen, können viele Schwierigkeiten durch eine klare initiale Projektvorstellung verhindert werden. Wenn Zielsetzung, Rollenaufteilung und Abläufe des Projekts den Mitarbeitern frühzeitig und glaubwürdig erklärt werden, wenn klare Projektstrukturen und Verantwortlichkeiten geschaffen werden, lassen sich dadurch zwar die in Veränderungsprozessen unvermeidlichen internen Auseinandersetzungen nicht verhindern, eine Eskalation bis hin zu einem ungewollten Scheitern wird durch eine solche Gestaltung der Kommunikation aber erheblich unwahrscheinlicher. Dabei muss das Projekt natürlich frei von hidden agendas sein: Vertrauen ist das A und O, und das nötige Vertrauen der Mitarbeiter lässt sich dauerhaft nicht über claims herstellen, sondern nur dadurch, dass diese claims auch durch das Verhalten der Verantwortlichen bestätigt werden.

Hermann Janning

Changemanagement in Stadtwerken: die Bedeutung der Unternehmenskultur

Dr. Hermann Janning, Jurist und Betriebswirt (VWA) war nach Berufsausbildung, Studium und Promotion in verschiedenen kommunalen Ämtern als Erster Beigeordneter, Stadtdirektor und Oberkreisdirektor tätig. 1997 Wechsel in die Verkehrs- und Versorgungswirtschaft, bis 2000 Geschäftsführer bei zwei Regionalgesellschaften der DB Regio AG, ab Mitte 2000 bis 2006 Vorsitzender des Vorstandes der Wuppertaler Stadtwerke AG und seit Mitte 2006 Vorsitzender der Geschäftsleitungen des Duisburger Versorgungs- und Verkehrskonzerns, wozu u.a. die Duisburger Verkehrsgesellschaft AG und die Stadtwerke Duisburg AG gehören. Seit Oktober 2008 ist Dr. Janning zudem Vorsitzender der Landesgruppe NRW des Verbandes kommunaler Unternehmen e.V.

Kontakt: Stadtwerke Duisburg AG, Bungertstr. 27, 47053 Duisburg

Dass die Organisationskultur eine wichtige Rahmenbedingung für Veränderungsprozesse darstellt, ist mittlerweile allgemein akzeptiert. Dennoch gehört in der Beratung die Abstimmung der Vorgehensweise auf die Kultur der Kundenorganisation zu den am häufigsten anzutreffenden blinden Flecke, wie wir am Beispiel des Changemanagements in Stadtwerken zeigen möchten.

Infolge der Liberalisierung, die im Strom- und Gasbereich bis hin zum Messwesen erfolgte, haben Stadtwerke ihre Monopolstellung verloren und müssen sich auf den Märkten dem Wettbewerb stellen. Dies hat zur Folge, dass die Stadtwerke ihren Wirtschaftsstil grundlegend verändern und sich nun nicht mehr rein versorgungswirtschaftlich, sondern primär erwerbswirtschaftlich ausrichten müssen. Dieser

Transformationsprozess ging mit weitreichenden Konsequenzen für Management und Mitarbeiter einher.

Erschwerend kommt hinzu, dass Stadtwerke nun nicht nur im Wettbewerb mit überregionalen Konzernen stehen, die über entsprechende Größenvorteile verfügen. Zudem werden sie auch noch durch die Gemeindeordnungen einseitig in ihrer erwerbswirtschaftlichen Tätigkeit beschränkt, wodurch der Wettbewerb mit privatwirtschaftlichen Unternehmen erheblich verzerrt wird. Eben gerade weil Wettbewerb und die resultierenden Herausforderungen an sich wünschenswert sind, sind ungerechtfertigte Wettbewerbsbeschränkungen – sei es durch marktbeherrschende Stellungen, sei es infolge der Benachteiligung bestimmter Unternehmen durch den Gesetzgeber – umso problematischer.

Besonders von staatlicher Regulierung betroffen sind Energieversorger auch als Eigner und Betreiber der lokalen Verteilnetze. Nicht nur, dass die vom Gesetzgeber erzwungene Ausgründung der Netzgesellschaften („Unbundling") erhebliche Kosten verursacht; problematisch ist insbesondere auch die Begrenzung der Höhe der Netznutzungsentgelte auf das Niveau des effizientesten Betreibers.

Durch die Liberalisierung und insbesondere durch staatliche Regulierung geraten die Stadtwerke folglich erlösseitig zunehmend unter Druck. Um unter den veränderten Rahmenbedingungen die Erwartungen der Anteilseigner erfüllen zu können, müssen sich die Stadtwerke strategisch neu ausrichten und nicht nur verstärkt neue Erfolgspotentiale entwickeln, sondern auch ihre innerbetrieblichen Prozesse weiter optimieren. Erforderlich ist eine Konzentration auf das Wesentliche, d. h. auf die den Unternehmenserfolg steigernden Maßnahmen, die so effizient wie möglich durchgeführt werden müssen.

Die Erreichung dieses Zieles erfordert neben einer geeigneten Strategie ein wirksames Anreizsystem, dessen Konzeption und Implementierung von zentraler Bedeutung im Rahmen des Changemanagements sind. Hierbei geht es darum, Führungskräfte und Mitarbeiter dazu zu veranlassen, die beschlossene Strategie auch umzusetzen. Ein auch zu diesem Zweck angewandtes Managementinstrument ist die *Balanced Scorecard* (BSC): Hier werden zunächst für die – aus dem Zielsystem des Unternehmens abgeleiteten – Ziele der Organisationseinheiten die maßgebenden Erfolgstreiber ermittelt, an denen dann die zu ergreifenden Maßnahmen ausgerichtet werden. Anreize zu entsprechenden Handlungen der jeweils verantwortlichen Führungskräfte und Mitarbeiter sollen aus den mit diesen geschlossenen Zielvereinbarungen und einer Messung des Zielerreichungsgrades resultieren.

Von zentraler Bedeutung für die Erhöhung der Effizienz betrieblicher Prozesse ist somit die Dezentralisierung der Ergebnisverantwortung. Die Betrachtung der einzelnen Organisationseinheiten als *„profit center"* setzt allerdings voraus, dass unternehmensintern erbrachte Leistungen, einschließlich der des *Overheads*, zu Marktpreisen verrechnet werden. Hier wird deutlich, dass eine Ergebnisverantwortung eben nicht nur auf eine Erhöhung der Erlöse, sondern auch auf eine Senkung der Kosten und damit auf eine Steigerung der Effizienz betrieblicher Prozesse zielt.

Die dezentrale Ergebnisverantwortung wird jedoch nur insoweit zu den erwarteten Ergebnissen führen, wie Führungskräfte und Mitarbeiter die ihnen übertragene Verantwortung auch wahrnehmen und sich entsprechend engagieren. Was geschieht beispielsweise, wenn eine Zielvereinbarung nicht erfüllt wurde und hierfür nicht externe Faktoren sondern Versäumnisse der Führungskraft ursächlich sind? Bliebe dies ohne Folgen, würde das Steuerungsinstrumentarium schnell zu einem *Papiertiger*. Sanktionen können daher zwar in bestimmten Fällen unverzichtbar sein; die notwendige Motivation sowie unternehmerisches Handeln können letztlich jedoch nur durch die Wirkung positiver Anreize monetärer und nichtmonetärer Art hinreichend gefördert werden.

Im vorstehenden Prozess des Changemanagements sind externe Berater in der Regel unverzichtbar. Sie bringen als Außenstehende an sich gute Voraussetzungen für eine unbefangene Analyse des Status quo mit und verfügen insbesondere über das nötige methodische Know-How und die personellen Ressourcen, beispielsweise für die Implementierung der BSC. Erwartungsgemäß überzeugen meist auch die Restrukturierungskonzepte externer Berater. Bei der Umsetzung im Unternehmen kommt es dann aber nicht selten zu Problemen, was oft nicht nur darauf zurückzuführen ist, dass Ziele und Maßnahmen ungenügend bzw. nicht empfängerorientiert kommuniziert wurden.

Die Ursachen für den in diesen Fällen unbefriedigenden Beratungserfolg liegen tiefer: Das Selbstverständnis von Beratung impliziert in der Regel, theoretisch fundierte und daher allgemeingültige Lösungen bieten zu können. Hierdurch wird eine vertiefte Einlassung auf die – sich nicht direkt in Zahlen manifestierenden – Aspekte der konkreten Situation des jeweiligen Unternehmens zumindest behindert. Insoweit relevante Tatsachen nicht berücksichtigt werden, geht Beratung bei der Konzeption von Restrukturierungsmaßnahmen von unzutreffenden Annahmen aus.

Die vernachlässigte konkrete „Verfasstheit" eines Unternehmens manifestiert sich in der jeweiligen Unternehmenskultur. Hierbei handelt es sich um eine Sammlung von Traditionen, Werten, Regeln, Glaubenssätzen und Haltungen, die erlernt wurden, sich bewährt haben und daher einen durchgehenden Kontext für alles bilden, was in einer Organisation gedacht und getan wird (vgl. Marshall & McLean 1988). Über den prägenden Einfluss des Arbeits- bzw. Lebensumfeldes auf den Menschen bilden sich in einem gruppenpsychologischen Prozess bestimmte Interpretations-, Denk- und Verhaltensmuster heraus, die folglich allen Mitarbeitern eines Unternehmens gemein sind und sie von den Beschäftigten anderer Organisationen unterscheiden. Auch Changemanagement findet somit in einem bestimmten kulturellen Umfeld statt.

Wird diese Tatsache verkannt, so wird eine Führungs- bzw. Organisationstheorie, die vor einem bestimmten – oft angelsächsisch geprägten – kulturellen Hintergrund entstand und infolge ihrer Abstraktheit oft eine zu weitgehende Rationalität unterstellt, in einem anderen kulturellen Kontext angewandt. Die im Rahmen des Changemanagements vorgesehenen Maßnahmen stehen dann im Widerspruch zu der im betreffenden Unternehmen herrschenden Kultur, die beispielsweise mehr oder weniger durch die in Deutschland historisch gewachsene Sozialpartnerschaft mitbestimmt wird. Folge ist oft, dass es an Verständnis und Akzeptanz der aus rein ökonomischer Sicht zu ergreifenden Maßnahmen mangelt, was zu ungenügendem Engagement oder gar zu aktivem und lähmendem Widerstand von Mitarbeitern und Arbeitnehmervertretungen führen kann.

Um die Entstehung solcher Hindernisse im Prozess der Restrukturierung von vornherein zu vermeiden, muss bei der Konzeption der Maßnahmen von den grundlegenden Tatsachen, d. h. von der spezifischen Ausprägung der Kultur des Unternehmens, ausgegangen werden. Dies erfordert zunächst eine Offenheit und das Bestreben des Beraters, die Unternehmenskultur in ihren Dimensionen und Implikationen zu erfassen und zu verstehen. Indem sich diese in den Köpfen der Mitarbeiter manifestiert, ist hier eine empathische Kompetenz des Beraters von großer Bedeutung. Aber auch das Unternehmen muss seinen Beitrag leisten, um eine möglichst gute Kommunikation mit dem Berater zu gewährleisten.

Indem die Unternehmenskultur zu den wesentlichen Rahmenbedingungen des Changemanagements zählt, müssen die Maßnahmen und Anreizsysteme vom Berater so ausgestaltet werden, dass sie im konkreten kulturellen Kontext die angestrebte Wirkung entfalten. Wichtig für die Motivation der Mitarbeiter ist zudem, dass ihnen ein Verständnis von der Notwendigkeit und dem Ablauf des Veränderungsprozesses ermöglicht wird. Die Umsetzung der hier zielführenden Konzepte ist eine Aufgabe sowohl der internen Kommunikation, als auch der Führungskräfte auf den verschiedenen Ebenen des Unternehmens.

Die Unternehmenskultur ist aber nicht nur eine Herausforderung im Rahmen des Changemanagements. Da sie sich in einem geschichtlichen Prozess bis in die Gegenwart hinein entwickelt hat, ist sie natürlich auch künftig veränderbar. Die Frage lautet dann, durch welche Impulse die gruppenpsychologischen Prozesse im Unternehmen so mitgestaltet werden können, dass die Unternehmenskultur zukünftig den Veränderungsprozess nicht mehr hemmt sondern fördert. Indem es auch für die Stadtwerke zunehmend darum geht, im Wettbewerb zu bestehen, sollte eine solche Unternehmenskultur beispielsweise gekennzeichnet sein durch eine Offenheit für Veränderungen sowie durch die Bereitschaft zu einer offensiven Bewältigung von Herausforderungen und durch das Bestreben, im Wettbewerb besser zu sein als konkurrierende Unternehmen. In jenem Ausmaß, wie es – etwa über eine geeignete *Corporate Identity* und Visionen einhergehend mit einem Ausbau von Vertrauen und Leistungsanreizen – gelingt, die Unternehmenskultur den Anforderungen der Erwerbswirtschaft entsprechend weiterzuentwickeln, wird sie zu einem Erfolgsfaktor im sich zunehmend intensivierenden Wettbewerb.

Rainer Bomba

Die fünf Fallen der Beratung – Erfolgsfaktoren bei der Reform der Bundesagentur für Arbeit

Rainer Bomba ist seit Oktober 2007 Vorsitzender der Geschäftsführung der Regionaldirektion Bayern der Bundesagentur für Arbeit. Er studierte Maschinenbau sowie Betriebs- und Volkswirtschaft und wechselte nach verschiedenen Stationen in der Privatwirtschaft im Juli 1998 zur Bundesagentur für Arbeit. Dort war er in der Regionaldirektion Hessen für die Bereiche Arbeitsvermittlung und -beratung tätig. Nach weiteren leitenden Funktionen in der Zentrale wurde er zunächst Mitglied der Geschäftsführung der Regionaldirektion (RD) Nordrhein-Westfalen und wechselte danach in gleicher Funktion in die RD Sachsen-Anhalt-Thüringen. Rainer Bomba geht neue Wege. Prägend für ihn sind seine innovativen Ideen, wie der Aufbau der inzwischen etablierten Kundenzentren, die Hauptstadtvertretung und das Projekt „Bürgerarbeit“, das in den Bundesländern Sachsen-Anhalt und Thüringen eingeführt wurde. Im Februar 2008 startete Rainer Bomba in Bayern das Modell „Job Perspektive Plus“.

Kontakt: Bundesagentur für Arbeit, Regionaldirektion Bayern, Regensburger Str. 100, D-90478 Nürnberg

Die Bundesagentur für Arbeit hat in den zurückliegenden Jahren einen Reformprozess durchlaufen, der in seinem Umfang wie in seinen Auswirkungen beispiellos ist. Das Herzstück der Reform bildete der Umbau der Arbeitsämter zu Kundenzentren, der nicht nur mit einschneidenden Änderungen der Aufbau- und Ablauforganisation verbunden war, sondern auch einen Wandel in der Kultur der Organisation und im Selbstverständnis mit sich brachte. Wesentliche Merkmale der Kundenzentren sind:

- Gezielte Steuerung der Kundenwege (persönlich, telefonisch über das Service Center oder elektronisch über den Virtuellen Arbeitsmarkt),
- Unterscheidung zwischen einfach zu bearbeitenden Anliegen, die in der Eingangszone und dem Service Center bearbeitet werden, und komplexeren Anliegen, die in den Leistungs- oder Vermittlungsabteilungen intensiv bearbeitet werden.
- Trennung von Leistungsbearbeitung und Vermittlung..
- Einstufung der Kunden in vier Gruppen je nach Integrationsmöglichkeiten in den Arbeitsmarkt. Ausrichtung der weiteren Beratungsstrategie an dieser Einstufung.
- Aufbau eines Arbeitgeberservice.

- Wesentliche Beschleunigung der Abläufe durch die Definition von Standardprozessen in Abhängigkeit vom entstehenden Beratungsaufwand – dadurch Effizienzgewinn und geringere Bearbeitungszeit für den Kunden.

Der Autor dieses Beitrags hat den beschriebenen Prozess der Konzipierung und Einführung der Kundenzentren in Zusammenarbeit mit mehreren Beratungsunternehmen als Projektleiter gesteuert. Das Projekt wurde in der Bewertung aller Beteiligten zu einem großen Erfolg, u.a. weil einige für Beratungsprojekte typische Fallen umgangen wurden. Diese Fallen, die den Erfolg vieler Projekte sowohl im öffentlichen Bereich als auch in der Privatwirtschaft in Frage stellen, werden in diesem Beitrag näher beschrieben.

Falle Nr. 1: Der Kunde lässt sich die inhaltliche Führung des Projekts aus der Hand nehmen

Experten der großen Strategieberatungshäuser zeichnen sich meist durch fundiertes fachliches Wissen, hohes Know-how im Umgang mit Problemstellungen des Managements, extrem schnelle Auffassungsgabe, hohes Arbeitstempo und ausgeprägte Präsentationsskills aus. Gerade beim Projektstart und gerade in Projektteams, die sich aus Mitarbeitern unterschiedlicher Beratungsunternehmen zusammensetzen, sind Berater bemüht, diese Expertise auch dem Kunden gegenüber zu demonstrieren. Daraus entsteht für den Kunden in einer von Unsicherheit und hohem Arbeitsdruck geprägten Situation die Versuchung, die inhaltliche Verantwortung an die Berater abzugeben. Schließlich zeigen die Berater durch ihre Leistungen eindrucksvoll, dass diese Verantwortung bei ihnen in guten Händen ist! Diese Bequemlichkeit auf der Seite des Kunden kann aber dazu führen, dass sich eine feste Rollenverteilung etabliert und dauerhaft verfestigt: Die Berater übernehmen die inhaltliche Führung des Projekts, der interne Projektleiter lehnt sich zurück und übernimmt in den Projektmeetings – extrem formuliert – nur Begrüßung und Schlusswort.

Schließlich besteht die Gefahr, dass die gesamte Projektgruppe von den Beratern gesteuert wird. Auf diese Weise gerät die organisationsinterne Perspektive als notwendiges Korrektiv aus dem Blick, die Rückbindung an das Unternehmen geht verloren. Das Risiko ist sehr hoch, dass eine solche Rollenverteilung zu einem Ergebnis führt, das die Kundenorganisation nicht mehr als das eigene Ergebnis empfinden kann. Von der Beratung wird die Rollenverteilung zwischen Projektleitung, internen Mitarbeitern und externen Beratung meist nicht zum Thema gemacht, sei es um das Heft nicht aus der Hand zu geben, um gegenüber den am Projekt beteiligten Beratern der Konkurrenz nicht an Boden zu verlieren oder auch nur aufgrund von mangelnder Zeit oder eigener anfänglicher Unsicherheit in der Einarbeitungsphase.

Als Schlüsselmoment im Veränderungsprozess bei der Bundesanstalt für Arbeit sehen wir die Rollenklärung, die zu Beginn des Projekts von der Projektleitung initiiert wurde. Die Rollen und Aufgaben des Auftraggebers und des Auftragsnehmers wurden klar definiert. Nach dieser sehr deutlichen Kommunikation über Erwartungen und das Verständnis von Beratung entwickelte sich eine exzellente Zusammenarbeit. Berater und Interne sind zu einem Team zusammengewachsen, in dem zusammen gelernt, gearbeitet, aber auch zusammen gefeiert wurde. Die Bundesanstalt für Arbeit ist eine Organisation mit über 100.000 Mitarbeitern – diese vielen Einzelinteressen kann kein Berater bündeln, sondern nur die Projektleitung. Dass das von der Projektgruppe entwickelte Kundenzentrum-Konzept von den Mitarbeitern auf breiter Linie angenommen wurde, geht daher aus unserer Sicht vor allem darauf zurück, dass die inhaltliche Verantwortung klar beim Auftraggeber blieb.

Fazit: Berater sind dazu da um zu beraten und nicht, um ein Unternehmen zu führen. Der interne Projektleiter darf sich nicht das Heft aus der Hand nehmen lassen und muss zu Beginn des Projekts neben der Auftragsklärung auch eine Klärung der Zusammenarbeit durchsetzen.

Falle Nr. 2: Die Beratung produziert neuen Reformbedarf

Wenn man über längere Zeit auf einer fachlichen und persönlichen Ebene intensiv zusammengearbeitet hat, ist es schwierig, das Beratungsverhältnis abrupt aufzugeben. Die Organisation gewöhnt sich an die Berater, die klare Wahrnehmung der Berater als Außenstehende verwischt, im Projektteam gleichen sich die Arbeitszeiten von Internen und Beratern einander an. Man stellt sich auf die Arbeitsweise der Berater ein und auch darauf, dass sie schnell die anfallenden Aufgaben abarbeiten.

Beratungsunternehmen versuchen, Folgeaufträge zu akquirieren. In der Implementierungsphase ist es durchaus sinnvoll, die Berater weiterhin einzubinden, weil ein abruptes Projektende kontraproduktiv ist: Wenn die Berater nicht mehr im Haus sind und die Begleitung des Veränderungsprozesses durch Projektteam und Projektleitung entfällt, besteht die Gefahr, dass das Projekt mit der Zeit wieder versandet. Berater können also dazu beitragen, die Nachhaltigkeit des Projekts zu sichern. Darüber hinaus sehen Berater als Außenstehende immer weiteres Optimierungspotenzial, das zu bearbeiten sich (für die Organisation *und* für die Berater) lohnen würde. Daher gibt es in Beratungsprozessen immer die Tendenz, zusätzlich zu dem eigentlichen Kernthema des Projekts weitere Veränderungsprozesse anzustoßen.

Auf der anderen Seite muss aber der Veränderungsdruck – und damit auch die Beratung – schrittweise zurückgefahren werden. Zum einen muss man angesichts von Beraterhonoraren, die das 30-fache von dem betragen, was eine interne Führungskraft verdient, die Kosten im Auge behalten. Die Organisation muss zum anderen nach einem Veränderungsprozess auch die Zeit bekommen, wieder in ruhigeres Fahrwasser zu kommen und die eingeführten Neuerungen auszuprobieren. Nach einem mehrere Jahre dauernden Reformprozess gibt es Grenzen dessen, was der Organisation zugemutet werden kann. Die anfängliche Euphorie der Mitarbeiter kann irgendwann in Frustration umschlagen, wenn nach einem Veränderungsprozess der nächste (und der übernächste) kommt. Es muss inmitten des Wandels einen „Felsen in der Brandung" geben, der der Organisation Stabilität verleiht. Daher sollte man angesichts der unweigerlich entstehenden Gewöhnung an die Berater darauf achten, dass die Beratung nicht zu einer „unendlichen Geschichte" wird. Vielen Unternehmen tendieren heute dazu, die Reform mit der Unterstützung der Berater erneut zu reformieren. Irgendwann ist eine Organisation dann nicht mehr arbeitsfähig.

Wir haben bei der Einführung der Kundenzentren mit einem Modellprojekt begonnen, das zunächst auf 10 weitere Projekte ausgedehnt wurde. Auf diese Weise gab es für das Projektteam die Möglichkeit, das gemeinsam entwickelte Konzept stufenweise auf den Prüfstand zu stellen, aus den Erfahrungen der Praxis zu lernen und Korrekturen im Detail vorzunehmen. Schließlich wurde das Konzept in allen 178 Agenturen und 650 Geschäftsstellen implementiert. Dabei haben wir uns auch noch der Unterstützung durch die Berater bedient, gleichzeitig aber sukzessive Beraterkapazitäten abgebaut, Multiplikatoren ausgebildet und einen fließenden Übergang geschaffen. Mit einem gemeinsam mit den Beratern entwickelten Reformsiegel kontrollieren wir jährlich die vollständige Umsetzung der beschlossenen Reformen.

Fazit: Die Projektleitung muss einerseits darauf achten, dass die eingeführten Reformen nicht versanden. Andererseits muss ein Gleichgewicht zwischen Kontinuität und Veränderung gewahrt bleiben, damit die Organisation arbeitsfähig bleibt. Dafür ist eine bewusste und schrittweise „Entwöhnung" von den Beratern erforderlich.

Falle Nr. 3: Wichtige Berater werden aus dem Projektteam abgezogen

Die personelle Zusammensetzung des Beraterteams ist entscheidend für den Erfolg des Projekts. Man kann nur mit Beratern arbeiten, bei denen die gegenseitige „Chemie" stimmt und die qualitativ hochwertige Arbeit leisten. Angesichts der Zeit, die selbst ein fachlich hochqualifizierter Berater benötigt, um sich in die Spezifika der Kundenorganisation einzuarbeiten, ist ein Wechsel im Beraterteam mit beträchtlichen Kosten und Verzögerungen für den Kunden verbunden. Seitens der Beratungsunternehmen gibt es aber immer wieder Versuche, eingearbeitete Berater abzuziehen und durch neue Kollegen zu ersetzen. Dem Kunden wird der Wechsel dann als unvermeidliche Tatsache präsentiert: „Frau … arbeitet ab Montag in einem anderen Beratungsprojekt in Italien." Gegen solche Versuche muss man sich als Kunde wehren, damit das Projekt nicht behindert oder gefährdet wird.

Falle Nr. 4: Man traut den eigenen Mitarbeiter kaum noch etwas zu

Angesichts der hohen Kompetenz, die Berater oft in Projekte einbringen, passiert es leicht, dass einzelne Berater in der Wahrnehmung zur Referenz für fachliche Fragen werden. Wenn ein Mitglied des Projektteams einen Vorschlag vorlegt, löst das dann den Kommentar aus: „Hat denn da der Berater … schon draufgeschaut?" In einer solchen Frage versteckt sich die Aussage „Ich traue dir nicht zu, eine qualifizierte Idee einzubringen". Daher muss man aufpassen, dass man die Projektmitarbeiter mit solchen Aussagen nicht ungewollt vor den Kopf stößt. Die Mitarbeiter sollten nie das Gefühl haben, dass sie im Vergleich mit den Beratern „Menschen zweiter Klasse" sind.

Falle Nr. 5: Sensibilität und Zeit zum Zuhören fehlen

Wenn ein Unternehmen Aufbau und Abläufe verändert, muss die neue Organisation die Akzeptanz der Mitarbeiter finden, da sonst das Veränderungsprojekt zu scheitern droht. Um Akzeptanz zu erreichen, muss das neue System zur Kultur der Organisation passen. Beratung kann daher erst dann beginnen, wenn der Berater die Kultur der Organisation verstanden hat. Dies setzt Sensibilität, Lernbereitschaft und Zeit zum Zuhören voraus.

Gerade jungen Beratern mangelt es häufig an dieser Sensibilität für die Kundenorganisation und die in ihr tätigen Menschen. Sie haben an der Universität oder in Planspielen Standardlösungen erlernt, die sie implementieren möchten. Eine solche Haltung kommt natürlich beim Kunden extrem schlecht an. Veränderungen dürfen nicht mit der Axt gewaltsam eingeführt werden, sondern sie müssen mit den Menschen gemeinsam entwickelt werden. Seniorberater sind dagegen meist Spezialisten im Zuhören. Sie legen Wert darauf, die Historie der Kundenorganisation zu erkunden und zu verstehen, wie die Abläufe bisher gestaltet waren, welche Gründe diese Gestaltung hat, wie die Organisation „tickt" und warum Menschen an den alten Gewohnheiten festhalten. Sie notieren sich alles und können sich schnell in die Abläufe eindenken.

Hier muss der Kunde auch bereit sein, dem Berater die Zeit einzuräumen, die er braucht, um die Organisation kennenzulernen und zu verstehen. Diese Zusatzinvestition zahlt sich dann jedoch in Form eines Ergebnisses aus, das allgemein akzeptiert ist.

Thomas B. Franz

Menschen sind keine Maschinen – Besonderheiten von Veränderungsprojekten im Dienstleistungsbereich

Thomas Franz, MBA, CEFA, Jahrgang 1975, war in verschiedenen Funktionen in Vertrieb und Research im Bankenbereich tätig. Dabei hat er intensiv die Veränderungsphasen in der Bankenlandschaft in den verschiedenen Bereichen begleitet und beobachtet.

Kontakt: Deutsche Bank AG, Theodor-Heuss-Allee 72, D-60486 Frankfurt a. M., Tel. ++49 (0)69 / 910-37211, Fax ++49 (0)69 / 910-36179, mobil ++49 (0)172 / 6120842, e-mail thomas-b.franz@db.com, www.deutsche-bank.de/pbc

Veränderungsprojekte im Dienstleistungsbereich werden häufig wie rein technische Probleme angegangen. Menschen sind aber keine Maschinen – daher können Beratungsprojekte scheitern, wenn die fachliche Expertise der Berater nicht durch Einbeziehung von Mitarbeitern und Führungskräften unternehmensspezifisch angepasst wird. Darüber hinaus bleiben Macht und Interessen im Management in Beratungsprozessen oft ausgeblendet. Diese Thesen werden nachfolgend im Hinblick auf Veränderungsprozesse in einer Großbank diskutiert.

Einem Projekt liegt üblicherweise zugrunde, dass etwas „besser" gemacht werden soll. In der Industrie lässt sich dies rein ökonomisch relativ klar beurteilen. Ist der Produktionsprozess verschlankt, ist die Fertigung eines Bauteiles kostengünstiger gestaltet, der Einkauf optimiert etc., so ist dies sachlich darzustellen und der Erfolg festzustellen. Ein nennenswertes emotionales Engagement seitens der ausführenden Mitarbeiter ist weniger damit verbunden. Im dienstleistenden Bereich stellt sich dies anders dar. In unterschiedlicher Intensität kommt hier der unkontrollierbare oder zumindest schlechter steuerbare Aspekt der Motivation des Einzelnen hinzu. Häufig existiert kein maschineller Takt, der die Arbeitsschritte zwangsdefiniert. Ist der Mitarbeiter am Fließband klaren Arbeitsschritten unterworfen, so gilt dies für den Dienst direkt am Kunden nur sehr eingeschränkt. Letzteres kann wohl jeder selbst aus der Sicht eines Kunden beurteilen, der einmal mehrere Filialen einer Kette besucht hat. Es ist zu unterstellen, dass üblicherweise in solchen Ketten klare Regeln für Vorgehen und Abläufe bestehen. Und trotzdem ist jeder Kontakt anders, da die Interaktion immer stark von der Motivation der teilnehmenden Personen abhängig ist. Dies kann der Kunde spüren, während es sich ihm nur schwer erschließen wird, ob die Mitarbeiter bei der Produktion eines Konsumgutes überzeugt waren oder nicht. Dieser Faktor nimmt vom einfachen Verkaufskontakt, z. B. an einer Supermarktkasse, in Richtung eines echten Relationships immer stärker zu.

Um diesen Faktor richtig einordnen zu können, ist es wichtig die Frage zu stellen, was es heißt, mittels eines Projektes etwas im Dienstleistungsbereich besser zu machen. Doch lässt sich eine Veränderung objektiv als besser gegenüber dem alten Vorgehen einstufen? Oder handelt es sich unternehmensspezifisch um einen Wechsel des Vorgehens bzw. der Handlungsweise, d. h. wird objektiv nur etwas „anders gemacht". Zweiteres wird wahrscheinlicher, je höher der nicht hart prozessual zu beeinflussende Anteil der Tätigkeit eines Mitarbeiters ist. Dies trifft in hohem Maße auf die Mitarbeiter in der Beratung und ganz besonders auf den klassischen Relationshipper zu. Daraus resultiert eine besondere Herausforderung für die Erarbeitung aber auch die Kommunikation einer neuen Strategie, die eine Einbindung der „Betroffenen" in die Projektfindung und -durchführung erforderlich macht.

Erster Schritt: Die Sichtweisen aller Beteiligten einholen

Zum Start eines Veränderungsprozesses in Dienstleistungsunternehmen, dessen genaue Ausgestaltung dann die Aufgabe des Projektes ist, sind daher verschiedene Sichtweisen zu eruieren:

1. die externer Berater,
2. die der Führungskräfte,
3. die der Mitarbeiter.

In Veränderungsprozessen steht häufig die neutrale Perspektive der externen Berater im Vordergrund. Diese Konzentration auf die fachliche und sachliche Ebene der Veränderung hat aber einen „blinden Fleck". Daher sollten die Entscheidungsträger zum zweiten die Sicht der Führungskräfte und zum dritten aber auch die der Mitarbeiter einholen. Durch die Befragung der Mitarbeiter erhält man eine wertvolle Sicht, die allerdings häufig nicht direkt sondern über die Führungskräfte eingeholt wird. Eine solche Einholung kann aber wichtige Facetten nicht bieten, da bereits der erste Filter auf den Aussagen liegt. In der direkten Meinungseinholung von allen drei Gruppen liegt daher ein wesentlicher Erfolgsfaktor für eine realistische Entscheidungsgrundlage in einer relationshipgeprägten Dienstleistungsunternehmung.

1. Sicht der externen Berater

Betrachtet man beispielhaft das Privatkundengeschäft einer Bank, so wird es externen Beratern immer möglich sein, sachlich korrekt Potenziale zu identifizieren. Abgesehen von der Verschlankung von Kostenblöcken in der Abwicklung etc. werden dabei auch in der Betreuung der Kunden Potenziale über Cross Sell identifiziert. Da der Bankenmarkt in seinen Grundstrukturen als gereift, verteilt und wettbewerbsintensiv eingestuft werden kann, wird dabei an den vorhandenen Kundenstrukturen angesetzt. Die Marktanteile, Durchdringungen und Ausschöpfungen in verschiedenen Produktfeldern werden betrachtet und als Resultat Potenziale aufgezeigt. Zu deren Realisierung werden dann konsequent konkrete Veränderungsbedarfe in Struktur und Vorgehen definiert. Doch stellen diese Potenziale in ihrer Priorisierung tatsächlich das faktisch beste und realistischste Ergebnis dar? Gibt es unternehmensspezifische Gründe, die zu einer anderen Beurteilung einer bestimmten Situation führen? Dies lässt sich aus der neutralen Sicht des externen Beraters schwerlich beurteilen, da er ja gerade die unbelastete Perspektive in die Planungen des Unternehmens einbringen soll. Dann ist es aber wichtig, die Tragfähigkeit der gemachten Vorschläge aus der Unternehmung heraus beurteilen zu können. Genau dazu bedarf es der Einbindung von Führungskräften und Mitarbeitern.

2. Sicht der Führungskräfte

Die Führungskräfte eines Unternehmens stellen den Transmissionsriemen von Unternehmensführung zu den Mitarbeitern dar. Daher ist es wesentlich in Erfahrung zu bringen, welche Sichten und Erwartungen aber auch Animositäten hier bestehen. Während auf der Mitarbeiterebene eher Details und die Praktikabilität der Veränderungen im Fokus stehen, nimmt die Bedeutung dieser Aspekte mit steigender hierarchischer Ebene immer mehr ab. Im Gegenzug gewinnen Verantwortlichkeitsfragen und Machtaspekte an Bedeutung. Bei der Einbindung und Befragung dieser Ebenen lässt sich ein sehr guter Eindruck bezüglich der Bereitschaft zur Veränderung gewinnen. Ebenfalls erhalten die Entscheider sehr gute Aussagen zu Optimierungsmöglichkeiten in bestehenden Abläufen und Strukturen.

3. Sicht der Mitarbeiter

Das „Wie", also inhaltliche Punkte, die den Arbeitsablauf betreffen, sollten vor allem mit den Mitarbeitern als ausführenden Kräften besprochen werden. So lässt sich ein genaues Bild erhalten, was die Mitarbeiter schätzen oder verändert haben wollen. Dies bietet Rückschlüsse, welche Themen im Projekt Beachtung finden sollten – was im Umkehrschluss nicht heißen soll, dass alle Wünsche erfüllt werden.

Durch eine dreistufige Erhebung wie beschrieben hat die Unternehmensführung eine solide Aussage über erkannte Veränderungspotenziale, gewünschte Änderungen aber auch über die Veränderungsbereitschaft in der Organisation. Gerade die Veränderungsbereitschaft wird sich aus der externen Sicht eines Beraters nur sehr schwer beurteilen lassen. Ist diese Bereitschaft in entscheidenden Punkten aber nicht vorhanden, so wird dies die Erfolgswahrscheinlichkeit einer jeden Neuerung stark beeinträchtigen.

Zweiter Schritt: Entwicklung eines Zukunftsbildes

Die Herausforderung für die Entscheidungsträger ist es, auf Basis der Vorschläge und Meinungen ein realistisches, zukunftsfähiges Zielbild zu entwickeln und umsetzbare strategische Vorgaben zu definieren. Der größte Anspruch liegt dabei darin, aus den heterogenen Rückmeldungen die wesentlichen Aussagen zu extrahieren.

Bei der Definition des Rahmens geht es ausdrücklich nicht darum, der Beliebigkeit Tür und Tor zu öffnen. So werden von Mitarbeiterseite Steuerungsinstrumente tendenziell wohl immer kritisch gesehen, weshalb Aussagen dazu weniger zielführend sind. Ist dagegen eine Entscheidung zwischen drei Produktfeldern zu treffen, so kann durchaus aufgrund der erfragten Mitarbeiterpräferenzen die aus Sicht der Unternehmensberater ökonomisch zweit- oder drittbeste Alternative am erfolgversprechendsten sein.

Die Aufgabe der Zusammenführung kann sowohl durch externe Berater als auch durch unternehmenseigene Kräfte erfolgen. Für beide Varianten lassen sich Vor- und Nachteile benennen. Die Entscheidung für eine Vorgehensweise hängt stark von der konkreten Konstellation ab.

Dritter Schritt: Implementierung

Im Verlauf des Projektes gilt es die dreidimensionale Sicht konsequent fortzuführen. So stellt sich immer wieder die Frage, wie aus Managementsicht sinnvoll veränderte Vorgehensweisen gewinnend und überzeugend implementiert werden können. Die Darstellung der externen Berater, die als Entscheidungsunterlage vorgelegt wird, bietet nur eingeschränktes Erfolgspotenzial. Wie werden Sinn und Nutzen des Planes für die Mitarbeiter so formuliert, dass diese die Strategie auch tatsächlich umsetzen und leben? Wie wird eine Überzeugung und vielleicht sogar Begeisterung für das Vorgehen geschaffen? All diese Fragen münden letztendlich in den Punkt, wie eine tatsächliche Verhaltensänderung herbeigeführt wird. Rein aufgrund der Anzahl aller Mitarbeiter wird schwerlich eine umfassende, kommunikativ beeinflussende Einbindung gelingen. Allerdings lassen sich durch gezielte fortlaufende Verprobungen der Arbeitsstände wertvolle Erfahrungen und Hinweise generieren, die in die „Story" einfließen können.

Mit zunehmender Hierarchiestufe wird die gezielte Einbindung immer wichtiger. Es sollte ständig Klarheit bestehen, wie die Meinungsmacher im Führungskreis dem Projekt gegenüberstehen. Wer sollte sinnhafterweise enger eingebunden werden, wer nicht? Wie wird mit den Meinungsmachern kommuniziert? Wie ist eine positive Sogwirkung für das Projektziel zu erreichen? D. h. es treten die inhaltlichen Punkte nicht in vorderste Linie. Vielmehr geht es um eine Wahrung der Machtverhältnisse, die nicht angekratzt werden sollten, so dies nicht aus Zielgründen erforderlich ist. Wenn dies gelungen ist, schließt sich der Kreis, da nun wieder eine Kommunikation unter Einbindung der Führungskräfte an die Mitarbeiter erfolgt – orientiert an oder zumindest unter Beachtung der anfänglich aufgenommen Wunschaspekte.

Zusammenfassend lässt sich sagen, dass bei der Suche nach der besten Idee bzw. dem besten Prozess immer der Faktor Mensch, d. h. die Überzeugung der Mitarbeiter wesentlich ist. Aus der reinen Betrachtung durch einen externen Berater wird eine zielführende Veränderung in diesem Punkt zur Glückssache. Diese Erkenntnis spielt in der Praxis eine entscheidende Rolle. Es ist wichtig, immer im Bewusstsein zu halten, dass die Beurteilung einer Änderung im Dienstleistungsbereich einen subjektiven Aspekt darstellt und daher auch die Mitarbeiter als Gruppe bei der Entstehung der Strategie und konkreten Botschaften einbezogen werden sollten. Es genügt nicht, nur die Führungskräfte überzeugt zu haben, sondern man sollte auch immer einbeziehen, was in der Breite vermittelbar ist bzw. wofür die Mitarbeiter zu begeistern sind.

Johannes Gösling

Kritische Faktoren in Beratungsprozessen – Beobachtungen aus der Praxis

Johannes Gösling, 48 Jahre alt, Studium zum Dipl.-Ing., Fachrichtung Maschinenbau. Während seiner 24 jährigen Berufserfahrung war in leitenden Funktionen des Marketings und Vertrieb von Mineralölprodukten im DEA- und Shell-Konzern tätig. Ab 2004 übernahm er für die Shell Direct GmbH die Position als Business Manager Reseller, zuständig für das deutsche Handelsgeschäft. Seit Oktober 2007 ist Herr Gösling als Verkaufsleiter bei den Stadtwerken Duisburg für die Bereiche Strom, Gas, Wasser, Fernwärme und für den Bereich Energiecontracting zuständig.

Kontakt: Stadtwerke Duisburg AG, Bungertstr. 27, 47053 Duisburg

Die erfolgreiche Beratung eines Projektes hängt von verschiedenen Faktoren ab. Auf den ersten Blick ist hier vor allem die Erfahrung bzw. das fachliche Know-How des Beraters zu nennen. Bei der Projektrealisierung zeigt sich jedoch, dass in der Praxis weitere Faktoren eine sehr wichtige Rolle spielen. So sind vor allem die

„soft-skills" des Beraters gefragt, insbesondere wenn es darum geht innovative Prozesse oder Sparmaßnahmen an die Betroffenen zu kommunizieren.

Im Folgenden werden fünf Faktoren benannt, die Beratungsprozesse beeinträchtigen oder sogar zum Scheitern bringen können.

1. Einsatz von Standardlösungen

Die „richtigen" Berater zu finden ist für die betroffenen Unternehmen sehr schwer. Auch die Wahl großer, bekannter Beratungsunternehmen ist keine Garantie für eine gute Beratung, da bei diesen Beratungsgesellschaften kleine oder mittelständische Unternehmen oft nur mit Standardlösungen abgefertigt werden, die ohne vernünftigen individuellen Zuschnitt auf das entsprechende Unternehmen viele Probleme mit sich bringen können. Viele Unternehmen setzen daher auf Berater, mit denen sie bereits gute Erfahrungen gemacht haben und vertrauen diesen auch bei zukünftigen Projekten.

2. Mangelnder Konsens über die Zielsetzungen

In der Praxis zeigt sich, dass die Zielvorstellungen der einzelnen Projektmitglieder oft stark differieren. Schafft der Berater im Rahmen der Projektplanung keinen Konsens in diesem Punkt, kann es während des Projektes immer wieder zu Unstimmigkeiten bzgl. einzelner Maßnahmen oder Entscheidungen kommen. Ziele werden oft durch den Berater von außen an die Projektteilnehmer heran getragen. Dadurch kommt es zu einer fehlenden Identifikation der einzelnen Personen mit dem Projekt, was zu einer Verschlechterung der Arbeitsmoral führen kann.

Haben die TOP-Leute nicht alle identische Zielvorstellungen, spaltet sich das Projekt automatisch entlang der heimlichen Zielrichtungen der Beteiligten. Da sind die Unterstützer, die glauben, dass der Weg richtig ist, aber sich fragen, ob sie noch auf der richtigen Seite stehen. Auf der anderen Seite sind die Kritiker, die ihre Chance sehen, das Projekt als unglaubwürdig oder nicht realisierbar einzustufen. Einzelne methodische oder handwerkliche Fehler des Beraters werden dazu gerne genutzt. Um das ganze Projekt in diesem Zustand wieder auf Kurs zu bringen, bräuchte man wiederum einen starken Berater/Projektleiter, der in der Lage ist, sowohl interpersonelle Differenzen als auch fachliche Probleme durch zielorientierte Moderation wieder in die richtigen Bahnen zu lenken. Ist der Berater allerdings nicht ausreichend auf diese Projektkrise vorbereitet, führt dies wiederum dazu, dass er auch seinen Kunden nicht vorwarnen oder darauf einstellen kann. Ein Scheitern ist möglich, besonders wenn die zu beratende Organisation bereits Erfahrungen mit Beratungsprozessen gemacht hat, die nicht konsequent umgesetzt wurden und damit quasi erfolglos blieben und somit die Grundeinstellung des Unternehmens kritisch gegenüber aller Beraterleistungen ist.

3. Fehler bei der Kommunikation der Zielsetzungen

Wie sind die Reaktionen auf das Projekt und die Unterstützung in den Reihen der Betroffenen? Wird das Projekt als Bedrohung, als Chance oder als notwendiges Übel empfunden? Das richtet sich verständlicherweise nach dem Charakter des Beratungsprojektes. Wenn es sich um ein Kostenreduzierungsprogramm handelt, dann wird zunächst die Skepsis überwiegen. Werde ich als Führungskraft in Frage gestellt? Soll die Anzahl der Mitarbeiter reduziert werden oder geht es um Prozesskostenoptimierung?

Akzeptanzprobleme entstehen vor allem dann, wenn solche Optimierungspotentiale zu früh (sozusagen als Schnellschuss) in Richtung der Auftraggeber kommuniziert werden. Sind solche Potentiale einmal in Richtung Führungsebene kommuniziert, sind sie kaum noch zu widerrufen. Falls in solchen Problemphasen die Kommunikation und das Projekt nicht von Beginn an einheitlich, d.h. im Sinne einer gesamtsolidarischen Verantwortung eines jeden Projektteilnehmers etabliert worden sind, fangen einzelne Interessengruppen an, daraus ihre eigenen interpretierten Agendas zu kreieren.

Die Phase der ersten Wasserstandsmeldung ist der nächste kritische Zeitpunkt. Wenn Kosteneinsparungspotential in den Abbau von Mitarbeiterpotential umgerechnet wird, ohne den umbettenden Sozialplan zu kommunizieren, beginnt sofort eine stark emotionale Diskussion im Unternehmen. Dann wird es immer schwieriger zu einer sachlichen Projektarbeit zurückzufinden. Hier zeigt sich dann die Belastbarkeit der Projektorganisation. Gibt es einen starken Projektleiter, der direkt mit dem Vorstand kommuniziert und Sofortmaßnahmen einleiten kann, oder ist dafür der „Topakquisiteur" des Beraters zuständig? In der Praxis ist es häufig so, dass nur dieser an den Vorstand kommuniziert und so eine sehr geringe Flexibilität in der Steuerung des Projektes entsteht.

4. Mangelnde fachliche und soziale Kompetenz des Beraters

Erfolg oder Misserfolg von Beratung ist vor allem von der fachlichen und sozialen Kompetenz des Beraters abhängig. Fachlich kompetente Berater, die den Mitarbeitern des zu beratenden Unternehmens darüber hinaus Veränderungen „gut" vermitteln können und auch die Ängste und Nöte der Mitarbeiter in ihre eigenen Handlungen mit einbeziehen, können durchaus ein Garant für gute Beratungsleistung und die effiziente bzw. effektive Umsetzung von Innovationen in Unternehmen sein.

Bei der Kommunikation vor allem heikler Themen fehlt es jedoch gerade jüngeren Beratern oft an dem nötigen Feingefühl im Umgang mit den betroffenen Mitarbeitern. Mit einer auf Führungsebene getroffenen Entscheidung im Rücken gehen diese oft zu direkt und zu starr auf die Betroffenen zu. Dies führt zu Abwehr- und Trotzreaktion der Mitarbeiter, was eine produktive und konstruktive Zusammenarbeit im weiteren Verlauf erheblich erschweren kann.

5. „Auseinanderlaufen" des Projekts durch die Personalstruktur des Beraterteams

Große Beratungshäuser setzen oft die Besten für die Akquise des Projekts und die Betreuung des Vorstands während des Vorlaufs ein, die eigentliche Projektdurchführung liegt dann aber in der Hand von Junior Consultants mit weniger Erfahrung und persönlicher Durchsetzungsfähigkeit. Diese Rollenaufteilung kann dazu führen, dass das Projekt auf Vorstands- und Mitarbeiterebene deutlich unterschiedlich wahrgenommen wird. Als Folge können auch hier die zuvor bereits angesprochenen unterschiedlichen individuellen Auffassungen über das Projektziel entstehen. Das unterschiedliche Informationsniveau von Vorstand / Führungskräften, die die Terminvorgaben setzen, und den im Projekt agierenden Mitarbeitern, führt so oft zu unrealistischen Terminplänen. Unter diesem Termindruck leiden anschließend oft die Qualität und die Quantität der Projektarbeit, da u. U. essentielle Projektbestandteile nur unzureichend oder gar nicht bearbeitet werden können. An dieser Stelle sollte ein guter Berater daher sowohl dem Vorstand als auch den Projektmitarbeitern eine realistische Terminplanung vorlegen, um qualitative Einschnitte bei der Umsetzung der Projektziele zu vermeiden. Darüber hinaus liegt auch in der oft mangelhaften internen Abstimmung zwischen den Partnern / Seniors auf der einen und den Juniors auf der anderen Seite offensichtlicher Verbesserungsbedarf.

Zusammenfassend lassen sich folgende Punkte festhalten, die in Beratungsprozessen beachtet werden sollten:

1. Die Unternehmen sollten unbedingt darauf achten, dass ein Konsens über die Ziele hergestellt wird und dass die von den Beratern vorgeschlagenen Ziele mit den strategischen Zielen übereinstimmen.
2. Es sollte ein intensiver Informationsaustausch zwischen Führungskräften und betroffenen Projektmitarbeitern über die individuellen Zielvorstellungen der Beteiligten statt finden.
3. Standardlösungen sollten vermieden bzw. passgenau an die Situation des Unternehmens angepasst werden.
4. Es muss genau bedacht werden, was wann in welcher Form in die Organisation hinein kommuniziert wird.
5. Die Beratungsqualität und die damit verbundene Progression des Projektes sollten regelmäßig von den direkt betroffenen Mitarbeitern reflektiert werden und die Ergebnisse an die entsprechenden Führungskräfte kommuniziert werden. So kann auf Entscheiderebene Druck auf die Beratungsgesellschaft ausgeübt werden.

6. Zum Abschluss des Projektes sollte auf jeden Fall eine genaue Analyse der durch den Berater erfolgten Leistungen erfolgen. Mit der zuvor erwähnten detailgenauen Zielplanung lässt sich durch einen „Soll – Ist Vergleich" prüfen, ob der Berater seinen konkreten Arbeitsauftrag vollständig erfüllt hat. Zusätzlich lässt sich im Nachgang eine Aussage zur Beratungsqualität über den gesamten Lebensraum des Projektes treffen.

Professionalität, Erfolg und Scheitern – ein blinder Fleck?

20 Professionalität von Beratungsorganisationen

Zu den zahlreichen Paradoxien der Beratung gehört es, dass Beratungsorganisationen hochprofessionalisierte Spezialisten beraten – also selbst ein extrem hohes Maß an Professionalität aufweisen müssen –, dass aber kaum überprüfbare Standards für die Professionalität der Beratungsorganisationen und ihrer Mitarbeiter existieren. Experten aus der eigenen Branche weisen immer wieder darauf hin, dass der Organisationsberatung die Merkmale ausdifferenzierter Professionen fehlen, wie sie z.B. für Ärzte, Juristen, Therapeuten, Steuerberater oder Schilehrer existieren. Beispielhaft sind die Kritikpunkte von Bohn & Kühl (2004):

- Die Ausbildung ist in keinem der großen Beratungsansätze so weit standardisiert und monopolisiert, dass sie als Zugangsbarriere und Mittel zur Markterschließung gewertet werden kann. In diesem Zusammenhang ist fraglich, inwieweit die universitäre Ausbildung in den wichtigsten Bezugsdisziplinen der Beratung – über allgemeinste Qualifikationen wie systematisches Denken hinaus – gezielt für eine Tätigkeit in diesem Bereich qualifiziert. Beratungsspezifische Qualifikationen im engeren Sinne werden meist erst nach absolviertem Studium in einer privatwirtschaftlichen Weiterbildung erworben.
- Die Berufsbezeichnung „Berater" ist nicht geschützt und an keine Prüfkriterien geknüpft. Ähnliches gilt für „Coach" und andere in der Beratungsbranche relevante Bezeichnungen. Dieses Fehlen einer geschützten Berufsbezeichnung ist das Einfallstor für das „Scharlatanerieproblem" (z.B. Kühl 2005b), d.h. für das Problem, dass die Eignung eines Beraters oft erst im Nachhinein feststellbar ist.
- Die Berufsverbände (z.B. der BDU) repräsentieren nur einen Ausschnitt innerhalb einer Beratungsrichtung und können nicht als Repräsentanten der gesamten Beratungsrichtung gezählt werden.
- Es gibt keine einheitlichen Standards und keine Berufsethik, anhand derer die Qualität der Arbeit gemessen werden könnte.
- Einzelne Richtlinien sind vorhanden, aber nicht für alle Organisationsberater verbindlich. So scheiterte schon in den 1980er Jahren der Versuch der Gesellschaft für Organisationsentwicklung, sich auf verbindliche Kriterien zu einigen, an der Heterogenität der Qualifikationen ihrer Mitglieder.
- Der institutionalisierte Überbau etablierter Professionen (z.B. große Interessenvertretung, rechtlicher Schutz durch den Staat, institutionalisierte Ausbildung) fehlen.

Ein Qualitätszertifikat, z.B. nach ISO 9001 oder 9004, haben nur die wenigsten Beratungsorganisationen vorzuweisen, was Bohler & Kellner (2004, S. 61) auf den hohen formalen Aufwand zurückführen (seit Neuestem liegt mit KQB allerdings ein Qualitätsmodell für Berater vor, das mit geringerem Aufwand verbunden ist). Ein weiterer wichtiger Grund dürfte darin liegen, dass – anders als z.B. in bestimmten Bereichen der Industrie – die Kunden keine Zertifizierung erwarten.

Auf der anderen Seite sind die Zugehörigkeit zu einer Profession oder die Existenz eines Qualitätsmanagementsystems keine notwendigen (noch nicht einmal hinreichende) Bedingungen für professionelle Arbeit. Die Professionalität einer Beratungsorganisation kann sich auch in der Orientierung an wissenschaftlichen Standards, in einem funktionierenden Wissensmanagement, in systematischen internen Fortbildungen, in einem Intervisionssystem zur Reflexion von fachlich oder prozessgestalterisch schwierigen Beratungsfällen oder in einer selbstkritischen Fehlerkultur äußern. Der letztgenannte Aspekt wird im nachfolgenden Beitrag von Mohe & Stollfuß vertieft.

Michael Mohe & Martin Stollfuß

Eine konzeptionelle und empirische Diskussion über Fehler und den Umgang mit ihnen [17]

Prof. Dr. Michael Mohe, Junior professor für Business Consulting, Koordinator der Forschergruppe Consulting Research (CORE) und des Masterstudiengangs Management Consulting (MMC). 2. Vorsitzender der Wissenschaftl. Gesellschaft für Consulting Research e.V. (GCR)

Dipl.-Kfm. Martin Stollfuß, Wissenschaftlicher Mitarbeiter an der Juniorprofessur für Business Consulting

Kontakt: michael.mohe@uni-oldenburg.de, martin.stollfuss@uni-oldenburg.de

„SZ: Haben Sie denn nie Angst?
Berger: Doch, ich hatte Angst, auch Existenzängste.
Als ich meine Firma aufgebaut habe, habe ich nachts
oft nicht schlafen können: Was ist, wenn ich einen Fehler
gemacht habe? Was ist, wenn die Aufträge ausbleiben?"
(Roland Berger im Gespräch in der Süddeutschen Zeitung vom 22.11.2007)

17 Das diesem Beitrag zugrunde liegende Vorhaben wurde mit Mitteln des Bundesministeriums für Bildung und Forschung unter den Förderkennzeichen 01FM07035 gefördert. Die Verantwortung für den Inhalt dieser Veröffentlichung liegt bei den Autoren.

Einleitung

Berater[18] haben es nicht leicht: Das Eingangszitat deutet darauf hin, dass allein der Verdacht, Beratung könnte mit Fehlern behaftet sein, schnell zu einer existenziellen Angelegenheit werden kann. Mit „knowledge claims" (Alvesson 1993) wird deshalb versucht, solche Verdachtsmomente bereits im Keim zu ersticken:

Berger: „Ich behaupte, dass ein Manager, der sich beraten lässt, weniger Fehler macht, als einer, der meint, alles selber zu wissen."

SZ: Ihr größter Misserfolg?

Berger (zögert lange): Da tue ich mich sehr schwer. Bei einem Klientenprojekt haben meine Kollegen und ich letztlich nie versagt."

Andere Beratungsfirmen stehen dem keineswegs nach, wenn es heißt: „We've been constantly assessing whether we served everybody in the right way. I think we did." (Gupta zitiert nach Byrne 2002, S. 59). Ernst (2002, S. 100 f.) zufolge besteht bei Beratern eine starke Neigung zur selbstwertdienlichen Attribution, da sie aufgrund der von ihnen eingenommenen Rolle die eigene Unfehlbarkeit geradezu behaupten müssen.

Trotz solcher „claims" über die eigene Unfehlbarkeit mehren sich Hinweise darauf, dass Beratung nicht dermaßen fehlerunanfällig zu sein scheint wie dies von ihren Akteuren propagiert wird. Zahlreiche Studien weisen zusammengenommen darauf hin, dass das Scheitern von Beratungsprojekten in der Praxis als durchaus nicht unüblich eingeschätzt wird (s. für einen Überblick Mohe & Seidl 2008).

Angesichts dieser Ausgangslagen ist es bemerkenswert, dass bislang kaum Erkenntnisse über Fehler in der Beratung existieren. Dem vorliegenden Beitrag geht es daher darum, über Anleihen in der Fehlerforschung und Ergebnisse einer eigenen Delphi-Untersuchung diesen „blinden Fleck" ein Stück weit aufzuhellen. In drei Runden wurden zwischen Mai und Juli 2008 37 Experten aus der Wissenschaft, Beratungsverbänden und Praxis befragt. Der Nettorücklauf der drei Runden betrug 92%, 84% und 81%. Ein Augenmerk lag dabei auf der Frage, in welcher Hinsicht die empirischen Ergebnisse von den Erkenntnissen der Beratungs- und Fehlerforschung abweichen.

Über Fehler und den Umgang mit Fehlern

Wann ist ein Fehler ein Fehler?

Folgt man Erkenntnissen der Beratungsforschung, werden Fehler in der Beratungspraxis sehr unterschiedlich definiert (Patak & Simsa 2004; Pries & Stone 2004). Ursächlich dafür ist, dass es sich bei Beratungsdienstleitungen um Erfah-

---

18 Aus Gründen der besseren Lesbarkeit wird im Text nur eine Geschlechtsform verwendet.

rungs- oder Vertrauensgüter handelt, die häufig Unsicherheiten und Mehrdeutigkeiten implizieren (Glückler & Armbrüster 2003; Alvesson 1993, vgl. auch den Beitrag von Birkner & Mohe in Kapitel 1), was wiederum die Beurteilung der Qualität – und die Bewertung eines Fehlers – erschwert (Mohe 2005d).

Gemeinhin wird ein Fehler als ein von einer Norm abweichender Sachverhalt definiert (Oser, Hascher & Spychiger 1999, S. 11). Damit wird die Bedeutung eines Vergleichswertes hervorgehoben. Dies wird durch die Einschätzungen aus unserer Delphi-Studie bestätigt, wonach ein Fehler eine Abweichung von einem Vergleichswert darstellt (Mittelwert 5,27 auf einer 7-stufigen Likertskala von 1 = „stimme gar nicht zu" bis 7 = „stimme absolut zu"). Allerdings wird die Problematik, dass in der Beratung häufig keine Vergleichswerte existieren, ebenfalls noch hoch bewertet (M = 5,04). Dies lässt sich damit erklären, dass das Kriterium des Vergleichswerts schnell an Grenzen stößt, wenn Normen unbekannt oder inkonsistent sind – Situationen, die besonders charakteristisch für Beratungsleistungen zu sein scheinen. Ein fehlender Vergleichswert ermöglicht es einerseits den Beratern, sich gegenüber Fehlern zu immunisieren (M = 4,07); anderseits besteht die Gefahr, dass ein Klient angesichts fehlender Vergleichswerte bereits einfache Fehler (z.B. Rechtschreibfehler) des Beraters als Indikator für weitere große Fehler (z.B. Unstimmigkeit des Beratungskonzepts) wertet (M = 5,00).

Unseren empirischen Befunden zufolge wird außerdem die Möglichkeit einer Koexistenz widersprüchlicher inter- und intrapersoneller Ansichten über die Wahl eines geeigneten Vergleichwertes besonders hoch bewertet: Einerseits können zwischen Personen Differenzen bezüglich der geeigneten Wahl von Vergleichswerten bestehen (M = 6,07); anderseits kann selbst eine Person widersprüchliche Ansichten bezüglich der geeigneten Wahl besitzen (M = 5,44). Dies führt dazu, dass ein Vergleichswert in der Beratung häufig sozial konstruiert wird (M = 4,68) – ein Befund, der sich mit Erkenntnissen aus der allgemeinen Fehlerforschung deckt (Bauer 2004).

Über den Umgang mit Fehlern: Lernen aus Fehlern?

In der Fehlerforschung wird davon ausgegangen, *dass* Individuen und Organisationen aus Fehlern lernen können und ein bewusster Umgang mit Fehlern Lernprozesse initiiert und eine bedeutende Basis für Kreativität und Innovation darstellt (Baecker 2003b; Festner, Bauer, Harteis, Gruber & Heid 2005; Miner, Kim & Haunschild 1999; Simon, Gebauer & Groth 2004). Folgt man Argyris (1991), entwickeln Berater jedoch eine defensive Haltung im Umgang mit Fehlern, was dazu führt, dass Reflexions- und Lernpotenziale von Fehlern unzureichend genutzt werden.

Unsere empirischen Ergebnisse decken sich nur teilweise mit diesen Beobachtungen. Im Einklang mit Argyris wird Beratern zwar eine gewisse Kompetenz attestiert, eigene Fehler zu ignorieren (M = 3,85) und zu verschleiern (M = 4,69).

Anderseits wird Beratern ebenfalls eine hohe Kompetenz zugesprochen, über eigene Fehler selbstkritisch zu reflektieren (M = 4,33) sowie aus selbst- (M = 4,29) und fremdverursachten Fehlern (M = 4,63) zu lernen. Nach der Einschätzung der befragten Experten begleitet Berater zudem eine „erhebliche Angst vor negativen Konsequenzen aus Fehlern" (M = 4,74). Aufgedeckten Fehlern wird eine stärkere Auswirkung auf das Vertrauen und Zutrauen der Klienten attestiert (M = 5,61) als auf das eigene Selbstvertrauen (M = 5,00), den Respekt der Kollegen und Vorgesetzten (M = 4,63) und die Karriere (M = 4,56).

Was kennzeichnet eine „gute" Fehlerkultur?

Forschungen zum Thema „Fehlerkultur" präsentieren teilweise widersprüchliche Befunde. Uneinigkeit besteht darin, ob und inwieweit eine Fehlerkultur gefördert werden kann. Während Kriegesmann (2000) hier für Anreizsysteme plädiert, weisen Simon, Gebauer & Groth (2004) darauf hin, dass solche „konventionellen" Maßnahmen personelle Schuldzuschreibungen eher noch verstärken und eine wertschöpfende Organisationsentwicklung verhindern.

In unserer Delphi-Studie wurde gefragt, was aus der Perspektive von Beratern eine „gute" Fehlerkultur auszeichnet. Die entsprechenden Antworten lassen sich (psychologischen) Grundhaltungen, normativen Leitlinien und konkreten Maßnahmen zuordnen (62 Einzelaussagen aggregiert zu 18 Clustern, s. Tabelle 12). Interessant ist in diesem Zusammenhang, dass zwar vereinzelt die Belohnung für das Aufdecken von Fehlern genannt wird, aber eine konkrete Nennung von Anreizmechanismen ausbleibt.

(Psychologische) Grundhaltungen	Normative Leitlinien	Konkrete Maßnahmen
- Vertrauen - Offenheit - Reflexivität - Eingeständnis, selbst nicht perfekt zu sein - Konstruktives Denken und Fehler als Chance sehen - Es als Stärke sehen, über Fehler zu sprechen - Bekenntnis zum Life-long-Learning	- Berater sollen Fehler vermeiden und im Falle des Falles Fehler erkennen, eingestehen, weitermelden und beheben – insbesondere bevor sie sich auf Klienten auswirken - Klare Kommunikation zur Fehlervermeidung und Kommunikation von Standards - Berater müssen zum Nachfragen ermutigt werden; tabufreies Fragen - Es muss eine Differenzierung der Fehler vorgenommen werden und eine variable Fehlertoleranz geschaffen werden – Fehler bis zu einem gewissen Grad nicht bestrafen	- 4-Augenprinzip - Non-Punitive-Self-Reporting-System - Feedbackmöglichkeiten - Lessons Learned aktiv leben - Rückkopplungssystem zur Vermeidung der Fehlerwiederholung - Aufdecken von Fehlern belohnen - Qualitätssicherung der Ergebnisse

Tabelle 12: Aspekte für das Erreichen einer „guten" Fehlerkultur

In der Fehlerforschung ist ferner unklar, wie sich eine Fehleroffenheit auf den Innovations- und den Unternehmenserfolg auswirkt. Während sich nach Kriegesmann, Kerka & Kley (2006) eine Fehlerintoleranz positiv auf den Innovationserfolg auswirkt, liefern van Dyck, Frese, Baer & Sonnentag (2005) empirische Befunde dafür, dass sich ein offener und toleranter Umgang mit Fehlern positiv auf den Unternehmenserfolg auswirkt.

Die empirischen Befunde der Delphi-Untersuchung unterstützen die Ergebnisse von Van Dyck et al. Nach Einschätzung der Befragten begünstigt eine „gute" Fehlerkultur die Lernfähigkeit der Berater (M = 5,44) und den Innovationsgrad der Beratungsorganisation (M = 5,33). Außerdem werden ihr eine positive Wirkung auf das Entscheidungsverhalten der Berater (M = 5,04), eine Steigerung der Arbeitszufriedenheit (M = 4,96) und des Selbstbewusstseins (M = 4,78) zugeschrieben.

Schlussüberlegungen

Fehler und der Umgang mit ihnen wurden bislang kaum am Untersuchungsgegenstand der Beratung gespiegelt. Mit dem vorliegenden Beitrag haben wir deshalb versucht, eigene empirische Befunde mit Erkenntnissen aus der Fehler- und Beratungsforschung zu vergleichen. Im Ergebnis zeigt sich, dass...

- sich in der Beratungspraxis Fehler häufig weder zweifelsfrei noch intersubjektiv bestimmen lassen;
- als Beratungsfehler gehandelte Sachverhalte das Selbst- und Fremdbild von Beratern negativ beeinflussen können;
- kontrovers eingeschätzt wird, inwieweit Berater das Lernpotenzial von Fehlern konstruktiv nutzen (können);
- eine „gute" Fehlerkultur durch psychologische Grundhaltungen, normative Leitlinien und konkrete Maßnahmen gestützt werden kann;
- sich eine Fehleroffenheit positiv auf Innovations- und Lernfähigkeit von Beratern auswirken kann.

Vor diesem Hintergrund lassen sich weitere Implikationen für zukünftige Forschungen ableiten: Fraglich ist z.B., wie sich Anreizmechanismen auf eine Fehlerkultur in Beratungsorganisationen auswirken. In diesem Zusammenhang wäre auch zu prüfen, inwieweit sich eine Kultur, in der offen über Fehler kommuniziert wird, mit dem beratungstypischen Karriereprinzip des „Up-or-out" vereinbaren lässt.

Eine kritische Variable für die Professionalität von Beratungsprojekten ist die *Zusammenstellung des Beraterteams*. So sehen Patak & Simsa (2004) die wichtigste aus ihrer Beschäftigung mit dem Thema „Flops oder Misserfolge in der systemischen Beratung" gewonnene Erkenntnis in der Notwendigkeit einer konsequenten, sorgfältigen und reflektierten Zusammenstellung des Beraterteams. In großen Beratungsfirmen ist hier oft eine klare Rollenverteilung definiert: Die Partner akquirieren das Projekt, die Umsetzung wird hauptsächlich von Junior Consultants geleistet. Die Partner sind während der eigentlichen Projektdurchführung kaum noch präsent. Dies kann zu Qualitätsproblemen, Akzeptanzproblemen bei den Mitarbeitern sowie zu Abstimmungsproblemen innerhalb des Teams führen (vgl. beispielsweise den Beitrag von Gösling in Kapitel 19). Umbesetzungen während der Projektlaufzeit können zu Know-how-Verlust und zu Verzögerungen im Ablauf führen (wie im Beitrag von Bomba in Kapitel 19 beschrieben).

Die Arbeit im Team ermöglicht es, die Dynamik des Klientensystems gemeinsam zu reflektieren und unterschiedliche im Team vertretene Beobachtungsperspektiven zu nutzen (eingebracht z.B. durch Vertreter verschiedener Berufsgruppen – mit diesem Aspekt der Diversität in Beratungsteams befasst sich ausführlich der folgende Artikel von Hansen, Gruber, Rupprecht & Mulder). Auf diese Weise gleichen sich die blinden Flecke der einzelnen Berater gegenseitig zum Teil aus. In Zeiten, in denen die Kunden kaum bereit sind, den für eine gründliche interne Situationsanalyse, Metaanalyse und Hypothesenbildung anfallenden Zeitaufwand gesondert zu honorieren, ist diese Ressource aber nur begrenzt nutzbar. Die Forderung nach einer regelmäßigen Fortbildung und Supervision der eigenen Tätigkeit findet in Teilen der Beratungsszene zwar eine höhere Akzeptanz, doch auch in diesen Bereichen ist das Professionalisierungsniveau der Beratungsorganisationen nicht immer optimal. Oft ist es in die Entscheidung der einzelnen Berater gestellt, ob und wie sie sich Reflexionsmöglichkeiten für ihre Praxis schaffen.

Kirstin Hansen, Maria Rupprecht, Hans Gruber & Regina H. Mulder

Diversität als blinder Fleck in Beratungsorganisationen

Dipl.-Päd. Kirstin Hansen, geboren 1981
Wissenschaftliche Projektmitarbeiterin,
Universität Regensburg
Forschungsinteressen: Interkulturelle Kompetenz, kulturelle Diversität, Organisationsberatung

Dipl.-Päd. Maria Rupprecht, geboren 1981
Wissenschaftliche Projektmitarbeiterin,
Universität Regensburg
Forschungsinteressen: Diversität, Innovation, Organisationsberatung

Prof. Dr. Hans Gruber, Dipl.-Psych, geboren 1960, Lehrstuhlinhaber Allgemeine Pädagogik, Universität Regensburg
Forschungsinteressen: Professional Learning, Expertiseforschung, Kompetenzforschung

Prof. Dr. Regina H. Mulder, MA Soziologie, geboren 1966, Lehrstuhlinhaberin Allgemeine Pädagogik, Universität Regensburg
Forschungsinteressen: Betriebliche Aus- und Weiterbildung, Lernen in Organisationen

Kontakt: Kirstin.Hansen@paedagogik.uni-regensburg.de, Maria.Rupprecht@paedagogik.uni-regensburg.de, Hans.Gruber@paedagogik.uni-regensburg.de, Regina.Mulder@paedagogik.uni-regensburg.de

Obwohl Diversität in der Teamarbeit in Beratungsunternehmen rasant an Bedeutung gewinnt, stellt sie als Motor organisationaler Veränderungsprozesse derzeit noch einen blinden Fleck in der Organisationsberatung dar, da kaum begründete Vorstellungen über den angemessenen Umgang mit Diversität vorliegen. Wir zeigen auf, mit welchen Implikationen Diversität in der Teamarbeit in Beratungsunternehmen verbunden ist und wie der Umgang mit Diversität nutzbringend gestaltet werden kann.

Der Begriff „Diversität“ wird in vielen verschiedenen Kontexten benutzt. Bezogen auf den Arbeitskontext beschreibt Diversität die Vielfalt von Personen, die beruflich miteinander interagieren. Diversität kann alle Merkmale umfassen, in denen sich Menschen unterscheiden, beispielsweise kultureller Hintergrund, Geschlecht, Alter oder berufliche Erfahrung.

Diversität spielt vor allem dann eine Rolle, wenn mehrere Menschen zusammenarbeiten, also etwa in der Teamarbeit. Viele Unternehmen bauen auf Teamarbeit in der Hoffnung, damit das Wissen Einzelner organisiert, vernetzt und effektiv nutzen zu können. Beratungsunternehmen sind in besonderem Maße vom Wissen Einzelner abhängig, da deren professionelle Leistung meist ein Prozess ist, bei dem Berater einen Klienten in einer kooperativen Zusammenarbeit dabei unterstützen neuartige, nützliche Lösungen für betriebliche Probleme zu finden. Beratungsunternehmen schöpfen ihr Wissen hauptsächlich aus zwei internen Quellen, der Arbeit in Projektteams und der Kooperation in Expertennetzwerken (Werr 2002). Beides sorgt dafür, dass der Umgang mit Diversität für sie besonders wichtig ist, denn erstens führt die zunehmende Internationalisierung der Beratungsbranche vermehrt zu einer Zusammenarbeit über Länder- und Kulturgrenzen hinweg, die sich sowohl auf die Interaktion mit Klienten als auch auf die Zusammensetzung von Projektteams auswirkt. Zweitens versuchen Beratungsunternehmen Mitarbeiter unterschiedlichen fachlichen, kulturellen und sozialen Hintergrunds zu rekrutieren, um dadurch die Bandbreite des vorhandenen Wissens zu erweitern.

Um angemessene Strategien für den Umgang mit Diversität entwickeln zu können, sind genaue Vorstellungen über die Auswirkung von Diversität auf die Teamleistung notwendig. Diverse Teams bieten neben der Vergrößerung der Wissensbasis auch die Gelegenheit, multiple Perspektiven und unterschiedliche Problemlösungsansätze zu nutzen (Chevrier 2003). Dadurch können Effektivität und Effizienz von Teams gesteigert werden. Jedoch birgt der Einsatz von Diversität auch Risiken, wenn nicht bedacht wird, dass divers zusammengesetzte Teams in anderem Umfang Weiterbildungs- und Teambuilding-Maßnahmen erfordern als homogene Teams; wird dies nicht beachtet, kann sich Diversität auch negativ auf die Teamperformanz auswirken (Jehn, Northcraft & Neale 1999). In Studien wurde gezeigt, dass Diversität die Ambiguität, Komplexität und Konfusion von Gruppenprozessen erhöht, was zu Kommunikationsproblemen und Konflikten innerhalb des Teams führen und eine geringere Teameffektivität nach sich ziehen kann (Williams & O'Reilly 1998).

In der Forschungsliteratur zu Diversität wird zwischen dem demografischen und dem kognitiven Zugang zur Beschreibung und Erklärung der Effekte von Diversität auf die Teamleistung unterschieden (Kilduff, Angelmar & Mehra 2000). Der demografische Zugang betont direkt messbare Personenmerkmale wie Geschlecht, Alter oder sozialer oder kultureller Hintergrund. Beim kognitiven Zugang werden Unterschiede im Wissen, bei Werten oder bei Fähigkeiten thematisiert. Sowohl demografische als auch kognitive Diversität können zu einem Zuwachs an Kreativität, Innovation oder Qualität der Leistung führen, aber auch mit Schwierigkeit in der internen Kommunikation oder mit Konflikten verbunden sein (Van der Vegt & Janssen 2003). Eine zentrale Herausforderung für diverse Teams besteht darin, ein gemeinsames Verständnis der zu bearbeitenden Teamaufgabe sowie der im Team geltenden Umgangsformen zu entwickeln. Dadurch soll der reflektierte Umgang mit möglichen Spannungen im Team aufgrund unterschiedlichen kulturellen, sozialen oder fachlichen Hintergrunds ermöglicht werden. Dies kann sowohl den Abbau der Spannungen (etwa bei persönlichen Konflikten) als auch ihre gezielte Nutzung (etwa bei kognitiven Konflikten aufgrund multipler Perspektiven) zum Ziel haben.

Nicht alle Aspekte von Diversität beeinflussen notwendigerweise die Teamperformanz. Damit Diversität die Teamarbeit beeinflussen kann, müssen ihr Ausmaß und die aus ihr resultierenden Konsequenzen von den Teammitgliedern als bedeutsam wahrgenommen werden. Die Bedeutsamkeit von Diversität hängt daher von der beruflichen Aufgabe und den betrieblichen Arbeitskontexten, innerhalb derer das Team arbeitet, ebenso ab wie von der Wahrnehmung durch die Teammitglieder. Sowohl der Kontext als auch die Wahrnehmung von Diversität sind zu berücksichtigen, wenn ein Verständnis dessen entstehen soll, wie und warum Diversität Arbeitsprozesse und Performanz von Teams beeinflusst und wie im praktischen Arbeitskontext gezielt damit umzugehen ist. Gerade hier aber ist bei Beratungsunternehmen ein ernst zu nehmender blinder Fleck zu konstatieren.

In der Diskussion über die Rolle von Diversität in Beratungsunternehmen wird selten thematisiert, dass Organisationen Organismen ähneln, in denen Menschen und Abteilungen auf komplexe Weise miteinander verknüpft sind. Die Leistungsfähigkeit von Organisationen hängt erheblich von der Qualität der Interaktionen ihrer Beschäftigten ab. Daher ist die Bereitstellung von Strukturen erforderlich, die eine erfolgreiche Zusammenarbeit ermöglichen. Hierbei ist eine genaue Kenntnis der Bedingungen, unter denen sich Diversität im Team positiv oder negativ auswirkt, erforderlich.

In unserer Arbeitsgruppe wurden zwei Delphi-Studien bei Organisationsberatern durchgeführt, mit denen geklärt werden sollte, welche Probleme und Synergieeffekte Beratungs-Experten in Bezug auf divers zusammengesetzte Teams als bedeutsam wahrnehmen und welche Maßnahmen aus ihrer Sicht geeignet sind, um die Teamarbeit zu unterstützen (Rupprecht, Hansen, Gruber & Mulder, eingereicht). Die erste Studie fokussierte Chancen und Probleme divers zusammengesetzter Organisationsberatungsteams; der Fokus der zweiten Studie lag insbesondere auf kultureller Diversität in Teams. Die Ergebnisse der Studien zeigen, dass Experten vor allem in der Kommunikation diverser Teams Probleme sehen. In der ersten Studie wurden als zentrale Probleme „Missverständnisse in der Kommunikation“, „Ausüben von Macht und Dominanz“ sowie „Konflikte“ genannt. Als Hauptproblem kulturell diverser Organisationsberatungsteams wurden „Missverständnisse und Kommunikationsprobleme“ genannt. Darüber hinaus sehen die

Experten „offene und verdeckte Konflikte", „Spannungen durch das Nichtbeachten kultureller Unterschiede" sowie „Unzufriedenheit" als zentrale Probleme an. Um von Diversität in Teams profitieren zu können, sollten die Akteure in der Organisationsberatung verschiedene Maßnahmen ergreifen. Die Experten betonen in beiden Studien die Wichtigkeit, gemeinsame Ziele und Visionen im Team zu entwickeln, sich Wissen über kulturelle Unterschiede anzueignen und zu nutzen sowie transparent, offen und strukturiert zu kommunizieren. Die Kommunikation sollte dabei auf allen Ebenen unterstützt und gefördert und an die Bedürfnisse der Teammitglieder angepasst werden. Auch der Zeitaspekt spielt eine zentrale Rolle für den Umgang mit Diversität, da die zur Verfügung stehende Zeit Auswirkungen auf Team- und Arbeitsprozesse sowie den Wissenstransfer im Team hat. Nicht zuletzt bewerten die Experten Teambuilding als zentrale Maßnahme zur Unterstützung diverser Beratungsteams, die speziell bei kulturell diversen Teams berücksichtigt werden sollte.

Die Delphi-Studien ergaben auch einige Anhaltspunkte dafür, dass in Bezug auf Diversity Management von einem blinden Fleck in der Organisationsberatung gesprochen werden kann. An Beratungsteams, die für einen bestimmten Zeitraum gemeinsam an einem Projekt arbeiten, werden hohe Erwartungen gestellt. Es wird erwartet, dass sie professionell auftreten und innerhalb kurzer Zeit Lösungsvorschläge für die Probleme des Kunden erarbeiten, um die häufig hohen Dienstleistungskosten zu rechtfertigen. Daher ist es verständlich, dass sich die Berater bei ihrem Vorgehen auf eine gemeinsame Unternehmensstrategie verständigen – zu Lasten der Möglichkeit, die multiplen Perspektiven zu nutzen, die Diversität ermöglichen kann. Es scheint widersprüchlich zu sein, einerseits von unterschiedlichen Perspektiven im Team zu profitieren und andererseits einen „common way of thinking" zu verfolgen. Kommunikationsprozesse könnten helfen, diesen Widerspruch aufzulösen – hier aber finden sich nach Auskunft der Experten in den Delphi-Studien gerade die größten Hindernisse zur Nutzung von Diversität. Das schmale Zeitbudget verhindert häufig Einigungsprozesse und abgestimmte Wissensmanagementmaßnahmen: Nicht genügend Zeit einzuplanen und zu gewähren, erschwert die Verbesserung der Zusammenarbeit in Beratungsteams und lässt das Diversity Management in den Hintergrund rücken.

Der blinde Fleck Diversity Management wird – trotz oft gegenteiliger programmatischer Aussagen - bislang von Beratungsunternehmen nur selten als wichtiges Thema erachtet und entsprechend umgesetzt. Da die Implikationen von Diversität jedoch auch für die Beratungsbranche von großer Bedeutung sind, ist die Auseinandersetzung mit der Thematik unumgänglich. Die differenzierte Kenntnis der zugrunde liegenden Wirkmechanismen stellt hierfür eine wichtige Voraussetzung dar.

21 Erfolg oder Scheitern von Beratungsprojekten – ein blinder Fleck?

„Wenn man ein Unternehmen zerstören will, muss man nur versuchen, es mit externen Beratern in Ordnung zu bringen", so ein Bonmot von Ferdinand Piech (zitiert nach manager magazin 2003). Selbst wenn man diese extreme, wenngleich vermutlich mit einiger Erfahrung hinterlegte Einschätzung nicht teilen will, ist es um den Erfolg von Beratungsprojekten nicht immer gut bestellt. Die Angaben zur Misserfolgsrate von Beratungsprozessen schwanken zwischen 40% und 70% (z.B. Hirn & Student 2001; Scott-Morgan 1995, Moldaschl in diesem Abschnitt). Nach einer Studie des Institute of Management and Consulting Sciences (IMCS 2004) bewerten nur 13% der befragten Unternehmen die bei ihnen durchgeführten Beratungsprojekte als „sehr erfolgreich" und weitere 43% als „erfolgreich". Für den Bereich der IT-Beratung heißt das: „Von rund neun Milliarden Euro, die deutsche Unternehmen in diesem Jahr für IT-Beratung ausgeben, verschleudern sie also rund 3,7 Milliarden Euro für mittelmäßige bis schlechte Arbeit" (Zdral 2002, S. 48). Die Vermittlung von Know-how benennen die Unternehmen als wichtigste Aufgabe der Beratung (446 von 500 Punkten), die Qualität der Umsetzung wird dagegen als nur gering (227 von 500 Punkten) eingestuft. Die Bewertung dieser Zahlen hängt – wie von empirischen Daten bekannt – von der Perspektive ab. So zieht Seidensticker (2005, S. 420), Managing Director von Bain & Company, aus dieser Studie den Schluss, Beratung sei zum größten Teil gut investiertes Geld. Aber entsprechen 13% „sehr erfolgreiche" Projekte dem hohen selbst gesteckten Anspruch der Branche? Was ist mit den verbleibenden 44% der Projekte, die offensichtlich als nicht erfolgreich bewertet wurden? Und bedeutet ein „erfolgreiches" Projekt automatisch gut investiertes Geld?

Manfred Moldaschl

Erkenntnisbarrieren und Erkenntnisverhütungsmittel
Warum siebzig Prozent der Changeprojekte scheitern

Manfred Moldaschl, Prof. Dr. phil., Dr. rer. pol., Psychologe, Soziologe und Betriebswirtschaftler, TU Chemnitz und Gesellschafter der Reflexive Consulting & Research in München. Themen: Innovation, Intervention, Arbeit, Unternehmensführung, Reflexivität, Sozialkapital.

Kontakt: Lehrstuhl für Innovationsforschung und nachhaltiges Ressourcenmanagement (BWL IX), Fakultät für Wirtschaftswissenschaften, TU-Chemnitz, D - 09121 Chemnitz
http://www.tu-chemnitz.de/wirtschaft/bwl9/

Siebzig Prozent aller Veränderungsprojekte scheitern. Mindestens. Das resümiere ich nach 25 Jahren eigener Innovations- und Change-Forschung sowie eigener Beratungstätigkeit. Ergänzend habe ich Berater, „Change-Manager" und Forscher gefragt, wie sie die Scheiternsrate einschätzen – ohne zuvor meine Hausnummer bekanntzugeben. Selten lag die Antwort unter 50%, eher bei „um die 70%"; dann aber mit dem Zusatz „inoffiziell". Einige waren pessimistisch(er). Dies ist selbstredend keine nach den üblichen Standards empirischer Sozialforschung gesicherte Aussage. Insofern ist es eine Anregung, den Anteil erfolgloser Change-Maßnahmen empirisch zu ermitteln - was wir derzeit tun.[19] Einfach zu operationalisieren ist das nicht. Denn eigentlich ist die zentrale Frage: *Was ist Scheitern? Und wer stellt das fest?*

In einer aktuellen Dissertation (Orellana 2008) werden neun Fallstudien von Change vorgestellt, die nach den von ihren eigenen Initiatoren formulierten Zielkriterien als gescheitert gelten müssen; nach denen des Untersuchers ebenso. Doch viele Akteure in den betreffenden Unternehmen stellen eben dies nicht fest. Sie finden die verschiedensten Gründe, die Vorhaben *nicht* als gescheitert zu betrachten, und deuten sie teils in Erfolge um. Woran liegt das? Haben sich Ziele und Bewertungskriterien im Verlauf des „Change" verändert? Segeln Forscher, exotische Besatzung des grünen Tischs, auf dem Meer illusorischer Erwartungen? Reden sich Unternehmensbewohner den Reinfall schön? Natürlich, Initiatoren und Promotoren des „Change" haben ein naheliegendes Interesse daran, keinen Misser-

19 http://www.tu-chemnitz.de/wirtschaft/bwl9/forschung/fprojekte/reflex/

folg verantworten zu müssen. So weit rational und mikropolitisch überraschungsfrei. Doch ausgerechnet bei ihnen findet man eher kritische Einschätzungen.

Zur ersten Frage: Was ist Scheitern? In den meisten Fällen hat das nichts von spektakulärem Crash, von Splittern, Krachen, Köpfeeinschlagen. Scheitern bedeutet eher: sanft versanden, episch einschlafen, unspektakulär aus der Aufmerksamkeitszone driften oder vielsagend totgeschwiegen werden. Wir kennen das aus unserem persönlichen Alltag. Was nehmen wir uns nicht alles vor? Schrillen die Alarmglocken, wenn es nicht so kommt? Wer misst schon die Erfolgsrate seines personal change management?

Nun lautet die Fragestellung dieses Bandes nicht, warum Change scheitert, sondern wo die *blinden Flecke* in Change-Prozessen liegen. Impliziert das die These, die blinden Flecke erklärten das Scheitern? Alternativlos gedacht wäre das traditioneller Aufkläricht. Vielleicht ist das kleine Segment der gelingenden Projekte gerade dank der Latenzen erfolgreich (vgl. etwa Simon 2007a). Expertiseforscher und Komplexitätstheoretiker würden diese These attraktiv finden. Gerade dort, wo komplexe Sachverhalte nicht den Reduktionismen der Planung und des cartesianischen Denkens unterworfen werden, dürfte ihnen zufolge gelingende Evolution bessere Chancen haben. Der Ökonom Hayek etwa hatte auf gesellschaftlicher Ebene so argumentiert. Die Geschichte meint es allerdings gerade nicht gut mit ihm und führt uns die Grenzen seiner Autopoiesis-Argumentation, in der es kein kollektives Lernen gibt, vor Augen.

Was ist nun mit den Komplexitätstheoretikern der zweiten Generation, den konstruktivistischen Nachfolgern der Kybernetik? Für *Konstruktivisten* der mehr oder weniger „radikalen" Sorte ergibt die Frage nach Blindheiten im Grunde keinen Sinn. Wenn wir „die Welt da draußen" (außerhalb der heimeligen Gehirnschale, sofern wir uns die nicht auch einbilden) gar nicht erkennen, sondern uns nur zurechtdenken; falls wir sie, mit Heinz von Foerster, nur „erfinden" können, konstruieren müssen, dann wird die Frage nach blinden Flecken zur lustigen Frage nach dem *Unerfundenen*. Meier, könnte dann z.B. der FuE-Chef mit konstruktivistischem Fug fragen, warum haben Sie das Dings nicht erfunden? Welches Dings? Kann ich nicht sagen, weil Sie's ja nicht erfunden haben! Und wie sollte ein Konstruktivist zwischen Wahn und Wahrnehmung unterscheiden (*Wahnnehmung*?), zwischen Sinnlichkeit und Halluzination? Das hält Konstruktivisten nicht davon ab, bevorzugt über blinde Flecken, selektive Wahrnehmung, Illusionen, Irrtümer und Ideologien zu schreiben. Aber vielleicht muss das so sein, deklarieren Systemiker doch das Zirkuläre zu ihrem methodischen Prinzip.[20]

Was theoretisch nicht begründbar ist, kann – Sokrates' frühes Faszinosum – praktisch durchaus funktionieren. „Die systemische Beratung möchte gemeinsam

20 Sie reflektieren allerdings auch über diese Paradoxie, etwa in Königswieser & Hillebrand (2007, S. 24 ff.).

mit dem Kunden blinde Flecken aufdecken, neue Wahrnehmungsmuster etablieren", schreibt Leiner (2007, S. 63) zu deren selbstaufgeklärtem Aufklärungsmotiv. Der Kunde wird eben nur relativ aufgeklärt über die Unwahrheiten seiner Wahrnehmung, von Wahrnehmern, die eine gesicherte Ahnung ihrer eigenen Unwahrheiten haben. Dass es nicht nur eine Unwahrheit gibt, mag in der Tat den Denkgeleisen eine Weiche hinzufügen: Du hast Probleme mit deinem blinden Fleck? Hier, nimm meinen. Diese *relative Aufklärung* kann aber nur für solche Probleme Lösungspotential beanspruchen, die durch Fehl-Wahr-Nehmungen der Beratenen entstanden sind. Welches Wahrheitsmuster würden Systemiker dann bei Kunden etablieren, denen (z.B. währungsbedingt) der Absatzmarkt wegbricht? Professionelle würden das entweder in ein Wahnnehmungsproblem umdeuten (warum nicht andere Absatzmärkte wahrnehmen?) oder im besten Falle befinden: Ist nicht unsere Kompetenz, weil kein Kommunikationsproblem. Unterausgelastete eher ersteres.

Wie kommen wir nach all den Relativierungen zu einer *Wissenschaft des Nichtlernens*, einer *Scheiternswissenschaft*, welche die Beseitigung der blinden Flecke aus dem abgetragenen Erkenntniswams der Praxis verspricht? Es gibt sie ja, nur in Fragmenten.

Daher will ich hier nicht (eigene) Erklärungen für beobachte Blindheiten liefern, sondern beobachten, welche Erklärungen für Blindheiten gegeben werden. Das macht die Blindheiten der einzelnen Erklärungen beobachtbarer. Die Sozialforschung hat reichlich *Deutungsangebote* gemacht, die ich hier andeuten und ein wenig ordnen will. Dies anhand zweier Unterscheidungen: subjekt- versus strukturbezogenen sowie systemischen versus strategischen Erklärungen. Letzteres hilft, Erkenntnisbarrieren von Erkenntnisverhütungsmitteln abzugrenzen, mit denen Menschen sich aktiv vor lästigem Lernen schützen.

	Systemische Erklärungen	Strategische Erklärungen
Struktur	(1) Komplexität Systemtheoretische Erklärungen	(2) Normen, Routinen, Legitimation institutionalistische Erklärungen
Subjekt	(3) Individual-psychologische und identitätstheoretische Erklärungen	(4) Macht/Interesse (mikro)politische Erklärungen

Tabelle 13: Subjekt- versus strukturbezogene und systemische versus strategische Erklärungen für das Scheitern von Beratung

Zunächst zu den strukturellen Blindheiten (Feld 1). In die *Zukunft* können wir nicht schauen. Wir sind blind für sie, weil und soweit sie nicht determiniert ist. Freilich kann man Zukünfte antizipieren, indem man beobachtbare Trends extrapoliert oder Fähigkeiten entfaltet, sie divergent auszumalen und zu entlinearisieren. Grundsätzlich los wird man sie nicht, die übermächtigen Stiefschwestern des Wissens, *unerkannte Handlungsbedingungen* und *unbeabsichtigte Folgen* des Handelns, auf die Systemtheoretiker spätestens seit Parsons verweisen. Was Giddens „reflexive monitoring of action" nennt, ist das kleine Fenster, das wir laufend durch den Horizont des Nichtwissens schieben. Sicher, auch hier können wir Grade des Wissens, des Wissens über das eigene Nichtwissen, sowie der Aufmerksamkeit für Nebenfolgen unterscheiden - Grade der Reflexivität des Wissens. Manche haben eben besonders kleine Fenster.[21]

System- und Komplexitätstheoretiker haben die damit zusammenhängenden Probleme der Intransparenz prinzipiell unter der Chiffre *Komplexität* abgehandelt.[22] Luhmanns Wahrnehmung etwa war so sehr auf Komplexität gerichtet, dass er daraus seinen digitalen Komplexitätsreduktionsfuktionalismus entwickelte. Alles

21 Charakteristisch für sie ist allerdings, dass sie ihre Fenster für die größten halten. Wie Bertrand Russell meinte: „Das ist der ganze Jammer: dass die Dummen so sicher sind und die Klugen voller Zweifel."

22 Das ist nicht der Placeboeffekt, sondern die in der Praxis wie auch in der Sozialforschung selbst ungeheuer verbreitete Verwechslung von Koinzidenz und Kausalität.

Beobachtbare in sozialen Systemen dient primär der Reduktion von Komplexität, und operiert wird mittels binärer Unterscheidungen.

In einer handlungstheoretischen Sprache und aus psychologischer Sicht formuliert Dörner (1989) das Problem (Feld 3). Seinen Studien zur Steuerung komplexer Systeme (z.B. Kraftwerke, Städte) folgend rekonstruiert er eine *Logik des Misslingens*, deren Ausgangspunkt die Komplexität und Dynamik von „Systemen“ ist. Sie zeichnen sich aus durch sehr viele und zudem vernetzte Variablen (mit der Folge „schwacher Kausalrelationen“)[23], durch „Totzeiten“ nach Interventionen und eine entsprechende „Intransparenz“ der Handlungsbedingungen, sowie durch Eigendynamik (es geschieht auch etwas, wenn man nichts tut). Was seine Erklärungen von systemtheoretischen unterscheidet ist seine Analyse *psychischer Mechanismen* (der Komplexitätsreduktion), mit denen Menschen entsprechende Situationen bewältigen. Statt etwa nach einem generativen Prinzip der Phänomene zu suchen, extrapolieren sie lieber beobachtete Trends. Statt zu tun, was nötig wäre, konzentrieren sie sich lieber auf das, was sie können („Horizontale Flucht“). Statt ihre Planung auf Unvorhersehbares einzurichten, blenden sie diese Unsicherheit lieber aus („Dekonditionalisierung“ oder „Rumpelstilzchen-Planung“). Und für unser Thema der Erkenntnisverhütung besonders bedeutsam: Sie schützen ihre Annahmen, indem sie Folgen ihres Handelns nicht zur Kenntnis nehmen und Selbstreflexion ablehnen („Ballistisches Handeln“: nur werfen, nicht gucken). Die Beziehung zu identitätstheoretischen (psychohygienischen) Erklärungen liegt nahe, ebenso die zu den „*Abwehrmechanismen*“ der Psychoanalyse. Mit ihnen suchte diese zu erklären, wie und warum Patienten die von ihr gestellten Diagnosen nicht akzeptieren wollten; auch bei Beratern beliebte Erklärungen.

Einen anderen Typus mentaler Erkenntnisbremsen beschreiben Ansätze der Wissenschafts- und der Professionsforschung sowie der Organisationstheorie. Diese Erklärungen liegen etwa zwischen rein system- und rein handlungstheoretischen Erklärungen, und sind im besten Fall interaktionistisch. Ihr Gegenstand ist *organisierte Blindheit*, und ihr Erklärungskern *Pfadabhängigkeit*. Sie gehen davon aus, dass Organisationen, Professionen, Scientific Communities und auch Einzelpersonen *Leitbildern* folgen, die sich in früheren Situationen bewährt haben, sei es, weil sie situationsangemessen waren, oder weil sie (trotz Realitätsferne) herrschenden Machtverhältnissen entsprachen. Und dass es entweder notwendig ist, solchen Relevanzordnungen zu folgen, um unter wechselnden Bedingungen konsistent handeln zu können[24],oder sozialisatorisch unvermeidbar. In der Wissenschaftsfor-

---

23 Oder auch kausale Ambiguität: Es fällt schwer, zeitlich verzögerte, durch andere Zusammenhänge überlagerte und vermittelte Ereignisse als Effekte dem eigenen Handeln kausal zuzuschreiben, also zu lernen. Und umgekehrt: Wer Zucker isst und gesund wird, findet Grund, Zucker für ein Heilmittel zu halten.

24 Der von Dörner beschriebene „Adhocismus“ ist das Verhalten, das beim Fehlen jedweder Leitlinie auftritt.

schung hat Thomas Kuhn für mentale Pfadabhängigkeit den Begriff *Paradigma* eingeführt. Der wurde so wirkmächtig, weil Wissenschaft damit endgültig den Mythos verlor, sich epistemisch grundsätzlich von anderer sozialer Praxis abzuheben. Die Zahl der Begriffe für solche mentalen Schemata, Ordnungen, Routinen oder Stile ist groß und variiert je nach Forschungsfeld und Disziplin. Für die Organisationstheoretiker Cyert & March (1995) etwa ist das Dilemma, Routinen haben und ihnen zugleich misstrauen zu müssen, eine generelle Folge formaler Organisationen – ein Argument aus dem Erklärungsfeld 1.

Wohin gehören die in der OE-Literatur so breit rezipierten „*defensiven Routinen*", die Argyris & Schön (1999) im Rahmen ihrer Theorie des Organisationslernens beschrieben?[25] Sie gehören in mehrere Felder. Zum einen in das der individualpsychologischen Erklärungen. Die Vertreter des Action Learning beschreiben Mechanismen, wie Handelnde in Organisationen die ihrem Handeln zugrundeliegenden Annahmen bewahren, indem sie bei nicht erfolgreichem Handeln nur die Ausführungsweise variieren (Anpassungs- oder Einschleifenlernen). Das ist keineswegs a priori „ungenügend", wie oft behauptet wird, da auch der Physiker nicht gleich Schuster wird, weil ein Messwert nicht erzielt wurde. Die *theories-in-use*, welche etwa den obigen mentalen Schemata entsprechen, werden erst dann in Frage gestellt und revidiert, wenn sie wiederholt und fundamental bei der Problemlösung versagen („reflection-in-action"). So zumindest die grundsätzlich erkenntnisoptimistische und pragmatistische Ansicht von Argyris und Schön (zur Kritik vgl. Moldaschl 2001). Sie thematisieren aber auch einige organisationale „Leitvariablen" („gouverning variables of action"), die sich im Grad ihrer Offenheit bzw. Lernfreundlichkeit unterscheiden und in Feld 2 gehören. Der überindividuelle Kontext wird hier aber nur in Form der Annahme berücksichtigt, Organisationen hätten ihre typischen Verhaltenswelten („behavioral worlds"), in denen Mitglieder dazu tendieren, sich wechselseitig ‚einzunorden'. Diesen Typus der Konformität, der mentalen Koordination, des group think, oder des Isomorphismus aus legitimatorischen Gründen betonen sozialpsychologische Ansätze und der soziologische Neoinstitutionalismus (z.B. Meyer, Powell, Zucker).

Neben den unerkannten Denkbedingungen gibt es „*strategische*" Blindheit, interessierte Verschleierung, gezielten Rabatt aufs Begreifen (Feld 4). Argyris & Schön (1999, S. 35) nennen etwa die Abweisung von persönlicher Verantwortung durch die Benennung von Sündenböcken, das Verbergen eigentlicher Absichten, systematische Täuschungen und Vertuschungen, etc. Das ist der Typus *mikropolitischer* Erklärungen[26], der auf Rationalität setzt. Akteursgruppen mit divergierenden Inter-

25 „Jegliche Handlungen und Politik, die Menschen vor negativen Überraschungen, Gesichtsverlust oder Bedrohung bewahrt und gleichzeitig die Organisation daran hindert, die Ursachen der Überraschungen, Gesichtsverluste und Bedrohungen zu reduzieren oder zu beseitigen" (Argyris 1993, S. 132).

26 Zur Übersicht über den Ansatz und mehr Verblendungsstrategien vgl. Neuberger (2006).

essen kämpfen danach in Organisationen um *Unbestimmtheitszonen* (Crozier & Friedberg), wobei jede die der anderen aufklären und die eigenen als Machtquelle ausweiten will. Makropolitisch läuft das derzeit im Diskurs zur Finanzkrise: Konnte „man" das Finanzsystem nicht mehr überschauen, oder wurden seine Regeln und Instrumente von interessierten Akteuren gezielt so gestaltet, dass nur die Promotoren der Verschleierung von ihnen profitierten?

Noch einmal zur Frage der Klassifikation von „Change" als Erfolg oder Misserfolg. Alle angedeuteten Erklärungen für blinde Flecke sind zugleich Erklärungen für die Schwierigkeit, Erfolg von Misserfolg zu unterscheiden. Sei es das rationale Interesse, welches einem befragten Akteur gebietet, Misserfolg in Erfolg umzudeuten, oder den Erfolg eines Konkurrenten in Scheitern; sei es die Differenz von erklärten und tatsächlichen Zielen; sei es objektive kausale Mehrdeutigkeit, oder eine weltanschaulich imprägnierte Überzeugung, der nur ein „Weiter-so" als Erfolg erscheinen kann. „Erfolg" ist ein komplexes Konstrukt. Lässt sich dann überhaupt irgendeine Aussage machen darüber, welcher Prozentsatz betrieblicher Change-Projekte scheitert? Durchaus. Drei Optionen bleiben uns immer, zwei davon immanent: Die Evaluierung der Relation von selbst erklärten Zielen und Resultaten; die der Zielrevisionen; und das Anlegen wissenschaftlicher (oder sonstwie fremddefinierter) Kriterien. Jede würde einen anderen Prozentsatz generieren.

Und die Scheiternswissenschaft? Sie kann dazu dienen, besser zu scheitern. Sie ist (nur) eine organisierende Idee, Wissen systematisch zu häufeln, welches der Glaubenskongregation der best-practice-science widerspricht. Eine Haltung gegen die auftrumpfende Unerheblichkeit ihrer Wenn-Dann-Logiker. Schöner formulierte es jüngst die Süddeutsche Zeitung: *Das Geschäftsleben besteht aus Fakten und Zahlen. Das heißt: Es gibt immer was zu lachen.*

Nach Mohe & Kolbeck (2003) werden Beratungsprojekte nur in knapp 40% der Fälle überhaupt systematisch bewertet. Diese Zahl erscheint uns als recht hoch gegriffen – repräsentativer ist wohl die qualitative Studie von Ernst & Kieser (2005), bei der nur einer von elf Managern großer und größerer mittelständischer Unternehmen angab, dass in seiner Organisation Beratungsprojekte anhand einer Kriterienliste überprüft worden seien. In eine ähnliche Richtung weisen Beobachtungen von McGivern (1983), Ernst (2002) und Ebrahimchel, Mohe & Sternzeld (2006). Die Evaluation des Beratungserfolgs darf daher ohne Zweifel als blinder Fleck der Organisationsberatung gelten.

Gerade in einer Organisationslandschaft, in der Effizienzkriterien, Leistung und Zahlenwerk entscheidend mitbestimmen, was als rational (und damit legitim) gelten kann und was nicht, muss eine derartig verbreitete Abwesenheit von Wirksamkeitsüberprüfung verblüffen. Wenn das Ziel von Beratung in einer Wertsteigerung des Unternehmens, in einer verbesserten Leistungsfähigkeit, in einer besseren

Positionierung gegenüber der Konkurrenz besteht, sollte man meinen, dass eine Bewertung der meist nicht gerade geringen Investition in Beratungsleistungen standardmäßig durchgeführt werden müsste. Woran liegt es dann, dass Erfolg oder Misserfolg der Beratung nicht bzw. nur oberflächlich erfasst werden?

Die Gründe hierfür sind vielfältig – die wichtigsten davon lassen sich aber sechs Kategorien zuordnen:

Gründe für eine unzureichende Evaluation von Beratungsprozessen
1. Unklare und schwer zu erfassende Kriterien
2. Unklare oder sich verändernde Problemdefinitionen und Ziele
3. Technologiedefizit der Beratung
4. Zu viele Störgrößen
5. Dominanz der Beziehungsebene über die Sachebene
6. Beratungs(miss)erfolg ist nicht eindeutig zurechenbar
7. Hidden agendas seitens der Kundenorganisation
8. Hidden agendas seitens der Berater

Tabelle 14: Gründe für eine unzureichende Evaluation von Beratungsprozessen

1. Unklare und schwer zu erfassende Kriterien

Woran erkennt man den Erfolg eines Beratungsprozesses? Eine „objektive" Erfolgsbeurteilung ist schwierig, da die Organisationsforschung bislang noch keine Kriterien angeben kann, welche Ausgestaltung von organisationalen Strukturen, Prozessen oder Kulturen „die richtige" bzw. die erfolgversprechendste ist. Dazu kommt die Problematik des Zeithorizontes: Maßnahmen, die kurzfristig die Performance der Organisation zu verbessern scheinen, können sich wenig später als Fehlentscheidungen darstellen (z.B. wenn abgebaute Personalressourcen bei veränderter Marktlage teuer wieder akquiriert werden müssen oder wenn sich der entstandene Verlust an Erfahrungswissen negativ bemerkbar macht). Wenn also die Beurteilung anhand eines externen, „objektiven" Referenzmaßstabs problematisch ist, bleibt die Bewertung auf der Basis interner Kriterien. Die einfachste Antwort auf diese Frage, woran man den Erfolg eines Beratungsprozesses erkennt, lautet dann: daran, dass die zu Beginn festgelegten Ziele erreicht wurden. Diese sind jedoch häufig nicht ohne weiteres messbar. Dies betrifft Ziele im „soft facts"-Bereich wie z.B. die Veränderung der Organisationskultur oder die Erhöhung der Kundenorientierung, aber auch betriebswirtschaftlich formulierbare Zielgrößen wie eine verbesserte Positionierung gegenüber dem Wettbewerb. Eine mögliche Reaktion auf diese Problematik besteht darin, die planmäßige Durchführung des Beratungsprozesses – nicht sein Ergebnis – als Indikator für die Qualität der Beratungsleistung zu betrachten (Ernst & Kieser 2005). Allerdings dürften „Prozesstreue“ und Beratungserfolg in einem eher losen Zusammenhang stehen.

2. Unklare oder sich verändernde Problemdefinitionen und Ziele

Während man es im technischen Bereich in der Regel mit wohldefinierten Problemen zu tun hat, d.h.

- das Problem ist im Detail beschrieben,
- alle notwendigen Informationen über das Problem sind verfügbar und
- die Problemdefinition wird von allen Akteuren geteilt,

handelt es sich bei Problemen, die zum Anlass von Beratung werden, um schlecht definierte Probleme. Sie lassen sich nur schwer klar und eindeutig fassen (z.B. „wir sind nicht nah genug am Kunden“), ihre komplexe Dynamik ist kaum verstanden, und in der Organisation besteht oft kein Konsens darüber, welche Probleme eigentlich bestehen und welche davon prioritär bearbeitet werden sollten. Häufig besteht die erste Aufgabe des Beraters darin, gemeinsam mit dem Klientensystem eine genaue Problemdefinition überhaupt erst zu erarbeiten. Ebenso häufig verändert sich die Problemdefinition im Laufe des Beratungsprozesses.

Vor diesem Hintergrund erstaunt es nicht, dass die Ziele von Beratungsprozessen in bemerkenswert vielen Fällen nicht eindeutig und messbar formuliert sind. Ohne konkrete Indikatoren für die Zielerreichung kann aber auch der Erfolg der Beratung nicht ermittelt werden. Darüber hinaus sind die Ziele größerer Beratungsprojekte teilweise nicht nur nicht eindeutig, sondern so vielfältig, dass sie zueinander im Widerspruch stehen (ebd.).

3. Technologiedefizit der Beratung

Kühl (2008) konstatiert, dass die Beratung von einem Technologiedefizit betroffen ist, ähnlich wie Luhmann & Schorr (1979) es für den Bereich der Pädagogik beschrieben haben. Dieser Begriff beschreibt den Umstand, dass es in komplexen sozialwissenschaftlichen Handlungsfeldern keine erfolgssicheren Algorithmen gibt, mit denen ein Ausgangszustand A in einen Zielzustand Z überführt werden könnte. Ebenso wie niemand gewährleisten kann, dass ein pädagogisches Konzept z.B. zur Vermittlung von Werten aus delinquenten Schülern moralisch integre Individuen machen kann, kann es auch in der Beratung keine festen Strategien mit Erfolgsgarantie geben, egal wie eingehend die Problemanalyse, wie umfangreich die Erfahrung des Beraterteams und wie ausgefeilt die Beratungstools sind. Dieses für jeden Berater präsente Technologiedefizit und die daraus erwachsende Gefahr des Scheiterns wirken sich negativ auf die Bereitschaft der Berater aus, das eigene Tun einer Evaluation zu unterziehen.

4. Zu viele Störgrößen

Ebensowenig wie der Erfolg eines Unternehmens allein vom Vorgehen des Managements abhängt (sondern auch von der Wirtschaftslage, sich verändernden politischen Rahmenbedingungen, dem Agieren der Mitbewerber und situativen Zufällen), hängt auch der Erfolg eines Beratungsprozesses allein vom Vorgehen der Berater ab. Beratung findet in einem komplexen System mit nicht vollständig bekannten Einflussgrößen, unklaren Kausalbeziehungen, zum Teil unvorhersehbaren Wechselwirkungen (vgl. Abschnitt 6.3: Nicht-lineare Vernetzung und die Entstehung von Teufelskreis-Dynamiken) und zeitlichen Diskontinuitäten (manche Auswirkungen eines Beratungsprojekts sind bereits bei Projektende spürbar, manche erst längere Zeit danach) statt. Auf der einen Seite wird der Beratungsprozess also von zahllosen Einflussfaktoren innerhalb und außerhalb der Organisation beeinflusst, auf der anderen Seite wirkt Beratung in ebenso schwer zu erfassender Weise auf die Organisation zurück. Jeder Interventionsversuch kann nicht intendierte und schwer zu erfassende Nebenwirkungen auslösen, die dem eigentlichen Ziel der Beratung entgegen laufen.

5. Beratungs(miss)erfolg ist nicht eindeutig zurechenbar

Wenn ein Beratungsprojekt die Erwartungen nicht erfüllt, so Ernst & Kieser (2005, S. 317), ist es unmöglich festzustellen, ob das an der Inkompetenz der Berater liegt oder an der Unfähigkeit der Manager zur Umsetzung der Empfehlungen der Berater. Beratungserfolg kann nicht durch die Leistung der Berater allein erreicht werden, sondern nur in einem gemeinsamen Prozess von Berater- und Kundensystem. Erfolg oder Misserfolg ist daher immer Erfolg oder Misserfolg aller Akteure gemeinsam (auch wenn natürlich die schon in Kapitel 11 angesprochene Neigung besteht, jeweils die anderen für Misserfolge verantwortlich zu machen). Die Evaluation von Beratungsleistungen wird also dadurch erschwert,

> dass Berater und Beratene das „Produkt“ in Co-Produktion erstellen und sich die Beratenen bereitwillig an die Qualität des Produktes binden. […] zum Gelingen eines Haarschnitts trägt der Klient – außer durch Stillhalten – wenig bei und kann deswegen ein distanziertes Qualitätsurteil abgeben. Bei Beratungsprojekten gerät jedoch der Beratene in die Rolle des Co-Produzenten, dem es zunehmend schwerfällt, sich selbst von dem „Produkt“ zu distanzieren. (Kühl 2008, S. 103)

6. Dominanz der Beziehungsebene über die Sachebene

Neben der erbrachten Leistung spielt auch die wahrgenommene Qualität der Kooperationsbeziehung zum Berater eine Rolle. Studien (z.B. McGivern 1983) haben gezeigt, dass diese das Urteil der Klienten (und die Entscheidung für oder gegen einen Folgeauftrag) häufig stärker beeinflusst als das Beratungsergebnis. Hier steht gewissermaßen der „Wohlfühlfaktor" gegenüber dem erzielten Ergebnis im Vordergrund.

7. Hidden agendas seitens der Kundenorganisation

Die bisherigen Argumente siedeln die Gründe für das häufige Ausbleiben einer Wirksamkeitsüberprüfung von Beratung in messmethodischen Problemen an. Dabei wird vorausgesetzt, dass eine kritische Evaluation von den Beteiligten gewollt ist. Vor dem Hintergrund der in Teil II beschriebenen latenten Funktionen und hidden agendas der Beratung eröffnet sich eine neue Erklärungsperspektive: Wenn Beratungsprozesse nur scheinbar Optimierungen anstreben, inoffiziell aber andere Ziele „bedienen" (z.B. als Ventil für die Ableitung von Konfliktpotenzial oder als Munition für innerorganisationale Machtkämpfe), ist es nur folgerichtig, dass die tatsächlich erreichten Optimierungen nicht im Vordergrund des Interesses stehen. Wenn Reformprojekte, wie Luhmann vermutet, eher als Sprachspiel denn als Motoren tatsächlich umgesetzter Veränderung dienen (vgl. Kapitel 8), gehört das Unterlassen von Evaluationen sogar „zu den wichtigsten Ressourcen von Reformen" (Luhmann 2000, S. 340) – ein Nachweis, dass die durch die Beratungsprojekte erzielten Verbesserungen hinter den proklamierten Zielen zurück bleiben, würde die Rationalitätsfassade zum Einsturz bringen und die Position der Reformer im Kräftespiel der internen und externen Stakeholder schwächen.

Von Gössler (2007) stammt der in diesem Zusammenhang wichtige Hinweis, dass die Zuschreibung von Beratungserfolg bzw. -misserfolg innerhalb der Kundenorganisation eine soziale Konstruktion vor dem Hintergrund interessengeleiteter und politisch aufgeladener Vorgänge ist: „Aus mikropolitischer Perspektive sind Erfolgs- bzw. Misserfolgszuschreibungen unverzichtbare Spielkarten in den Machtarenen der Organisation und müssen daher auch entsprechend beachtet und gepflegt werden" (ebd., S. 8). Ob ein Beratungsprojekt in der offiziellen Lesart des Kundensystems als Erfolg oder als Misserfolg gewertet wird, hängt daher unter Umständen weniger stark von den tatsächlich erzielten Ergebnissen ab als von der „Deutungsmacht" der Befürworter und Gegner des Projekts.

8. Hidden agendas seitens der Berater

Berater sind an positiven Ergebnissen interessiert. Angesichts der sechs vorgenannten Schwierigkeiten ist es jedoch aus der Perspektive der Berater häufig vorteilhafter, wenn keine allzu präzise Evaluation der Ergebnisse vorgenommen wird: „Unternehmensberater profitieren davon, dass sich ihre Leistungen einer Evaluation weitgehend entziehen" (Kieser 2002, S. 33). Dies gilt umso mehr in Anbetracht der Tatsache, dass die Beziehung zum Kunden als wichtiger Bewertungsfaktor leichter gestaltbar ist als der Erfolg eines Interventionsversuchs in einem komplexen und von mikropolitischen Fallgruben durchsetzten System. Beratung ist mit einem

Technologiedefizit konfrontiert, d.h. es gibt keine klaren Regeln, welche Intervention in welcher Situation zu einem erwünschten Ergebnis führt, und die Gefahr ist groß, dass die Beratungsleistung durch die Komplexität der Organisation „geschluckt" wird (Bohn & Kühl 2004). Die (vermeintliche) Professionalität des eigenen Tuns wird durch Rationalitätsmythen (vgl. Kapitel 8), d.h. durch die Übereinstimmung mit den jeweils aktuellen Beratungsmoden nachgewiesen, die als „gute Praxis" gelten und über jeden Zweifel erhaben sind (Kieser 2002, S. 33). Allenfalls wird eine „Impact-Analyse" angefertigt, mit der nachgewiesen wird, dass sich bestimmte Parameter (Personalkosten, Dauer von Prozessen, ...) signifikant in die gewünschte Richtung entwickelt haben. Ob diese Änderungen die Wettbewerbsposition des Unternehmens nachhaltig verbessern, ist eine andere Frage (ebd., S. 34). Diese Verschleierung wird dadurch erleichtert, dass es dem Nicht-Experten nicht möglich ist, tatsächlich vorhandenes Beraterwissen von geschicktem Impression Management zu unterscheiden (ebd., S. 35).

Organisationsberatung, so Kieser (1998), zeichne sich – ähnlich wie die Behandlung bei einem Arzt oder das Training bei einem Golfpro – u.a. durch einen Wissensvorsprung des Beraters, durch das Fehlen materiell fassbarer Ergebnisse und durch das Vorhandensein von am Projektende noch nicht abschließend bewertbarer Langzeiteffekte aus. All diese Eigenschaften

> *erschweren eine Evaluation von Beratungsprojekten, weshalb Unternehmensberatung wie auch Golfpros oder Ärzte einen nicht geringen Einfluß auf die Nachfrage nach ihren Leistungen ausüben können.* Der Pro definiert in einem erheblichen Umfang mit, wann der Schüler die Platzreife erlangt hat, der Arzt, wie lange der Patient als krank zu gelten hat und der Unternehmensberater, wie lange das Unternehmen seiner Unterstützung bedürftig ist. (ebd., S. 196)

In dieser Situation kommt das „Evaluations-Dilemma" der Beratung (Kühl 2008) den Beratern nicht nur zugute, wenn es darum geht, die kaum zu beziffernde Wirkung der eigenen Maßnahmen zu verschleiern, sondern – „so paradox es klingt: *Das Unvermögen, Beratungsleistungen einigermaßen genau zu evaluieren, erhöht, indem es Verunsicherung bei den Managern erzeugt, die Nachfrage nach Beratung*" (Kieser 1998, S. 205).

Die Evaluation von Beratungsleistungen kann grundsätzlich aus zwei Motivationen heraus betrieben werden:

- um aus den gemachten Erfahrungen zu lernen und so die Qualität zukünftiger Beratungsprozesse zu verbessern (Lernfunktion),
- um die Entscheidung für eine Beratung – vor allem die damit verbundenen und meist nicht unbeträchtlichen Kosten – zu legitimieren (Legitimierungsfunktion, Kühl 2008).

Diese beiden Funktionen von Evaluation stehen in einem prinzipiellen Widerspruch zueinander: aus Erfahrungen lernen kann man nur, in dem man die Aufmerksamkeit auf Misserfolge, Fehler und Schwächen lenkt, für die Legitimation von Beratungsprojekten sind aber Erfolge nötig, Fehler und Schwächen werden dabei so weit wie möglich unter den Teppich gekehrt (vgl. zur Fehlerkultur in Beratungsprozessen auch den Beitrag von Mohe & Stollfuß in Kapitel 20). Die oft fehlende oder nur halbherzige Beratungskultur von Beratungsleistungen ergibt sich dann – neben den oben beschriebenen Problemen – auch aus dem Problem,

> dass sich die beiden Funktionen der Evaluation – Lernen und Legitimation – nicht gleichzeitig optimieren lassen. Die Versuche, Maßnahmen durch eine Evaluation zu legitimieren, führen, so könnte man zugespitzt ausdrücken, zu einer Behinderung der Lernprozesse in der Organisation. Oder umgekehrt formuliert: Die Versuche, über Evaluationen Lernprozesse zu initiieren, tragen häufig nicht zur Legitimation der Maßnahme bei. (Kühl 2008, S. 108)

Alfred Kieser

Erfolg von Beratungsprojekten

Geb. 1942, Studium der Betriebswirtschaftslehre und Soziologie an den Universitäten Würzburg, Köln, Pittsburgh/USA; 1967 Examen als Dipl.-Kfm. an der Universität Köln, 1969 Promotion an der Universität Köln; Assistent am Seminar für Organisation der Universität Köln; Habilitation an der Fakultät für Wirtschafts- und Sozialwissenschaften der Universität Köln, 1974 o. Professor für Organisation und Personalwirtschaft an der Freien Universität Berlin, 1977 Übernahme des Lehrstuhls für Allgemeine Betriebswirtschaftslehre und Organisation an der Universität Mannheim; seit 1998 ordentliches Mitglied der Heidelberger Akademie der Wissenschaften; 1998 Ehrenpromotion an der Fakultät für Betriebswirtschaft der Ludwig-Maximilians-Universität, München.

Kontakt: Lehrstuhl für Allg. BWL und Organisation, Universität Mannheim, 68131 Mannheim, Tel.: ++49(0)621/181-1605, Fax: ++49(0)621/181-1603, http://orga.bwl.uni-mannheim.de

Zur Bedeutung einer Evaluation von Beratungsprojekten und zu ihren Schwierigkeiten

Der Beratungsmarkt wächst – immer noch, wenn auch nicht mehr so wie vor 2001. Auch die Beratungsbudgets vieler Unternehmen werden nicht reduziert, nehmen in vielen Fällen zu. Diese Entwicklung legt den Schluss nahe, dass Manager die empfangenen Beratungsleistungen positiv beurteilen. Wie aber kommen sie zu dem Urteil, dass sich Beratung lohnt?

Eine Evaluation von Beratungsprojekten setzt eindeutige und operationalisierbare Ziele voraus, die als Maßstäbe für den erzielten Erfolg Verwendung finden können. Häufig sind Ziele von Beratungsprojekten vage, etwa wenn die Strategie eines Unternehmens analysiert und, falls erforderlich, reformuliert werden soll oder wenn die Effektivität eines Unternehmens oder von Teilbereichen überprüft und soweit möglich verbessert werden soll. Nun gibt es aber auch Beratungsprojekte, die von Zielen ausgehen, die – zumindest auf den ersten Blick – eher eine Basis für eine Evaluation herzugeben scheinen: Reduzierung von Verwaltungskosten, Lagerhaltungskosten, Krankenstand, Kosten der Beschaffung, oder Reduzierung fixer Kosten durch Outsourcing, usw. Diese Ziele sind einfacher zu operationalisieren als die in den Beispielen zuvor genannten. Jedes Beratungsprojekt stellt aber eine Intervention in ein äußerst komplexes System dar und beeinflusst nicht nur die Bereiche, die unmittelbar von dem Projekt tangiert werden, sondern löst auch nicht intendierte und schwer zu erfassende „Nebenwirkungen" aus. Beispielsweise können Maßnahmen des Downsizing oder Outsourcing zu einem Verlust wichtigen Wissens oder zu einer empfindlichen Verringerung der Mitarbeitermotivation führen.

Beratungsprojekte und ihre Evaluation setzen Kausalmodelle voraus. Geht es beispielsweise um die Reduzierung des Krankenstandes, ist ein Modell der Einflussfaktoren des Krankenstandes zu entwickeln. Solche Modelle bedeuten immer eine Vereinfachung der Realität.

In vielen Beratungsprojekten verständigen sich Manager und Berater darüber, welche Ziele festzulegen und welche Maßnahmen zu ihrer Erreichung zu ergreifen sind. Dies hat zur Folge, dass die Verantwortung für Erfolg und Misserfolg eines Beratungsprojektes kaum einer der beiden Akteursgruppen zuzuordnen ist. Wenn ein Beratungsprojekt die Erwartungen nicht erfüllt, ist es unmöglich festzustellen, ob dies an der Inkompetenz der Berater oder an der Unfähigkeit der Manager, die Empfehlungen der Berater umzusetzen, liegt. Hinzu kommt: Jede von Projektbeteiligten durchgeführte Evaluation ist eine Evaluation über die eigenen Leistungen und damit der Gefahr einer Verzerrung unterworfen.

Eine Evaluation von Beratungsprojekten setzt schließlich voraus, dass der Einfluss der Beratung von anderen Faktoren isoliert werden kann. Die Reduzierung des Krankenstandes muss beispielsweise nicht notwendigerweise auf die in einem Beratungsprojekt vorgeschlagenen Maßnahmen zurückzuführen sein; sie kann auch durch die Ankündigung einer Entlassungswelle oder durch den Umstand, dass die diesjährige Grippewelle ungewöhnlich milde ausgefallen ist, bedingt sein.

Ansätze zur Evaluation von Beratungsprojekten

Den aussagefähigsten Ansatz zur Evaluation von Beratungsprojekten legt Phillips (2000) vor. Er konzeptualisiert fünf Ebenen von Erfolgsmaßen für Beratungsprojekte:

(1) Reaktionen und Zufriedenheit verschiedener Interessengruppen auf der Basis von Befragungen,

(2) das durch die Beratung ausgelöste Lernen von Mitgliedern des Unternehmens,
(3) Ausmaß der Anwendung und Implementation des erworbenen Wissens, d.h. tatsächlich zu beobachtende Verhaltensänderungen der Mitarbeiter,
(4) Impact, d.h. Verbesserungen im Hinblick auf Output, Zeit, Kosten und Qualität,
(5) Return on Investment (RoI). Der RoI wird in drei Schritten ermittelt: Datensammlung, Isolierung des Effektes der Beratung, Transformation der Daten in Geldgrößen.

Nach Phillips ist auf jeden Fall eine Isolierung der Wirkungen des Beratungsprojekts anzustreben. Er schlägt dazu vier verschiedene Methoden vor: Die Verwendung von Kontrollgruppen, Trendprojektion, Einsatz statistischer Techniken und Schätzung des Beratungseinflusses durch die beteiligten Manager. Der letzte Vorschlag ist nicht unproblematisch, weil die beteiligten Manager sicherlich mit Vorurteilen an eine solche Bewertung herangehen.

Der Ansatz von Phillips basiert letzten Endes auf subjektiven Schätzungen. So wirken Beteiligte mit an (1) der Wahl der Erfolgsindikatoren, (2) der Wahl der Faktoren, die neben der Beratung als Einflussfaktoren des Erfolgs noch in Frage kommen, (3) der Wahl der Isolierungsmethode, (4) der Wahl der Kontrollgruppe, falls diese Isolierungsmethode gewählt wird, (5) der Schätzung der Einflussstärken der anderen Faktoren, falls die auf Schätzungen der Beteiligen beruhende Isolierungsmethode Verwendung findet und (6) bei den Interpretationen, die erforderlich sind, um Verbesserungen in Geldgrößen zu transformieren. Trotz all dieser Schwächen bietet dieser Ansatz dem Management die Gelegenheit, den betriebswirtschaftlichen Wert von Beratungsprojekten zumindest einer strukturierten Diskussion zu unterziehen.

Eine empirische Studie: In welchem Ausmaß und auf welche Weise werden Beratungsprojekte in der Praxis evaluiert?

In einer qualitativen empirischen Untersuchung, die auf Interviews von Managern und Beratern zu 17 Projekten basierte, erzielte Ernst (2002) folgende Ergebnisse: Nur einer (!) der befragten Manager erwähnte, dass Beratungsprojekte nach ihrer Beendigung anhand einer Liste von Kriterien überprüft worden seien. Jedoch selbst in diesem Fall wurde kein Versuch unternommen, den Einfluss der Beratung von anderen Einflüssen zu isolieren. In nur zwei Unternehmen wurden Daten über einzelne Berater in einem zentralen Informationssystem gesammelt. Diese Daten dienten aber nicht der Erfassung der Ergebnisse einzelner Projekte, sondern sollten eine Basis abgeben für die Auswahl von Beratern für zukünftige Projekte.

Einige der oben angesprochenen Probleme einer Evaluation wurden auch von Managern angesprochen. Eine weitere Schwierigkeit systematischer Evaluationen liegt nach Ansicht eines Befragten darin, dass es nicht einfach ist, das Ende eines Projekts zu bestimmen.

Die befragten Manager betonen, dass über die Leistungen der Berater während des Projekts bei regelmäßigen Treffen während eines Beratungsprojekts kontinuierlich kommuniziert werde. Auf diese Weise würden laufend Beurteilungen über die Qualität der Beratung abgegeben. Beobachtungen und Beurteilungen würden explizit zum Gegenstand von Diskussionen gemacht mit der Absicht, einen Konsens herzustellen. Beurteilungskriterien und ihre jeweilige Gewichtung würden ad hoc in diesen Kommunikationsprozessen generiert.

Entsprechend dieser Logik erübrigen sich Ex-post-Evaluationen, solange die Manager den Beratungsprozess unter Kontrolle haben und Fehlentwicklungen korrigieren können. Und falls das Management nicht in der Lage ist, die richtigen Entscheidungen zu fällen, ist sein Interesse an einer Ex-post-Evaluation ohnehin eher gering.

Im Gegensatz zu ihren Klienten legen die Berater größten Wert darauf, eine formale schriftliche Beurteilung zu erlangen. Sie erhalten diese, indem sie die an dem Beratungsprojekt beteiligten Manager bitten, strukturierte Fragebögen auszufüllen. Solche formalen Beurteilungen erweisen sich in mehrerer Hinsicht als nützlich: Zunächst ist es für die Berater hilfreich herauszufinden, was zur Zufriedenheit oder Unzufriedenheit der Klienten beigetragen hat. Darüber hinaus wird durch die schriftlichen Aussagen des Klienten ein konkretes und unabänderliches Zeugnis der Leistung des Beraters geschaffen. In solchen Befragungen werden die Manager im Wesentlichen um einer Bewertung ihrer Beziehung zu und die Art der Zusammenarbeit mit den Beratern gebeten. Offensichtlich werden die *Ergebnisse* der Beratungsprojekte in diese Evaluationen nicht miteinbezogen. Wenn Berater um die Beantwortung solcher Fragen bitten, ist das Risiko unangenehmer Überraschungen für den Berater gering. Die befragten Berater gaben an, dass während der Laufzeit eines Projekts ständig bestrebt sind, die Einstellung des Klienten zum Projekt in Erfahrung zu bringen. Während eines Projekts gibt es ausreichend Gelegenheit, die Meinung des Klienten zu beeinflussen – wie wir gesehen haben, bildet sich die Evaluation der Leistung in Prozessen sozialer Konstruktion heraus, an denen auch die Berater beteiligt sind.

Schlussbetrachtung

Die Ergebnisse der dargestellten empirischen Analyse deuten darauf hin, dass Manager, die in Beratungsprojekte involviert sind, wenig Interesse an Ex-post-Evaluationen haben. Sie ziehen es vor, in informellen Kommunikationsprozessen ein kollektives Urteil über Erfolg oder Misserfolg von Beratungsprojekten sozial zu konstruieren.

Wenn man sie nach den Gründen für das Fehlen von Ex-post-Evaluationen von Beratungsprojekten fragt, weisen Manager vor allem auf die hohen Kosten eines solchen Vorgehens hin. Die methodischen Schwierigkeiten erwähnen sie kaum. Eine alternative Erklärung, die durch unsere Ergebnisse und auch durch Ergebnisse, über die an anderer Stelle berichtet wird (Ernst 2002), nahe gelegt wird, beruht auf folgendem Argument: Beratungsprojekte dienen zu einem gewissen Maß inoffiziellen Zielen, die von den beteiligten Managern nicht explizit gemacht werden. Beratungsprojekte werden beispielsweise herangezogen, um Aktivitäten vor internen und externen Stakeholdern zu legitimieren, um die Karrieren der beteiligten Manager zu fördern, um das Gefühl von Kontrolle über das Unternehmen zurück zu gewinnen oder um die Position einer Gruppe von Managern im Konflikt mit einer anderen Gruppe zu stärken. Manager sind sich bewusst, dass solche Ziele in offiziellen Evaluationen keinen Eingang finden können und so entscheiden sie sich mehr oder minder bewusst gegen systematische Evaluationen. Stattdessen optieren sie für ein aktives Management von Beratungsprojekten und für laufende Beurteilungen, die, wie sie argumentieren, formale Ex-post-Evaluationen überflüssig machen (tatsächlich ist dieses Argument nicht schlüssig: eine starke Involvierung von Managern in einem Prozess der Produktionsgestaltung macht beispielsweise eine Ex-post-Evaluation dieser Änderung auch nicht überflüssig.).

Berater sind sich der Bedeutung sozial konstruierter Bewertungen von Beratungsprojekten bewusst und versuchen deshalb, Einfluss zu nehmen. Sie bitten Manager von Klientenunternehmen, Fragebogen zum Verhalten der Berater auszufüllen. Sollten Unternehmen Referenzen verlangen oder Manager im Klientenunternehmen Zweifel am Nutzen des Projekts laut werden lassen, so erweisen sich solche formalen Dokumente als nützlich.

Zukunft der Beratung – Beratung der Zukunft

22 Zukunft der Beratung – Beratung der Zukunft

Nach 300 Seiten Auseinandersetzung mit blinden Flecken, latenten Funktionen und hidden agendas mag am Schluss zumindest eine Gewissheit bleiben: dass Organisationsberatung in einem hohen Maße von Ungewissheiten geprägt ist. Beratung ist ein hochgradig komplexes Arbeitsfeld und gleicht darin – um unser Bild aus dem Vorwort wiederaufzugreifen – häufig eher einer Dschungelexpedition als einem Spaziergang im Park. Entsprechend schwer fällt die Orientierung, und dies gilt für Berater und Kunden gleichermaßen. Zu den Erfolgsfaktoren in der dynamischen Entwicklung, die die Organisationsberatung in den vergangenen Jahrzehnten durchlaufen hat, gehörte die Ausblendung und Trivialisierung der Unsicherheiten, mit denen Beratung konfrontiert ist. Angesichts wachsender öffentlicher Kritik, differenzierterer Auseinandersetzungen innerhalb der Bezugswissenschaften der Beratung, steigenden Erfolgsdrucks auf die Beratungsanbieter und einer zunehmenden Professionalisierung der Kunden lässt sich für die Zukunft prognostizieren, dass das Polieren der Fassade und die Konstruktion von Erfolgsstories mögen die Branche noch eine Zeitlang, aber sicherlich nicht auf Dauer tragen können. Auf dem Weg zu einer weiteren Professionalisierung wird die Beratung daher eine Reihe von Entwicklungspfaden beschreiten müssen:

- Zusammenwachsen der Beratungsansätze
- Sensibilität für latente Funktionen und hidden agendas
- Auseinandersetzung mit den blinden Flecken der Beratung, Professionalisierung und Erfolgsüberprüfung
- Reflexion und Neubestimmung der gesellschaftlichen Funktion und Verantwortung von Beratung

Entwicklungspfad 1: Zusammenwachsen der Beratungsansätze

Jeder Beratungsansatz weist spezifische Einseitigkeiten auf, die dazu führen können, dass der Prozess auf Irrwege gerät oder das gesetzte Ziel verfehlt (Teil I dieses Buches). Während sich interdisziplinäres Denken in vielen Bereichen der Wissenschaft immer mehr durchsetzt, sind die Beratungsansätze nach wir vor weitestgehend in der Perspektivität ihrer Bezugswissenschaften verhaftet. Die Strategieberatung (Kapitel 3) bringt eine hohe wirtschaftswissenschaftliche Expertise ein und hat eine Vielzahl von Analyseinstrumenten entwickelt, mit deren Hilfe sich schnell und effektiv benennen lässt, welche Strukturen und Prozesse sich verändern müssten, um die Konkurrenzfähigkeit der Organisation zu erhöhen. Auf der anderen Seite betrachtet die Strategieberatung Organisationen traditionell als rationale Systeme und neigt daher dazu, die ingenieurmäßige Gestaltbarkeit organisationalen Wandels zu überschätzen. Während die Strategieberatung also schnell einen „Masterplan“ zur Neugestaltung der Organisation liefern kann, liegt ihre „Achillesferse“, wie zahlreiche Studien zeigen, in der Umsetzung.

Die Organisationsentwicklung und die systemische Organisationsberatung weisen einen spiegelbildlichen blinden Fleck auf: sie bevorzugen es, bei der Lösung organisationaler Problemstellungen auf die im System vorhandenen Ressourcen zu setzen, indem sie das implizite Wissen mit Hilfe einer partizipativen Vorgehensweise oder mit reflexiven Verfahren aktivieren. Dies kann dazu führen, dass der Prozess zwar als hilfreiche Selbstvergewisserung erlebt wird, aber wenig inhaltliche Impulse bringt.

Beide Positionen sind über viele Jahre als streng getrennte Schulen gepflegt worden, was in einem gegensätzlichen Beratungsverständnis begründet ist: „Die einen [Strategieberater, FvA/JK/HS] stützen sich auf Wissen, das sie ins Kundensystem implantieren, die anderen [systemische Berater] auf ihr Nichtwissen, das es ihnen ermöglicht, mit dem Kunden bislang nicht gesehene eigene Lösungsmöglichkeiten zu explorieren“ (Wimmer 2008, S. 36). Den Kunden wird in Zukunft nicht mehr leicht zu vermitteln sein, warum sie angesichts dieser unterschiedlichen historisch gewachsenen Kulturen deutliche Einseitigkeiten der jeweiligen Beratungsansätze zu Lasten des Projekts in Kauf nehmen sollten. Darum bemühen sich die großen Strategieberatungshäuser, „Umsetzungsberatung“ einzukaufen, und aus der systemischen Beratung wird der Ruf nach einem „dritten Weg“ jenseits der etablierten Ansätze immer lauter. Die Verbindung zwischen Fach- und Prozessberatungsanteilen kann dabei – wie im Fall von Königswiesers „Komplementärberatung“ (vgl. Königswieser, Sonuç & Gebhardt 2006, Königswieser 2008) oder im Vorschlag von Fitsch & Scherf (2005) – in einer gut abgestimmten „interdisziplinären Zusammenarbeit“ von Beratern beiderlei Prägung oder auch in der Stärkung der strategischen Komponente im Rahmen eines systemisch fundierten Konzepts (wie bei Glatzel & Nagel 2006) liegen. Angesichts von über Jahrzehnte gewachsenen inhaltlichen Differenzen und auch gegenseitigen Vorbehalten wird es einen langen gemeinsamen Lernprozess erfordern, bis ein funktionsfähiges integratives Konzept zum Nutzen des Kunden entwickelt ist. Es zeichnet sich jedoch ab, dass der neue Ansatz auf die Wissensbestände und Instrumente der Strategieberatung zurückgreifen wird, sie aber in ein Konzept einbinden wird, dass allgemein die Selbstbeobachtung der Organisation anregt und ihre Selbstreflexivität stärkt, konsequent nach Möglichkeiten der Institutionalisierung von Reflexivität sucht (z.B. Evaluierung, Mitarbeitergespräche, 360°-Feedback oder KVP, vgl. Moldaschl 2005) und somit die Organisation mittelfristig in die Lage versetzt, sich nachhaltig selbst zu steuern (Lernen 2. Ordnung).

Entwicklungspfad 2: Sensibilität für latente Funktionen und hidden agendas
Beratung dient (je nach Philosophie des Beratungsansatzes und konkretem Kundenauftrag) dazu, Möglichkeiten der effektiveren Gestaltung von Organisationen zu entwickeln, die Konkurrenz- und Zukunftsfähigkeit des Kundensystems zu steigern, die Kundennähe zu erhöhen etc. Neben diesen offiziell ausgeflaggten Zielen können eine Reihe von latenten Funktionen und hidden agendas eine Rolle spielen, die den Beratungsprozess beeinflussen, ohne im Beratungssystem kommuniziert zu werden oder auch nur von den beteiligten Akteuren intendiert zu sein (Teil II dieses Buches). Latente Funktionen und hidden agendas sind für die Praxis der Organisationsberatung prägend. Sie tragen Widersprüche, Unsicherheiten und Störungen ein, die Beratungsprozesse verkomplizieren und die Erreichung der offiziellen Ziele erschweren. Sie wirken aus dem Verborgenen und lassen sich im Verhältnis von Berater- und Klientensystem meist nur schwer oder gar nicht kommunizieren. Trotz der Tatsache, dass die meisten erfahrenen Berater latente Funktionen und hidden agendas vermutlich als einen Faktor beschreiben würden, der die Praxis in entscheidendem Maße beeinflusst und zu den wichtigsten „Stolpersteinen" für die eigene Arbeit zählt, ist der Diskurs über diese Faktoren bislang noch schwach ausgebildet und auf einen kleinen akademischen Zirkel beschränkt. In einem großen Teil der Beraterliteratur findet sich das Thema gar nicht oder nur als Fußnote. Auch in der universitären und privatwirtschaftlichen Qualifizierung von Beratern bleibt dieses wichtige Thema bislang unterbelichtet. Die Intensivierung des Diskurses über latente Funktionen und hidden agendas sowie über die Möglichkeiten, in der Praxis auf ihren Einfluss zu reagieren, stellt damit eine wichtige Entwicklungsrichtung für die Beratung der Zukunft dar.

Entwicklungspfad 3: Auseinandersetzung mit den blinden Flecken der Beratung, Professionalisierung und Erfolgsüberprüfung
In den Teilen III, IV und V dieses Buches wurden einige typischerweise in Beratungsprozessen auftretende blinde Flecke aufgezeigt. Beratungsorganisationen werden in der Zukunft – gerade in Zeiten schmaler werdender Beratungsbudgets – gezwungen sein, sich intensiver mit diesen blinden Flecken auseinanderzusetzen. Sie werden die selbstproklamierten Maßstäbe des organisationalen Lernens und der Reflexivitätssteigerung nicht mehr nur an die Professionalisierung der Kundensysteme anlegen können, sondern in zunehmendem Maße auch als Maßstab für die eigene Professionalisierung akzeptieren müssen. Ein gutes Beispiel hierfür ist das Thema Erfolgsmessung. Auch wenn eine Reihe von Argumenten nahelegen, dass die Messung des Beratungserfolges oft weder im Interesse des Beratungsunternehmens noch im Interesse der Kunden liegt (vgl. Kapitel 21), wird Beratung unter zunehmendem wirtschaftlichem (und auch gesellschaftspolitischem) Druck ihren Nutzen in stärkerem Maße nachweisen müssen. Ein Trend zu einer stärkeren Evaluation könnte einen Professionalisierungsschub auslösen und damit nachholende

Entwicklungen anstoßen, die in den zurückliegenden Jahren versäumt wurden. Hier könnten auch ein Qualitätssiegel für Berater oder eine qualitätssichernde Funktion der Berufsverbände eine Rolle spielen. Zu einer solchen Professionalisierung der Beratungsbranche gehört aus unserer Sicht auch der Ausbau von universitären Angeboten zur Erstausbildung und Weiterbildung von Beratern, die die wissenschaftliche Grundlegung der Organisationsberatung stärken könnte. Hier könnte sich mit interdisziplinär gestalteten Curricula der Kreis zum ersten Entwicklungspfad schließen.

Entwicklungspfad 4: Reaktion auf die Professionalisierung der Klienten
Die Professionalisierung der Beratung wird nicht nur von der Anbieterseite, sondern auch von der Nachfrageseite her getrieben sein. Es besteht Einigkeit darüber, dass der bereits spürbare deutliche Trend zur Klientenprofessionalisierung sich in Zukunft weiter fortsetzen wird (Mohe 2005a, 2005b, Mohe & Pfriem 2002). Mohe unterscheidet drei Professionalisierungsstrategien:

1. Professionalisierung über die *Beraterauswahl*: Durch differenzierte Auswahlverfahren („beauty contests"), die Einbeziehung mehrerer Personen in den Auswahlprozess oder den Aufbau von Zentren für den Einkauf von Beratungsleistungen soll ein möglichst hoher Qualitätsstandard gewährleistet werden.
2. Professionalisierung über den *Aufbau eigener Beratungsexpertise*: Viele Unternehmen haben Inhouse Consulting Services mit einem hohen Grad an Professionalität aufgebaut. Dieser Trend wird sich fortsetzen. Inhouse Consulting ist jedoch mit spezifischen strukturell bedingten Dilemmata verbunden (z.B. Maaßen 2005). So werden Inhouse Consultants von den Kunden innerhalb der Organisation als nicht neutral wahrgenommen. Professionalisierung auf der Klientenseite bedeutet somit auch, die Arbeitsteilung zwischen hauseigenen und externen Beratern differenziert und produktiv neu zu bestimmen.
3. Professionalisierung über den *Aufbau von Steuerungsexpertise*: Hier werden spezialisierte Clearingstellen für die Begleitung, die Steuerung und das Monitoring externer Beratung eingerichtet.

Schließlich könnten Kunden sich bei der Auswahl von Beratern und der Durchführung von Beratungsprojekten beraten lassen – die Praxistauglichkeit einer solchen Meta-Beratung, wie Mohe (Mohe 2005c, Mohe & Pfriem 2002) sie vorschlägt, muss sich allerdings zukünftig erst noch erweisen.

Entwicklungspfad 5: Reflexion und Neubestimmung der gesellschaftlichen Funktion und Verantwortung von Beratung

Nachdem der humanistische Anspruch der Organisationsentwicklung (Kapitel 5) im Diskurs der Postmoderne entsorgt wurde, scheint man sich – zumindest im deutschsprachigen Bereich – darauf verständigt zu haben, dass Organisationsberatung als moralfreies Geschäft zu denken sei. Als bekannt wurde, dass die Wirtschaftsprüfungsgesellschaften in der Finanzkrise nicht allein Betrogene, sondern durchaus auch Mittäter waren, blitzte in der öffentlichen Diskussion kurz die Frage nach der gesellschaftlichen Verantwortung von Beratung wieder auf. Dass Entscheidungen generell unter Verantwortung gestellt sind, erleben Berater jeden Tag: Will ich den Auftrag des Unternehmens, das auch Waffen herstellt, annehmen? Will ich für ein Unternehmen tätig sein, dessen ökologische oder soziale Standards meinen Überzeugungen widersprechen? Ist in meinen Augen der geplante Personalabbau ein notwendiges und verantwortungsvoll dosiertes Mittel, um das Überleben des Unternehmens zu sichern – oder eine Maßnahme, um ohnehin hohe Unternehmensgewinne im Interesse weniger Aktionäre weiter zu steigern? Ist der geplante Change-Prozess in meinen Augen sinnvoll oder geht er auf von den Gesetzen der Mode, von Partikularinteressen o.dgl. geleitete Entscheidungen zurück? Sollte Beratung im Hinblick auf moralische Fragestellungen „neutral" bleiben oder das Selbstbewusstsein aufbringen, die Kundenorganisation auch hier mit kontrastierenden Sichtweisen zu konfrontieren? Gairing (1999, S. 226 f.) sieht hier

> die Gefahr, dass Organisations[beratung, im Original: Organisationsentwicklung, FvA/JK/HS) im Rahmen von Organisationen, die unter starkem ökonomischem Erfolgsdruck stehen, sich zuvorderst und handlungsleitend – von einer ökonomischen Eigenlogik verpflichten lassen [...].
> Allerdings gerät Organisations[beratung] an ihre Grenze, wenn sich die Frage stellt, ob das Überleben des Organisationssystems tatsächlich ausschließlich oder auch zuallererst von ökonomischen Grundprämissen abhängt. Der momentanen Eigen-Logik unseres Wirtschaftssystems gemäß scheint dies zu stimmen. Die Frage ist jedoch, ob das Überleben des Teil-Systems „Organisation XY" nicht auch eingebettet ist in das „sinnvolle" Überleben des Gesamt-Systems „Menschheit". Und solange diese Frage tabuisiert ausgeblendet bleibt, oder gar als öko-spiritistische Weltverbesserer-Thematik diffamiert wird, bleibt eine Organisations[beratung], die sich ausschließlich an ökonomischen Maßstäben orientiert, eine einem aktuellen gesellschaftspolitischen Wirklichkeitskonstrukt hörige Disziplin, die ihre eigenen Ansprüche zu systemischem Denken dort beendet, wo die ökonomische Eigen-Logik die Grenzen zieht. Würde Organisations[beratung] ihre eigenen Ansprüche ernst nehmen, müsste sie die ökonomische Eigen-Logik transzendieren und Menschen und Systeme dazu befähigen, Strategien und Wege zu suchen und möglicherweise auch zu finden, die das Überleben von Organisationen in einer (über-)lebensfähigen Welt ermöglichen [...]. Die monopolistische Determinierung des Organisations-Denkens und –Handelns durch die ökonomische Eigen-Logik birgt aus meiner Sicht die große Gefahr, (über-)lebensnotwendige Systemzusammenhänge, etwa ökologische, kulturelle und soziale Dimensionen nicht nur hartnäckig und quasi programmatisch zu vernachlässigen, sondern diese in einschneidender Art und Weise zu beeinträchtigen und einzuengen, sie existenziell zu bedrohen und letztlich gar zu zerstören.

Es scheint, dass solche Fragen, die die an Beratung beteiligten Personen durchaus bewegen (natürlich mit allen psychologisch, soziologisch und ökonomisch begründbaren Tendenzen, das Dilemma in die eine statt in die andere Richtung aufzulösen), in den Beratungsorganisationen und im Beratungsdiskurs noch nicht angekommen sind. Dies ist auch vor dem Hintergrund erstaunlich, dass die Debatte über die gesellschaftspolitische Verantwortung von Unternehmen unter Überschriften wie corporate social responsibility oder Unternehmensethik in den letzten Jahren verstärkt geführt wurde und durchaus kein unter ideologieverdacht stehendes Nischenthema mehr ist. Für die Zukunft wäre eine Reflexion und Neubestimmung der gesellschaftlichen Funktion und Verantwortung von Beratung wünschenswert. Diese Debatte scheint vor dem Hintergrund der aktuellen Diskussion um das kapitalistische Wirtschaftsmodell, der zunehmenden Sensibilität für ökologische Themen und analoger Diskurse durchaus anschlussfähig und zukunftsgerichtet. So sieht selbst Roland Berger, einer der führenden Meinungsbildner der Beratungsbranche, in der Krise der Beratung vor allem eine Ethikkrise und prognostiziert für die Zukunft: „*Beratung wird nur dann erfolgreich sein, wenn sie auf professioneller Ethik basiert*" (Berger 2003, S. 67 – was mit einer „professionellen Ethik" gemeint ist, bleibt dabei allerdings offen). Erste vorsichtige Schritte zur Eröffnung dieser Auseinandersetzung sind bereits wahrnehmbar, etwa der Band von Heintel, Krainer & Ukowitz (2006). Die Zukunft wird zeigen, ob Berater, Kunden und Beratungsforscher den Mut zu einer Auseinandersetzung mit dieser Thematik aufbringen werden, die sich als nicht nur für das Überleben von Organisationen entscheidend erweisen mag.

Literaturverzeichnis

Alexander, C. N. jr. & Wiley, M. G. (1981). Situated activity and identity formation. In M. Rosenberg & R. H. Turner (Hrsg.), *Social Psychology: Sociological Perspectives* (S. 269-289). New York: Basic Books.

Alvesson, M. (1993). Organizations as rhetoric: Knowledge-intensive firms and the struggle with ambiguity. *Journal of Management Studies, 30(6)*, 997-1015.

Alvesson, M. (2001). Knowledge work: Ambiguity, image and identity. *Human Relations, 54(7)*, 863-886.

Ameln, F. v. (2004). *Konstruktivismus. Die Grundlagen systemischer Therapie, Beratung und Bildungsarbeit* (UTB Wissenschaft). Tübingen: Francke.

Ameln, F. v. (2006). Organisationsentwicklung in der Entwicklungszusammenarbeit. *Gruppendynamik & Organisationsberatung, 37(1),* 85-100.

Ameln, F. v. & Kramer, J. (2007). *Organisationen in Bewegung bringen.* Berlin: Springer.

Argyris, C. (1991). Wenn Experten wieder lernen müssen. *Harvard Manager, 13(4)*, 95-107.

Argyris, C. (1993). Eingeübte Inkompetenz – ein Führungsdilemma. In G. Fatzer (Hrsg.), *Organisationsentwicklung für die Zukunft* (S. 129-144). Köln: Edition Humanistische Psychologie.

Argyris, C. & Schön, D. A. (1999). *Die Lernende Organisation.* Stuttgart: Klett-Cotta

Backhausen, W. & Thommen, J.-P. (2006). *Coaching.. Durch systemisches Denken zu innovativer Personalentwicklung* (3. Aufl.). Wiesbaden: Gabler .

Backhausen, W. & Thommen, J.-P. (2007a). *Irrgarten des Managements. Ein systemischer Reisebegleiter zu einem Management 2. Ordnung.* Zürich: Versus.

Backhausen, W. & Thommen, J.-P. (2007b). Management 2. Ordnung – ein notwendiger Paradigmenwechsel. *io new Management, (6)*, 96–102 und *(7–8)*, 59–63.

Baecker, D. (1993). *Die Form des Unternehmens.* Frankfurt/M.: Suhrkamp.

Baecker, D. (2003a). *Organisation und Management.* Frankfurt/M.: Suhrkamp.

Baecker, D. (2003b). Plädoyer für eine Fehlerkultur. *Organisationsentwicklung, 22(2)*, 24-29.

Balzer, A. & Wilhelm, W. (1995). Die Firma. McKinsey. *manager magazin, 25(4)*, 42-57.

Bardmann, T. M. (1997). Überall Schmarotzer oder: Vom endlosen Treiben der Parasiten. *gdi impuls, 15(2)*, 52-65.

Barney, J. B. (1991). Firm resources and sustained competitive Advantage. *Journal of Management, 17(1)*, 99-120.

Bauer, J. (2004). Fehlerkultur und epistemische Überzeugungen als Einflussfaktoren individuellen Kompetenzerwerbs am Arbeitsplatz. In H. Gruber, C. Harteis, H. Heid & B. Meier (Hrsg.), *Kapital und Kompetenz – Veränderungen der Arbeitswelt und ihre Auswirkungen aus erziehungswissenschaftlicher Sicht* (S. 59-75). Wiesbaden: VS Verlag.

Baumgartner, P. & Sitte, T. (2005). Wachstumsstrategien - Möglichkeiten und Grenzen der Beiträge von Beratern. In D. Seidl, W. Kirsch & M. Linder (Hrsg.), *Grenzen der Strategieberatung - Eine Gegenüberstellung der Perspektiven von Wissenschaft, Beratung und Klienten* (S. 49-68). Bern: Haupt.

BDU Bundesverband deutscher Unternehmensberater (2009). Pressemeldung „BDU-Marktstudie ‚Facts & Figures zum Beratermarkt 2008/2009' - Unternehmensberater wollen 2009 der Wirtschaftskrise weiter trotzen". http://www.bdu.de/presse_425.html (Abruf 12. April 2009).

Becker, A., Küpper, W. & Ortmann, G. (1992). Revisionen der Rationalität. In W. Küpper & G. Ortmann (Hrsg.), *Mikropolitik. Rationalität, Macht und Spiele in Organisationen* (2. Aufl., S. 89-113). Opladen: Westdeutscher Verlag.

Bensman, J & Gerver, I. (1963). Crime and punishment in the factory: The function deviancy in maintaining the social system. *American Sociological Review, 28*, 588-598.

Berger, R. (2003). Perspektiven zur Branchenentwicklung in der Unternehmensberatung. *Organisationsentwicklung, 22(3)*, 65-67.

Bion, W. R. (2001). *Erfahrungen in Gruppen und andere Schriften* (3. Aufl.). Stuttgart: Klett-Cotta.

Bittner, J & Niejahr, E. (2004). Die Berater-Republik. *Die Zeit, 5.2.2004,* 9-14.

Bloomfeld, B. P. & Danieli, A. (1995). The role of management consultants in the development of information technology: The indissoluble nature of socio-political and technical skills. *Sociological Review, 40*, 533-560.

Bohler, K. F. & Kellner, H. (2004). *Auf der Suche nach Effizienz. Die Arbeitsweisen von Beratern in der modernen Wirtschaft.* Frankfurt: Campus.

Bohn, U. & Kühl, S. (2004). Beratung, Organisation und Profession. Die gescheiterte Professionalisierung in der Organisationsentwicklung, systemischen Beratung und Managementberatung. In R. Schützeichel & T. Brüsemeister (Hrsg.), *Die beratene Gesellschaft. Zur gesellschaftlichen Bedeutung von Beratung* (S. 57-77). Wiesbaden: VS Verlag.

Boos, F., Heitger, B. & Hummer, C. (2004). Veränderung – systemisch. In F. Boos & B. Heitger (Hrsg.), *Veränderung - systemisch. Management des Wandels. Praxis, Konzepte und Zukunft* (S. 13-45). Stuttgart: Klett-Cotta.

Bosetzky, H. (1972). Die instrumentelle Funktion der Beförderung. *Verwaltungsarchiv, 63*, 372-384.

Brunsson, N. (1989). *The Organization of Hypocrisy. Talk, Decisions and Actions in Organizations.* Chichester: Wiley.

Burns, T. (1962). Micropolitics: Mechanism of Institutional Change. *Administrative Science Quarterly, 6*, 257-281.

Byrne, J. A. (2002). Inside McvKinsey. *Business Week vom 8.7.2002,* 54-62.

Capgemini Consulting (2008). *Change Management Studie 2008. Business Transformation – Veränderungen erfolgreich gestalten.* http://www.de.capgemini.com/m/de/tl/Change_Management-Studie_2008.pdf (Stand: 16.4.2009)

Chevrier, S. (2003). Cross-cultural management in multinational project groups. *Journal of World Business, 38*, 141-149.

Chin, R. & Benne, K. D. (1975). Strategien zur Veränderung sozialer Systeme. In W. G. Bennis, K. D. Benne & R. Chin (Hrsg.), *Änderung des Sozialverhaltens* (S. 43-78). Stuttgart: Klett.

Cohen, M. D. & March, J. G. (1974). *Leadership and Ambiguity. The American College President.* New York: McGraw-Hill.

Comelli, G. (1991). Organisationsentwicklung. In L. v. Rosenstiel, E. Regnet & M. Domsch (Hrsg.), *Führung von Mitarbeitern: Handbuch für erfolgreiches Personalmanagement* (S. 454-473). Stuttgart: Schäffer.

Comelli, G. (1995). Teamentwicklungstraining. In L. v. Rosenstiel, E. Regnet & M. Domsch (Hrsg.), *Führung von Mitarbeitern – Handbuch für erfolgreiches Personalmanagement* (3. Aufl.) (S. 387-409). Stuttgart: Schäffer-Poeschel.

Crozier, M. & Friedberg, E. (1979). *Die Zwänge kollektiven Handelns. Über Macht und Organisation.* Frankfurt/M.: Athenäum.

Cyert, R. M. & March, C. G. (1995). *Eine verhaltenswissenschaftliche Theorie der Unternehmung* (2. Aufl.). Stuttgart: Schäffer-Poeschel.

Czarniawska, B. & Mazza, C. (2003). Consulting as a liminal space. *Human Relations, 56(3)*, 267-290.

Dahl, E. (1966). Die Unternehmensberatung. Eine Untersuchung ausgewählter Aspekte beratender Tätigkeiten in der Bundesrepublik Deutschland. Unveröffentlichte Dissertation, Universität Köln.

Dahl, R. (2004). *Ich sehe was, was Du nicht siehst* (18. Aufl.). Reinbek: Rowohlt.

De Burgundy, J. (1995). Working daze: uncertainty and ambiguity in consulting. *Management Decision, 33(8)*, 51-55.

Dessoy, V. (2008). *Organisationsentwicklung. Kernprozess in einer zukunftsfähigen Kirche* In ders. & G. Lames (Hrsg.), *Denn sicher gibt es eine Zukunft (Spr 23,18). Strategische Perspektiven kirchlicher Organisationsentwicklung* (S. 32-61). Trier: Paulinus.

DiMaggio, P. J. & Powell, W. W. (1983). The iron cage revisited: Institutional isomorphism and collective rationality in organizational fields. *American Sociological Review, 48*, 147-160.

Dörner, D. (1989). *Die Logik des Misslingens. Strategisches Denken in komplexen Situationen.* Hamburg: Rowohlt.

Doppler, K. (1995). Gruppendynamik und Organisationsentwicklung im Spannungsfeld der Macht. Chancen und Gefährdungen eines handlungsorientierten Ansatzes. In O. König (Hrsg.), *Gruppendynamik: Geschichte, Theorien, Methoden, Anwendungen, Ausbildung* (S. 258-268). Wien: Profil.

Doppler, K. & Lauterburg, C. (2005). *Change Management. Den Unternehmenswandel gestalten* (11. Aufl.). Frankfurt: Campus.

Drucker, P. F. (1956). *Praxis des Managements.* Düsseldorf: Econ.

Dyck, C. van, Frese, M., Baer, M & Sonnentag, S. (2005). Organizational error management culture and its impact on performance: a two-study replication. *Journal of Applied Psychology, 90(6)*, 1228-1240.

Ebrahimchel, M., Mohe, M. & Sternzeld, R. (2006). Evaluation of Consulting Projects – The Consultants' View. In T. Deelmann & M. Mohe (Hrsg.), Selection and Evaluation of Consultants (S. 159-177). München: Hampp.

Eckert, R., Hahn, A. & Wolf, M. (1989). *Die ersten Jahre junger Ehen. Verständigung durch Illusionen?* Frankfurt/M.: Campus.

Ernst, B. (2002). *Die Evaluation von Beratungsleistungen – Prozesse der Wahrnehmung und Bewertung.* Wiesbaden: Deutscher Universitäts-Verlag.

Ernst, B. & Kieser, A. (2002). Versuch, das unglaubliche Wachstum des Beratungsmarktes zu erklären. In R. Schmidt, H.-J. Gergs & M. Pohlmann (Hrsg.), *Managementsoziologie. Themen, Desiderate, Perspektiven* (S. 56-85). München: Hampp.

Ernst, B. & Kieser, A. (2005). Wissen Manager, ob Beratung ihr Geld wert ist? In D. Seidl, W. Kirsch & M. Linder (Hrsg.), *Grenzen der Strategieberatung - Eine Gegenüberstellung der Perspektiven von Wissenschaft, Beratung und Klienten* (S. 313-333). Bern: Haupt.

Exner, A., Königswieser, R. & Titscher, S. (1987). Unternehmensberatung - systemisch. Theoretische Annahmen und Interventionen im Vergleich zu anderen Ansätzen. *Die Betriebswirtschaft, 47(3)*, 265-284.

Faust, M. (1998). Die Selbstverständlichkeit der Unternehmensberatung. In J. Howaldt & R. Kapp (Hrsg.), *Sozialwissenschaftliche Organisationsberatung. Auf der Suche nach einem spezifischen Beratungsverständnis* (S. 147-181). Berlin: edition sigma.

Fayol, H. (1929). *Allgemeine und industrielle Verwaltung.* München: Oldenbourg.

FEACO Fédération Européenne des Associations de Conseils en Organisation (2003). *Survey of the European management Consultancy Market.* Brüssel: FEACO.

Festner, D., Bauer, J., Harteis, C., Gruber, H. & Heid, H. (2005). Learning from errors: Good conditions in enterprises? In H. Gruber, C. Harteis, R. H. Mulder & M. Rehrl (Hrsg.), *Bridging Individual, Organisational, and Cultural Perspectives on Professional Learning* (S. 264-274). Regensburg: Roderer.

Fink, D. (2003). *Management Consulting Fieldbook: Die Ansätze der großen Unternehmensberater* (2. Aufl.). München: Vahlen.

Fisch, R. & Fiala, S. (1984). Wie erfolgreich ist Führungstraining? Eine Bilanz neuester Literatur. *Die Betriebswirtschaft, 44(2)*, 193-203.

Fitsch, H. (2007). *Beratung und Veränderung in Organisationen. Eine mikropolitische Untersuchung von Umsetzungsschwierigkeiten in Beratungsprozessen am Beispiel der Einführung von Lean Production in einem Automobilkonzern.* Marburg: Metropolis.

Fitsch, H. & Scherf, M. (2005). Synergien von Fach- und Prozessberatung: ein Kooperationsmodell. *Sozialwissenschaften und Berufspraxis, 28(2)*, 284-299.

Foerster, H. v. (1985). Entdecken oder Erfinden. Wie läßt sich Verstehen verstehen? In H. Gumin & A. Mohler (Hrsg.), *Einführung in den Konstruktivismus* (S. 27-68). München: Oldenbourg.

Foucault, M. (1977). *Die Ordnung des Diskurses.* Frankfurt/M.: Ullstein.

Fredrich, A. (1994). Haben Sie ein Problem zu lösen oder sind Sie Teil desselben? Teamentwicklung im betrieblichen Bereich: Die Rolle des Beraters als Klärungs- und Prozesshelfer. *Organisationsentwicklung, 13(4)*, 54-62.

Freud, S. (1932). Neue Folge der Vorlesungen zur Einführung in die Psychoanalyse. In ders., *Gesammelte Werke* (Bd. XV, S. 1-197). Frankfurt/M.: Fischer.

Friedberg, E. (1992). Zur Politologie von Organisationen. In W. Küpper & G. Ortmann (Hrsg.), *Mikropolitik. Rationalität, Macht und Spiele in Organisationen* (2. Aufl., S. 39-52). Opladen: Westdeutscher Verlag.

Friedrich von den Eichen, Stephen A. (2005). Der Berater und seine Rollen - Höhere Klientenzufriedenheit durch erwartungszentrierte Beratung. In D. Seidl, W. Kirsch & M. Linder (Hrsg.), *Grenzen der Strategieberatung - Eine Gegenüberstellung der Perspektiven von Wissenschaft, Beratung und Klienten* (S. 369-381). Bern: Haupt.

Fries, S. & Schüppel, J. (2004). Paradigmenwechsel im Change Management Bereich. Weiche Faktoren sind der Schlüssel für einen erfolgreichen Wandel! http://www.brainguide.de/data/publications/PDF/pub4805.pdf (Stand 16.3.2009)

Fuchs, P. (1994). Die Form beratender Kommunikation. In P. Fuchs & E. Pankoke (Hrsg.), *Beratungsgesellschaft* (S. 13-25). Schwerte: Katholische Akademie.

Fuchs, P. (2004). Die magische Welt der Beratung. In R. Schützeichel & T. Brüsemeister (Hrsg.), *Die beratene Gesellschaft. Zur gesellschaftlichen Bedeutung von Beratung* (S. 239-257). Wiesbaden: VS Verlag.

Fuchs, P. & Mahler, E. (2000). Form und Funktion von Beratung. *Soziale Systeme, 6(2)*, 349-368.

Fuchs, P. & Pankoke, E. (Hrsg.) (1994). *Beratungsgesellschaft.* Schwerte: Katholische Akademie.

Gairing, F. (1999). *Organisationsentwicklung als Lernprozess von Menschen und Systemen.* Weinheim: Beltz.

Garsten, C. (1999). Betwixt and between – Temporary employees as liminal subjects in flexible organizations. *Organization Studies, 20(4)*, 601-617.

Gasch, B. (1996). Erfahrungen mit Widerständen bei Organisations-Entwicklungs-Projekten im Öffentlichen Dienst. In M. Kastner (Hrsg.): *Auf dem Weg zum schlanken Staat - der konstruktive Umgang mit Widerständen* (S. 73-91). Dortmund: Maori.

Gasch, B. (2007). Funktionen und Modelle von Fort- und Weiterbildung. In F. v. Ameln & J. Kramer, *Organisationen in Bewegung bringen. Handlungsorientierte Methoden in der Personal-, Team- und Organisationsentwicklung* (S. 54-57). Berlin: Springer.

Gasch, B., Antoine, J. & Köpperschmidt-Bau, C. (1998). *Psychologische Organisationsentwicklung im Öffentlichen Dienst - Ergebnisse und Erkenntnisse aus einem dreijährigen Modellversuch unter besonderer Berücksichtigung von Fort- und Weiterbildungskonzepten.* Düsseldorf: Raabe.

Gerkhardt, M. & Frey, D. (2006). Erfolgsfaktoren und psychologische Hintergründe in Veränderungsprozessen. Entwicklung eines integrativen psychologischen Modells. *Organisationsentwicklung, 25(4)*, 48-59.

Gesellschaft für Organisationsentwicklung (Hrsg.) (1980). *Leitbild und Grundsätze der Gesellschaft für Organisationsentwicklung.* Langenfeld: Gesellschaft für Organisationsentwicklung.

Geßner, A. (2001). Zur Bedeutung von Macht in Beratungsprozessen. Sind mikropolitische Ansätze praxistauglich? In N. Degele, T. Münch, H. J. Pongratz & N. J. Saam (Hrsg.), *Soziologische Beratungsforschung. Perspektiven für Theorie und Praxis der Organisationsberatung* (S. 39-54). Opladen: Leske & Budrich.

Gibbs, R. W. jr. (1994). *The Poetics of Mind: Figurative Thought, Language, and Understanding.* Cambridge: Cambridge University Press.

Glasl, F. (2004). *Konfliktmanagement: Ein Handbuch für Führungskräfte, Beraterinnen und Berater.* Bern: Haupt.

Glatzel, K. & Nagel, R. (2006). Zur Zukunft der Strategieberatung. Plädoyer für einen dritten Modus der Beratung. *Organisationsentwicklung, 25(4)*, 34-47.

Glückler, J & Armbrüster, T. (2003). Bridging uncertainty in management consulting: The mechanisms of trust and networked reputation. *Organization Studies, 24(2)*, 269–297.

Gössler, M. (2007). Die Kunst des Scheiterns. *Organisationsentwicklung, 26(1)*, 4-11.

Goffman, E. (1969). *Wir alle spielen Theater. Die Selbstdarstellung im Alltag.* München: Piper.

Gouillart, F. J. & Kelly, J. N. (1995). *Business Transformation.* Wien: Ueberreuter.

Grant, R. M. (2007). *Contemporary Strategy Analysis* (6. Aufl.). Chichester: Wiley.

Greenson, R. R. (1995). *Technik und Praxis der Psychoanalyse* (7. Aufl.). Stuttgart: Klett-Cotta.

Greif, S., Runde, B. & Seeberg, I. (2004). *Erfolge und Misserfolge beim Change Management.* Göttingen: Hogrefe.

Greiner, L. & Metzger, R. (1983). *Consulting to Management.* New York: Englewood Cliffs.

Groth, T. (1999). *Wie systemtheoretisch ist „Systemische Organisationsberatung"? Neuere Beratungskonzepte für Organisationen im Kontext der Luhmannschen Systemtheorie.* Münster: Lit.

Groth, T. & Wimmer, R. (2004). Konstruktivismus in der Praxis: Systemische Organisationsberatung. In F. v. Ameln, *Konstruktivismus. Die Grundlagen systemischer Therapie, Beratung und Bildungsarbeit* (S. 224-244). Tübingen: Francke.

Gruppendynamik & Organisationsberatung (2007). Themenheft „Scheitern von Projekten in der Organisationsberatung". *38(3).*

Havers, H. (1995). *Personalvertretungsgesetz für das Land Nordrhein Westfalen - Kommentar.* Siegburg: Reckinger.

Heintel, P. (1992). Läßt sich Beratung erlernen? In R. Wimmer (Hrsg.), *Organisationsberatung. Neue Wege und Konzepte* (S. 345-376). Wiesbaden: Gabler.

Heintel, P., Krainer, L. & Ukowitz, M. (Hrsg.) (2006). *Beratung und Ethik. Praxis, Modelle, Dimensionen.* Berlin: Leutner.

Heintel, P. & Krainz, E. E. (1994). Was bedeutet „Systemabwehr"? In K. Götz (Hrsg.), *Theoretische Zumutungen. Vom Nutzen der systemischen Theorie für die Managementpraxis* (S. 160-193). Heidelberg: Auer.

Hirn, W. & Student, D. (2001). Gewinner ohne Glanz. *manager magazin, 31(7)*, 49-61.

Hirschhorn, L. (1988). *The Workplace Within: Psychodynamics of Organizational Life.* Cambridge: MIT Press.

Hirschhorn, L. (2004). Das primäre Risiko. In M. Lohmer (Hrsg.), *Psychodynamische Organisationsberatung. Konflikte und Potentiale in Veränderungsprozessen* (2. Aufl., S. 98-118). Stuttgart: Klett-Cotta.

Horn, E. (1994). Soziologische Systemtheorie und systemische Familientherapie: Einige Anmerkungen zu den Möglichkeiten eines Dialogs. In A. Herlth, Brunner, E. J., Tyrell, H. & Kriz, J. (Hrsg.), *Abschied von der Normalfamilie? Partnerschaft contra Elternschaft* (S. 203-212). Berlin: Springer.

IBM Corporation (2008). *Making Change Work.* (Download: http://www-935.ibm.com/services/us/gbs/bus/pdf/gbe03100-usen-03-making-change-work.pdf, Stand: 19.5.2009)

Iding, H. (2000). *Hinter den Kulissen der Organisationsberatung. Qualitative Fallstudien von Beratungsprozessen im Krankenhaus.* Opladen: Leske & Budrich.

Iding, H. (2001). Hinter den Kulissen der Organisationsberatung. Macht als zentrales Thema soziologischer Beratungsforschung. In N. Degele, T. Münch, H. J. Pongratz & N. J. Saam (Hrsg.), *Soziologische Beratungsforschung. Perspektiven für Theorie und Praxis der Organisationsberatung* (S. 71-85). Opladen: Leske & Budrich.

IMCS Institute of Management and Consulting Sciences (2004). *Management Consulting 2004.* Bonn: IMCS.

Jaques, E. (1955). Social systems as a defence against persecutory and depressive anxiety. In M. Klein, P. Heimann & R. Money-Kyrle (Hrsg.), *New Directions in Psychoanalysis* (S. 478-499). London: Tavistock.

Jehn, K. E., Northcraft, G. B. & Neale, M. A. (1999). Why differences make a difference: A field study of diversity, conflict, and performance in work groups. *Administrative Science Quarterly, 44,* 741-763.

Johnson, M. (1987). *The Body in the Mind. The Bodily Basis of Meaning, Imagination, and Reason.* Chicago: University of Chicago Press.

Kakabadse, N., Louchart, E. & Kakabadse, A. (2006). Consultant's role: a qualitative inquiry from the consultant's perspective. *Journal of Management Development, 25(5)*, 416-450.

Kelman, H. C. (1956). Compliance, identification, and internalization: Three processes of attitude change. *Journal of Personality and Social Psychology, 51*, 102-109.

Kets de Vries, M. F. R. & Balazs, K. (2004). Die Psychodynamik des Organisationswandels. In M. Lohmer (Hrsg.), *Psychodynamische Organisationsberatung. Konflikte und Potentiale in Veränderungsprozessen* (2. Aufl., S. 161-197). Stuttgart: Klett-Cotta.

Kieser, E. (1996). Moden & Mythen des Organisierens. *Die Betriebswirtschaft, 56(1)*, 21-39.

Kieser, A. (1998). Unternehmensberater - Händler in Problemen, Praktiken und Sinn. In H. Glaser, E. F. Schröder & A. v. Werder (Hrsg.), *Organisation im Wandel der Märkte* (S. 191-225). Wiesbaden: Gabler.

Kieser, A. (2002). *Wissenschaft und Beratung*. Heidelberg: Winter.

Kieser, A. (2006a). Human-Relations-Bewegung und Organisationspsychologie. In A. Kieser & M. Ebers (Hrsg.), *Organisationstheorien* (6. Aufl., S. 133-167). Stuttgart: Kohlhammer.

Kieser, A. (2006b). Max Webers Analyse der Bürokratie. In A. Kieser & M. Ebers (Hrsg.), *Organisationstheorien* (6. Aufl., S. 63-92). Stuttgart: Kohlhammer.

Kilduff, M., Angelmar, R., & Mehra, A. (2000). The reciprocal effects of top management team cognitive diversity and firm performance: Opening the black box. *Organization Science, 11(1)*, 21-34.

Königswieser, R. (2008). Komplementärberatung: Wenn 1 plus 1 mehr als 2 macht. *Revue für postheroisches Management, 2*, 26-35.

Königswieser, R. & Exner, A. (1999). *Systemische Intervention: Architekturen und Designs für Berater und Veränderungsmanager* (4. Aufl.). Stuttgart: Klett-Cotta.

Königswieser, R., Exner, A. & Pelikan, J. (1995). Systemische Intervention in der Beratung. *Organisationsentwicklung, 14(2)*, 52-65

Königswieser, R. & Hillebrand, M. (2005). Kommentar zu Walger & Neise: „Die Grenzen der Strategieberatung liegen innen". In D. Seidl, W. Kirsch & M. Linder (Hrsg.), *Grenzen der Strategieberatung - Eine Gegenüberstellung der Perspektiven von Wissenschaft, Beratung und Klienten* (S. 116-118). Bern: Haupt.

Königswieser, R. & Hillebrand, M. (2007). *Einführung in die systemische Organisationsberatung*. Heidelberg: Auer.

Königswieser, R., Sonuç, E., Gebhardt, J. & Hillebrand, M. (Hrsg.) (2006). *Komplementärberatung: Das Zusammenspiel von Fach- und Prozeß-Know-how*. Stuttgart: Klett-Cotta.

Kolbeck, C. (2001). *Zukunftsperspektiven des Beratungsmarktes. Eine Studie zur klassischen und systemischen Beratungsphilosophie*. Wiesbaden: DUV.

Kosiol, E. (1962). *Organisation der Unternehmung*. Wiesbaden: Gabler.

Kotter, J. P. (1995). Acht Kardinalfehler bei der Transformation. *Harvard Business Manager, 17(3)*, 21-28.

Kotter, J. P. (1997). *Chaos, Wandel, Führung*. Düsseldorf: Econ.

Kramer, J., Ameln, F. v. & Stark, H. (2007). Hidden Agendas in der Beratung. *Gruppendynamik und Organisationsberatung, 38(3)*, 234-246.

Kriegesmann, B. (2000). Innovationsorientierte Anreizsysteme. In A. Clermont & W. Schmeisser (Hrsg.). *Personalführung und Organisation* (S. 385-397). München: Vahlen Verlag.

Kriegesmann, B., Kerka, F. & Kley, T. (2006). Fehlerkulturen und Innovationserfolg: Eine vergleichende empirische Analyse. *Zeitschrift für Personalforschung, 20(2)*, 141-159.

Kroch, G. v., Ichijo, K., & Nonaka, I. (2000). *Enabling Knowledge Creation. How to Unlock the Mystery of Tacit Knowledge and Release the Power of Innovation*. Oxford: Oxford University Press.

Kruse, P. (2005). *Next practice – Erfolgreiches Management von Instabilität* (3. Aufl.). Offenbach: Gabal.

Kruse, P. & Dreesen, H. N. (1995). Zur psychologischen und sozialen Funktion des Rituals. *Hypnose und Kognition, 12(1)*, 2-10.

Kühl, S. (2000). *Das Regenmacher-Phänomen. Widersprüche und Aberglaube im Konzept der lernenden Organisation*. Frankfurt/M.: Campus.

Kühl, S. (2001). Systemische Organisationsberatung - beobachtet. In T. M. Bardmann & T. Groth (Hrsg.), *Zirkuläre Positionen 3. Organisation, Management und Beratung* (S. 221-226). Opladen: Westdeutscher Verlag.

Kühl, S. (2005a). Organisation, Intervention, Reflexivität. Auf der Suche nach einem Beratungsparadigma jenseits von zweckrationaler betriebswirtschaftlicher Beratung und systemischer Prozessberatung. In D. Seidl, W. Kirsch & M. Linder (Hrsg.), *Grenzen der Strategieberatung - Eine Gegenüberstellung der Perspektiven von Wissenschaft, Beratung und Klienten* (S. 342-365). Bern: Haupt.

Kühl, S. (2005b). *Das Scharlatanerieproblem. Coaching zwischen Qualitätsproblemen und Professionalisierungsbemühung*. Köln: DGSv.

Kühl, S. (2007a). Formalität, Informalität und Illegalität in der Organisationsberatung. Systemtheoretische Analyse eines Beratungsprozesses. *Soziale Welt, 58,* 269-291.

Kühl, S. (2007b). Person, Beratung, Organisation. Zur Funktion von Coaching in Organisationen. In F. Strikker (Hrsg.), *Coaching im 21. Jahrhundert* (S. 40-57). Augsburg. Ziel.

Kühl, S. (2008). *Coaching und Supervision. Zur personenorientierten Beratung in Organisationen.* Wiesbaden: VS Verlag.

Küpper, W. & Felsch, A. (2000). *Organisation, Macht und Ökonomie. Mikropolitik und die Konstitution organisationaler Handlungssysteme.* Opladen: Westdeutscher Verlag.

Küpper, W. & Ortmann, G. (Hrsg.) (1992). *Mikropolitik. Rationalität, Macht und Spiele in Organisationen.* Opladen: Westdeutscher Verlag.

Kuhn, T. S. (1978). *Die Struktur wissenschaftlicher Revolutionen* (3. Aufl.). Frankfurt/M.: Suhrkamp.

Lakoff, G. & Johnson, M. (2004). *Leben in Metaphern: Konstruktion und Gebrauch von Sprachbildern* (4. Aufl.). Heidelberg: Auer.

Lechner, C. (2005). Kommentar: Strategieberatung im Umbruch? In D. Seidl, W. Kirsch & M. Linder (Hrsg.), *Grenzen der Strategieberatung - Eine Gegenüberstellung der Perspektiven von Wissenschaft, Beratung und Klienten* (S. 407-410). Bern: Haupt.

Leif, T. (2006). *Beraten und verkauft. McKinsey & Co. – der große Bluff der Unternehmensberater.* München: C. Bertelsmann.

Leiner, L. (2007). Angewandte Systemtheorie. Was taugt die systemische Organisationsberatung? *Sozialwissenschaften und Berufspraxis, 30(1),* 52-68.

Littrel, E. K. & Glen, R. H. (1982). Playing the consulting game. *Management Accounting, 7,* 56-60.

Lohmer, M. (2004). Das Unbewußte im Unternehmen: Konzepte und Praxis psychodynamischer Organisationsberatung. In ders. (Hrsg.), *Psychodynamische Organisationsberatung. Konflikte und Potentiale in Veränderungsprozessen* (2. Aufl., S. 18-39). Stuttgart: Klett-Cotta.

Lünendonk GmbH (2009). TOP 25 der Managementberatungs-Unternehmen in Deutschland 2007. http://www.luenendonk.de/management_beratung.php (Stand: 1. Mai 2009).

Luhmann, N. (1976). *Funktionen und Folgen formaler Organisationen* (3. Aufl.). Berlin: Duncker & Humblot.

Luhmann, N. (1977). Interpenetration - Zum Verhältnis personaler und sozialer Systeme. *Zeitschrift für Soziologie, 6(1),* 62-76.

Luhmann, N. (1984). *Soziale Systeme.* Frankfurt/M.: Suhrkamp.

Luhmann, N. (1986a). *Ökologische Kommunikation. Kann die moderne Gesellschaft sich auf ökologische Gefahren einstellen?* Opladen: Westdeutscher Verlag.

Luhmann, N. (1986b). Systeme verstehen Systeme. In ders. & K. E. Schorr (Hrsg.), *Zwischen Intransparenz und Verstehen: Fragen an die Pädagogik* (S. 72-117). Frankfurt/M.: Suhrkamp.

Luhmann, N. (1988a). *Ökologische Kommunikation. Kann die moderne Gesellschaft sich auf ökologische Gefährdungen einstellen?* Opladen: Westdeutscher Verlag

Luhmann, N. (1988b). Organisation. In W. Küpper & G. Ortmann (Hrsg.), *Mikropolitik: Rationalität, Macht und Spiele in Organisationen* (S. 165-185). Opladen: Westdeutscher Verlag.

Luhmann, N. (1989a). Kommunikationssperren in der Unternehmensberatung. In ders. & P. Fuchs, *Reden und Schweigen* (S. 209-227). Frankfurt/M.: Suhrkamp.

Luhmann, N. (1989b). Reden und Schweigen. In ders. & P. Fuchs, *Reden und Schweigen* (S. 7-20). Frankfurt/M.: Suhrkamp.

Luhmann, N. (1990a). Sthenographie. In N. Luhmann, H. R. Maturana, M. Namiki, V. Redder & F. Varela (Hrsg.), *Beobachter: Konvergenz der Erkenntnistheorien* (S. 120-137). München: Fink.

Luhmann, N. (1990b). *Die Wissenschaft der Gesellschaft.* Frankfurt/M.: Suhrkamp.

Luhmann, N. (1991). Wie lassen sich latente Strukturen beobachten? In P. Watzlawick & P. Krieg (Hrsg.), *Das Auge des Betrachters. Beiträge zum Konstruktivismus* (S. 61-74). München: Piper.

Luhmann, N. (1992). Fragen an Niklas Luhmann. In R. Königswieser & C. Lutz (Hrsg.), *Das systemisch-evolutionäre Management* (2. Aufl., S. 95-111). Wien: Orac.

Luhmann, N. (1997). *Die Gesellschaft der Gesellschaft* (2 Bände). Frankfurt/M.: Suhrkamp.

Luhmann, N. (2000). *Organisation und Entscheidung.* Opladen: Westdeutscher Verlag.

Luhmann, N. (2002). *Die Religion der Gesellschaft.* Frankfurt/M.: Suhrkamp.

Luhmann, N. (2005). Ich sehe was, was Du nicht siehst. In ders.: *Soziologische Aufklärung 5* (5. Aufl., S. 220-226). Wiesbaden: VS Verlag.

Luhmann, N. & Schorr, K.-E. (1979). Das Technologiedefizit der Erziehung und die Pädagogik. *Zeitschrift für Pädagogik, 25*, 345-365.

Maaßen, H. (2005). Interne Managementberatungen zwischen Baum und Borke? In D. Seidl, W. Kirsch & M. Linder (Hrsg.), *Grenzen der Strategieberatung - Eine Gegenüberstellung der Perspektiven von Wissenschaft, Beratung und Klienten* (S. 151-166). Bern: Haupt.

Malik, F. (2006). *Strategie des Managements komplexer Systeme* (7. Aufl.). Bern: Haupt.

manager magazin (2003). Zitate, Aperçus und Goldene Worte. http://www.manager-magazin.de/magazin/artikel/0,2828,253674,00.html (Stand 16.4.2009).

March, J. G. (1991). Exploration and exploitation in organizational learning. *Organization Science, 2,* 71-87.

March, J. G. (1999). *The Pursuit of Organizational Intelligence.* Malden: Blackwell.

March, J. G. (2001). Wenn Organisationen wirklich intelligent werden wollen, müssen sie lernen, sich Torheiten zu leisten! In T. M. Bardmann & T. Groth (Hrsg.), *Zirkuläre Positionen 3. Organisation, Management, Beratung* (S. 21-33). Wiesbaden: Westdeutscher Verlag.

March, J. G. & Olsen, J. P. (1986). Garbage can models of decision making in organizations. In J. G. March & R. Weissinger-Baylon (Hrsg.), *Ambiguity and Command. Organizational Perspectives on Military Decision Making* (S. 11-35). Massachussetts: Pitman.

March, J. G. & Romelaer, P. (1976). Position and presence in the drift of decisions. In J. G. March & J. P. Olsen (Hrsg.), *Ambiguity and Choice in Organizations.* Bergen: Universitetsforlaget.

Marshall, J. & McLean, A. (1988). Reflection in Action: Exploring Organisational Culture. In P. Reason (Hrsg.), *Human Enquiry in Action - Development in New Paradigm Research* (S. 199-220). London: Sage.

Maturana, H. R. (1982). *Erkennen - Die Organisation und Verkörperung von Wirklichkeit: ausgewählte Arbeiten zur biologischen Epistemologie.* Braunschweig: Vieweg.

Maturana, H. R. (1987). Kognition. In S. J. Schmidt (Hrsg.), *Der Diskurs des Radikalen Konstruktivismus* (S. 89-118). Frankfurt/M.: Suhrkamp.

McGivern, C. (1983). Some facets on the relationship between consultants and clients in organizations. *Journal of* Management *Studies, 20(3)*, 367-386.

McGregor, D. (1971). *Der Mensch im Unternehmen* (2. Aufl.). Düsseldorf: Econ.

Meffert, H. (1999). Unternehmensberatung und Unternehmensführung – eine empirische Bestandsaufnahme. *Die Betriebswirtschaft, 50(2)*, 181-197.

Mentzos, S. (1988). *Interpersonale und institutionalisierte Abwehr.* Frankfurt/M.: Suhrkamp.

Menzies-Lyth, I. (1959). The functioning of social systems as a defence against anxiety: a report on a study of the nursing service of a general hospital. In dies. (Hrsg.), *Containing Anxiety in Institutions* (S. 43-85). London: Free Association Books.

Meyer, J. W. & Rowan, B. (1977). Institutionalized organizations: Formal structure as myth and ceremony. *American Journal of Sociology, 83(2)*, 340-363.

Meyer, M. W. & Zucker, L. (1989). *Permanently Failing Organiziations.* London: Sage.

Miner, S. A., Kim, J.-Y. & Haunschild, P. (1999). Fruits of failure: organizational failure and population-level learning. *Advances in Strategic Management, 16*, 187-220.

Minssen, H. (1998). Soziologie und Organisationsberatung - Notizen zu einem komplizierten Verhältnis. In J. Howaldt & R. Kapp (Hrsg.), *Sozialwissenschaftliche Organisationsberatung. Auf der Suche nach einem spezifischen Beratungsverständnis* (S. 53-72). Berlin: edition sigma.

Mintzberg, H. (1983). *Power in and Around Organizations.* Englewood Cliffs: Prentice-Hall.

Mintzberg, H. (1995). *Die Strategische Planung: Aufstieg, Niedergang und Neubestimmung.* München: Hanser.

Mohe, M. (2003). *Klientenprofessionalisierung.* Marburg: Metropolis.

Mohe, M. (2005a). Der systemische Klient – Was passiert, wenn Klienten ihre Berater beobachten? *Zeitschrift für Organisationsentwicklung, 24(2),* 44-51.

Mohe, M. (2005b). Klientenprofessionalisierung – Strategien eines professionellen Umgangs mit Beratung. In D. Seidl, W. Kirsch & M. Linder (Hrsg.), *Grenzen der Strategieberatung: Eine Gegenüberstellung der Perspektiven von Wissenschaft, Beratung und Klienten* (S. 203-227). Bern: Haupt.

Mohe, M. (2005c). Meta-Beratung. In ders. (Hrsg.), *Innovative Beratungskonzepte. Theorien, Fallbeispiele, Reflexionen* (S. 285-311). Leonberg: Rosenberger.

Mohe, M. (2005d). Von Versuchen, den Pudding an die Wand zu nageln – oder: Warum es so schwer ist, Beratungsleistungen zu evaluieren. In J. Klusmeyer, U. Meyerholt & P. Wengelowski (Hrsg.), *Beratung – Evaluation – Transfer* (S. 51-71). Oldenburg: BIS.

Mohe, M. (2006). Kommentar zu Königswieser: „Selektive Wahrnehmung". In M. Hillebrand, E. Sonuç & R. Königswieser (Hrsg.), *Essenzen der systemischen Organisationsberatung. Konzepte, Kontexte und Kommentare* (S. 185-198). Heidelberg: Auer.

Mohe, M. & Kolbeck, C. (2003). *Klientenprofessionalisierung in Deutschland. Stand des professionellen Umgangs mit Beratung bei deutschen Dax- und MDax-Unternehmen. Empirische Ergebnisse, Best Practices und strategische Implikationen.* Oldenburg: Carl-von-Ossietzky-Universität.

Mohe, M. & Pfriem, R. (2002). Where are the professional clients? Möglichkeiten zur konzeptionellen Weiterentwicklung von Meta-Beratung. In M. Mohe, H. J. Heinecke & R. Pfriem (Hrsg.), *Consulting - Problemlösung als Geschäftsmodell. Theorie, Praxis, Markt* (S. 25-40). Stuttgart: Klett-Cotta.

Mohe, M. & Seidl, D. (2008). Wieso scheitern Beratungsprojekte? Eine kritische Analyse. *Wirtschaftswissenschaftliches Studium, 37(8)*, 419-424.

Moldaschl, M. (2001). Implizites Wissen und reflexive Intervention. Zur Theorie der organisationalen Lernresistenz und des geplanten Wandels. In E. Senghaas-Knobloch (Hrsg.), *Macht, Kooperation und Subjektivität in betrieblichen Veränderungsprozessen* (S. 135-166). Münster: LIT.

Moldaschl, M. (2005). Reflexive Beratung - ein Geschäftsmodell? In M. Mohe (Hrsg.), *Innovative Beratungskonzepte* (S. 43-68). Leonberg: Rosenberger.

Morgan, G. (1997). *Bilder der Organisation.* Stuttgart: Klett-Cotta.

Müller, W. R., Nagel, E. & Zirkler, M. (2006). *Organisationsberatung. Heimliche Bilder und ihre praktischen Konsequenzen.* Wiesbaden: Gabler.

Muhr, T. (2007). Beratung und Macht. Organisationsberatung aus mikropolitischer Perspektive. In M. Göhlich, E. König & C. Schwarzer (Hrsg.), *Beratung, Macht und organisationales Lernen* (S. 49-68). Wiesbaden: VS Verlag.

Nagel, C. (2007). Psychodynamisches Change Management - Theorie und Praxis. In F. Keuper & H. Groten (Hrsg.), *Nachhaltiges Change Management. Interdisziplinäre Fallbeispiele und Perspektiven* (S. 275-293). Wiesbaden: Gabler.

Neuberger, O. (2002a). *Führen und führen lassen. Ansätze, Ergebnisse und Kritik der Führungsforschung* (6. Aufl.). Stuttgart: Lucius & Lucius.

Neuberger, O. (2002b). Rate mal! Phantome, Philosophien und Phasen der Beratung. In M. Mohe, H. J. Heinecke & R. Pfriem (Hrsg.), *Consulting - Problemlösung als Geschäftsmodell. Theorie, Praxis, Markt* (S. 135-161). Stuttgart: Klett-Cotta.

Neuberger, O. (2006). *Mikropolitik und Moral in Organisationen. Herausforderung der Ordnung* (2. Aufl.). Stuttgart: Lucius & Lucius.

Nicolai, A. T. & Simon, F. B. (2001). Kritik der Mode, Managementmoden zu kritisieren. In H. A. Wüthrich, W. B. Winter & A. F. Philipp (Hrsg.), *Grenzen ökonomischen Denkens. Auf den Spuren einer dominanten Logik* (S. 501-524). Wiesbaden: Gabler.

Niedereichholz, C. (1996). *Unternehmensberatung Band I: Beratungsmarketing und Auftragsakquisition* (2. Aufl.). München: Oldenbourg.

Niedereichholz, C. (2008). *Unternehmensberatung Band II: Auftragsdurchführung und Qualitätssicherung* (5. Aufl.). München: Oldenbourg.

Nordsieck, F. (1932). *Die schaubildliche Erfassung und Untersuchung der Betriebsorganisation.* Stuttgart: Poeschel.

Nordsieck, F. (1934). *Grundlagen der Organisationslehre.* Stuttgart: Poeschel.

Nystrom, P. C. & Starbuck, W. H. (1984). Organizational facades. *Proceedings of the Annual Meeting of the Academy of Management, 44*, 182-186.

Obholzer, A. (1997). Das Unbewußte bei der Arbeit. In I. Eisenbach-Stangl & M. Ertl (Hrsg.), *Unbewußtes in Organisationen: Zur Psychoanalyse von sozialen Systemen* (S. 17-38). Wien: Facultas.

Obholzer, A. (2004). Replik zu Papstein: „Der Wahnsinn zeigt sich im Detail: Große Konzerne und ihre Entscheidungsstrukturen". In M. Lohmer (Hrsg.), *Psychodynamische Organisationsberatung. Konflikte und Potentiale in Veränderungsprozessen* (2. Aufl., S. 278-282). Stuttgart: Klett-Cotta.

Orellana, F. (2008). Nachhaltigkeit von Interventionen - Veränderungspraxis in deutschen Unternehmen und die Nachhaltigkeitsfrage. Eingereicht in der Fakultät für Wirtschaftswissenschaften der TU Chemnitz, Dezember 2008.

Ortmann, G. (2004). *Regel und Ausnahme. Paradoxien sozialer Ordnung.* Frankfurt/M.: Suhrkamp.

Ortmann, G., Windeler, A., Becker, A. & Schulz, H.-J. (1990). *Computer und Macht in Organisationen. Mikropolitische Analysen.* Opladen: Westdeutscher Verlag.

Oser, F., Hascher, T. & Spychiger, M. (1999). Lernen aus Fehlern – zur Psychologie des „negativen Wissens". In W. Althoff (Hrsg.), *Fehlerwelten – vom Fehlermachen und Lernen aus Fehlern* (S. 11-43). Opladen: Leske + Budrich.

Patak, P. & Simsa, R. (2004). Flops und Misserfolge in der systemischen Beratung. In F. Boos & B. Heitger (Hrsg.). *Veränderung – systemisch. Management des Wandels* (S. 114-125). Stuttgart: Schäffer-Poeschel.

Pfähler, W. & Lieps, G. (1996). *Produktdifferenzierung in der „klassischen Unternehmensberatung" - Eine empirische Untersuchung* (Diskussionsbeiträge des Instituts für Allokation und Wettbewerb, Nr. 25). Hamburg: Universität Hamburg.

Phillips, J. J. (2000). *The Consultant's Scorecard: Tracking Results and Bottom-line Impact of Consulting Projects.* New York: McGraw-Hill.

Picot, A. & Franck, E. (1995). Prozessorganisation. Eine Bewertung der neuen Ansätze aus Sicht der Organisationslehre. In M. Nippa & A. Picot (Hrsg.), *Prozessmanagement und Reengineering: Die Praxis im deutschsprachigen Raum. Konzepte und Praxisbeispiele* (2.Aufl., S. 13-37). Frankfurt/M.: Campus.

Pieper, R. (1988). *Diskursive Organisationsentwicklung.* Berlin: deGruyter.

Pirker, F. (2007). "Strategy follows Change" versus "Change follows Strategy". In F. Keuper & H. Groten (Hrsg.), *Nachhaltiges Change Management. Interdisziplinäre Fallbeispiele und Perspektiven* (S. 3-30). Wiesbaden: Gabler.

Polanyi, M. (1985). *Implizites Wissen.* Frankfurt/M.: Suhrkamp.

Pongratz, H. J. (2000). System- und Subjektperspektive in der Organisationsberatung. *Arbeit, 9(1)*, 54-65.

Porter, M. (1981). The contributions of industrial organization to strategic management. *Academy of Management Review, 6(4)*, 609-620.

Prahalad, C. K., & Hamel, G. (1990). The core competence of the corporation. *Harvard Business Review, 68(3)*, 79-91.

Prahalad, C. K. & Hamel, G. (1994). *Competing for the Future.* Boston: Harvard Business School.

Preisendörfer, P. (2008). *Organisationssoziologie. Grundlagen, Theorien und Problemstellungen* (2. Aufl.). Wiesbaden: VS Verlag.

Pries, C. & Stone, M. (2004). Managing CRM Implementation with Consultants – CRM or Change Management? *Journal of Change Management, 4(4)*, 351–370.

Rall, W. (2005). Neues Paradigma in der Strategieberatung? In D. Seidl, W. Kirsch & M. Linder (Hrsg.), *Grenzen der Strategieberatung - Eine Gegenüberstellung der Perspektiven von Wissenschaft, Beratung und Klienten* (S. 435-444). Bern: Haupt.

Reemtsma, J. P. (2008). *Vertrauen und Gewalt. Versuch über eine besondere Konstellation der Moderne.* Hamburg: Hamburger Edition.

Reis, J. (1997). *Ambiguitätstoleranz – Beiträge zur Entwicklung eines Persönlichkeitskonstruktes.* Heidelberg: Asanger.

Richter, K.-S. & Ibold, F. (2007). Organisationssoziologie und Change Management - Die Bedeutung von lokalen Rationalitäten, Machtspielen und Kontingenz. In F. Keuper & H. Groten (Hrsg.),

Nachhaltiges Change Management. Interdisziplinäre Fallbeispiele und Perspektiven (S. 231-249). Wiesbaden: Gabler.

Robbins, S. P. (2003). *Organizational Behavior* (10. Aufl.). Upper Saddle River: Prentice-Hall.

Roethlisberger, F. J. & Dickson, W. J. (1939). *Management and the Worker.* Cambridge: Harvard University Press.

Rupprecht, M., Hansen, K., Gruber, H. & Mulder, R.H. (eingereicht). Dealing with diversity in consultancy teams: Results of two delphi studies.

Sanders, K. & Kianty, A. (2006). *Organisationstheorien. Eine Einführung.* Wiesbaden: VS Verlag.

Scherf, M. (2002). *Beratung als System: Zur Soziologie der Organisationsberatung.* Wiesbaden: DUV.

Schlippe, A. v. & Schweitzer, J. (2002). *Lehrbuch der systemischen Therapie und Beratung* (8. Aufl.). Göttingen: Vandenhoeck & Ruprecht.

Schnelle, W. (1991). Anleitung zum Lesen organisationswissenschaftlicher Bücher. 5. Brief. (Download unter http://www.metaplan.de/pdf/1991%20-%20ALOB%2005.pdf, Stand 24.3.2009)

Schreyögg, G. (1999). Organisationsentwicklung – quo vadis? *Organisationsentwicklung, 18(3)*, 76-79.

Schützeichel, R. & Brüsemeister, T. (Hrsg.) (2004). *Die beratene Gesellschaft. Zur gesellschaftlichen Bedeutung von Beratung.* Wiesbaden: VS Verlag.

Scott, W. R. (2001). *Institutions and Organizations* (2. Aufl.). Thousand Oaks: Sage.

Scott-Morgan, P. (1995). *Die heimlichen Spielregeln. Die Macht der ungeschriebenen Gesetze im Unternehmen.* Frankfurt/M.: Campus.

Seidensticker, F.-J. (2005). Über gewohnte Grenzen hinaus - Strategieberatung zwischen Analyse und Umsetzung. In D. Seidl, W. Kirsch & M. Linder (Hrsg.), *Grenzen der Strategieberatung - Eine Gegenüberstellung der Perspektiven von Wissenschaft, Beratung und Klienten* (S. 419-429). Bern: Haupt.

Senge, P. (1990). *The Fifth Discipline. The Art and Practice of the Learning Organization.* New York: Doubleday.

de Shazer, S. (1998). *„Worte waren ursprünglich Zauber": lösungsorientierte Therapie in Theorie und Praxis.* Dortmund: Verlag modernes Lernen.

Simon, F. B. (1995). Die Funktion des Organisationsberaters - Einige Prinzipien systemischer Beratung. In G. Walger (Hrsg.), *Formen der Unternehmensberatung. Systemische Organisationsberatung, Organisationsentwicklung, Expertenberatung und gutachterliche Beratungstätigkeit in Theorie und Praxis* (S. 284-300). Köln: Schmidt.

Simon, F.B. (2006). Kommentar zu Königswieser & Pelikan „Anders - gleich - beides zugleich. Unterschiede und Gemeinsamkeiten in Gruppendynamik und Systemansatz". In M. Hillebrand, E. Sonuç & R. Königswieser (Hrsg.), *Essenzen der systemischen Organisationsberatung. Konzepte, Kontexte und Kommentare* (S. 58-63). Heidelberg: Auer.

Simon, F.B. (2007a). *Die Kunst, nicht zu lernen.* Heidelberg: Auer.

Simon, F. B. (2007b). *Einführung in die systemische Organisationstheorie.* Heidelberg: Auer.

Simon, F.B., Gebauer, A. & Groth, T. (2004). Aus Fehlern lernen – Scheitern als Chance. *Personalführung, 37(6)*, 72-79.

Staehle, W. (1991). Organisatorischer Konservatismus in der Unternehmensberatung. *Gruppendynamik, 22(1)*, 19-32.

Storz, O. (2008). *Die Freibadclique.* München: SchirmerGraf.

Sturdy, A., Schwarz, M. & Spicer, A. (2006). Guess who's coming to dinner? Structures and uses of liminality in management consultancy. *Human Relations, 59(7)*, 929-960.

Taffertshofer, A. (2006). Funktionen von Coaching in Organisationen. Offizielle Wirkungen, informelle und latente Funktionen. Unveröffentlichtes Arbeitspapier, Universität München (Download: www.hsu-hh.de/download-1.4.1.php?brick_id=HjCLS1xfyuDo8hEC, Stand: 10. November 2008).

Taffertshofer, A. (2007). *Das Coaching der Organisation. Wozu Organisationen Coaching nutzen.* Saarbrücken: VDM.

Taylor, F. W. (1995). *Die Grundsätze wissenschaftlicher Betriebsführung.* Weinheim: Beltz.

Teubner, G. (2000). Contracting worlds: Invoking discourse rights in private governance regimes. *Social and Legal Studies, 9(3)*, 399-417.

Thiel, H.-U. (2000). Widerstand gegen Veränderungen in Supervision und Organisationsberatung. In H. Pühl (Hrsg.), *Supervision und Organisationsentwicklung* (S. 228-245). Opladen: Leske & Budrich.

Thompson, S. C.. (1981). Will it hurt less if I can control it? A complex answer to a simple question. *Psychological Bulletin, 90*, 89-101.

Trebesch, K. (1982). 50 Definitionen der Organisationsentwicklung – und kein Ende. Oder: Würde Einigkeit stark machen? *Organisationsentwicklung, 1(2)* , 37-62.

Trebesch, K. (1995). Organisationslernen und Organisationsentwicklung im Prozeß der Unternehmensentwicklung. In G. Walger (Hrsg.), *Formen der Unternehmensberatung. Systemische Organisationsberatung, Organisationsentwicklung, Expertenberatung und gutachterliche Beratungstätigkeit in Theorie und Praxis* (S. 159-181). Köln: Schmidt.

Turner, V. (1977). *The ritual process*. Ithaca: Cornell University Press.

Vahs, D. & Leiser, W. (2003). *Change Management in schwierigen Zeiten. Erfolgsfaktoren und Handlungsempfehlungen für die Gestaltung von Veränderungsprozessen*. Wiesbaden: Deutscher Universitäts Verlag.

Van der Vegt, G. S. & Janssen, O. (2003). Joint impact of interdependence and group diversity on innovation. *Journal of Management, 29,* 729–751.

Volpert, W. (1990). Welche Arbeit ist gut für den Menschen? Notizen zum Thema Menschenbild und Arbeitsgestaltung. In F. Frei & I. Udris (Hrsg.), *Das Bild der Arbeit* (S. 23-40). Bern: Huber.

Walgenbach, P. (2006). Neoinstitutionalistische Ansätze in der Organisationstheorie. In A. Kieser & M. Ebers (Hrsg.), *Organisationstheorien* (6. Aufl., S. 353-401). Stuttgart: Kohlhammer.

Walger, G. (1995). Idealtypen der Unternehmensberatung. In ders. (Hrsg.), *Formen der Unternehmensberatung. Systemische Organisationsberatung, Organisationsentwicklung, Expertenberatung und gutachterliche Beratungstätigkeit in Theorie und Praxis* (S. 1-18). Köln: Schmidt.

Weber, M. (1972). *Wirtschaft und Gesellschaft* (5. Aufl.). Tübingen: Mohr.

Weber, M. (1988a). *Gesammelte Aufsätze zur Soziologie und Sozialpolitik*. Tübingen: Mohr.

Weber, M. (1988b). *Gesammelte politische Schriften*. Tübingen: Mohr.

Weick, K. E. (1995a). *Der Prozeß des Organisierens*. Frankfurt/M.: Suhrkamp.

Weick, K. (1995b). *Sensemaking in Organizations*. London: Sage.

Wernerfelt, B. (1984). A resource-based view on the firm. *Strategic Management Journal, 5(2)*, 171-184.

Werr, A. (2002). The internal creation of consulting knowledge: A question of structuring experience. In M. Kipping & L. Engwall (Hrsg.): *Management consulting. Emergence and dynamics of a knowledge industry* (S. 91-108). Oxford: Oxford University Press.

Werr, A. & Styhre, A. (2003). Management consultants – friend or foe? Understanding the ambigous client-consultant relationship. *International Studies of Management & Organization, 32(4)*, 43-66.

Williams, K. & O'Reilly, C. A. (1998). Demography and diversity in organizations: A review of 40 years of research. In B. M. Staw & L .L. Cummings (Hrsg.), *Research in organizational behaviour* (S. 77-140). Oxford: Elsevier.

Willke, H. (1993). *Systemtheorie I: Grundlagen* (4. Auflage). Stuttgart: Fischer.

Willke, H. (1994). *Systemtheorie II: Interventionstheorie*. Stuttgart: Fischer.

Wimmer, R. (1992). Was kann Beratung leisten? Zum Interventionsrepertoire und Interventionsverständnis der systemischen Organisationsberatung. In ders. (Hrsg.), *Organisationsberatung. Neue Wege und Konzepte* (S. 59-111). Wiesbaden: Gabler.

Wimmer, R. (1995). Wozu brauchen wir Berater? - Ein aktueller Orientierungsversuch aus systemischer Sicht. In G. Walger (Hrsg.), *Formen der Unternehmensberatung. Systemische Organisationsberatung, Organisationsentwicklung, Expertenberatung und gutachterliche Beratungstätigkeit in Theorie und Praxis* (S. 239-283). Köln: Schmidt.

Wimmer, R. (1998). Organisationsentwicklung revisited: Ein Plädoyer für die Wiederbelebung angewandter Sozialwissenschaften. *Österreichische Zeitschrift für Psychologie, 27(3)*, 325-340.

Wimmer, R. (2000). Wie lernfähig sind Organisationen? Zur Problematik einer vorausschauenden Selbststeuerung sozialer Systeme. In H. K. Stahl & P. M. Hejl (Hrsg.), *Management und Wirklichkeit. Das Konstruieren von Unternehmen, Märkten und Zukünften* (S. 265-294). Heidelberg: Auer.

Wimmer, R. (2004). *Organisation und Beratung. Systemtheoretische Perspektiven für die Praxis*. Heidelberg: Auer.

Wimmer, R. (2005). Kommentar: Weiß Beratung um ihre Grenzen? In D. Seidl, W. Kirsch & M. Linder (Hrsg.), *Grenzen der Strategieberatung - Eine Gegenüberstellung der Perspektiven von Wissenschaft, Beratung und Klienten* (S. 366-368). Bern: Haupt.

Wimmer, R. (2007). Lösungsorientierte Strategieentwicklung – Der Einbau handlungsorientierter Methoden in die Bearbeitung von Businessthemen. In F. v. Ameln & J. Kramer, *Organisationen in Bewegung bringen* (S. 334-336). Berlin: Springer.

Wimmer, R. (2008). Komplementärberatung – mehr als ein Übergangsphänomen? *Revue für postheroisches Management, (2)*, 35-39.

Wolf, G. (2000). *Die Krisis der Unternehmensberatung: Ein Beitrag zur Beratungsforschung.* Wiesbaden: DUV.

Zdral, W. (2002). Die Besserwisser. *Capital, 41(21)*, 48-55.

Zech, R. (1999). Mythos Organisation. Latente Funktion und die Funktion von Latenzen. In R. Zech & C. Ehses (Hrsg.), *Organisation und Lernen* (S. 230-250). Hannover: Expressum.

Zech, R. (2000). Die latente Funktionsgrammatik von Organisationen. Eine kleine Reflexion über Kosten und Nutzen latenter Strukturen und ihrer Veränderung. In F. v. Küchler & K. Meisel (Hrsg.), *Herausforderung Qualität. Dokumentation der Fachtagung „Qualitätssicherung in der Weiterbildung" vom 2.-3. November 1999* (S. 71-80). Frankfurt: DIE.

Zech, R. (2004). Rat und Unrat. Eine kleine Reflexion über Beratung. Aus A. Thedorff (Hrsg.), *Schon so spät? Zeit. Lehren. Lernen* (S. 199-213). Stuttgart: Hirzel.

Abbildungs- und Tabellenverzeichnis

Sach- und Personenverzeichnis

Autorenportraits

Falko von Ameln

Dr. phil. Dipl.-Psych.
Jahrgang 1970
Tätigkeitsschwerpunkte: Beratung, Organisationsentwicklung, Qualitätsentwicklung, Coaching, Supervision; Lehraufträge für Organisationspsychologie u.a. an der Universität Dortmund und der European Business School Schloss Reichartshausen; bei ArtSet® Forschung, Bildung, Beratung zuständig für den Bereich Beratung

Kontakt: Am Diekschloot 11b, 26506 Norden, Tel. ++49 (0)4931 / 959833, info@vonameln.net, www.vonameln.net

Josef Kramer

Dr. phil. Dipl.-Psych. Dipl.-Päd.
Jahrgang 1957
Lehrauftrag an der European Business School Oestrich-Winkel
Geschäftsführender Vorstand der MSA Management System Anwendung AG Köln
Schwerpunkte: Coaching, Change Management, Konflikt-Workshops, Train-the-Trainer-Progamme.

Kontakt: MSA AG, Beethovenallee 24, 50858 Köln, Tel. ++49 (0)221 / 944099-0, mitteilungen@msa-koeln.de, www.msa-koeln.de

Heike Stark

Jahrgang 1956
Studium der Politik, Soziologie, Germanistik und Pädagogik; freiberufliche Trainerin und Beraterin in der Organisations- und Personalentwicklung; theaterpädagogisch fortgebildet mit Auswirkungen auf Methoden und Arbeitsformen. Aktuelle Schwerpunkte: Führungskräfteentwicklung; Teamentwicklung; Veranstaltungsdesign für und Moderation von Großgruppen und Fachtagungen; Gutachterin und Beraterin für die QM-Modelle LQW (Weiterbildung), LQS (Schule) und KQS (Soziale Dienste), EFQM-Assessorin.

Kontakt: Goebenstr. 18, 30163 Hannover; Tel. ++49 (0)511 / 668956, www.stark-beratung.de